한국의 선거 VII

-2016년 제20대 국회의원선거 분석-

【 한국선거학회 학술총서 ⑧ 】

한국의 선거 VII

-2016년 제20대 국회의원선거 분석-

인　쇄: 2017년　2월　6일
발　행: 2017년　2월 10일
편　자: 한국선거학회
발행인: 부성옥
발행처: 도서출판 오름
등록번호: 제2-1548호 (1993. 5. 11)
주　소: 서울특별시 중구 퇴계로 180-8 서일빌딩 4층
전　화: (02) 585-9122, 9123 / 팩　스: (02) 584-7952
E-mail: oruem9123@naver.com
ISBN　978-89-7778-470-3　　93340

* 잘못된 책은 교환해 드립니다.
* 값은 뒤표지에 있습니다.

이 도서의 국립중앙도서관 출판예정도서목록(CIP)은 서지정보유
통지원시스템 홈페이지(http://seoji.nl.go.kr)와 국가자료공동목
록시스템(http://www.nl.go.kr/kolisnet)에서 이용하실 수 있습
니다. (CIP제어번호: CIP2017003215)

본 연구물은 서강대학교 산학공동연구지원사업(BRIDGE지원사업, 교육부)
의 지원을 받은 것입니다.

【한국선거학회 학술총서 ⑧】

한국의 선거 VII

-2016년 제20대 국회의원선거 분석-

한국선거학회 편

Elections in Korea VII

Edited by
Korean Election Studies Association
(KEAS)

ORUEM Publishing House
Seoul, Korea
2017

서문

제20대 총선은 제19대 국회에의 부정적 평가에 대한 국회의 개혁이라는 목표 속에서 출발하였다. 그러나 20대 총선과정은 국민들에게 새로운 국회에 대한 기대를 주지 못하였고 투표 결과에 반영되었다. 선거구획정이 법적 시한을 지키지 못한 것을 시작으로 각 정당의 공천과정은 비정상적으로 진행되었다. 시간적으로 촉박하였을 뿐 아니라 각 정당이 정해 놓은 규정을 제대로 지키지 않거나 규정 자체를 무시하는 공천이 다수 발생하였다. 각 당의 공천심사위원회는 전략 공천이라는 명분 아래 공천 신청자들뿐 아니라 유권자들도 반발하는 공천전횡을 서슴지 않았다. 새누리당의 공천을 주도한 친박 진영의 '배신의 정치'에 따른 공천배제는 새누리당 지지자들마저 실망시켜 지지를 변경하는 지경에 이르렀다. 각 정당에서 벌어진 공천갈등은 다시 한번 정치권이 유권자들과 유리된 정치를 하고 있다는 것을 확인시켜 준 셈이 되었다.

제19대 국회와 공천파행에 대한 유권자의 평가는 선거 결과로 나타났다. 흔히 '기울어진 운동장'이라고 표현되는 다수의 보수 유권자라는 정치 지형에 근거한 선거예측은 빗나갔다. 비록 집권여당을 비난하지만 새누리당 지지자들이 투표 선택에 있어 결코 새누리당을 떠나지 못할 것이라는 오만한 생각이 틀렸다는 것을 보여주었다. 선거 이전에 대다수의 언론과 전문가들은 여러 가지 악재에도 불구하고 새누리당이 과반수 의석을 확보할 것이라고 예측했다. 그리고 선거 직전까지 더불어민주당은 제19대 국회 당시 의석인 107석을 지킬 수 있을 것인지가 관심사였다. 호남에서 국민의당 지지도가 상승하는 추세였지만, 그래도 막상 투표소에서 유권자들이 더민주당을 외면하지는 않을 것이라는 기대가 있었던 것이다. 그러나 선거가 다가오면서 여론조사 추이를 보면, 야당의 정권심판론과 여당의 야당심판론 모두가 공감대를 잃어가고 있었고 실제로 투표 결과는 그러한 정서를 현실화하였다.

선거 결과는 유권자들이 더 이상 정치권의 볼모가 아니라는 것을 보여주었다. 제19대 국회에 대한 국민의 실망은 양대 정당의 공천과정을 보면서 더 큰 실망과 분노로 이어졌다. 집권여당인 새누리당에 대한 실망은 수도권에서 더민주당에 대한 지지로 나타났다. 그리고 더민주당에 대한 비판은 호남에서 국민의당에 대한 지지투표로 표출되었다. 신생정당인 국민의당은 정치적 정체성의 모호함에도 불구하고 호남에서 압승의 기세 속에서 25석을, 그리고 정당비례선거에서 지지율 26.7%로 13석을 획득하여 총 38석을 획득하였다.

이러한 결과를 만들어 낸 유권자들은 투표 선택에 얼마나 만족하고 제20대 국회에 기대를 걸었을까? 이번 조사 결과는 유권자들이 좋아하는 후보나 정당을 선택한 것이 아니라는 점을 명확히 보여주고 있다. 양대 정당의 오만함에 대한 처벌로 다른 정당에 투표했다면 그 정당을 덜 미워하기 때문이라는 해석이 가능하다. 따라서 2017년 대선에서 유권자들이 어떠한 투표선택을 할지에 대해서 이번 총선 결과를 바탕으로 예측하는 것은 쉽지 않은 일이다.

이번 제20대 총선에서는 학문적으로 주목해야 할 현상이 여럿 있었다. 첫 번째는, 거대 양당에 대한 유권자들의 비판적인 태도이다. 유권자들은 정당들이 제시한 공약에 대한 신뢰를 갖지 않았을 뿐만 아니라 거대 양당의 문제해결 능력에 대한 기대가 크지 않았다. 그 결과 국민의당이라는 제3당이 교섭단체로 등장할 수 있었다. 유권자들은 집권당인 새누리당뿐만 아니라 제1야당인 더민주당에 대한 심판도 동시에 가한 것이다. 호남에서 국민의당이 23석을 차지한 것은 그동안 지역지배정당이었던 더민주당에 대한 처벌이었다. 아울러 47석의 비례대표의석 중 국민의당이 더민주당과 같은 수의 13석을 차지했다는 것이 양대 정당에 대한 유권자의 불만을 보여주는 것이었다. 소선거구제에서 제3당의 등장은 기존정당체제에 대한 불만의 결과라는 관점이 적용될 수 있는 것이다.

둘째로, 분할투표 현상이다. 제17대 총선 때부터 도입된 1인 2표제를 통해 유권자들의 투표행태를 좀 더 자세히 분석하는 것이 가능해졌다. 이번 제20대 총선에서 나타나는 분할투표는 이전 선거들과는 다른 양상을 보였다. 유권자들이 기존정당에 대한 불만을 표출하는 기회로 활용된 면이 많다. 그리고 분할투표의 상당 비율이 정당비례투표에서 국민의당을 택한 경우다. 소선거구제에서는 당선가능성으로 인해 거대정당이 득표에 유리하다는 것을 감안할 때 지역구에서는 양대 정당 후보 중 한 명을 그리고 정당비례투표에서는 국민의당을 택하는 것을 이해할 수 있다. 그러나 국민의당을 선택한 것이 국민의당에 대한 능동적 지지에 의한 것인지는 심도 깊게 분석해 볼 필요가 있다.

셋째로, 그동안 공고하게만 보였던 지역주의의 균열과 세대균열에 변화가 나타났던 것에 주목하게 된다. 새누리당이 호남에서 2석을 차지한 것, 민주당이 영남에서 9석을 차지한 것은 이전의 배타적인 지역주의가 약화된 증거로 볼 수 있다. 물론 이들 지역구의 선거구도를 보면 정당에 대한 지지 변화라기보다는 지역주의에도 불구하고 지역을 잘 관리한 후보자 노력의 성과라는 평가도 설득력이 있다. 그럼에도 불구하고 지역주의가 극복될 수 있는 여지를 보여주었다는 점에 의미를 둘 수 있다.

또한 세대별 투표 선택에서도 이전선거와 차별적이었다. 지역구선거에서

50대의 새누리당 지지는 47%로, 60대 이상 59.3%와 큰 차이를 보였다. 이 제 50대와 60대를 동일한 정치성향의 집단으로 볼 수 없다. 그런데 두 세대에서 이러한 차이는 이번 총선 상황이 아니어도 필연적으로 나타났으리라는 해석도 가능하다. 시간이 지나면서 이제 50대 연령층의 구성이 소위 386세대로 변화되었다. 제19대 총선 때와 비교하면 절반가량의 유권자 구성이 달라졌다는 점을 고려해야 한다. 이들은 한국의 민주화를 이끌었던 주역이며, 그러한 역사적 경험이 체화되어 민주주의 가치를 중시하는 정치적 특성을 가지고 있다. 이번 선거 결과를 통해 나이가 들면 보수화된다는 연령효과보다 세대특성은 시간이 지나도 지속된다는 세대효과가 더 타당한 것으로 볼 수 있다.

이 책은 한국선거학회에서 한국 선거를 학술적으로 연구하여 그 성과를 단행본으로 묶는 연속 작업 중 하나이다. 책의 구성을 보면 제1부에는 제20대 총선의 전반적인 진행과정에 관한 정보를 제공하고 평가하는 글을 실었다. 제1장에서는 선거구획정부터 선거 결과에 대한 서술과 마지막에 바람직한 국회에 대한 과제를 언급하였다. 이 글은 제20대 총선에 대한 기초적인 서술을 통해 독자들이 선거 당시의 맥락과 분위기에 대한 이해를 돕는 것을 목적으로 하고 있다.

제2장에서는 선거 책임성이라는 분석틀을 이용하여 유권자들이 선거에서 집권세력을 어떻게 평가하고 있는지에 초점을 맞추고 있다. 대부분의 민주주의 국가의 선거에서 가장 중요한 선거 이슈는 경제상황이다. 유권자들은 집권당의 경제업적에 따라 보상하거나 처벌한다는 주장이 고전적인 경제투표 이론이다. 이 글에서는 지역주의가 여전히 투표 선택에 중요한 요인이기는 하지만 경제투표 이론이 작동한다는 것을 경험적으로 보여주고 있다. 따라서 선거 책임성의 개념이 국회의원선거에 적용될 수 있다는 것을 확인하였다.

제2부에서는 선거에서 정당의 역할에 관한 연구를 모았다. 제3장은 원내 교섭단체를 구성할 수 있는 수준의 의석을 획득한 제3당의 등장에 주목하고

있다. 이전 총선에서도 의석을 보유한 제3당이 존재하기는 하였지만, 국회 운영에 참여할 수 있는 자력으로 교섭단체를 꾸릴 수준의 제3당의 부상은 처음이다. 따라서 누가 국민의당을 지지했는지 지지자 특성을 분석하였다. 선거에서 국민의당이 성공할 수 있었던 이유 중 하나로 제19대 총선에서 지지한 정당과 이번 총선에서 선택한 정당이 달랐다는 사실에 주목하였다. 그리고 정당재편의 결과로 어느 정당도 과반수 의석을 차지하지 못한 제20대 국회에서 향후 정당 간 협조와 견제가 어떻게 이루어질 것인지를 전망하였다.

제4장은 포퓰리즘의 개념을 정의하고 국민의당이 포퓰리즘 정당인지에 대한 질문으로 논의를 시작한다. 먼저 포퓰리즘에 대한 기존연구를 소개한 후 정확한 개념정의를 제시하였다. 그리고 정치불신과 냉소주의는 유사한 개념이지만 경험적으로 구분되어야 한다는 주장을 제기한 후 정치냉소주의자들이 포퓰리스트의 동원대상이 된다는 점을 지적하였다. 그리고 경험적 분석을 통해 국민의당 지지는 안철수 개인에 대한 지지를 바탕으로 하며 정치냉소주의자들의 지지가 많았다는 것을 보여주었다. 결론적으로 국민의당은 포퓰리즘 정당에 가까운 정당으로 볼 수 있으며, 따라서 정당이 정치적 영향력을 확대하기 위해서는 여당과 협조관계를 맺는 것이 필요하다. 그런데 국민의당이 호남을 지지기반으로 하고 있다는 점에서 새누리당과의 협조를 통한 제도권 정당으로의 전환이 쉽지 않을 것으로 전망하고 있다.

제5장은 정치심리학적 관점에서 유권자의 투표 선택을 분석한다. 이 글의 분석틀은 합리적 선택이론의 한계를 지적하고 있다. 유권자들의 정당태도는 항상 명확한 것이 아니며, 정당태도가 불분명하거나 중도적이어서 유동적일 경우 정당 투표 선택과 후보자 투표 선택이 비일관적으로 나타날 가능성이 높다는 점에 착안하고 있다. 유권자들은 항상 일관적 태도를 갖는 것이 아니라, 정당은 좋아하지만 그 정당 후보자에 대해서는 싫어하는 감정을 가질 수 있다. 이를 상충적 태도라고 정의하고 조작적 정의(operational definition)를 통해 상충 지수를 산출하였다. 이러한 방법론적 시도는 제3정당에

대한 지지이유를 설명하는 데 유용하다는 것을 보여준다. 국민의당의 부상은 기존정당에 대한 상충적 인식과 태도의 불안정성에서 기인한 '파생적 득표'라고 평가하고 따라서 국민의당의 정체성이 어떻게 될지에 대해서는 확실성이 낮다고 예측하였다.

제3부에서는 유권자의 투표행태를 분석한 글들을 모았다. 제6장은 선거기간 중 투표 선택을 변경한 유권자들을 대상으로 그들의 인구통계학적 특성과 선택변경의 이유에 대한 분석을 시도하였다. 야권의 분열은 결국 새누리당에 도움이 된다는 민주당의 주장과 달리 결과적으로 지지변경자들 가운데 애초에는 새누리당 지지자들이 많았다는 것을 밝혀냈다. 결과적으로 해석에 주의가 필요하기는 하지만 국민의당이 부상하게 됨으로써 가장 손해를 본 정당은 민주당이 아니라 새누리당인 것이다. 유권자들의 지지변경은 지역구선거와 정당비례선거에서 다르다는 것도 흥미로운 발견이다. 즉, 지역구선거에서는 새누리당에서 민주당으로의 변경이 가장 많았고, 정당비례투표에서는 새누리당 이탈자들이 거의 비슷한 비율로 민주당과 국민의당을 선택하였다.

제7장에서는 제6장의 투표 변경자들과 다른 개념인 부동층의 투표 선택을 다루고 있다. 부동층이란 선거막판까지 지지할 후보나 정당을 결정하지 못한 유권자 집단을 의미한다. 부동층에 대한 기존의 연구를 검토한 후 부동층의 특성에 따라 두 집단으로 구분해야 한다는 주장을 받아들인다. 정치정보가 부족하고 선거에 관심이 없는 소극부동층과 정치에 관심이 많고 세련된 유권자들이지만 기존정당에 실망하여 정당 귀속감이 아니라 선거 이슈나 자기이익에 따라 최종 순간에 투표 선택을 하는 적극부동층으로 구분할 필요가 있다는 것이다. 이 글에서는 누가 부동층인가, 부동층은 어떠한 정치적 특성을 갖는가 그리고 부동층은 분할투표나 선택변경의 가능성이 높은가 등에 대한 질문과 그에 대한 경험적 대답을 구하고 있다.

제8장은 분할투표를 주제로 다루고 있다. 분할투표의 유형과 그 원인에

대한 기존연구를 살펴보고 투표의도에 따라 사표방지를 위한 전략적 분할투표, 권력의 견제와 균형을 목적으로 하는 분할투표, 그리고 연합보장 분할투표로 구분한다. 경험적 연구를 위한 가설로서 정당 귀속감이 약할수록, 이념이 중도적일수록 분할투표의 가능성이 높을 것으로 예측하였다. 이번 선거에서 분할투표의 원인으로 공천파동이 중요하였다는 것을 확인하였고, 30대와 40대에서 분할투표 비율이 높은 것으로 나타났다. 기존연구에서 확인된 바와 같이 정당 귀속감이 분할투표 여부에 중요한 변수였지만, 유권자의 정치지식이나 투표결정 시기 등은 유의하지 않은 것으로 나타났다. 그리고 정당비례투표에서는 국민의당이 분할투표의 덕을 많이 본 것으로 확인되었다.

마지막으로 제4부에서는 세대균열과 이념이 투표 선택과 어떠한 관계가 있는지를 다루고 있다. 제9장은 이번 총선에서 세대효과가 영향이 있는지에 대해 심도깊은 분석을 시도한다. 연령효과와 차별적인 세대효과는 한국 정치에서 새로운 균열축으로서 관심의 대상이다. 20대 초반 사회화 시기에 겪은 정치경험이 이후 정치태도에 지속적으로 영향을 미친다는 사실에 주목하는 세대효과 이론은, 한국처럼 정치격변이 다수 발생하는 상황에서는 상당한 설득력이 있다고 볼 수 있다. 이번 총선에서는 87세대의 효과가 발견되지 않았다. 그러나 연령효과로 인해 세대효과가 사라진 것이 아니라 세대효과의 발현은 정치동원이라는 정치적 조건이 뒷받침되어야 한다는 주장을 펴고 있다. 이번 총선은 정책대결도 없었고 진보세력을 동원할 명분과 설득력이 없었기 때문에 87세대의 효과가 나타나지 않은 것이다. 여전히 87세대는 이전이나 이후세대와 비교했을 때 이념성향이 상대적으로 진보적이며 이들에게 호소되는 조건이 충족되면 다시금 세대효과를 보여줄 잠재력을 가지고 있다고 결론을 맺고 있다.

제10장은 정치이념의 측정과 유용성에 대한 본질적 물음에서 시작한다. 많은 설문에서 응답자의 이념위치를 직접 묻는다. 이러한 주관적 이념측정의 신뢰성에 의문을 제기한다. 쟁점 이슈들에 대한 입장을 통해 객관적인

이념측정을 하고 이를 주관적 이념과 비교를 시도했다. 경험 분석 결과는 세대별로 주관적 이념과 상관성이 있는 이슈가 동일하지 않다는 것을 보여 주었다. 또한 진보-보수라는 이념 구분이 실제 정책선호와 정확히 일치하지 않음에도 불구하고 투표 선택에 있어서는 중요한 요인이라는 것도 확인하였다. 그런데 이러한 관계에 매개되는 것이 정당이다. 자신의 이념과 가까운 정당을 선호하는 것이 아니라 선호하는 정당의 이념적 위치를 자신의 이념 위치로 투사(projection)하는 경향이 강하게 나타난다.

　이 책에서는 선거와 관련된 다양한 이론을 제20대 총선에 적용하는 시도들을 담고 있다. 아직도 정치현상 해석에 있어 서구이론에 의존하는 학문적 현실 속에서 제20대 총선을 연구대상으로 서구이론의 적실성을 판단하고, 한국적 특성에 대한 고민이 이 책 속에 담겨 있다. 선거연구에 반드시 필요한 선거제도의 효과, 공천과정 평가, 소수자 집단의 대표성 등의 주제를 다루지 못했다는 점에서는 아쉬움이 남는다. 한국선거학회가 30년 가까이 전국단위 선거를 대상으로 선거 후 면대면 설문조사를 실시하고 학자들의 연구 결과물을 책으로 엮어내어 지식을 축적하는 것은 의미 있는 작업이다. 앞으로도 이러한 작업은 계속될 것이다. 학자로서 정치현상을 기록하고 해석하는 작업은 어쩌면 의무인지도 모른다.

　이 책의 출판은 수많은 분들의 도움이 있어 가능했다. 서강대학교 BRIDGE 사업의 재정적 지원이 도움이 되었다. 그리고 도서출판 오름의 부성옥 대표를 비롯한 직원 여러분의 관심과 도움에 큰 감사를 드린다. 무엇보다도 한국데이터센터(KSDC) 이남영 소장님의 관심과 지원이 없었다면 이 작업은 불가능했다. 이 책의 대부분의 글에서 사용한 선거후 설문조사 자료를 한국데이터센터가 제공해 주었다.

필자들을 대표하여
한국선거학회 회장 이현우

| 차 례 |

제**1**부   제20대 총선의 지속성과 변화

제2부   선거와 정당

제**3**부   선거와 투표

제**4**부   선거와 이념

제1부

제20대 총선의
지속성과 변화

제20대 국회의원선거 평가

이현우 | 서강대학교

I. 들어가며

모든 선거는 연속성과 변화라는 특성을 보여준다. 민주화 이후 한국 선거에서 나타나는 지역주의와 선거 이슈로서의 경제 문제가 지난 선거들과 연속성을 갖는다면, 여당인 새누리당과 제1야당인 더불어민주당의 공천파동 그리고 제3정당인 국민의당의 등장 등은 이번 선거만의 특징이라 할 수 있다. 제20대 총선은 19대 국회에 대한 국민들의 실망을 뒤로 하고 더 나은 국회를 구성하겠다는 정치권의 약속하에서 출발하였다. 그럼에도 불구하고 공식적인 선거의 시작을 의미하는 공천과정에서부터 국민은 또다시 정치를 우려하지 않을 수가 없었다.

각 정당의 공천과정에서 불거진 내홍은 국민이 정치를 외면하게 만들었다. 공천이 정당의 정체성을 대표하며 경쟁력 있는 후보를 뽑는 과정이라기보다 정당 내 계파 간의 갈등으로 전개되었기 때문이다. 여기에 공천에서 탈락한 후보들이 무소속으로 출마하여 선거판세를 더욱 혼란스럽게 하였다. 전략 공천과 여론조사를 통한 공천후보 결정이라는 방식이 이전의 공천방식보다 더 민주적이라고 할 수는 없다. 특히 전화여론조사에서 표본오차를 무시하고 무조건 다득표한 후보를 공천자로 결정하는 방식은 합리적 타당성을 잃은 것이다. 더욱이 정당들은 전화여론조사 공천결과를 국민은 물론 해당 예비후보들에게 공개하지 않았다. 이처럼 타당성과 공개성이 제대로 지켜지지 않는 공천방식은 향후 반드시 개선되어야 할 것이다.

수많은 공천잡음에도 불구하고 공천이 종료된 후 본격적인 선거운동이 시작되면서 유권자들은 정당 간 경쟁에 집중하였다. 각 정당은 선거가 시작되면서 다양한 공약을 제시하였다. 공약이 얼마나 유권자의 투표 선택에 영향을 미치는지에 관한 이론적 논쟁은 차치하고라도 지난 19대 총선에서 각 정당이 제시한 공약이 얼마나 실천되었으며, 이번 선거에서 제시된 공약들이 실천가능한지에 대한 평가가 이루어져야 한다. 공약전문평가기관들에 의하면 이번 선거에서 주요한 3대 정당이 제시한 공약을 모두 이행하려면 연간 약 23조 원의 재원이 필요하다. 결과적으로 정당의 공약들은 완성도가 낮으며 득표를 위한 선심성 공약에 그치고 있음을 짐작케 한다.

이 글은 이 책에 실린 연구들이 선거 각론에 대한 심도 있는 주제를 다루는 것과 달리 20대 총선의 개괄적 정보를 제공하는 데 목적을 두고 있다. 따라서 정당의 지역구 공천 및 비례대표 공천, 야당의 통합논의, 정당들의 선거공약, 선거운동과 여론조사 그리고 선관위의 선거관리 등에 대한 주요 내용 검토와 평가를 다루도록 한다. 선거 없는 민주주의는 불가능하다. 그럼에도 불구하고 선거를 통해 선출된 대표자에 대한 국민의 만족도는 지속적으로 낮아지고 있다. 단적으로 국회에 대한 평가가 16대 국회 이후로 점점 더 낮아지고 있다. 심지어 국민통합의 가장 걸림돌이 '정치적 대결'이라는 응답이 80%가 넘는 것은, '정치의 기본 역할이 사회갈등의 통합이다'라는 규범적 원칙에 벗어나는 것이다.[1]

정치의 중심인 국회가 정상적으로 작동하지 못하는 이유가 구성원인 국회의원들의 자질에 문제가 있기 때문이라는 지적이 있다. 그러나 국회의원들을 교체함으로써 국회가 기능을 제대로 할 수 있는지에 대해서는 의문이 제기된다. 지난 19대 국회에서 초선의원 비율은 49.3%였으며, 20대 국회에서는 44%가 초선의원들이다. 이처럼 매번 국회의원의 40% 이상을 초선의원이 차지하지만 국회가 개선된 것은 아니었다. 그럼에도 불구하고 국회의원을 제대로 뽑아야 한다는 명제를 무시할 수는 없다. 따라서 국회의원을 뽑는 과정이 어떠했는가를 돌아보고 평가하는 것은 의미 있는 작업이다.

아울러 20대 총선 결과가 이전과는 달리 3당 체제를 구성했다는 점에서 새로운 국회를 전망하게 된다. 16년 만에 여소야대의 의석분포 아래서 3당 체제로 국회가 구성되면서 협치가 강조될 수밖에 없다. 따라서 이전보다 민주적이고 생산적인 국회가 될 가능성과, 3당의 복잡한 협력과 경쟁 속에서 혼란이 가중되어 국회가 정체될 가능성도 공존한다. 이 글의 말미에는 20대 국회에 대한 기대와 당부를 담도록 한다.

II. 선거전 환경

1. 선거구획정의 지연

2014년 10월 30일에 헌법재판소는 최대 선거구 대비 최소 선거구의 인구 편차를 기존 3:1에서 2:1로 2015년 말까지 변경할 것을 결정하였다. 제20대 총선 예비후보등록 마감이 2015년 12월 15일이고, 12월 31일 이후에는 19대 국회의 선거구가 법적 효력을 가질 수 없었지만 국회에서 여·야당은 이

---

1) 2016년 6월 서강대 현대정치연구소의 조사에 따르면 정치권이 국민통합에 부정적 역할을 한다는 답변이 국회의원들 중에는 81.9%, 그리고 일반 국민들 중에는 82.4%에 이르고 있다.

러한 규정을 준수하려는 노력을 보이지 않았다. 선거구획정에 따른 여야의 이해관계가 첨예하기 때문에 선거구조정에 많은 시간이 필요했기 때문이다. 하지만 더 근본적으로 2015년 말까지 선거구획정이 이루어지지 않더라도 당사자인 현역의원들에게 불이익이 되는 바가 없기 때문이었다.

새로운 선거구획정 문제를 두고 한때 정치권에서는 국회의원정수를 늘리는 방법이 논의되었지만 이에 반대하는 여론에 따라 총 의석수 300석을 넘지 않으면서 선거구를 조정하는 방안을 모색하게 되었다. 새누리당은 의원정수를 늘릴 수 없는 상황에서 지역구획정에 따른 지역구 의원들의 피해를 최소화하기 위해 비례대표의원의 정수를 줄이는 방안을 제시하였다. 그러나 야당이 이에 반대하자 국회는 합의를 이루지 못한 채 지역구와 비례의원의 의석수 결정을 중앙선관위 산하 선거구획정위원회로 넘겨버렸다. 그리고 이에 따라 선거구획정위원회가 의석수 비율안을 제시하고 이를 국회가 동의하는 절차를 밟게 되었다.

국회조직과 관련된 기본적 사항마저도 합의를 도출하지 못하고 외부기구에 의존하는 것은, 이 문제로 인해 발생할 수 있는 문제들에 대한 책임을 회피하려는 여야의 암묵적 합의의 결과였다. 선거구획정위원회를 설치한 취지는 의원정수나 지역구와 비례대표의원의 비율을 결정하기 위한 것이 아니다. 본래 취지는 선거구를 획정함에 있어 특정정당이나 후보에게 유리하게 획정되는 것을 방지하기 위해 기술적인 측면에서 공정성을 담보할 수 있는 전문가의 견해를 수용하겠다는 것이다. 의원정수 비율과 같이 정치적 판단을 요하는 쟁점을 결정하기 위한 기구가 아닌 것이다.

선거구획정과정에서 짚고 넘어가야 할 문제는 선거구획정위원회가 국회의장 산하에서 선관위 산하로 조직이 옮겨진 이유가 독립성을 강화하기 위한 것이었는데 현실적으로는 그렇지 못했다는 점이다. 지속적으로 합의에 도달하지 못하게 되면서 김대년 선거구획정위원장이 사퇴를 하게 된다. 이때 사퇴의 변에서 여당과 야당이 동수(同數)로 추천하여 구성된 획정위원들 사이에 의견이 첨예하게 대립되어 재적위원 2/3 이상의 의결요건으로 하는 의사결정구조 속에서는 최종결과를 낼 수 없었다는 점을 지적하였다. 이는 각 당으로부터 추천된 획정위원들이 전문성에 근거한 소신 있는 판단보다는 추천한 정당의 이해대변에 충실했다는 것으로 해석될 수 있다. 따라서 선거구획정위원회의 공정성과 전문성을 보장하기 위해서는 획정위원의 추천방식과 비율 그리고 의결정족수에 대한 개선이 필요했다.

또 하나의 문제로 지적되는 것은 2016년 1월 11일 선관위 성명서에서 밝힌 예비후보자 등록과 선거운동 허용에 관한 부분이다. 선관위는 2015년 12월 31일 이후에는 기존의 선거구가 무효화되었으므로 기존 선거구를 기반으로 등록된 예비후보자의 선거운동을 단속해야 함에도 불구하고 예비후보들에 대한 불공평성을 방지하기 위해 단속을 유보하였다. 뿐만 아니라 신규 예비후보자 등록신청을 접수·처리하여 예비후보들의 선거운동을 허용하기로 결정하였다. 공직선거법 제60조 2의 1항에는 예비후보자가 되려는 사

〈표 1〉 선거구획정 주요 일지

날짜	주요 내용
'14.10.30	헌재, 선거구별 인구편차 2:1로 변경주문
'15.03.18	국회정개특위 출범, 선거구획정 등 논의착수
'15.07.15	중앙선관위 산하 선거구획정위원회 출범
'15.10.13	20대 총선 선거구획정안 국회제출 법정시한
'15.11.13	20대 총선 선거구획정안 국회처리 법정시한
'15.12.15	20대 총선 예비후보 등록 시작
'16.01.01	기존 선거구 법적 효력 상실. 국회의장 현행선거구에 기반한 획정안 제시
'16.01.08	선거구획정위원장 선거구 공백상황에 책임지고 사퇴, 임시국회 최종일
'16.01.23	여야 원내대표 지역구 253석 + 비례 47석 원칙 합의
'16.02.23	여야대표 선거구획정기준 합의
'16.02.28	선거구획정위, 선거구획정안 국회 제출
'16.03.02	국회 본회의에서 선거구획정안 포함한 공직선거법 개정안 처리

출처: "정개특위 → 획정위 → 여야대표 … 우여곡절 선거구 기준합의,"『연합뉴스』, 2016.2.23

람은 관할선거관리위원회에 예비후보자 등록을 서면으로 신청하여야 한다고 규정하고 있다. 이러한 법규정에 따르면 선관위가 법률상 관할선거관리위원회가 없어진 선거구 증발상태에서 이 법에 저촉되는지의 여부를 결정할 수 있는 근거는 무엇이었는지 분명히 해야 한다. 비록 여야가 합의를 통해 예비후보자가 정상적인 선거운동을 할 수 있도록 하고, 미등록 예비후보자의 등록신청 및 수리 등을 요구했지만, 중앙선거관리위원회의가 법의 규정을 침해할 수 있는 권한이 있다고 볼 수는 없다. 이러한 중앙선관위의 결정은 향후에도 관례로 남아 영향을 줄 수 있다는 점에서 좀 더 신중한 결정이 필요했다고 본다.

이후 국회에서 여야는 1월 23일 지역구 253석과 비례대표 47석으로 합의하고, 중앙선관위에 1월 25일까지 획정안을 제출하도록 요구하였다. 그러나 중앙선관위는 1월 28일이 되어서야 획정안을 국회에 제출함으로써 국회제출 법정시한인 2015년 10월 13일을 139일 넘기고 제출하였다. 이때는 20대 총선을 불과 45일 남겨둔 시점이었다. 그리고 국회에서는 3월 2일에서야 본회의에서 찬성 174표, 반대 34표, 기권 36표로 개정된 선거법을 가결시켰다. 선거일을 겨우 42일 앞둔 시점에서 선거법이 통과되었고 선거구가 확정된 것이다. 따라서 이후 짧은 시간 동안 이루어진 정당의 공천과정이 많은 오류와 함께 파행에 접어드는 것은 어쩌면 당연한 것이었다.

2. 공천: 민주적인가?

공천이란 정당이 후보를 선정하고 후보자는 소속정당의 추천하에 본 선거에 임하는 과정을 말한다. 정당공천을 받은 후보는 선거에서 여러 가지 혜택을 받게 된다. 선거운동과정에서 후보자는 소속정당의 의석수 기준에 따른 후보자 번호를 배정받고, 정당은 해당 후보의 당선을 위해서 다양한 지원을 한다. 그런데 공천과정은 단순히 선거경쟁력이 있는 후보를 선택하는 과정만은 아니다. 정당 내부의 계파 간 권력갈등을 반영하기도 한다. 과거 공천은 소위 밀실공천으로 소수 정당지도부에 의해서 결정되고, 그 과정에서 금전거래 등 비민주적 요소도 많았다. 이를 개선하기 위해 17대 총선부터 부분적으로 상향식 공천방식이 도입되면서 공천의 공정성과 유권자의 의사가 반영된 공천이 중요해지기 시작하였다(최준영 2012).

그러나 20대 총선을 앞두고 각 정당의 공천과정이 민주적 절차와 과정을 거쳤다고 보기는 어렵다. 우선 상향식 공천이 정당의 당원이 아닌 국민경선 방식으로 이루어졌는데, 공천이라는 정당 내부의 행사에 그 정당과 연관이 없는 일반 유권자들이 참여하는 것이 바람직한가의 문제를 제기하게 된다.[2] 이처럼 일반 유권자들을 대상으로 하는 소위 국민참여방식공천은 각 정당이 정당을 대표할 만큼의 진성당원을 확보하지 못하고 있기 때문에 고안한 궁여지책이다. 한국 정당은 유럽형에 유사한 당조직 형태를 띠고 있다. 중앙당이 강한 권력을 가지고 지구당을 통제한다. 반면에 후보공천에 있어서는 미국의 예비선거방식을 택하고 있다. 미국의 정당은 한마디로 선거를 위한 조직이며 당비를 내는 진성당원이 없다. 따라서 유럽식 정당구조와 미국식 공천방식이라는 부자연스런 조합형식이 한국의 공천환경이다. 현실적으로 한국 정치인들에게 정당은 단지 정치권력을 획득하기 위해 이용하는 도구일 따름이다. 당선이 어려우면 언제라도 탈당하고 필요하면 창당하면 된다. 당선만 된다면 서슴없이 철새정치인이라는 비난을 감수한다.

한국 정당의 평균수명이 채 4년이 되지 않는다는 것이 한국 정당의 단면을 극명하게 보여준다. 현재 선관위에 24개의 정당이 등록되어 있는데 이들 중 10년 이상 동일한 이름으로 유지된 정당은 하나도 없다.[3] 정당이 당원에 근간하여 운영되지 않기 때문에 생긴 현상이다. 이처럼 개인과 정부를 연결하는 정치소통의 매개체로서 정당이 유권자들과 유리되어 있기 때문에 책임

---

2) 전화여론조사에서 다른 정당을 지지하지 않는 모든 응답자들에게 후보를 선택할 수 있는 기회를 부여하였다. 따라서 정당지지자뿐 아니라 해당 정당에 대한 지지나 호감을 갖고 있지 않은 무당과 역시도 공천과정에 참여한 셈이다.

3) 이처럼 정당변경이 심하기 때문에 정당에 관한 연구들 중에는 새누리당 계열의 정당과 민주당 계열의 정당이라는 표현을 쓰기도 한다.

정치의 실종과 국민의 정치 외면은 필연적 결과라고 할 수 있다.[4]

20대 총선 후보공천과정에서 정당들은 계파의 비생산적 갈등관계를 여실히 보여주고 있다. 공천은 다른 계파를 제거하려는 갈등의 장이 되고 말았다. 소속정당이 의석을 다소 잃더라도 자신의 계파가 정당의 주도권을 잡는 것이 더 중요하다고 생각하는 지경에 이르렀다. 정당들은 19대 국회를 비난하면서 공천부터 바로잡아야 국회가 바로 선다는 명분을 내세웠지만 그 과정을 목도한 국민들의 공감을 얻어내지 못하였다. 정당마다 다투어 외치던 상향식 공천은 정치적 레토릭으로 이름만 남아 있을 뿐이었다.

공천결과를 보면 정당들이 제시한 공천원칙이 제대로 지켜졌다고 보기 어렵다. 우선 공천원칙이라는 것이 뚜렷하지 않았다. 모든 정당들은 공천후보자들이 정당의 정체성과 일치하는지를 평가항목에 넣었지만 과연 정당들이 어떤 정체성을 가지고 있는지를 우선 묻게 된다. 현실적으로는 정당지도부의 지시를 잘 따랐는지가 정체성의 척도가 아닌가 싶다. 당 내에서 정당지도부와 맞서 자신의 목소리를 내던 의원들 상당수가 공천에서 탈락한 것을 볼 때 정체성은 정당규율로 대치하는 것이 더 타당하다. 상대계파 자르기, 독단적 결정, 이삭줍기식 충원 등 어느 정당도 제대로 된 민주적 공천에 이르지 못하였다.

20대 총선을 앞두고 정당들은 한결같이 공천권을 국민에게 돌려준다는 명분을 내세우고 상향식 공천제도를 도입했다. 그런데 공천은 정당 내부의 행사다. 따라서 후보공천은 일반 국민이 아니라 정당구성원에 의해 결정되는 것이 맞다. 그리고 이전에 국민들이 공천권을 행사한 적도 없었기 때문에 돌려준다는 표현도 옳지 않다. 정당들이 국민경선을 택한 것은 정치 이벤트를 통해 유권자의 관심을 끌려는 선거전략일 따름이었다. 그렇지 않다면 정당이 공천할 후보를 뽑을 내부능력이 없다는 고백이 되기 때문이다.

상향식국민공천의 취지는 과거에 정당지도부가 공천권을 무기로 정당기율을 강화하고 국회의원들의 자율성을 위축시키는 보스 중심의 당 내 권력

---

4) 한국에서 이상적인 정당은 어떠한지에 대해서는 논쟁이 진행 중이다(정진민 외 2015).

구조를 개혁하고자 하는 것이다. 그런데 20대 총선과정에서 정당들의 공천과정을 보면 계파 간의 권력다툼 그 이상도 이하도 아니었다. 정당마다 현역의원 탈락률을 정하는 것도 전혀 논리적 근거가 없는 것이며, 공천에서 탈락한 의원들이 줄지어 탈당하는 것도 정당구성원에 대한 장악력의 한계를 보여주는 것이다.

앞에서 지적한 바와 같이 그동안 총선에서 초선의원의 비율은 항상 40%가 넘었다. 그럼에도 불구하고 국회가 정상적으로 운영된 적이 없다. 의원들의 자질이 국회 운영의 걸림돌이 아니라는 뜻이다. 정치신인들을 충원하면 단숨에 정당이 변모하고 국회가 정상화될 것처럼 포장하는 것은 국민을 기만하는 것이다. 예외 없이 공천내홍에 시달리는 정당들을 보면 20대 국회가 이전 국회보다 나아질 것이라고 낙관하기 어렵다.

이번 공천결과에서 두드러진 특징 중 하나가 비례대표의 몰락이라 할 수 있다. 비례대표로 선출된 국회의원은 예외적 경우를 제외하곤 차기선거에서 다시 비례대표에 도전하는 것이 아니라 지역구로 출마하는 것이 관례다. 그런데 지역구 출마를 위한 19대 비례대표 국회의원들 가운데 정당공천을 받은 의원의 비율은 35%에 그치고 있다. 특히 이러한 현상은 야당보다 여당에서 더 심하게 나타났다. 〈그림 1〉에서 보는 바와 같이 새누리당의 경우 공천을 받은 비례대표는 27명 중 5명에 불과하다. 이 중 3명은 단수공천을 받았고 2명은 경선을 통해 공천이 확정되었다. 물론 19대 비례대표의원 모두가 지역구에 도전한 것은 아니다. 새누리당에서 7명은 20대 총선 불출마를 선언하였다.[5] 이에 비해 더불어민주당에서는 21명의 비례대표 중 지역구 공천을 받은 의원은 10명이다. 대부분은 경선을 통해 공천권을 따낸 것이다. 자발적으로 지역구 공천을 포기한 의원은 3명에 불과하다.

〈그림 1〉에서 전체적으로 19대 비례대표의원 52명 가운데 40명이 지역구 출마에 도전해서 18명이 공천을 받았다. 그런데 공천을 받은 의원과 그

---

5) 이자스민 의원은 비례대표를 재신청하였으나 실패하였다. 박윤옥 의원은 불출마를 선언했다가 서울 용산 재공모에 신청하였다.

〈그림 1〉 제19대 비례대표출신 제20대 총선 공천

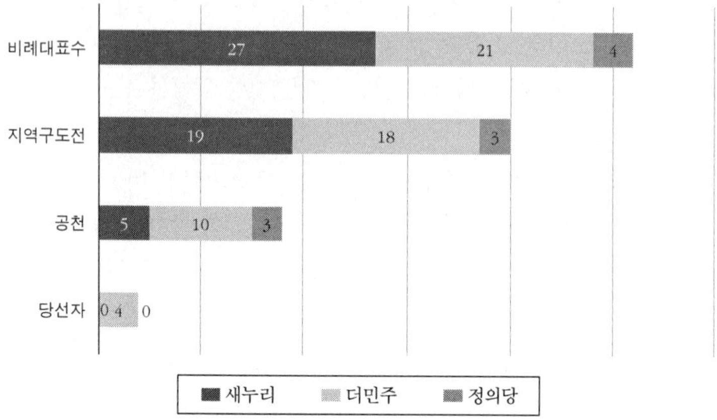

출처: "비례의 몰락, 대안은," The300 런치리포트

렇지 못한 의원들 사이의 차이점이 무엇인지 분석해보면 각 의원들의 의정활동 평가와 일치하지 않는 것이 발견된다. 원래 비례대표 도입의 취지는 국회의 전문성을 강화하기 위해 직능 분야 전문가와 소수집단을 위한 대표자를 충원하고자 하는 것이다. 그런데 이번에도 새누리당과 더불어민주당 모두에서 공천의 내홍과정에서 그러한 원칙이 제대로 지켜지지 않았다.

공천이 민주적인지의 여부는 무엇을 기준으로 공천여부를 결정하는 것인가에 달려 있다. 기본적으로 공천기준은 두 가지를 제시할 수 있다. 첫째, 국회의원은 국민의 대표로서 기대되는 의정활동을 성실하게 수행해야 할 의무가 있다. 따라서 현역의원의 의정활동에 대한 평가가 공천기준 중 하나가 되어야 한다. 둘째, 국회의원은 지역구의 의사를 대표해야 할 의무도 있다. 따라서 지역구민의 지지도를 공천의 기준에 포함시켜야 한다. 이번 새누리당 공천에서 지역구 현역의원이 공천에 성공한 비율은 59.3%이다. 그런데 머니투데이 신문에서 의정평가를 한 기준에 따라 새누리당의 상위 16명을 보면 절반인 8명의 의원들만이 공천을 받았다.6) 의정활동이 우수하다고 평가된 의원들의 공천율이 50%에 불과한 것이다. 의정활동평가가 우수했지만 오히려 전체 공천 평균에도 미치지 못하고 있다는 것은 의정활동이 공천이나 당 내 경선에 유의미한 변수가 되지 못한다는 것을 보여준다(김장수 2006; 이동윤 2012; 전용주·공영철 2012).

선거구획정이 늦어지면서 선거일정상 정당들의 공천과정은 파행을 겪을 수밖에 없었다. 더욱이 정당들은 내부적으로 계파 간 갈등이 잠재된 상태에서 공천을 위한 준비에 소극적이었다. 그 결과 새누리당의 진박논란, 옥새파동, 공천학살 등이 언론을 장식했다. 더불어민주당 역시 친노패권주의 청산, 김종인 대표의 비례대표 순위배정으로 불거진 사퇴논란 등 정당들이 공언한 민주적 공천절차와는 전혀 다른 모습을 보여주었다. 여기에 국민의 당 역시 공천갈등은 정도의 차이는 있었지만 기존정당과 크게 다르지 않았다. 이처럼 언론을 통해 각 정당의 공천잡음이 알려지면서 각 정당의 공천에 대한 국민평가가 이루어지고 선거 결과에 영향을 미쳤다고 볼 수 있다.

〈표 2〉는 각 정당의 공천에 대한 국민의 평가를 두 번에 걸친 패널조사 자료를 통해 살펴본 것이다. 새누리당 공천에 대한 유권자평가는 부정적이었다. 패널 1차 조사에서 여·야당 공천평가는 각각 3.94점과 3.96점으로 비슷했다. 그러나 2차 조사에서 새누리당은 2.88점으로 1.06점이나 낮아졌다. 반면에 더민주당과 국민의당은 평가점수가 상승하였다. 새누리당 공천에 대한 혹평은 0점을 준 응답자 비율에서도 그대로 나타난다. 1차 조사에서 새누리당이 공천을 매우 못했다는 의미의 0점을 준 응답자는 18.9%였지만 2차 조사에서는 36.1%로 2배 가까이 늘었다. 반면에 다른 당의 0점 응답자 비율은 감소하였다. 선거캠페인이 진행되면서 정당이 유권자들을 동원하게 되면서 공천논란은 수그러들게 되어 지지자들을 중심으로 공천평가가 긍정적으로 변하는 것이 일반적이다. 본선거가 시작되면서 다른 정당 후보와 경쟁을 하기 때문에 지지자들의 공천평가는 덜 비판적이 된다. 그러나 새누

---

6) 『머니투데이』는 4가지 영역(법안발의 25점, 법안통과 25점, 성실도 20점, 다면평가 25점)을 구분하여 의원들의 의정활동을 평가하였다. 이는 기존의 본회의출석률이나 법안발의 건수만으로 의원을 평가하는 방법보다 개선된 방법이다.

〈표 2〉 여야 공천에 대한 평가

조사 시기	공천평가점수*			0점 응답자 비율(%)		
	새누리당	더민주당	국민의당	새누리당	더민주당	국민의당
1차(3.11~6)	3.94	3.96	3.23	18.9	16.7	24.9
2차(4.14~18)	2.88	4.47	4.62	36.1	12.4	12.8

* 매우 못함 0점, 보통 5점, 매우 잘함 10점 만점의 11점 척도
출처: 내일신문-서강대 현대정치연구소-한국리서치 공동 패널조사

리당은 선거가 끝날 때까지 공천파동의 여파에서 벗어나지 못했다.

이 같은 공천평가는 실제투표에도 영향을 미쳤다. 1차 조사 결과 정당비례투표에서 새누리당 지지의사를 밝힌 응답자들 가운데 전체적으로 66.9%는 새누리당에 투표했지만 공천부정 평가층(0~4점)에서는 60.8%만이 새누리당에 투표하였다. 새누리당 지지층이지만 공천에 실망한 유권자들 중 일부는 새누리당을 택하지 않았다는 것을 알 수 있다.

3. 공약

선거가 제대로 작동하기 위해서는 선거운동이 유권자의 관심에 반응하고 유권자들이 선거에 관심을 갖도록 만드는 것이 중요하다. 선거운동의 핵심은 정당의 공약제시와 이에 대한 유권자의 평가이다. 정당일체감이 투표 선택의 기본이 되는 서구국가들과 달리 한국 선거에서는 지역주의가 선거를 결정짓는다고 해도 여전히 공약에 따른 유권자 투표선택이라는 투표결정 프레임은 중요하다(이지호 2013; 이현우 2011). 3월 31일부터 2주간 법적 선거운동이 시작되면서 정당들은 사회 각 분야에 대한 정당공약을 제시하였다. 중앙선관위는 일정한 형식에 따라 각 정당의 선거공약을 제출받고 이를 홈페이지를 통해 유권자들에게 공개하였다.

 이번 선거가 시작되기 전 대부분의 언론은 경제가 어려운 만큼 경제공약
이 가장 중요한 선거 이슈가 될 것이라고 예측하였다. 그리고 예상대로 정
당들은 경제 분야에 공을 들인 선거공약을 제시하였다. 그러나 매니페스토
운동이 시작된 지 꽤 오래되었음에도 불구하고, 아직도 공약이 허술하다는
공약분석 전문단체의 평가에서 벗어나지 못하고 있다. 경실련이 분석한 정
당들의 공약완성도는 매우 낮은 것으로 평가되었다. 총선공약 내용의 개혁
성, 구체성, 실현가능성 등 3개 지표로 구분하여 5점 만점으로 평가한 점수
가 다음의 〈표 3〉이다.

 〈표 3〉에서 보는 바와 같이 새누리당에서는 9개 분야 중 통일외교(2.9
점)를 제외하고는 긍정적 평가를 받은 분야가 없다. 심지어 노동과 사법개
혁 분야에서는 평가 정당들 중 가장 낮은 1점으로 평가되었다. 보수성향이
강한 새누리당에서 노동정책과 사법개혁 분야에서 가장 소극적으로 개혁적
입장을 보이는 것은 예상 가능한 것이었다. 그러나 모든 분야의 평균점수가

〈표 3〉 경제실천연합의 정당별 공약평가 점수

	새누리당	더민주당	국민의당	정의당
청년	2.5	3.6	3	3.7
주거	2	3.5	2.2	4
보육	2.4	4.1	3.3	3.8
노인	2.4	3.7	2.7	2.7
노동	1	3.8	2.4	4
재벌	1.3	3.5	2	3.3
정치개혁	1.6	2.7	2.3	3.9
사법개혁	1	3.6	2.4	3.6
통일외교	2.9	3.4	3.2	3.5
평균	1.9	3.5	2.6	3.6

출처: "4.13총선-경향신문·경실련 공동 공약검증,"『경향신문』, 2016.4.3

2점에도 미치지 못했다는 것은 전반적으로 새누리당의 공약은 그 내용과 아울러 집행가능성도 매우 낮은 것으로 평가되었음을 보여준다. 상대적으로 정보와 재원이 가장 풍부한 여당이 이처럼 낮은 평가를 받았다는 것은 실망스러운 것이다.

정당의 공약의 완성도가 낮은 것도 문제지만 더 큰 문제는 정당들이 제시한 공약이 제대로 실천되지 못하고 있다는 사실이다. 19대 총선에서 제시된 50개 주요공약의 달성수준을 보면 새누리당은 23개(완료 14, 정상추진 9), 더민주당(당시 민주통합당)은 13개(완료 10, 정상추진 3)가 긍정적으로 평가되었다. 이에 반해 두 정당에서 폐기된 공약은 각각 18개와 24개이다. 이처럼 정당들이 공약을 충실히 이행하지 않기 때문에 20대 총선공약을 신뢰한다는 유권자는 단지 8.1%에 머물고 있다. 응답자의 68.9%는 선거공약이 당선을 위한 공약일 따름이라고 생각하고 있다(『중앙일보』, 2016.4.1. '19대 총선 공약, 여 36%, 야 48% 부도냈다'). 설문조사에 따르면 유권자들은 투표를 결정할 때 가장 많이 고려하는 것이 후보자의 자질(44.1%)이고 그다음이 정책과 공약(38.2%)이며 소속정당은 16.3%에 그치고 있다. 1/3 이상의 유권자들이 정책과 공약이 투표선택에 가장 중요하다고 여기고 있음에도 불구하고 전문가들이 평가한 정당들의 공약이 부실하다는 것은 유권자와 정당 간의 괴리를 보여주는 심각한 문제이다. 이러한 부조응은 유권자의 선거에 대한 만족도를 떨어뜨린다.

정당들의 공약과 관련된 문제는 공약의 완성도가 높지 않다는 것에만 그치지 않는다. 공약내용이 정당 간에 별로 차별적이지 않으며, 선거운동기간 동안에 선거 이슈로 주목받지 못한 것으로 평가된다. 중앙선관위는 임시 홈페이지에 '정책공약 알리미' 코너를 만들고 각 정당의 10대 정책을 제출받아 유권자들에게 정보를 제공하였다. 뿐만 아니라 언론에서도 각 정당의 세부 공약을 심층보도했다. 그러나 이슈로서 현저성(顯著性)은 높지 않았다. 전통적으로 언론은 선거운동에서 벌어지는 가십성 기사와 격전지에 대한 보도에 초점을 맞추었다. 이러한 홍미위주의 선거보도 정보 속에서 유권자가 직접 공약을 비교하고 평가하기는 쉽지 않다. 그나마 선관위에서 발송한 선거

공보가 유권자들이 후보공약을 제대로 볼 수 있는 기회를 제공했다고 할 수 있다.

본격적으로 선거가 시작되기 전에 언론은, 이번 선거는 경제 이슈가 중심이 되는 선거가 될 것이라고 예측하였다. 경제불황의 책임이 정부 여당에 있는지 혹은 국회에서 경제활성화 관련 법안통과에 발목을 잡았다는 야당책임론인지가 치열한 공방이 될 것이라고 전망하였다. 그러나 선거기간 내내 언론의 관심을 받은 내용은 정치권력경쟁에 관한 것이었다. 대구를 중심으로 한 새누리당의 선거전략 급선회, 더민주당과 국민의당이 호남에서 주도권을 잡기 위한 갖가지 전략 등이 선거운동기간 내내 선거 기사의 대부분을 차지하였다. 이러한 보도 프레임으로 인해 유권자들 역시도 호남에서의 패권경쟁과 대구에서의 무소속후보 돌풍 등에 더 많은 관심을 두게 되었다. 결과적으로 언론들조차도 정책선거를 구호로 내세웠지만 실제로는 공약비교 등 정책선거에 기여했다고 할 수 없다.

후보자들 역시도 유권자들에게 충분한 정보를 제공했다고 보기 어렵다. 바람직한 선거라면 선거 이슈 평가와 함께 후보자의 자질평가도 포함되어야 한다. 이러한 취지에 따라 선거법 82조 2의 ③은 지역구 국회의원 후보는 1회 이상 대담토론 또는 합동방송연설회에 참여해야 하는 것으로 규정하고 있다. 그리고 이를 위반하였을 경우에는 선거법 261조에 근거하여 400만 원 이하의 과태료를 부과하게 된다. 4월 3일까지 과태료 부과대상자는 8명으로 확인되었다. 전체 지역구 253곳을 기준으로 하였을 때 위반사례가 많지는 않은 편이다. 그런데 불참한 후보들이 대부분 여론조사에서 선두를 달리는 후보들이었다는 점에 주목할 필요가 있다. 유권자들이 후보자들을 객관적으로 평가할 수 있는 기회를 회피하는 것은 지역구민의 평가를 받아야 하는 국회의원 후보자의 자질에 문제가 있다고 볼 수 있다. 따라서 현재의 과태료 부과방식을 변경하여 후보자들의 TV토론에 참여를 좀 더 적극적으로 강제할 수 있는 방안을 모색해야 할 것이다.

III. 선거와 투표결정

1. 투표참여

유권자가 정치의사를 밝히는 가장 대표적 방법이 투표참여이다. 선거민주주의에서 기권은 정치적 표현으로 보지 않는다. 따라서 보다 많은 유권자가 투표에 참여하는 것이 대의민주주의의 정통성과 관련이 깊다. 투표와 관련하여 살펴보아야 하는 것은 우선 전체 투표율의 변동이다. 즉 얼마나 많은 유권자들이 투표에 참여하였는가 하는 문제이다. 두 번째는 대표성과 관련하여 다양한 유권자들이 참여하여 과대대표 혹은 과소대표의 문제가 어느 정도 심각한지 분석하는 것이다. 즉, 어떤 집단에서 투표참여가 위축되었는지를 살펴보는 것이 필요하다.

전체 투표율과 관련하여 이번 총선의 투표율은 58%로 19대 총선의 54.2%보다 높아졌다. 여기에는 사전투표제도의 도입이라는 제도적 효과가 포함되어 있다. 지난 지방선거 이후 총선에서는 처음으로 사전투표 방식이 도입되었다. 참고로 지난 지방선거에서 사전투표율은 11.5%였는데 전체 투표율에 미친 영향은 약 4% 정도로 추정된다. 따라서 이번 총선에서 사전투표율 12.2%가 전체 투표율에 미친 영향은 4%가 조금 넘는 것으로 볼 수 있다. 그렇다면 20대 총선에서 이러한 제도적 효과를 제외한다면 실제로는 19대 총선에 비해 자발적인 투표는 별로 늘어나지 않은 것으로 볼 수 있다.

투표율과 관련하여 두 번째 질문은 세대별 투표율 차이로 인한 대표성의 비대칭성과 관련된다. 한국 선거에서 세대별 투표율과 투표성향이 두드러진 차이를 보이기 때문에 세대별 유권자비율과 투표자비율을 우선 살펴볼 필요가 있다. 유권자비율에서 두드러진 것은 50, 60대 유권자비율의 증가이다. 4년 전 19대 총선에서 5, 60대의 유권자비율은 39.6%였는데 이번에는 43.5%로 크게 증가하였다. 여기에 세대별 투표율의 차를 감안한 대표성을 보면 19대에서 5, 60대는 47.7%였지만, 이번에는 50.5%로 추정되어 대표성에서

〈표 4〉 세대별 유권자 및 투표자 비율

	20대 총선				19대 총선		
	유권자 (만 명)	유권자 비율	예측 투표율*	투표자 비율	유권자 비율	투표율	투표자 비율
20대	739	17.4	49.4	15.9	18.2	36.2	14.1
30대	761	18.1	49.5	15.8	20.4	43.3	17.0
40대	884	21.0	53.4	19.6	21.9	54.1	21.2
50대	837	19.8	65.0	20.8	18.9	65.1	21.6
60세 이상	984	23.7	70.6	27.9	20.7	69.9	26.1

* 출구조사 세대별 투표비율에 근거
출처: 중앙선관위 "제19대 국선 투표율 분석결과 공개" 보도자료, 2012.6.19

5, 60대가 오히려 더 많이 늘어났다.

출구조사 분석에 따르면 세대별 투표율은 지난 19대 총선과 비교하여 젊은층에서 상당히 높아진 것으로 확인된다. 19대 총선에 비해 20대 총선에서 투표율이 13.2%p만큼 증가하였다. 그렇다면 젊은층의 투표율 증가가 어떤 이유에서인지를 살펴볼 필요가 있다. 언론보도에 따르면 젊은층의 취업 등 경제적 어려움으로 인한 분노가 정치적으로 표출된 것이라는 견해가 주류였다. 통계청에 따르면 3월 청년(15~29세) 실업률은 11.8%로 같은 달 기준으로 역대 최고치를 기록했다. 청년층 실업자는 52만 명으로 1년 전 45만 5,000명에 비해 6만 5,000명 늘었다. 작년 같은 달(10.7%)보다 1.1%p 상승한 것이다. 경제적 요인이 젊은층의 투표율 증가의 원인이었다면 집권여당에 대한 지지율이 19대 총선과 비교하여 상당히 낮아졌을 것으로 예상하게 된다.

그러나 〈표 5〉를 보면 그러한 주장을 뒷받침할 경험적 증거를 찾기 힘들다. 여당지지 비율을 보면 20대 연령층에서 전체보다 1.6%p 지지가 감소하였지만 20대보다 여당지지 감소폭이 큰 것은 40대와 50대였다. 19대 총선과

〈표 5〉 세대별 비례투표 여당지지 비율(제19, 20대 총선)

세대	여당지지		지지율 감소폭	투표율 증가폭
	19대 총선	20대 총선		
20대	27.4	16.5	10.9	13.2
30대	23.7	14.9	8.8	6.2
40대	33.0	20.7	12.3	-0.7
50대	51.5	39.9	11.6	-0.1
60세 이상	61.8	59.3	2.5	0.7
전체	42.8	33.5	9.3	3.8

출처: 『SBS뉴스』, 2016.4.15

비교하여 20대 총선에서 20대 연령의 투표율 증가가 13.2%p인데 야당의 감소폭은 10.9%p로 60대를 제외한 전체 감소 평균과 다르지 않다. 이러한 결과는 20대 연령층에서 증가한 투표 대부분이 야당지지라는 주장은 옳지 않다는 것을 보여준다. 따라서 언론에서 추측하는 것처럼 20대 연령층의 투표율 증가가 '여당에 대한 분노의 표출'이었다는 분석은 잘못된 것이다.

2. 투표결정

이번 선거에서 다시금 확인된 것은 투표결정에 가장 중요하게 작용하는 요인은 역시 정당호감이라는 점이다(이갑윤·이현우 2000). 설문조사에서 응답자들은 투표결정 요인으로 공약과 인물을 가장 많이 꼽고 후보자의 소속정당을 고려한다는 답변은 10%를 약간 넘는 수준이다. 그러나 투표 결과를 보면 사실상 정당이 투표결정에 가장 중요하다는 것을 알 수 있다. 후보투표에서 양대 거대정당은 각자 정당지지자들의 85%에 가까운 투표 선택을 받았다. 반면에 국민의당과 정의당 지지자들이 지역구에서 지지정당에 투표한 비율은 각각 56%와 29.5%로 낮게 나타났다. 이는 두 정당지지자들의 충성도가 낮기 때문이 아니라 이들 정당이 전국적으로 후보자를 공천하지 않았기 때문에 나타난 현상이다. 국민의당 지지자들이 다른 정당을 택할 경우에는 더민주당(27.7%)을 선택하는 경우가 새누리당(11%)보다 훨씬 많았다. 한편 선거일까지 무당파로 남은 유권자들의 표는 새누리당(29.5%)보다 더민주당(35.8%)에 더 쏠렸다.

비례정당 투표를 보면 각 정당의 투표결집도를 확인할 수 있다. 더민주당 (79.5%), 새누리당(78.4%), 국민의당(83.5%) 그리고 정의당(81.3%) 모두에서 결집도가 매우 높으며, 정당지지가 투표결정에 매우 중요하다는 것을 보여준다. 여기서 무당파에서 신생정당인 국민의당에 대한 지지확대가 가장 컸다(37%)는 점에 주목할 필요가 있다. 무당파 투표자들이 기존정당인 새누리당이나 더민주당보다 국민의당을 더 지지했다는 것은 기존정치에 대한 피로감이 얼마나 큰지를 보여준다. 뿐만 아니라 새누리당 지지자들 가운데서도 13.5%가 그리고 더민주당 지지자들 중 10.8%가 국민의당으로 빠져나갔다. 반면에 국민의당 지지자들 중 기존 거대정당을 택한 비율은 상대적으로 매우 낮다.

〈표 6〉 정당호감과 투표결정(%)

		지역구 투표				비례정당 투표			
		새누리당	더민주당	국민의당	정의당	새누리당	더민주당	국민의당	정의당
호감정당	새누리당	85.5	6.7	2.7	0.7	78.4	3.4	13.5	1.0
	더민주당	4.1	84.1	6.2	1.0	2.1	79.5	10.8	6.7
	국민의당	11.0	27.7	56.0	2.1	2.6	6.7	83.5	3.1
	정의당	4.2	58.9	6.3	29.5	1.0	12.5	3.1	81.3
	무당파	29.5	35.8	18.9	1.1	19.6	28.3	37.0	7.6
	전체	35.2	38.0	17.1	4.3	29.2	24.6	29.1	12.0

출처: 내일신문-서강대 현대정치연구소-한국리서치 공동 패널조사

이번 선거를 앞두고 언론들은 분할투표가 다른 선거 때보다 많을 것으로 예측하였다. 경쟁력 있는 제3당인 국민의당에 대한 지지가 계속 상승하는 추세에 있었기 때문이다. 그동안 지역구와 비례대표 투표에서 같은 정당을 택한 일괄투표비율이 70%를 넘는 것이 일반적이다(조진만·최준영 2006; 윤광일 2014). 19대 총선에서도 일괄투표비율은 새누리당 89.9%, 민주통합당 78%였다(한국선거학회 설문자료). 20대 총선에서는 국민의당의 등장으로 일괄투표비율이 상당히 낮아졌다. 국민의당이 83.1%, 정의당이 78.9%로 비교적 높은 비율을 보여주는데 소수정당일수록 지지자들의 정당에 대한 충성도가 높기 때문에 나타나는 일반적 현상이다.

새누리당의 일괄투표 비율은 74.8%로 19대 총선 때보다 낮아졌다. 분할투표비율이 가장 높은 정당은 더민주당으로 후보 투표에서 더민주당 후보를 찍은 투표자들 중 절반이 약간 넘는(54%) 투표자들만이 정당 투표에서도 더민주당을 택하였다. 그리고 후보 투표에서 더민주당을 택한 투표자들 중

〈표 7〉 일괄투표와 분할투표(%)[7]

정당 투표 후보 투표	새누리당	더민주당	국민의당	정의당	그 외 정당
새누리당	74.8	5.1	15.3	1.9	2.9
더민주당	4.7	54.0	19.6	17.9	3.8
국민의당	1.3	5.8	83.1	5.2	4.5
정의당		5.3	5.3	78.9	10.5
전체	29.4	24.7	28.6	12.0	5.3

출처: 내일신문-서강대 현대정치연구소-한국리서치 공동 패널조사

---

7) 교차투표란 용어보다는 분할투표가 더 맞는 표현이다(split-ticket voting). 미국에서는 분할투표 여부를 하원선거와 대통령선거에서 동일한 정당을 선택했는가로 판단한다. 교차투표란 자기 지지정당이 있음에도 불구하고 다른 당을 선택하는 경우를 말하는 것으로 의미의 차이가 있다.

20% 가까이가 정당 투표에서 국민의당을 선택하였다. 그리고 다른 17.9%
는 더민주당 대신 정의당의 비례대표에 투표하였다. 결국 수도권에서 더민
주당 지지자들 중 상당수가 후보 투표에서 더민주당 후보를 그리고 정당
투표에서는 국민의당을 택하는 경향성을 보였다. 후보 투표에서 새누리당투
표자들 중 15.3%가 국민의당을 택한 것에 비하면 더민주당의 투표이탈은
상당히 심각했다. 국민의당을 기준으로 비례대표 투표에 지지를 받은 지역
구 투표자 구성을 보면 국민의당 투표자가 48.9%, 새누리당 투표자 18.8%
그리고 더민주당 투표자가 29.3%에 이르고 있다. 결국 국민의당이 비례대
표에서 13석을 얻는 데 가장 큰 기여를 한 것이 후보 투표에서 더민주당을
찍은 투표자들이다.

3. 경제와 투표

투표 선택은 집권여당의 업적에 좌우되기도 하지만, 현안 문제를 해결할
수 있는 정당의 능력에 영향을 받기도 한다. 산적한 문제를 해결할 능력이
없는 야당이라면 택할 수 없기 때문이다. 유권자들의 경제활성화를 위한 정
당능력 평가가 선거 한 달 사이에 어떻게 달라졌는지를 살펴보자.

1차 조사에서는 새누리당의 경제활성화 능력이 가장 높다고 판단한 유권
자가 38.1%였지만 2차 조사에서는 26%로 줄어들었다. 더민주당에 대한 평
가는 1차 15.8%에서 24.5%로 증가하였다. 국민의당에 대한 긍정적 평가도
5.6%에서 10.8%로 두 배 가까이 상승하였다. 이처럼 한 달 사이에 정당능
력 평가가 달라진 것은 1차 조사 때까지는 선호정당에 대한 막연한 기대가
정당능력에 반영되었지만, 선거가 가까워지면서 집권당의 실적에 대한 부정
적 평가가 늘어난 것이 주요원인으로 보인다. 선거기간 동안 여당이 어려운
경제사정에 대해 유권자를 설득하려는 노력이 별로 없었고 성공하지도 못했
던 것이다. 야당 역시도 반사이익은 얻었지만 경제능력을 인정받기 위한 노
력에 성공했다고 보기는 어렵다. 1차 조사에서 어떤 정당도 경제활성화 능

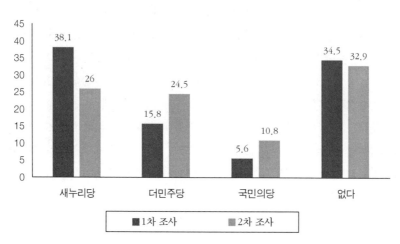

〈그림 2〉 정당의 경제해결 능력(1, 2차 조사)

질문: 선생님께서는 경제활성화 문제를 해결하는 데 어느 정당이 가장 능력이 있다고 생각하십니까?
출처: 내일신문-서강대 현대정치연구소-한국리서치 공동 패널조사

력이 없다고 답한 응답자의 절반이 그대로 정당불신으로 남아 있고, 또한 1차 조사와 달리 2차 조사에서 어느 정당도 경제해결 능력이 없다고 답한 유권자가 양대 정당으로부터 21.5%씩이나 늘어났다.

정당능력 평가의 차이가 어떤 내부적 변화가 있었는지 살펴보면, 1차 조사에서 새누리당이 경제활성화에 능력이 있다고 평가한 응답자 중 53%만이 2차 조사에서도 새누리당의 능력을 긍정적으로 보았다. 이들 중 21.5%는 '없다'로 돌아섰다. 1차 조사에서 더민주당을 택한 응답자 중 새누리당으로 바꾼 응답자는 3.8%에 그친다. 반면 새누리당에서 더민주당으로 긍정적 평가를 바꾼 응답자는 3배가 훨씬 넘는 12.6%이다. 이러한 정당능력 평가의 변화를 응답자수로 따져보면 6명이 더민주당에서 새누리당으로 능력정당을 바꾸었고, 반면에 48명이 새누리당에서 더민주당이 더 능력이 있다고 평가를 변경하였다. 새누리당이 훨씬 큰 손실을 본 것이다.

1차 조사에서 경제활성화 능력이 있는 정당이 없다고 답한 345명 중

<표 8> 경제능력 평가의 변동(%)

1차 ＼ 2차	새누리당	더민주당	국민의당	없다
새누리당	53	12.6(48명)	6.6	21.5
더민주당	3.8(6명)	63.3	8.9	21.5
국민의당	10.7	25	37.5	25
없다	9.9	21.2	11.6	52.2

출처: 내일신문-서강대 현대정치연구소-한국리서치 공동 패널조사

52.2%인 180명이 여전히 어떤 정당도 선택하지 않았다. 하지만 1차 조사에서 '능력정당이 없다'고 답했던 응답자들의 평가변화를 보면 더민주당 선택이 21.2%로 가장 높고 다음이 국민의당(11.6%)이다. 새누리당을 꼽은 비율은 9.9%에 불과하다. 이러한 결과는 그동안 한국 정치에서 보수정당인 새누리당이 신생정당이나 진보성향의 정당보다 경제활성화에 상대적으로 긍정적 평가를 받아 왔지만 이번에는 집권여당으로서 현재의 경제상황에 대한 비판적 평가를 받은 것으로 볼 수 있다.

이처럼 각 정당의 경제활성화 능력에 대한 평가가 달라졌다면 투표결정에도 변동이 있는지 확인해 보아야 한다. 전망적 경제투표가 존재하는지를 분석해 보면 다음의 <표 9>와 같다. 경제활성화 능력 평가를 새누리당에서 더민주당으로 바꾼 응답자들 중 최종적으로 더민주당에 투표한 비율은 후보자 투표에 49.5%, 정당 투표에 51.1%로 나타났다. 이러한 지지비율은 경제해결 능력은 더민주당이 낫다고 평가하지만 그래도 새누리당을 지지한 유권자들이 지역구 선거에서 29%, 그리고 비례정당 투표에서 19.8%인 것과 비교하면 상당한 차이를 보인다. 정당의 경제해결 능력이 투표결정에 중요하다는 뜻이다. 이러한 지지변경 패턴은 정당능력 평가가 새누리당에서 국민의당으로 변경한 투표자들에서도 비슷하여 지역구에서 49.4%, 그리고 정당 투표에서 61.2%가 국민의당을 선택하였다. 유권자들은 현재 나쁜 경제상황

<표 9> 경제능력 평가와 투표결정

정당능력 평가 투표정당	새누리당 → 더민주당		새누리당 → 국민의당	
	지역구	비례대표	지역구	비례대표
새누리당	29.0	19.8	31.9	23.4
더민주당	49.5	51.1	10.9	3.0
국민의당	11.5	21.2	49.4	61.2

출처: 내일신문-서강대 현대정치연구소-한국리서치 공동 패널조사

에 대해 여당에 처벌도 하지만 전망적으로 그 문제를 해결할 능력이 어느 정당에 있는가에 따라 투표 선택을 한다는 것을 확인할 수 있다.

IV. 선거 평가

1. 뺄셈의 선거

선거에서 투표자는 자신이 좋아하는 후보나 정당을 선택하는 것으로 생각된다. 그러나 〈표 10〉에서 보는 바와 같이 이번 선거에서 투표자들 중 좋아하는 후보와 정당을 선택한 비율은 전체 투표자의 38.6%에 그치고 있다. 세 명 중 한 명꼴이다. 비슷한 비율인 39.2%는 후보나 정당 중 하나는 싫어하는 대상이 당선되는 것을 막기 위해서 투표 선택을 하였다. 심지어 후보선거와 정당선거 모두에서 싫은 대상이 선거에서 이기는 것을 막기 위해 투표 선택을 한 비율이 22.3%나 된다. 선호하지 않는 투표 선택을 했다는 것은 대표자에게 충분한 정통성을 부여하지 않는 것이다.

투표자들은 선호하는 후보와 정당을 택한다. 그러나 원치 않는 선거 결과

〈표 10〉 긍정선호 투표와 부정선호 투표

정당 투표 후보 투표	긍정선호	부정선호
긍정선호	38.6%	30.1%
부정선호	9.1%	22.3%

출처: 내일신문-서강대 현대정치연구소-한국리서치 공동 패널조사

를 피하기 위해 차선의 대안에 투표를 하기도 한다. 전자를 진심투표라 하고 후자를 전략투표라고 부른다. 〈표 11〉을 보면 비례정당 투표뿐 아니라 후보 투표에서도 후보자 개인보다는 선호정당이 더 많이 고려되고 있다는 것을 확인할 수 있다.

예를 들어, 새누리당 후보를 지지한 유권자들의 투표결정을 보면 후보자 개인평가에 따른 비율은 40.1%인 데 비해, 새누리당을 선호하기 때문에 새누리당 공천을 받은 후보를 선택했다는 비율은 46%이다.

다른 정당의 경우에도 선호정당을 고려한 비율이 5%p 정도 더 많다. 3당 모두에서 후보자질보다는 선호정당을 바탕으로 투표 선택을 한 투표자들이

〈표 11〉 지지정당별 선택이유

	후보 투표				정당 투표		
	후보가 좋아서	선호정당 후보라서	싫어하는 후보가 있어서	싫은 정당 후보가 있어서	정당이 좋아서	싫은 정당이 있어서	그나마 나은 정당
새누리당	40.1	46	7.9	6.0	64.2	9.2	23.1
더민주당	27.1	32.2	12.8	28	37.9	27.9	29.2
국민의당	26.7	32.2	18.5	22.6	39.3	24.1	33.5

출처: 내일신문-서강대 현대정치연구소-한국리서치 공동 패널조사

더 많은 것이다. 다시금 한국에서는 인물보다는 정당이 투표결정에 더 중요하다는 것을 보여준다.

새누리당을 택한 투표자들은 진심투표가 대부분이다. 후보 투표에서 선호에 따른 판단이 86.1%이다. 정당 투표에서도 새누리당을 적극적으로 선호하는 이유가 64.2%이다. 반면에 더민주당과 국민의당을 택한 것은 새누리당보다 상대적으로 훨씬 부정적인 이유 때문이다. 후보 투표에서 더민주당을 택한 이유 중 싫은 후보(12.8%)와 싫은 정당(28%)때문인 경우가 40.8%이다.

즉, 더민주당 후보가 반드시 좋아서 투표한 것이 아닌 비율이 40%가 넘는 것이다. 국민의당도 별반 다르지 않다. 싫은 정당이나 후보 때문에 국민의당을 택했다는 투표자가 41.1%이다. 소선거구제에서 투표자들은 덜 싫어하는 정당 중 선택을 해야 한다면 당선가능성에 초점을 맞추게 된다. 이런 이유 때문에 싫은 정당으로 인한 투표 선택은 더민주당(28%)이 국민의당(22.6%)보다 더 높게 나타났다.

한편, 정당 투표에서 두 야당에 대한 부정적 투표비율은 별 차이가 없다. 그런데 '그나마 나은 정당'이라 택한 비율이 국민의당에서 33.5%로 가장 높다. 신생정당인 국민의당에 대한 이러한 지지는 기존 양대 정당에 대한 실망의 결과로 볼 수 있다. 따라서 이 같은 국민의당 지지는 적극적인 선택이 아니기 때문에 안정성이 약하다. 자칫 국민의당이 정치적 실수를 한다면 쉽게 지지변화가 나타날 가능성이 높다. 부정적 투표에 의한 정당지지는 취약한 것이다.

2. 정책공약의 차별성을 느끼지 못하는 유권자들

선거기간 동안 정당들은 지지확대를 위해 유권자 설득에 전력을 기울인다. 그럼에도 불구하고 이번 선거에서도 유권자들은 여전히 후보나 정당선택에 어려움을 겪었다. 능력이 있어 보이거나 다른 정당과 차별적인 정책제

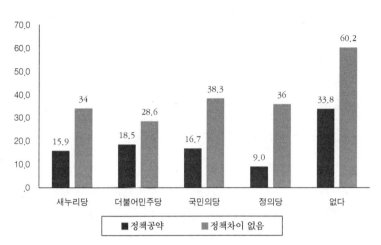

〈그림 3〉 정책공약에 따른 정당선호와 정책차이 없음(%)

출처: 내일신문-서강대 현대정치연구소-한국리서치 공동 패널조사

시가 충분하지 않았기 때문이다. 정당들은 인정에 호소하는 선거운동전략에 치중할 뿐 정책정당으로서 제대로 준비가 되어 있지 못했다.

〈그림 3〉에서 보는 바와 같이 정책공약을 선호하는 정당을 묻는 질문에 응답자의 33.8%가 택할 정당이 없다고 답하였다. 이는 어느 정당을 택한 비율보다도 높은 수치이다. 뿐만 아니라 새누리당의 정책공약이 가장 낫다고 답한 유권자들 중에도 34%는 사실상 정당 간 정책차이가 없다고 고백하고 있다. 국민의당의 정책공약을 택한 유권자 중에서도 38.3%는 정당 간 정책의 차별성이 없다고 생각하고 있다. 공약이 우수한 정당이 없다고 답한 유권자들 가운데는 무려 60.2%가 정책차별성이 없다고 생각하고 있다.

3. 정당지지 확대의 실패

선거운동기간은 유권자들에게 가장 많은 정보를 전달하는 시기이다. 따

〈표 12〉 지지정당 여부

1차 조사 \ 2차 조사	있다	없다	1차 전체
있다	78.5	21.5	48.7
없다	36.5	63.5	51.3
2차 전체	57.0	43.0	100

출처: 내일신문-서강대 현대정치연구소-한국리서치 공동 패널조사

라서 선거기간 동안에 나타나는 현상 중 하나가 무당파의 급속한 감소이다. 정당에 의해 유권자들이 설득되고 동원되기 때문이다. 상당수는 선거 이후 시간이 지나면서 다시 무당파로 돌아오지만 선거운동기간 동안 선거에 관심이 많아지면서 선호하는 정당이 생기게 마련이다. 그런데 이번 선거에서는 무당파의 급격한 감소현상이 나타나지 않았다.

1차 조사에서 지지정당이 있다는 응답자 중 78.5%는 지지정당을 유지하고 있지만, 21.5%는 무당파로 바뀌었다. 선거기간 동안 무당파에서 지지정당이 생긴 비율은 36.5%로 낮지 않다. 그러나 1차 조사에서 무당파였던 응답자들 중 63.5%는 그대로 무당파로 남아 있다. 선거기간 동안 이들을 설득하지 못한 것이다. 그 결과 선거 직후임에도 불구하고 전체 응답자들 중 43%는 여전히 지지정당이 없는 상태이다.

4. 소선구제의 왜곡된 의석전환율

한 명의 대표자만을 뽑는 소선거구제에서 다수의 정당이 경쟁하면 많은 사표가 발생한다(이현우·이정진 2010; 강민제·윤성이 2007). 결과적으로 1, 2위 정당이 지지를 의석으로 전환하면서 이득을 보게 되고 나머지 소수 정당은 득표율보다 적은 비율의 의석을 차지한다는 것이 일반적이다. 이러

〈그림 4〉 의석전환율

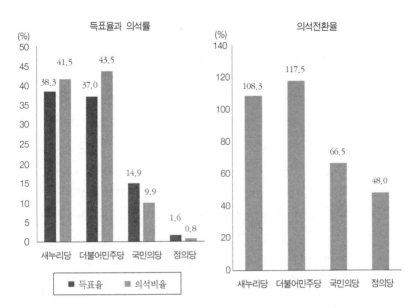

출처: 중앙선관위 자료

한 법칙은 이번에도 그대로 나타났다.

더민주당은 지역구선거에서 37%를 득표했지만 의석비율은 그보다 훨씬 높은 43.5%다. 새누리당 역시 38.3%를 득표했지만 의석비율은 41.5%이다. 의석전환에서 손해를 본 정당은 국민의당으로 14.9%를 득표했지만 의석은 9.9%에 머물렀다. 정의당 역시도 득표만큼의 의석을 차지하지 못하였다. 이 같은 의석전환의 왜곡은 중대선거구에서는 완화되며 완전 비례대표 방식 에서는 득표율과 완벽히 일치하는 의석률을 달성할 수 있다.

V. 종합 평가

1. 변화 없는 제20대 총선

선거의 품질은 절차적 평가와 내용적 평가에 의해 결정된다. 절차적 평가는 공정성과 관련이 깊다. 대한민국은 선거부정이 발생하여 민주주의가 훼손되는 수준의 국가는 아니다. 오히려 과도한 규제가 선거운동을 위축시킨다는 지적이 많다. 편파적이라는 불만도 심각하게 제기되지 않는다.

문제는 내용적 평가에 있다. 정당과 후보자들이 사회적 문제들을 공론화하고 다양한 목소리를 선거운동에 반영하였는지 그리고 유권자들은 선거과정에 참여하고 의미 있는 투표권을 행사하였는지를 판단해 보아야 한다. 새누리당의 공천은 이한구 공천관리위원장을 방패막이로 청와대 의지가 반영된 편 가르기 공천이었다. 더민주당의 공천은 외부인사를 당대표로 영입하면서 계파청산에 골몰하였다. 신생 국민의당은 정치개혁의 구호를 내세웠지만 노회한 기성 정치인들이 승리가 가능한 본인의 고향 지역구에 공천을 받았다. 세 정당 모두의 공천과정에 사실상 당원이나 일반 국민이 끼어들 여지가 없었다.

앞에서 지적한 바와 같이 공약선거 역시도 아직 그 영향력이 미흡하다. 전문가들이 평가한 각 정당의 공약은 낙제점 수준이다. 대부분이 엄청난 재원소요와 부풀린 기대효과로 가득 찬 공약들이라는 것이다. 정당의 공약실천의지를 믿고 그에 따라 투표하겠다는 설문응답은 정해진 모범답안일 따름이다. 대다수 국민이 걱정하는 경제 이슈는 선거기간 내내 변죽을 울리는 수준에 머물렀다.

유권자의 투표정서는 마뜩잖음으로 요약될 수 있다. 투표율이 지난 총선보다 높아졌지만 대부분 사전투표 도입의 제도적 효과이다. 질적으로 투표만족도가 높지 않았다. 최선의 후보나 정당이 아니라 차악(次惡) 정도면 만족하는 기대수준이었다. 그래서 분할투표가 유난히 많았다. 정말 좋아하는 정당이 있었다면 지역구와 정당비례 투표에서 모두 같은 정당을 택했을 것이다. 좋아하는 후보나 정당을 선택한 것이 아니라면 유권자들이 투표권 행사에 제약을 받은 것이다.

제3정당의 출현은 기존정당에 대한 불만 때문이라는 정당변동 현상이 이번에 확인되었다. 국민의당에 대한 지지표는 온전히 국민의당을 가장 선호한 결과가 아니었다. 불만에 의한 투표결정이 다수였다면 투표만족도뿐만 아니라 선거 결과 만족도 역시 높지 않다. 제3당을 택한다고 해서 투표가 만족스러운 것이 아니기 때문이다. 이번 선거는 한 마디로 '뺄셈 선거'라고 규정할 수 있다. 이러한 현상이 지속되면 민주주의의 품질도 낮아질 수밖에 없다.

발칙한 상상을 해보게 된다. 투표용지에 '택할만한 후보(정당) 없음'이라는 선택지를 넣는다면 이를 택한 투표자는 얼마나 될까? 확실한 것은 투표율이 지금보다 높아질 것이라는 사실이다. 이번 선거는 정치권이 유권자에게 만족스런 대안을 제시하지 못한 품질이 낮은 선거였다.

2. 국회에 대한 낮은 신뢰와 개혁방안

국민을 대상으로 면접조사를 통해 가장 시급한 국가과제가 무엇인지를 묻고, 그 과제를 정부가 해결할 수 있는가를 다시 물으면 항상 부정적인 답변의 비율이 더 높다. 다음의 〈그림 5〉에서 보는 바와 같이 작년 조사에서도 정부의 문제해결 능력에 대한 낙관적 견해는 절반에 이르지 못했다. 더욱이 공적기관의 신뢰도는 예외 없이 국회에 대한 신뢰도가 가장 낮다는 결과를 보인다. 국회가 효율성보다는 다양성을 바탕으로 대표성을 중시하는 기관이므로 법안통과 등 집합적 결정을 내리는 데 상당한 시간과 타협을 필요로 한다. 그러한 국회 속성에도 불구하고 국회 신뢰도가 10% 초반에 머문다는 것은 국민의사의 대표기관으로서 국회가 제대로 작동하지 않고 있다는 것을 보여준다.

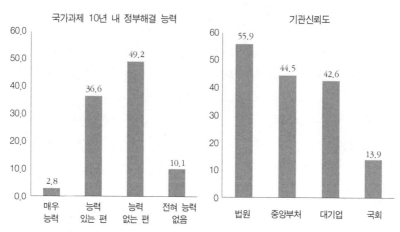

〈그림 5〉 국가기관 신뢰수준

출처: 서강대 SSK사업단 국민의식조사(2015)

더 심각한 문제는 이러한 정치문화가 민주주의에 대한 불신으로 이어지고 있다는 점이다. 단기적으로 집권정부에 대한 불만이 있을 수는 있지만 지속적으로 국민의 대표기관인 국회와 정부에 대한 실망이 국가권력기구 전반에 대한 불신과 민주주의 가치에 대한 신뢰저하로 이어지고 있다는 점이다(〈표 13〉).

이러한 문제를 해결할 수 있는 방안이 바로 국회의 역할 정상화를 통한 국민의사의 대변과 통합기능이 제대로 작동할 수 있도록 하는 것이다. 이제는 사라졌지만 한동안 '국회' 하면 떠오르는 이미지가 물리적 충돌로 인해 질서를 잃은 국회 본회의장의 모습이었다. 의회가 상이한 이해관계와 이념이 합의를 도출하여 갈등을 해결하는 장의 역할을 하는 것이지, 갈등을 증폭시키는 기구가 아니라는 점에서 그동안의 국회가 국민들을 실망시켰으며 지탄을 받는 것은 당연한 것이다. 비록 20대 총선이 이전 선거와 비교하여 유권자들에게 만족을 주는 선거였다고 할 수는 없지만, 국회운영에 있어서는 개선되기를 기대한다.

〈표 13〉 국민의 국가기구에 대한 불신

의견	동의비율
우리나라 정부는 정책을 결정할 때 보통 사람들의 목소리를 반영한다	25.3
우리나라 정부는 법을 집행할 때 돈이나 권력을 가진 사람들에게 더 관대하다	82.6
우리나라 정부에서 제공하는 각종 지원이나 혜택이 국민에게 공평하게 돌아가고 있다	26.1
우리나라 정부는 세금을 낭비하고 있다	81.2

출처: 서강대 현대정치연구소 조사, 2015.10

국회의 개선을 위해서는 어떠한 이유로 국회가 그 기능을 제대로 하지 못하는지에 대한 분석이 필요하다. 먼저 정당을 지배하는 제왕적 대통령의 문제를 지적하게 된다(정진민 2013). 또한 강한 정당기율로 인해 정당경쟁이 제로섬적인 관계로 설정되는 것이 타협의 여지를 없앤다는 주장도 설득력이 있다. 따라서 정책 중심의 원내정당이 중심이 된다면 의원의 자율성이 확보되고 정당기율이 합리적 수준으로 조정되어 정당 간 타협의 조건이 만들어질 수 있을 것이라는 개선책이 제시되고 있다.

【부록】제20대 총선 지역별 정당의석

	당선인수	새누리당	더민주당	국민의당	정의당	무소속
합계	300 (253+47)	122 (105+17)	123 (110+13)	38 (25+13)	6 (2+4)	11
서울특별시	49	12	35	2	0	0
부산광역시	18	<u>12</u>	5	0	0	1
대구광역시	12	<u>8</u>	1	0	0	3
인천광역시	13	4	7	0	0	2
광주광역시	8	0	0	8	0	0
대전광역시	7	3	4	0	0	0
울산광역시	6	3	0	0	0	3
세종특별자치시	1	0	0	0	0	1
경기도	60	19	40	0	1	0
강원도	8	6	1	0	0	1
충청북도	8	5	3	0	0	0
충청남도	11	6	5	0	0	0
전라북도	10	1	2	7	0	0
전라남도	10	1	1	8	0	0
경상북도	13	<u>13</u>	0	0	0	0
경상남도	16	<u>12</u>	3	0	1	0
제주특별자치도	3	0	3	0	0	0

【참고문헌】

김용철·조영호. 2013. "한국 대선의 민주적 품질: 다차원적 평가모델의 경험적 분석과 함의."『한국정당학회보』12집 1호. 31-60.

김장수. 2006. "의원발의의 미시적 동인: 심층 인터뷰를 중심으로."『국제정치논총』46집 4호. 204-221.

윤광일. 2014. "6.4 지방선거와 분할투표: 광역단체장과 광역의회선거를 중심으로."『한국정당학회보』13집 3호. 35-67.

이갑윤·이현우. 2000. "국회의원선거에서 후보자 요인의 영향력."『한국정치학회보』34집 2호. 149-170.

이동윤. 2012. "한국 정당의 후보공천과 대표성: 제19대 국회의원선거를 중심으로."『정치정보연구』15권 1호. 93-126.

이지호. 2013. "제18대 대통령선거에서 선거이슈가 투표행태에 미친 영향: 긍정적, 부정적 이슈를 중심으로."『한국과 국제정치』29권 2호. 37-72.

이현우. 2011. "제5회 지방선거의 주요이슈와 유권자 평가."『선거연구』1권 1호. 37-64.

전용주·공영철. 2012. "정당 공천유형과 경쟁도 그리고 선거경쟁력: 제19대 총선을 중심으로."『정치정보연구』15권 2호. 133-151.

정진민. 2013. "국회선진화법과 19대 국회의 과제: 국회 운영방식과 대통령-국회관계의 변화를 중심으로."『현대정치연구』6집 1호. 5-29.

정진민 외. 2015.『정당정치의 변화, 왜 어디로』서울: 형설출판사.

조진만·최준영. 2006. "1인 2표 병립제의 도입과 유권자의 투표행태."『한국정치학회보』40집 1호. 71-90.

최준영. 2012. "한국 공천제도에 대한 연구동향과 향후 연구과제."『한국정당학회보』11권 1호. 59-85.

제20대 국회의원선거와 선거 책임성*

강우진 | 경북대학교

I. 문제의 제기

지난 2016년 4월 13일에 치러진 제20대 국회의원선거에서 많은 여론조
사와 전문가들의 예측과는 달리 새누리당이 과반에 훨씬 못 미치는 122석을
얻어서 123석을 얻은 더불어민주당(더민주)에 제1당의 자리를 내주었다. 더
민주는 민주화와 함께 치러졌던 1988년의 제13대 국회의원선거 이후 정치
적 기반이었던 호남에서의 참패에도 불구하고 제1당의 자리에 올랐다. 또한
더민주에서 분화되어 제20대 국회의원선거 직전 창당하였던 국민의당은 총
38석을 얻어서 당초 목표였던 교섭단체 구성을 훨씬 뛰어넘는 승리를 얻었
다. 민주화 이후 총 8번의 국회의원선거에서 야권이 제1당과 함께 과반수

* 이 연구는 동일문화장학재단의 연구비 지원을 받아 이루어졌음.

의석을 차지한 선거는 제20대 국회의원선거가 최초의 선거이다.[1]

많은 여론조사와 전문가들이 선거 전 집권여당인 새누리당의 압승을 예상하였다.[2] 그럼에도 불구하고 새누리당이 참패한 이유는 무엇인가? '문제는 경제다 해답은 투표다'라는 슬로건을 통해서 박근혜 정부의 경제 실정에 집중해온 더민주의 경제 심판론이 유권자들의 지지를 얻은 것인가? 아니면 이른바 진박공천과 집권여당 대표의 옥새파동과 같은 공천 난맥상을 보여주었던 새누리당에 대한 유권자들의 분노가 표심으로 연결된 것인가?

이 장의 목적은 제20대 국회의원선거에서 나타난 유권자들의 선택을 선거 책임성(electoral accountability)의 시각에서 분석하는 것을 목적으로 한다. 민주주의는 시민들이 공적인 영역에서 지배자들의 행위에 대해서 책임지게 하는 체제이다(Schmitter and Karl 1991). 이러한 면에서 선거를 통해서 시민들이 집권자를 책임지게 할 수 있는지 여부를 의미하는 선거 책임성은 민주주의의 인민주권의 핵심적인 요소이다.

한국은 젊은 민주주의 국가들 중에서 민주주의가 가장 잘 제도화되어 있는 국가 중의 하나이다.[3] 1987년 민주화 이후 한국은 여섯 번의 대통령선거 (제13대 대선~제18대 대선)와 제20대 국회의원선거를 포함해서 8번의 국회의원선거(제13대 국회의원선거~제20대 국회의원선거)를 단절 없이 치러냈다. 또한 중앙집권적인 대통령제를 채택하고 있는 한국은 분명한 책임성 소재(clarity of responsibility)라는 제도적 특징을 가지고 있다(Hellwig and

---

1) 민주화 이후 최초로 여소야대가 이루어졌던 제13대 총선에서는 여당이었던 민주자유당이 제1당의 자리를 유지하였다. 또한 집권여당이었던 새천년 민주당이 과반수를 획득하지 못했던 제16대 총선에서는 야권이었던 한나라당(133석)과 한나라당에서 분열되어 나온 민국당(2석)의 의석을 합해도 과반수에 크게 미달하였다.

2) 선거 전 많은 여론조사 전문가들이 새누리당이 300석의 총 의석 중에서 국회 선진화법을 우회할 수 있는 180석을 얻거나 적어도 160석 정도를 얻을 것으로 예상하였다.

3) 1987년 민주적 이행 이후 두 번의 정권교체(two turn over test)를 잘 통과하였다. 또한 동아시아 금융위기로부터 촉발된 1997년 경제위기와 내부의 정치적 갈등으로부터 야기된 대통령 탄핵의 위기를 단절 없이 잘 견디어냈다. 학자들은 한국을 제3의 물결을 통해서 민주적 이행에 성공한 젊은 민주주의 국가들 중에서 가장 성공적인 민주주의 국가의 하나로 평가한다.

Samuels 2007). 특히 대통령 임기 중 3년차에 치러진 전국 단위의 국회의
원선거였던 제20대 국회의원선거는 중간평가 성격을 가지고 있어 선거 책
임성의 작동 여부를 분석하는 적절한 사례라고 할 수 있다.[4]

선거 책임성에 대한 분석은 경제적 결과를 중심으로 선진민주주의 국가
대상으로 많은 연구들이 제시되었다(Anderson 2007; Lewis-Beck and
Stegmaier 2000; 2007; 2008). 또한 최근에는 젊은 민주주의 국가들을 대상
으로 한 분석이 증가하고 있다(Gélineau 2013; Johnson and Bayer 2009).
하지만 한국적 맥락에서 선거 책임성을 체계적으로 분석한 선행 연구는 존
재하지 않는다.

이 장은 다음과 같이 구성된다. 먼저 선거 책임성을 중심으로 한 이론적
인 분석틀을 제시한다. 이어서 제20대 국회의원선거와 선거 책임성의 조건
에 대해서 논의한다. 다음으로 본격적인 경험 분석에 앞서서 자료, 측정과
모델을 포함한 경험 분석을 위한 연구설계를 제시한다. 경험 분석 결과를
해석과 함께 제시하고 이 장의 발견의 함의를 제시하고 글을 마무리한다.

II. 이론적 분석틀: 경제적 조건과 선거 책임성

대의제민주주의는 시민들이 대표자(representatives)의 수행력에 대해서
책임을 물을 수 있는 체제이다(Schmitter and Karl 1999). 대표자들의 책임
을 물을 수 있는 제도적인 통로는 다양하지만 선거를 통한 민주적 책임성의
구현은 대의민주주의의 기본원리라고 할 수 있다(Powell 2000). 선거 책임
성의 원리에 따르면 시민들은 자신들의 대표자가 집권기간 수행력이 좋았다

---

4) 대표적으로 미국의 중간선거를 들 수 있다. 또한 영국의 지방선거도 비슷한 사례에
해당한다(Norris 1990; 강원택 2012에서 재인용).

고 판단되면 선거에서 지지할 것이며, 수행력이 기대 이하라고 판단한다면 선거에서 지지하지 않을 것이다.

선거는 여러 가지 이슈가 대립하는 경쟁의 장이다. 하지만 일반적으로 선거에서 투표 선택에서 가장 중요한 기준은 경제적 이슈(economic issues)이다. 먼저, 경제적 이슈는 선거에서 가장 많이 논의되는 이슈이다(Anderson 2007). 또한 가장 많이 논의되기 때문에 유권자들의 입장에서는 가장 적은 비용으로 접근 가능하다는 장점이 있다(Ferejohn 1999; Gélineau 2013; Kiewiet 2000). 더욱이 경제적 이슈는 유권자들의 복지(well-being)에 가장 직접적인 영향을 미치는 요소이다. 따라서 경제적 이슈를 중심으로 한 선거 책임성은 민주적 책임성의 가장 중요한 차원이라고 할 수 있다.

물론, 경제적 이슈를 중심으로 한 선거 책임성이 작동하기 위해서는 일정한 조건이 만족되어야 한다. 먼저, 선거에서 경제가 두드러진 이슈여야 한다(Singer 2011). 많은 경우 유권자들의 일차적인 관심은 경제이다. 하지만 선거 경쟁은 다양한 이슈가 대립하는 장이다. 특정한 경우에는 경제가 아닌 다른 이슈가 지배적일 수 있다.5) 경제 이슈의 현저성(salience of economic issue)은 선거 책임성 작동의 일차적 조건이다. 경제적 이슈가 두드러질 때 유권자들은 집권여당의 경제적 수행력에 대한 자신의 태도를 가질 수 있다.

둘째, 선거 책임성이 작동하기 위해서는 유권자들이 경제 조건의 변화에 대한 정부 여당의 책임성에 대한 인식을 가지고 있어야 한다(attribution of responsibility). 유권자가 국가경제가 현직자의 집권 기간 동안 악화되었다고 판단하더라도 경제악화의 책임이 정부 여당에 있지 않다고 판단한다면 선거 책임성은 작동하지 않을 것이다.6)

---

5) 싱어(Singer 2011)의 연구에 따르면 일반적으로 경제적 이슈가 가장 중요한 이슈이다. 하지만 경제적 이슈의 현저성에는 상당한 변이가 존재한다. 경제침체, 경제적 저발전의 경우에 경제적 이슈의 중요성은 증가한다. 한편, 부패와 인권과 같은 거버넌스의 위기 경우에는 경제적 이슈의 중요성이 감소한다. 한국의 경우, 노무현 대통령이 승리했던 2002년 제16대 대통령선거에서는 경제 이슈보다는 정치개혁 이슈가 두드러졌다. 반면에 2007년에 치러졌던 제17대 대통령선거에서는 경제 이슈가 다른 이슈를 압도하였다.

예를 들어, 제20대 총선과정에서 박근혜 대통령이 제시했던 야당 심판론과 국회 심판론에 유권자들이 동의한다면 경제불황에 근거한 선거 책임성은 작동하지 않을 것이다.

셋째, 유권자의 투표 선택이 경제악화의 책임성의 인식에 기반을 두어야한다. 비록 집권당이 경제악화에 책임이 있다고 인식하더라도 유권자의 투표 선택에 다른 변수가 더 큰 영향을 미친다면 선거 책임성은 제대로 작동했다고 평가하기 어렵다.[7] 이와 관련하여 최근 출간된 에이큰과 바텔스의 저작(Achen and Bartels 2016)은 미국의 유권자들의 투표행위가 회고적 투표에 근거한 책임성 모델이 아니라 집단적 정체성에 기반을 둔 정체성 모델에 의해서 더 잘 설명될 수 있다는 광범위한 경험적 증거를 제시하였다.

이러한 조건이 만족되더라도 선거 책임성이 항상 어느 곳에서도 동일하게 작동하는 것은 아니다. 먼저, 선거 책임성의 작동과 관련하여 해당 국가의 제도적 특성이 중요하다. 일찍이 포웰과 휘튼(Powell and Whitten 1993)은 경제적 조건과 선거 결과는 책임성의 소재(Clarity of Responsibility)에 영향을 주는 제도적 조건과 정부 구조에 의해서 매개된다는 이론을 제시하였다. 그들의 분석에 따르면 정부가 단일한 정당에 이해서 지배되고 있을 때 책임성에 대한 소재가 더 분명해진다. 반면에 소수당이 지배하거나 연합정부가 지배하고 있을 때 책임성의 소재에 대한 평가가 약화된다. 한편, 헬위

---

6) 다수의 선행연구들(Anderson et al. 2004; Evans and Andersen 2006; Evans and Pickup 2010)이 국가경제 악화에 대한 정부 책임에 대한 인식이 유권자들의 당파성에 의해서 역으로 영향을 받을 수 있을 가능성을 제시하였다. 즉 당파적 합리화(partisan rationalization)의 과정이 존재한다는 것이다.

7) 젊은 민주주의 국가를 대상으로 한 최근의 연구(Tusalem 2015; Johnson and Schwindt-Bayer 2009)에 따르면 경제적 조건에 기반을 둔 선거 책임성의 영향을 측정하는 변수로서 더 적절한 것은 대통령에 대한 국정지지도(presidential approval rating)이다. 이 글은 이러한 연구의 문제의식에 공감하면서도 다음과 같은 이유로 대통령에 대한 국정지지도보다는 유권자들의 투표 선택에 초점을 맞춘다. 먼저, 민주적 책임성의 시각에서 볼 때 더 적절한 변수는 등락을 거듭하는 국정지지도가 아니라 유권자들의 투표 선택이다. 또한 국정지지도에는 경제 운용뿐만 아니라 부패와 정치적 스캔들과 같은 여타의 변수에 의해서도 영향을 많이 받는다.

그와 사무엘스(Hellwig and Samuels 2007)는 헌법적 디자인과 선거 책임성의 작동 방식과의 관계를 비교 연구하였다. 75국을 대상으로 한 그들의 비교분석에 따르면 권력분립이 제도화된 대통령제와 준대통령제(semi-presidentialism)하에서 선거 책임성이 더 잘 작동한다.

한국의 권력구조는 중앙집권적 대통령제이다. 또한 집권당인 새누리당은 제19대 국회에서 다수당의 지위를 유지하였다. 앞선 비교분석에 따르더라도, 한국은 유권자가 책임성의 소재를 더 분명히 평가할 수 있는 제도적 조건을 가지고 있다.

또한 정부의 제도적인 구조뿐만 아니라 선거에 출마하는 여당 후보자의 지위에 따라서 선거 책임성이 영향을 받을 수 있다. 페라리(Ferrari 2015)는 대통령제하에서 선거에 출마하는 후보자의 지위와 대통령제하에서 선거 책임성의 작동을 분석하였다. 그의 주장은 현직 대통령의 수행력이 차기 대통령선거에 미치는 영향은 임기말 선거에 출마하는 후보자가 현직이 재선에 출마하는지(re-election), 현직 대통령의 후계자가 출마하는지(successor), 대통령의 정치적 반대자가 출마하는지(non-successor)에 따라서 다르게 작동한다는 것이다.

그의 분석은 현직이 재출마할 경우가 다른 두 경우보다 또한 현직 대통령의 후계자가 출마하는 경우가 여당 내에서 대통령의 정치적 반대자가 출마할 때보다 선거 책임성이 더 잘 작동한다는 점을 밝혀냈다.[8] 실제로 이명박 정부 말기 치러졌던 2012년 제18대 대통령선거 과정에서 이명박 정부의 경제적 수행력에 대한 광범위한 불만이 존재했다. 하지만 과반수에 달하는 유권자들은 이명박 정부와 갈등했던 박근혜 후보의 집권을 정권 교체로 인식하고 있다는 조사가 제시되었다(『미디어리서치』, 『조선일보』, 2011/06/13). 이 글의 분석 대상이 대통령선거가 아니라 국회의원선거라는 점에서 페라리

---

[8] 레귀자몬과 크로울리(Leguizamon and Crowley 2016)는 미국 주지사를 대상으로 단임제가 선거 책임성에 미치는 영향을 주지사의 대응을 중심으로 분석한다. 그들의 분석에 따르면 더 많은 정치적 커리어가 남은 젊은 현직자가 나이든 현직자에 비해서 유권자들의 선호에 더 부응할 유인이 크다.

(Ferrari 2014)의 분석의 함의를 그대로 적용할 수는 없다. 하지만 새누리당 내에서 벌어졌던 진박과 비박 간의 갈등과 이른바 진박 공천은 페라리 (Ferrari 2014)가 제시한 세 번째와 유사한 경우라고 추정할 수 있다.

선거 책임성에 대한 선행 연구는 선진민주주의 국가 사례에 집중되었다. 그렇다면 젊은 민주주의 국가에서도 선거 책임성은 작동하고 있는 것인가? 최근에 몇몇 선행 연구들이 비서구 젊은 민주주의 사례를 중심으로 선거 책임성 작동에 대해서 분석하였다. 먼저 갤리뉘(Gélineau 2013)는 라틴 아메리카, 남사하라 아프리카, 남동아시아, 아랍지역을 포괄하는 광범위한 데이터 여론조사 자료(1995~2009)를 사용하여 경제 투표를 중심으로 선거 책임성을 검증하였다. 그의 분석에 따르면 국가와 시기에 따라서 차이가 있었지만 선진민주주의 국가와 비슷하게 젊은 민주주의 국가에서도 경제투표의 효과가 나타났다. 분석 결과 대통령 국정지지도(presidential approval)가 집권당에 대한 지지보다 경제 투표의 효과를 측정하는 데 더 적절한 측정이라는 점이 확인되었다. 또한 젊은 민주주의 국가에서는 회고적 투표와 함께 전망적 투표도 종종 나타났다.

또한, 존슨과 베이어(Johnson and Bayer 2009)는 중앙아메리카를 대상으로 경제적 책임성을 매개하는 제도적 특성을 분석하였다. 그들의 분석에 따르면 경제적 호황은 단점 정부에서 대통령에 대한 지지를 훨씬 더 많이 증가시켰다. 반면에 흥미롭게도 경제적 불황은 단점 정부에서 대통령에 대한 지지를 더 크게 감소시켰다.

한편, 튜살럼(Tusalem 2015)의 최근 연구는 위임민주주의의 특징인 강력한 행정부, 후원주의와 가산주의(patronage and partimonialism)와 같은 정당체제의 비제도적인 특징이 필리핀 민주주의의 책임성에 영향을 미치고 있다는 점을 밝혀냈다. 구체적으로 필리핀의 대통령 국정지지도를 결정하는 변수는 유권자들이 직접 평가하기 힘든 거시 경제적 수행력에 대한 인식이라기보다는 시민들의 주관적인 복지에 대한 평가인 빈곤에 대한 인식이었다.

반면에, 한국 사례에 대한 선행 연구는 유권자들의 투표 선택에서 회고적 투표에 기반을 둔 책임성 모델이 작동했다는 연구들도 존재한다(강원택

2007; 이내영·정한울 2007; 이갑윤 2011). 하지만 최근 선거를 다룬 연구들은 왜 집권당의 책임을 묻는 회고적인 투표가 작동하지 않았는지에 주목해왔다(강원택 2012; 이내영·안종기 2013). 이내영·안종기의 제18대 대선에 대한 분석에 따르면 유권자들의 후보지지에 이명박 정부에 대한 회고적 평가는 별 영향을 미치지 않은 반면에, 박근혜 후보에 대한 전망적 평가와 그녀에 대한 개인적 선호도 그리고 노무현 정부에 대한 회고적 평가가 중요한 영향을 미쳤다.

한편, 강원택(2012)은 제18대 대통령선거를 8개월여 앞두고 치러진 제19대 국회의원선거에서 회고적 투표가 이루어지지 않은 요인을 분석하였다. 이명박 정부의 수행력에 대한 광범위한 불만에도 불구하고 회고적 투표가 이루어지지 않고 양대 정당을 중심으로 광범위한 지지자 결집이 이루어진 이유는 8개월 후에 치러질 대통령선거에 대한 전망 때문이었다. 특히 집권당의 지지자인 보수적 유권자들의 경우 회고적 투표가 다가오는 대통령선거에서 집권여당의 재집권에 불리한 여건을 조성할 것을 우려하여 회고적 투표에 주저하였다는 것이다.

III. 제20대 총선과 선거 책임성의 조건

현직 대통령 임기 3년차에 치러진 전국 단위의 국회의원선거는 집권 정부 여당에 대한 중간평가의 성격을 가진다. 이에 더해서 박근혜 정부 3년 동안 내내 지속되었던 경제불황에 대한 국민들의 비판적인 평가는 선거 책임성의 시각에서 제20대 국회의원선거 결과를 분석하는 것이 필요하다는 것을 나타낸다.

〈그림 1〉은 박근혜 정부가 출범한 이후 제20대 총선 직전(2013년 3월~2016년 3월)까지 3년 동안의 경제지표를 그림으로 나타내고 있다. 이 그림

〈그림 1〉 박근혜 정부 출범 후 3년 동안 경제지표의 변화

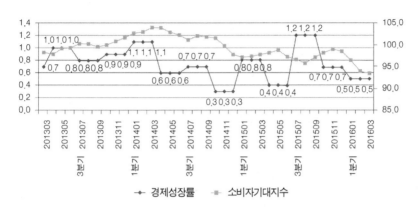

출처: 분기별 경제성장률 변화(한국은행); 소비자기대지수(통계청)

은 분기별 경제성장률의 변화와 소비자들의 체감 지표를 나타내는 소비자기대지수를 비교 제시하고 있다. 〈그림 1〉이 잘 나타내듯이 박근혜 정부 3년간 경제지표는 박근혜 정부가 제시한 '경제 비전 474'[9]와는 한참 거리가 있었다. 특히 선거를 6개월 앞둔 2015년 9월 이후 경제지표는 하락세를 지속했다. 경제불황에 대한 시민들의 인식은 소비자기대지수[10]에도 잘 나타나 있다.

비슷한 맥락에서 이 글이 경험 분석에서 사용하는 KSDC 자료에 따르면

---

9) 박근혜 대통령은 2014년 1월 6일 신년 내외신 기자회견에 앞서 밝힌 신년구상에서 '잠재성장률 4%, 고용률 70%, 1인당 국민소득 4만 달러'라는 구체적인 경제 비전을 제시하였다(『연합뉴스』, 2014/01/06).

10) 이 지수는 현재와 비교하여 6개월 후의 경기·생활형편·소비지출 등에 대한 소비자들의 기대심리를 나타내는 지표이다. 지수는 100을 기준으로 한다. 지수가 100일 경우, 6개월 후의 경기·생활형편 등에 대해 현재보다 긍정적으로 보는 가구와 부정적으로 보는 가구가 같음을 뜻한다. 따라서 부정적인 전망이 더 많을 경우 지수는 100 이하를 기록한다. 반면에 긍정적인 전망이 더 많을 경우 지수는 100 이상으로 증가한다(출처: 『시사경제용어사전』, 2010.11. 대한민국정부/기획재정부).

제20대 국회의원선거 전 일 년 동안 국가경제의 변화에 대한 인식은 부정적인 평가가 긍정적인 평가를 압도했다. 지난 일 년 동안 국가경제가 좋아졌다고 대답한 응답자는 1.42%에 지나지 않았다. 이전과 비슷하다고 대답한 응답자는 전체 응답자의 3분의 1이 약간 넘는 36.86%에 달했다. 반면에 같은 기간 동안 국가경제가 나빠졌다고 대답한 응답자는 60.63%에 달했다.[11]

　박근혜 정부의 경제 수행력에 대한 유권자들의 비판적인 평가가 지배적이라면 박근혜 정부의 국정운영에 대한 평가는 어떠한가? 이 장이 주목하고 있는 선거 책임성의 관점에서 볼 때 경제적 수행력에 대한 비판적인 평가는 국정운영에 대한 부정적인 평가와 연관되어 있을 가능성이 크다. 실제로, KSDC 자료를 통해서 본 취임 후 박근혜 정부의 국정운영 평가에 대한 유권자들의 평가는 부정적인 평가가 긍정적인 평가를 압도하고 있다. 구체적으로 보면 긍정적인 평가(매우 잘하고 있다 2.42%, 대체로 잘하고 있다 37.28%)가 전체 응답자의 39.7%인 반면에, 부정적인 평가는 60.13%(대체로 잘못하고 있다 48.71%, 매우 잘못하고 있다 11.59%)에 달했다.

　제20대 총선에서의 선거 책임성의 문제를 좀 더 자세히 살펴보기 위해서 국가경제 조건 악화의 책임성 소재를 살펴보자.

　〈표 1〉은 국가경제가 악화되었다고 대답한 응답자들이 국가경제 악화의 책임소재(attribution of responsibility)를 어떻게 인식하고 있는지를 나타내고 있다. 과반수에 가까운 47.59%가 국가경제의 악화는 정부 여당 책임이라고 답했다. 다음으로 37.69%가 세계경제 불황이라고 답했다. 이어서 재벌 대기업(7.29%), 야당(5.74%), 국민(1.79%)순이었다. 위의 자료를 통해서 알 수 있는 것은 정부 여당 책임론(47.59%)이 정부의 세계경제 불황론

---

11) 다수의 시민들은 박근혜 정부하에서 경제가 나빠졌다고 평가할 뿐만 아니라 박근혜 정부의 경제정책 전반에 대해서도 부정적인 평가를 내렸다. 제20대 국회의원선거 한 달 전인 2016년 3월에 실시된 19세 이상의 전국 남녀 1,002명을 대상으로 한 한 여론조사에 따르면 응답자의 4분의 3이 넘는 78.9%가 박근혜 정부의 경제정책을 C학점 이하로 평가하였다(C학점 32.1%, D학점 15.8%, F학점 23.7%). 반면에 A학점을 준 응답자는 1.4%에 지나지 않았으며, B학점을 준 응답자도 19.3%에 그쳤다(경제개혁연구소, 「정부 경제정책에 대한 국민의식조사 결과(2016.7)」 발표(2016/07/07)).

〈표 1〉 국가경제 악화의 책임소재 인식

(단위: %)

국가경제 악화 책임				
정부 여당	야당	재벌 대기업	세계경제 불황	국민
47.59	5.74	7.29	37.69	1.79

(37.69%)보다 우세하지만 정부의 상황론이 일정한 지지를 얻고 있다는 점이다.

또한 정부의 상황론은 투표 선택과 관련하여 정치적 효과를 나타냈다. 먼저, 국가경제 악화의 책임 소재와 박근혜 정부에 대한 평가와의 관계를 살펴보면 이 부분이 잘 나타난다. 국가경제가 악화되었다고 응답한 유권자(727) 중에서 악화의 책임이 정부 여당에 있다고 대답한 응답자의 84.40%가 박근혜 정부에 대한 부정적인 평가를 나타냈다. 하지만 국가경제 악화의 책임이 세계경제의 불황이라고 응답한 유권자층에서는 부정적인 평가가 53.29%로 급격히 감소되었다. 더구나 정부의 상황론은 유권자 선택과 관련하여서도 상당한 정치적 효과를 가진 것으로 나타났다. 흥미롭게도, 전체 응답자 중에서 박근혜 후보를 지지한 비율(49.87%)보다 국가경제가 악화되었지만 세계경제 불황 탓이라고 대답한 응답자 중에서 박근혜 후보를 지지한 비율이 60.58%로 나타나 10% 정도 높게 나타났다. 즉, 박근혜 정부의 책임회피(blame-avoidance) 전략이 일정하게 성공했다는 것을 나타낸다.[12]

그럼에도 불구하고 다수의 유권자들이 제20대 국회의원선거가 박근혜 정부에 대한 심판의 장이라고 인식하고 있었다. 여론조사 공표 마지막 날인 선거 일주일 전(2016년 4월 6일)에 실시한 한 여론조사에 따르면 과반수에 달하는 응답자(49.9%)가 총선 이슈 공감도에서 정권심판론을 선택하였다.

---

12) 박 대통령은 선거를 한 달여 앞둔 3월 7일 수석비서관회의를 통해서 "대외여건이 매우 어려운 가운데서도 이만큼 하는 것은 당초 소비절벽이나 고용절벽을 걱정했던 것만큼 나쁘지는 않은 수준"이라고 강조했다(『경향신문』, 2016/03/07).

반면에 정부 여당의 논리였던 국정안정론을 지지한 응답자는 전체 응답자의 3분의 1 정도인 34.2%에 지나지 않았다. 같은 조사에 따르면 조사가 시작된 2015년 1월 이후 정권심판론은 2015년 9월 한차례 정국안정론과 같은 수준의 지지(41.9%)를 나타낸 것을 제외하면 줄곧 정국안정론은 앞섰다. 특히 선거에 임박할수록 그 차이는 커졌다(『리서치뷰』, 2016/04/06).

위의 논의를 요약하면 박근혜 정부 기간 계속된 경제 침체, 박근혜 정부의 경제수행력에 대한 비판적 평가, 경제불황에 대한 정부 여당의 책임론과 같은 요인들과 같이 제20대 국회의원선거는 선거 책임성이 작동할 수 있는 여건들이 마련되어 있었다.

IV. 연구설계

이 연구가 경험 분석을 위해서 사용하는 자료는 한국사회과학데이터센터(KSDC)가 서강대학교 현대정치연구소·한국선거학회와 공동으로 제20대 총선 직후 전국의 1,199명의 만 19세 유권자를 대상으로 조사한 유권자정치의식조사이다.

이 글의 종속변수는 두 가지이다. 먼저 유권자들의 지역구 후보 선택이다. 이는 "○○님께서는 이번 국회의원선거에서 지역구 투표는 어느 정당의 후보자에 투표하셨습니까?"의 문항에 기반을 두고 측정되었다. 두 번째, 유권자들의 정당 투표이다. 이는 "이번 국회의원선거에서 정당에 투표하는 정당명부식 비례대표 투표에서는 어느 정당에 투표하셨습니까?"의 문항에 근거하여 측정되었다. 유권자들의 선택은 ① 새누리당, ② 더불어민주당, ③ 국민의당, ④ 정의당, ⑤ 기타 정당으로 구성되었다. 이 연구가 선거 책임성의 작동에 대한 분석을 목적으로 하고 있기 때문에 경험 분석에서는 새누리당을 기본으로 하여 더민주당의 선택과 국민당의 선택의 조합이 분석되었다. 유권자들의 선택이 지역구 후보 선택과 정당지지 선택의 두 가지이기 때문에 경험 분석에서도 두 가지를 구별하여 분석하였다.

이 글의 독립변수는 유권자들의 선거 책임성에 대한 인식이다. 앞선 논의에 따라서 이 변수는 "국가경제가 나빠졌다고 대답하셨는데 다음 중 누구의 책임이 가장 크다고 보시나요?"라는 질문에 대한 응답(① 정부 여당, ② 야당, ③ 재벌 대기업, ④ 세계경제 불황, ⑤ 국민) 중에서 ① 정부 여당을 선택한 응답자를 대상으로 가변수를 구축하였다.

또 다른 독립변수는 각 정당의 공천과정에 대한 평가이다. 이는 "선생님께서는 다음 정당들의 공천과정을 어떻게 평가하십니까? 매우 못한다 0점, 그저 그렇다 5점, 매우 잘한다 10점으로 평가해주십시오"의 새누리당, 더불어민주당, 국민의당에 해당하는 항목을 각각의 변수로 측정하였다. 즉 각각 "새누리당 공천평가", "더불어민주당 공천평가", "국민의당 공천평가"이며, 11점 척도이다.

박근혜 정부에 대한 일반적 평가는 "○○님께서는 박근혜 대통령이 취임한 이후, 국정운영에 대해 어떻게 생각하십니까?"에 기반을 두고 측정되었다. 응답자의 선택은 "① 매우 잘하고 있다, ② 대체로 잘하고 있다, ③ 대체로 잘못하고 있다, ④ 매우 잘못하고 있다"로 구성되어 있다.

정당일체감의 경우 "○○님께서는 가깝게 느끼는 특정정당이 있습니까? (① 있다, ② 없다)"를 먼저 설문한 후 "문11-2.(문11번에서 '① 있다'라고 응답한 경우) 가장 가깝다고 느끼는 그 정당은 어느 정당입니까? (① 새누리당, ② 더불어민주당, ③ 국민의당, ④ 정의당, ⑤ 기타 정당)"를 통해 "새누리당 정당일체감", "더불어민주당 정당일체감", "국민의당 정당일체감"의 세 변수로 나누어 가변수를 구성하였다.

지역 균열의 경우 고향(주 성장지역)을 "호남출신", "경북출신", "경남출신"의 세 지역으로 나누어 가변수를 통해서 통제하였다. 구체적으로 "SQ 5. ○○님 고향은 어디십니까?"에 대한 응답을 통해 측정했으며, "호남출신"의 경우 "④ 광주전라"에 응답한 경우를 1, 기타 응답을 0으로, 마찬가지로 "경북출신", "경남출신"의 경우 "⑤ 대구/경북", "⑥ 부산/울산/경남"에 응답한 경우를 대상으로 가변수를 도출하였다.

정치이념의 경우 "정치이념을 일반적으로 진보와 보수로 구분합니다. 0 부터 10까지 눈금 중에서 ○○님께서는 자신은 어디에 속하며, 정치지도자 들은 어디에 속한다고 생각하십니까? 여기서 0은 진보를 나타내며, 10은 보수를 나타냅니다(0: 진보~10: 보수)"에서 "응답자 자신"에 해당하는 항목을 통해 11점 척도로 측정하였다.

선거연구에서 일반적으로 통제하는 사회경제적 변수 중에서 먼저 교육수 준을 추가하였다. 이는 "SQ 3. ○○님께서는 학교를 어디까지 마치셨습니 까? (① 중졸 이하, ② 고졸 이하, ③ 전문대학 이하, ④ 4년제 대학 이상)"의 항목으로 측정하였다. 이어 월소득의 경우 "SQ 7. ○○님댁의 한 달 가구소 득은 얼마나 되십니까? (가족의 월급·상여금·은행이자 모두 포함) (① 100 만 원 미만 ② 100~199만 원 ③ 200~299만 원 ④ 300~399만 원 ⑤ 400~ 499만 원 ⑥ 500~599만 원 ⑦ 600~699만 원 ⑧ 700만 원 이상)"으로 측정 하였다. 연령의 경우 응답자의 연령을 연속변수 그대로 사용했으며, 성별의 경우 남녀 중 남자를 대상으로 가변수를 도출하였다.

V. 분석 결과

〈표 2〉는 경험 분석에서 사용된 변수들의 기술통계를 제시하고 있다. 〈표 3〉은 지역구 후보자지지 결정요인에 대한 경험 분석 결과를 제시하고 있다. 새누리당을 기반으로 하여 새누리당과 더민주당, 새누리당과 국민의당의 조 합에 대한 유권자들의 선택에 영향을 미친 영향 요인을 분석하고 있다. 〈표 4〉는 같은 조합에 대한 정당 투표 결정요인에 대한 분석 결과를 제시하고 있다. 〈표 5〉는 로짓 모형에서 박근혜 대통령의 국정운영 평가가 유의미한 투표결정 요인으로 더민주/새누리 조합의 지역구 투표 선택을 경로분석

〈표 2〉 변수들의 기술통계

변수	응답자 수	평균	표준편차	최솟값	최댓값	왜도	첨도
국가경제 악화 정부 책임	1,199	0.28	0.45	0	1	0.93	1.87
박근혜 정부 평가	1,199	2.69	0.70	1	4	0.83	2.58
새누리당 공천평가	1,155	4.33	2.30	0	10	0.01	2.34
더불어민주당 공천평가	1,153	5.50	1.82	0	10	-0.32	3.23
국민의당 공천평가	1,150	5.45	1.74	0	10	-0.46	3.59
새누리당 정당일체감	1,199	0.24	0.43	0	1	1.22	2.48
더불어민주당 정당일체감	1,199	0.16	0.37	0	1	1.84	4.37
국민의당 정당일체감	1,199	0.09	0.28	0	1	2.97	9.85
교육수준	1,199	2.69	0.93	1	4	0.15	1.86
월소득	1,199	4.51	1.47	1	8	-0.04	2.88
이념	1,178	5.16	1.91	0	10	-0.04	2.85
호남출신	1,199	0.17	0.37	0	1	0.17	0.37
경북출신	1,199	0.15	0.36	0	1	1.96	4.84
경남출신	1,199	0.17	0.37	0	1	1.79	4.20
연령	1,199	46.25	14.07	19	85	46.25	14.07
성별	1,199	0.50	0.50	0	1	0.02	1.00

(Path Analysis)으로 재분석한 결과를 나타내고 있다. 경로분석 모형을 통해서 더민주/새누리 조합의 지역구 투표 선택에 영향을 미친 직·간접적인 영향을 분석해낼 수 있다. 특히 이 글이 주목하는 선거 책임성의 작동 경로를 분석할 수 있다.

먼저 〈표 3〉에서 나타난 경험 분석 결과를 살펴보자. 첫째, 선거 책임성 변수와 관련하여 더민주/새누리당 조합에서 회고적 책임성 변수는 통계적으로 유의미한 영향변수로 나타나지는 않았다. 하지만 박근혜 정부의 국정

〈표 3〉 지역구 후보자지지 결정요인에 대한 경험 분석(로짓 모형)

변수	더민주/새누리당		국민의당/새누리당	
	계수 (표준오차)	한계계수 (최소 → 최대)	계수 (표준오차)	한계계수 (최소 → 최대)
국가경제 악화 정부 책임	-0.226(0.368)	-0.051	-0.720(0.154)	-0.003
박근혜 정부 평가	0.858(0.245)***	0.196(0.529)	-0.164(0.488)	-0.003(-0.009)
새누리 공천평가	-0.180(0.079)**	-0.041(-0.383)	-0.028(0.145)	-0.001(-0.005)
더민주 공천평가	0.304(0.092)***	0.069(0.582)	-	-
국민의당 공천평가	-	-	0.169(0.176)	0.003(0.035)
새누리 일체감	-2.808(0.458)***	-0.642	-3.630(1.060)	-0.052
더민주 일체감	1.237(0.465)***	0.283	-	-
국민의당 일체감	-	-	2.167(0.645)	0.024
박근혜 선호도	-0.097(0.085)	-0.022(-0.224)	-0.420(0.160)**	-0.008(-0.230)
문재인 선호도	0.124(0.079)	0.028(0.277)	-	-
안철수 선호도	-	-	0.984(0.196)***	0.019(0.694)
호남	0.355(0.491)	0.081	1.350(0.706)	0.026
경북	-1.107(0.407)**	-0.253	-0.424(1.163)**	-0.048
경남	-0.565(0.410)	-0.129	-0.506(0.705)	-0.010
이념	-0.160(0.094)**	-0.036(-0.358)	-0.209(0.171)	-0.004(-0.058)
연령	-0.001(0.012)	-0.000(-0.023)	-0.011(0.025)	-0.000(-0.014)
학력	-0.096(0.184)	-0.022(-0.066)	0.060(0.374)	0.001(0.003)
소득	0.160(0.107)	0.036(0.251)	-0.067(0.212)	-0.001(-0.009)
남자	-0.212(0.299)	-0.048	0.642(0.587)	0.012
상수	-1.159(1.155)		-3.497(3.053)	
사례수	555		407	
Pseudo R2	0.5773		0.763	

참고: **p≤.05; ***p≤.001

운영에 대한 평가는 더민주/새누리 조합에서 유권자들의 투표 선택에 영향을 미친 중요한 변수로 확인되었다. 취임 후 박근혜 정부의 국정운영에 대해서 부정적인 인식을 가질수록 새누리당보다 더민주를 지지할 확률이 높았다. 한계효과는 0.196으로 나타났으나 매우 잘하고 있다에서 매우 잘못하고 있다로 변할 때 나타나는 한계효과의 최대 크기는 0.529로 나타나 이 변수의 실제 영향력은 상당히 큰 것으로 확인되었다.

둘째, 새누리당과 더민주의 공천과정에 대한 평가 또한 유권자들의 투표 선택에 영향을 미친 중요한 변수였다. 유권자들이 새누리당의 공천과정에 대해서 부정적일수록 새누리당보다 더민주를 선택할 확률이 높았다. 같은 효과가 더민주의 공천과정에 대한 평가에서도 확인되었다.

셋째, 지역균열을 나타내는 변수 중 경북출신 변수만이 유의미한 영향변수로 확인되었다. 호남출신 변수가 더민주/새누리 조합에서 유의미한 변수로 나타나지 않았던 이유는 국민의당 변수 때문인 것으로 추론된다. 민주화 이후 민주당 계열 정당의 정치적 지지기반이었던 호남거주 유권자들과 호남출신 유권자 집단은 제20대 총선에서 국민의당 지지와 더민주 지지로 분열되었다.

넷째, 새누리당과 더민주에 대한 정당일체감도 더민주/새누리 조합에서 유권자들의 투표 선택에 유의미한 영향을 미친 중요한 변수로 나타났다. 특히 한계 계수를 통해 측정된 변수의 영향력에서 새누리당 일체감은 더민주/새누리 조합에서 새누리를 지지하는 데 가장 큰 영향력을 미친 변수로 확인되었다.

다섯째, 응답자의 이념변수 또한 중요한 영향변수로 나타났다. 즉 응답자가 스스로 보수적이라고 인식할수록 더민주보다는 새누리당을 지지할 가능성이 높았다.

〈표 3〉에서 제시된 국민의당/새누리 조합에 대한 분석 결과는 앞선 더민주/새누리당 조합에 대한 분석 결과와는 사뭇 다르다. 이 조합에서 유권자들의 선택에 의미있는 영향을 미친 것으로 확인된 변수는 박근혜 대통령과 안철수 대표에 대한 선호도와 지역균열변수로서 경북이었다. 이 조합에서

<표 4> 정당 투표지지 결정요인에 대한 경험 분석(로짓 모형)

변수	더민주/새누리당		국민의당/새누리당	
	계수 (표준오차)	한계계수 (최소 → 최대)	계수 (표준오차)	한계계수 (최소 → 최대)
국가경제 악화 정부 책임	0.314(0.522)	0.075	0.142(0.641)	0.016
박근혜 정부 평가	0.597(0.355)	0.158(0.438)	0.450(0.420)	0.052(0.164)
새누리 공천평가	-0.142(0.098)	0.075(0.350)	-0.234(0.118)**	-0.027(-0.275)
더민주 공천평가	0.350(0.121)*	-0.072(-0.362)	-	-
국민의당 공천평가	-	-	0.151(0.154)	0.017(0.172)
새누리 일체감	3.219(0.658)***	-0.768	-0.837(0.594)	-0.097
더민주 일체감	-2.938(1.072)**	0.701	-	-
국민의당 일체감	-	-	2.444(0.927)	0.284
박근혜 선호도	-0.434(0.120)***	-0.101(-0.758)	-0.637(0.149)	-0.074(-0.886)
문재인 선호도	0.295(0.128)**	0.067(0.593)	-	-
안철수 선호도	-	-	0.675(0.169)	0.089(0.844)
호남	-0.492(0.658)	-0.117	-0.790(0.791)	-0.092
경북	-0.850(0.535)	-0.202	-1.959(0.798)**	-0.228
경남	-0.575(0.546)	-0.137	-0.790(0.791)	-0.136
이념	-0.324(0.141)**	-0.095(-0.756)	-0.260(0.162)	-0.030(-0.373)
연령	-0.002(0.017)	-0.000(-0.036)	-0.021(0.022)	-0.002(-0.065)
학력	-0.133(0.264)	-0.031(-0.095)	0.066(0.305)	0.007(0.023)
소득	-0.034(0.151)	-0.008(-0.056)	-0.098(0.184)	-0.011(-0.080)
남자	-0.370(0.416)	-0.078	0.814(0.490)	0.049
상수	2.971(2.131)		0.599(2.779)	
사례수	527		435	
Pseudo R2	0.7519		0.7537	

참고: **p≤.05; ***p≤.001

앞선 조합과는 달리 박근혜 대통령과 안철수 대표의 선호도가 중요한 영향 변수로 나타난 것은 국민의당 상황과 연관이 있는 것으로 추론된다. 국민의 당은 제20대 총선을 앞두고 급하게 창당되었으며, 대권 후보 안철수의 정당 이라는 이미지가 강했다. 국민의당 창당과정과 선전에는 2011년 서울시장 보궐선거와 2012년 대선과정과는 달리 강한 이미지를 보여준 안철수 대표 의 역할이 컸다.13) 지역변수로서 경북이 중요한 변수로 나타난 데는 국민의 당 지지자와 새누리당의 지지자의 배경이 일정하게 중복되었다는 점이 작용 한 결과라고 판단된다.14)

〈표 4〉에서 나타난 정당지지 결정요인에 대한 분석은 지역구 투표 선택 에 대한 분석과는 사뭇 다른 결과가 나타났다. 먼저, 더민주/새누리당의 정 당지지 결정요인에 대한 분석 결과를 살펴보자. 첫째, 정당지지 분석에서는 지역구 후보자 선택과는 달리 박근혜 정부의 국정운영 평가는 중요한 변수 로 나타나지 않았다. 둘째, 양당 공천과정에 대한 평가는 정당 투표에서는 더민주 공천과정에 대한 평가만이 영향을 미친 것으로 나타났다. 셋째, 새누 리당과 더민주에 대한 일체감은 정당 투표에서 가장 영향력이 큰 두 변수로 확인되었다.15) 넷째, 지역구 후보 선택에 대한 분석과는 달리 박근혜 대통 령과 더민주의 유력한 차기 대선 후보로서 문재인 전 대표에 대한 선호가 정당 투표를 결정하는 중요한 영향 변수로 확인되었다. 다섯째, 지역구 후보

---

13) 제20대 총선 일주일 전인 4월 5~6일 실시된 여론조사에 따르면 유권자들은 이번 선 거에서 가장 관심이 가는 정치인으로 안철수(22.3%)를 꼽았다. 2위를 차지한 문재인 전 대표를 선택한 유권자는 13.4%에 그쳤다. 선거 판세에 가장 긍정적인 영향을 미치 는 정치인으로도 안철수 대표가 18.5%의 지지를 받아 1위를 기록했다(『한국일보』, 2016/04/08).

14) 위의 조사에 따르면 국민의당 지지자 중에서 30%가 새누리당에서 이동했다(『한국일 보』, 2016/04/08).

15) 하지만 해석에 있어서 유의할 점은 KSDC 자료가 선거후 여론조사이기 때문에 정당지 지 선택에 의해서 정당의 일체감이 영향을 받을 수 있는 투사(projection) 효과를 통제 하기 어렵다는 점이다. 일찍이 브로디와 페이지(Brody and Page 1972)는 이슈 근접 성(issue proximity)과 투표 선택과의 관계에서 이슈의 효과와 설득(persuasion), 투 사(projection)의 효과를 구분하였다.

선택의 경우와 마찬가지로 유권자들의 이념 또한 정당지지를 결정하는 중요한 변수로 나타났다.

다음으로 국민의당/새누리당 정당지지 결정요인에 대한 분석 결과를 살펴보자. 먼저 지역구 후보 선택에 나타나지 않았던 새누리 공천에 대한 평가가 정당 투표에서는 중요한 영향요인으로 확인되었다. 이 결과를 통해서 유추할 수 있는 것은 진박공천과 집권당 대표의 옥쇄파동으로 대표되는 새누리당의 공천파동에 대한 국민들의 비판적인 평가가 정당 투표에서 국민의당 약진의 한 원인이 되었다는 것이다. 둘째, 지역구 후보자지지의 경우와 같이 박근혜 대통령에 대한 선호와 안철수 대표에 대한 선호가 정당 투표에서 국민의당/새누리당 선택에 중요한 영향을 미친 변수로 확인되었다. 변수의 영향력을 비교할 때 지역구 후보지지 결정요인보다 정당 투표에서 그 영향력이 훨씬 큰 것으로 나타났다. 셋째, 지역균열변수에서는 지역구 투표와 마찬가지로 경북 변수만이 중요한 변수로 나타났다.

위에서 논의한 대로 박근혜 대통령의 국정운영에 대한 부정적인 평가는 더민주/새누리 조합의 지역구 투표에서만 유의미한 영향을 미치는 것으로 나타났다. 비록 국가경제에 대한 정부 책임성 인식이 유의미한 영향변수로 나타나지는 않았지만 여전히 간접적인 경로를 통해서 유권자들의 선택에 영향을 미칠 가능성이 존재한다. 따라서 추가적으로 경로분석 모형을 통해서 투표 선택의 직간접적인 경로를 분석하였다. 〈표 5〉가 그 결과를 제시하고 있다.

경로분석을 통한 분석에서 선거 책임성의 직간접적인 경로가 나타났다. 먼저 로짓 모형 분석에서 확인된 바와 같이 박 대통령에 대한 국정운영 평가는 유권자들의 더민주/새누리 선택에 직접적인 영향을 미쳤다. 또한 경로분석을 통해서 국가경제에 대한 회고적 책임성 변수가 박 대통령 국정운영 평가 변수를 통해서 투표 선택에 영향을 미친 변수로 확인되었다.[16] 이외에도 박 대통령 국정운영 평가에 영향을 미치는 변수는 새누리 일체감, 박 대

---

16) 이러한 분석 결과는 대통령의 업적 평가와 회고적 경제 평가가 서로 상호 작용하면서 유권자 선택에 영향을 미친다는 이갑윤(2011)의 연구와 유사하다.

<표 5> 지역구 후보지지 결정요인에 대한 경로분석 모형

더민주/새누리 지역구 투표←	계수(표준오차)	간접효과	총효과
국가경제 악화 정부 책임	-0.007(0034)	0.025(0.009)**	0.018(0.033)
박근혜 정부 평가	0.084(0.025)**	–	0.084(0.025)
새누리 공천평가	-0.013(0.006)**	0.001(0.001)**	-0.015(0.006)
더민주 공천평가	0.030(0.008)**	–	0.030(0.008)
새누리 일체감	-0.363(0.037)***	-0.017(0.007)**	0.380(0.037)
더민주 일체감	0.190(0.140)***	–	0.190(0.140)
박근혜 선호도	-0.024(0.008)**	-0.010(0.003)**	0.031(0.008)
문재인 선호도	0.015(0.007)**	–	0.015(0.007)
호남	0.029(0.045)	–	0.029(0.045)
경북	-0.107(0.036)	–	-0.107(0.036)
경남	-0.045(0.039)**	–	-0.045(0.039)
이념	-0.011(0.008)	–	-0.011(0.008)
연령	-0.000(0.001)	–	-0.000(0.001)
학력	-0.016(0.016)	–	-0.016(0.016)
소득	0.015(0.009)	–	0.015(0.009)
남자	-0.016(0.027)	–	-0.016(0.027)
상수	0.347(0.147)**	–	
박근혜 정부 평가←		–	
국가경제 악화 정부 책임	0.302(0.054)***	–	0.302(0.054)
새누리 일체감	-0.202(0.058)**	-0.054(0.015)**	-0.202(0.058)
더민주 일체감	0.066(0.060)	0.065(0.018)***	
박근혜 선호도	-0.027(0.011)***	–	-0.027(0.011)
새누리 공천평가	-0.021(0.010)**	–	-0.021(0.010)
상수	3.382(0.076)***	–	3.382(0.076)
국가경제 악화 정부 책임←		–	
새누리 일체감	-0.083(0.041)***	–	-0.083(0.041)***
더민주 일체감	0.222(0.046)***	–	0.222(0.046)***
상수	0.303(0.030)***	–	0.303(0.030)***

참고: **p≤.05; ***p≤.001

통령 선호도, 새누리 공천에 대한 평가와 같은 변수들이었다. 새누리 정당일체감과 더민주 정당일체감은 국가경제에 대한 회고적 책임성 변수에 영향을 미치는 중요한 변수로 확인되었다.

이러한 분석 결과를 통해서 선거 책임성과 관련하여 추론할 수 있는 사실은 양면적이다. 한편으로는 제20대 총선에서 선거 책임성의 작동 경로를 확인할 수 있었다. 다른 한편으로는 선거 책임성 변수에 정당일체감이 중요한 영향을 미치고 있다는 사실을 확인할 수 있었다. 새누리당 일체감을 가진 유권자일수록 박 대통령의 국정운영에 긍정적인 평가를 내릴 가능성이 컸으며, 국가경제에 대한 회고적인 평가에는 부정적이었다. 더민주 일체감을 가진 유권자의 경우 박 대통령의 국정운영 평가에 중요한 영향을 미치지는 않았다. 반면에 국가경제에 대한 회고적인 평가에는 유의미한 영향을 미친 것으로 나타났다. 이러한 결과는 다수의 선행 연구(Anderson et al. 2004; Evans and Andersen 2006; Evans and Pickup 2010)들이 제시한 것처럼 회고적 책임성 인식에서 당파적 합리화의 가능성이 존재한다는 것을 나타낸다.

또한 새누리 공천 파동에 대한 유권자들의 평가가 박 대통령의 국정운영에 대한 평가에 영향을 미쳤다는 분석 결과는 시사적이다. 에이큰과 바텔스(2016, 102-108)가 설득력 있게 제시한 것처럼 회고적 책임성 모델의 효과는 선거를 통한 지도자를 교체하는 과정이 우연적인 요소에 얼마나 영향을 받느냐에 따라서 제한될 것이다. 새누리당 공천 파동은 공직 후보 선출과정이 제도화되지 않은 한국 정당의 현 주소를 드러낸 사건이다. 민주적 책임성의 작동은 정당의 제도화 수준에 의해서 영향을 받는다.

선거 책임성이 더민주/새누리 조합의 지역구 투표에만 작동한 이유는 무엇인가? 먼저, 이번 선거에서 특징적으로 나타난 교차투표의 영향을 들 수 있다. 야권이 분열된 상태로 치러진 제20대 총선에서 적지 않은 야권의 지지자가 지역구 투표는 당선가능성이 높은 더민주 후보를 지지하고 정당 투표에서는 국민의당을 지지하는 전략투표를 행사하였다.17)

다음으로 국민의당의 지지기반이 새누리당의 지지기반과 일정하게 겹친다는 점을 들 수 있다. 이에 따라서 국민의당/새누리 조합의 투표 선택에서는 유권자들의 회고적 투표가 작동하지 않았다. 회고적 투표가 작동하지 않은 선택의 조합에서 중요한 변수는 선거과정을 압도했던 집권여당의 공천과 동이었다. 실제로, 같은 조합의 정당 투표에서는 새누리당 공천에 대한 부정적인 평가가 국민의당 지지에 영향을 준 것으로 확인되었다.

이 글의 분석에서는 강원택(2012)의 분석에서 나타난 임박한 대선의 효과가 나타나지 않았다. 이유는 대선과 8개월 만의 시간을 두고 치러졌던 제19대 총선과는 달리 제20대 국회의원선거와 제19대 대통령선거는 1년 8개월이 남아 있다는 점을 들 수 있다. 따라서 대선의 효과를 측정하기에는 이르다고 할 수 있다.[18]

VI. 결론과 시사점

이 글의 목적은 제20대 국회의원선거에서 나타난 유권자들의 선택을 선거 책임성의 관점에서 분석하는 것이었다. 선거 전 경제침체와 국정운영에 대한 비판적 여론이 광범위하게 존재했던 집권 4년차 전국 단위 국회의원선거에서 집권당은 유례없는 참패를 기록했다. 이러한 면에서 제20대 국회의원선거는 선거 책임성 모델의 효과를 검증하기에 적합한 선거였다.

---

17) 선거관리위원회의 개표 결과 수도권을 중심으로 교차투표의 경향이 뚜렷이 확인되었다. 더민주는 지역구 투표에서 888만 표를 얻은 반면에, 정당 투표에서는 607만 표를 얻었다. 서울(85만 표)과 경기(92만 표)에서 두드러진 교차투표의 경향을 감안할 때 야권의 지지자들이 지역구에서 경쟁력이 높은 더민주 후보에게 표를 몰아주는 전략적 투표를 통해서 더민주를 지지했다는 추론이 가능하다(『한국일보』, 2016/04/14).

18) KSDC 자료는 대통령을 포함한 유력 정치인에 대한 선호도를 묻는 문항은 존재하지만 대선후보 지지도를 묻는 문항은 존재하지 않는다. 따라서 2017년 제19대 대통령선거의 효과가 선거 책임성에 미치는 영향을 정확히 측정하는 데 한계가 있었다.

이 글의 분석 결과 박 대통령의 국정운영에 대한 비판적인 평가는 유권자들의 여당 심판에 유의미한 영향변수로 나타났다. 반면에 경제악화에 대한 회고적 심판을 내용하는 선거 책임성은 박 대통령의 국정운영에 대한 평가를 통해서 간접적으로 작동하였던 것으로 나타났다. 또한 이러한 간접적인 선거 책임성의 작동은 지역구 투표의 더민주/새누리당 조합에서만 나타났다.

이 글의 분석 결과는 선거 책임성의 시각에서 중요한 시사점을 제공한다. 먼저 콘크리트 지지율[19]을 가지고 있는 박근혜 정부에서 선거 책임성이 작동하고 있다는 분석 결과는 한국 민주주의의 역동성을 확인한 결과이다. 또한 선거 책임성의 작동과정은 여전히 정당일체감과 같은 정체성 변수와 공천 파동과 같은 정치적 스캔들에 의해서 제약을 받고 있다는 점이 확인되었다. 향후 선거에서 선거 책임성이 제도화될 것인지 제약 변수들이 강화될 것인지에 따라서 한국 민주주의의 인민주권의 질이 결정될 것이다.

이 글의 분석에도 불구하고 여전히 남아 있는 문제들이 있다. 앞서 밝힌 대로 선거 책임성의 이론을 검증하는 데 적절한 종속변수는 유권자 선택이다. 하지만 최근 연구(Johnson and Schwindt-Bayer 2009; Tusalem 2015)와 회고적 책임성 변수가 간접적으로 유권자 선택에 영향을 미친다는 이 글의 경험 분석 결과는 종속 변수 측정에 대한 경험적인 이슈를 제기한다. 즉, 이후 연구에서 젊은 민주주의 국가에서 선거 책임성을 측정하는 변수로서 유권자들의 투표 선택이 적절한지 대통령의 국정수행 지지도가 적절한지 여부에 대한 논의가 필요하다.

둘째, 선거 책임성과 유권자 선택과의 연계는 당파적 합리화와 정치적 스캔들 이외에도 여당과 야당의 이슈 소유권(issue ownership)에 의해서도

---

19) 박근혜 대통령에 대한 국정 지지율은 3년 동안 최고점 67%와 최저점 29%를 기록했다. 주요 20국 회의 참석을 통해서 활발한 외교활동을 하던 2013년 9월에 지지율이 최고점을 기록하였다. 반면에 2015년 연말정산 파동과 중동호흡기증후군(메르스) 사태 때 최저점인 29%를 기록하였다. 하지만 박 대통령의 지지율은 전반적으로 40%선을 유지했으며 콘크리트 지지율이라는 평가를 받았다(『연합뉴스』, 2016/02/22).

영향을 받을 수 있다. 즉, 국가경제에 대한 회고적 책임성과 국정운영에 대한 비판적 평가가 존재하더라고 해당 선거에서 현저한 이슈에 대해서 여당이 소유권을 가지고 있다면 선거 책임성은 제약을 받을 것이다. 후속 연구에서는 선거 책임성과 유권자 선택을 매개하는 이슈 소유권의 역할에 대한 분석이 진행된다면 보다 종합적인 분석이 가능할 것이다.

【참고문헌】

강원택. 2008. "2007년 대통령선거와 이슈: 회고적 평가 혹은 전망적 기대."『의정연구』 제25권 25: 31-59.

_____. 2012. "왜 회고적 투표가 이루어지지 않았을까?: 2012년 국회의원선거 분석." 『한국정치학회보』 제46집 4호: 129-147.

경제개혁연구소. 2016/07/07. 「정부 경제정책에 대한 국민의식조사 결과(2016.7)」 발표.

대한민국정부/기획재정부. 2011. 『시사경제용어사전』.

이갑윤. 2011. 『한국인이 투표 행태』. 서울: 후마니타스.

이내영·안종기. 2013. "제18대 대통령선거와 회고적 투표: 왜 제18대 대통령선거에서 집권정부에 대한 회고적 평가가 중요한 영향을 미치지 못했나?"『한국정당학회보』 제12권 2호: 5-36.

이내영·정한울. 2007. "이슈와 한국 정당지지의 변동."『한국정치학회보』 제41집 1호: 31-55.

『경향신문』, 2016/03/07. "박 대통령 경제 이정도면 안 나빠."

『리서치뷰』, 2016/04/06. 정례여론조사 보도자료 제1보.

『연합뉴스』, 2014/01/06. "박 대통령 신년구상 전문."

_____, 2016/02/22. "〈박근혜 정부 3년〉 ④ 지지율 파노라마 … 40%대 지지율 고수."

『조선일보』, 2011/06/13. "국민 50% "박근혜, 대통령 되면 정권교체."

『한국일보』, 2016/04/08. "국민의당 지지자 30%는 새누리서 옮겨와 … 安 '어부지리': 총선 D-5 유권자 인식 조사."

_____, 2016/04/14. "교차투표가 여소야대 이끌었다."

Achen, Christopher H., and Larry Bartels. 2016. *Democracy for Realists: Why Elections Do Not Produce Responsive Government*. Princeton: Princeton University Press.

Anderson, Christopher. 2007. "The End of Economic Voting? Contingency Dilemmas and the Limits of Democratic Accountability." *Annual Review of Political Science* 10(1): 271-296.

Evans, Geoffrey, and Andersen Robert. 2006. "The political conditioning of economic perceptions. *Journal of Politics* 68: 194-207.

Evans, Geoffrey, and Pickup M. 2010. Reversing the causal arrow: The political conditioning of economic perceptions in the 2000-2004 U.S. presidential election cycle. *Journal of Politics* 72(4): 1236-1251.

Ferrari, Ignazio De. 2015. "The Successor Factor: Electoral Accountability in Presidential Democracies." *Comparative Political Studies* 48(2): 193-230.

Gélineau François. 2013. "Electoral accountability in the developing world." *Electoral Studies* 32(3): 418-424.

Hellwig, Timothy, and David Samuels. 2007. "Electoral Accountability and the Variety of Democratic Regimes." *British Journal of Political Science* 38: 65-90.

Johnson, Gregg B., and Leslie Schwindt-Bayer. 2009. "Economic Accountability in Central America." *Journal of Politics in Latin America* 1(3): 33-56.

Kiewiet, Roderik D. 1983. *Macroeconomics and Micropolitics: The Electoral Effects of Economic Issues.* Chicago, IL: University of Chicago Press.

Leguizamon J. Sebastian, and George R. Crowley. 2016. "Term limits, time horizons and electoral accountability." *Public Choice* 168(1): 23-42.

Lewis-Beck, Michael S., and Mary Stegmaier. 2008. "The Economic Vote in Transitional Democracies." *Journal of Elections, Public Opinion and Parties* 18(3): 303-323.

Powell. Bingham. 2000. *Elections as Instruments of Democracy: Majoritarian and Proportional Visions.* Yale University Press.

Powell, G. Bingham, and Guy D. Whitten. 1993. "A Cross-National Analysis of Economic Voting: taking account of the political context." *American Journal of Political Science* 37(2): 391-414.

Schmitter, Philippe, Terry Lynn Karl. 1991. "What Democracy Is ⋯ and Is Not." *Journal of Democracy* 2(3): 75-88.

Tusalem, Rollin F. 2015. "Political and economic accountability in a delegative democracy." *International Political Science Review.*

제2부
선거와 정당

제20대 총선의 정당지지 변동 분석:
국민의당의 약진과 여소야대의 원인 규명을 중심으로

이내영 · 고승연 | 고려대학교

I. 문제의 제기

집권여당 새누리당의 충격적인 참패, 제1야당이었던 더불어민주당의 원내 제1당으로의 등극, 그리고 창당 6개월도 되지 않은 국민의당의 호남석권과 대약진.[1] 이 같은 20대 국회의원선거 결과는 '16년 만의 여소야대', '20년 만의 3당 체제'를 형성시키면서 국회 권력과 정당정치의 지형을 근본적으로 변화시켰다. 여소야대 구도와 3당의 의석이 절묘하게 배분된 의회 권력의 분점 상황은 여야 모두에 새로운 도전이자 기회로 작용하고 있다. 우선 여소야대로 인해 정부 여당은 국정운영의 주도권을 상실하게 된 반면,

---

1) "새누리 고전 · 더민주 선전 · 국민의당 약진 ··· 양당 체제 무너지다," 『매일경제』, 2016년 4월 14일 자 보도.

야당에는 기회가 열렸다. 또한 3당 모두 과반수 의석을 차지하지 못해 단독으로는 주도권을 가질 수 없는 3당 체제에서 국회 운영과 여야관계에서 새로운 협력과 경쟁의 양상이 나타날 가능성이 커졌고, 20대 국회에서 이러한 변화의 양상이 실제로 나타나고 있다. 예를 들면 20대 국회에서 국회의장직을 야당이 차지하였고 정책 사안에 따라 3당 사이의 협조와 대립의 양상이 이전과는 다르게 전개되고 있다.

본 연구는 20대 총선의 핵심적인 집합적 결과인 3당 체제와 여소야대를 개별 유권자들의 표심의 변화, 즉 정당지지의 변동의 결과라는 시각에서 접근한다. 여소야대와 3당 체제라는 선거 결과는 다수의 유권자들이 정부와 여당의 무능과 오만을 심판하기 위해 새누리당에 대한 지지를 철회한 반면, 야당인 더불어민주당과 신생정당인 국민의당을 예상보다 많이 선택한 정당지지 변동의 결과로 볼 수 있다는 시각이다. 따라서 본 연구의 목적은 유권자들의 정당지지의 패턴과 변동의 양상을 세밀하게 살펴봄으로써 여소야대와 제3당의 약진의 원인을 규명하려는 것이다. 본 연구는 보다 구체적으로 다음 두 가지의 연구 주제를 집중적으로 규명하려고 한다.

첫째, 국민의당이 예상을 뛰어넘는 약진으로 원내교섭단체를 구성할 수 있는 제3당으로 등장한 결과에 주목하고 주요 원인을 규명할 것이다. 사실 신생정당의 약진은 한국 정치사에서 아주 새로운 현상이라고 볼 수는 없다. 민주화 이후 한국 선거 정치의 특징 중 하나는 선거 변동성(electoral vola-tility)의 지속적 증가였고, 2008년 18대 총선에서만 해도 충청권과 보수층을 기반으로 한 자유선진당이 18석을 차지하고 친박연대라는 독특한 정당 혹은 정치세력이 14석을 얻는 등의 결과가 나타나기도 했기 때문이다(이내영 2009a). 그러나 이러한 신생정당 혹은 군소정당들은 총선과 대선이 거듭되는 과정에서 항상 거대 양당체제로 흡수 통합되는 현상을 보여왔다. 즉 한국의 선거과정에서 정당지지의 변동성 자체는 지속적으로 존재해왔으나, '양당체제로의 수렴' 현상도 함께 나타났다는 것이다. 이런 맥락에서 20년 만에 원내교섭단체를 구성할 수 있는 제3당의 출현은 20대 총선에서 가장 주목할 만한 결과이다. 본 연구에서는 구체적으로 19대 총선의 새누리당과 더불어민주당 지지자 가운데 국민의당을 지지한 유권자들의 규모를 살펴보고, 나아가 국민의당 지지자의 이념, 지역, 연령별 특징을 규명하고, 지지의 주요 이유는 무엇인가를 분석할 것이다.

본 연구의 두 번째 주제는 16년 만의 여소야대 구도를 가져온 결정적인 요인인 집권여당 새누리당의 참패 원인을 분석하는 것이다. 총선 직전 많은 여론조사기관들은 현 여당이 최대 200석까지 차지할 것이라고 발표했으며, 각당 자체 분석 결과도 새누리당 145~150석, 더불어민주당 100석, 국민의당 35석 전후를 예측하며 '여대야소'가 거의 확실시되는 분위기였다. 그러나 실제 결과는 새누리당은 121석에 그친 반면, 더불어민주당이 123석으로 원내 1당이 되고 38석을 얻은 국민의당과 함께 '거야'가 탄생하는 결과가 나왔다. 본 연구는 새누리당 참패의 원인을 규명하기 위해 새누리당 지지이탈자들은 어떠한 배경과 정치적 성향을 가졌으며, 왜 그들은 지지를 철회했는가를 경험적으로 분석할 것이다. 그리고 이러한 새누리당에 대한 지지 하락은 단기적 현상에 그칠 것인가, 아니면 장기적 추세로 나타날 것인가를 논의할 것이다.

두 가지 핵심 주제를 규명하기 위해 본 연구는 4.13 총선 직후, 한국사회과학데이터센터(KSDC), 서강대 현대정치연구소, 한국선거학회가 공동으로 실시한 '제20대 국회의원총선거 관련 유권자정치의식조사' 자료를 활용했다. 본 장의 구성은 다음과 같다. II절에서는 정당지지 재편에 대한 기존의 이론과 연구들을 검토하고 그 한계를 밝힌다. III절에서는 19대 총선과 20대 총선의 정당지지 변화의 규모와 양상을 분석하고, 정당지지 변화의 원인을 규명한다. IV절에서는 20대 총선에서 제3당인 국민의당의 약진을 가져온 이유를 규명하기 위해 '누가, 왜 국민의당을 지지했는지'를 분석하고, 이어 V절에서는 '누가, 왜 새누리당 지지를 철회했는지'를 살펴본다. VI절에서는 연구의 주요 결과를 요약하고 20대 총선에서 나타난 정당지지 재편의 결과로 형성된 여소야대와 3당 체제의 정치적 결과와 향후 변화 가능성을 회귀할 것인가를 논의한다.

II. 정당지지의 변동에 대한 이론적 논의 및 기존연구 검토

서구 선진민주주의 국가들에서도 유권자의 정당지지 변동에 대한 논의는 지속적으로 이뤄져왔다. 미국에서는 정당지지가 재편되는 양상을 설명하기 위해 키이(Key 1955)의 '중대선거(critical election)' 개념이 많이 활용됐다. 특정 선거의 결과로 기존의 정당과 유권자 간 정렬의 패턴이 급격하게 변화하는 현상이 '중대선거에 의한 재편'이다. 바꿔 말하면, 키이는 중대선거 개념으로 미국 정당체제의 변화를 설명하면서, 유권자들이 상대적으로 높은 정치참여도를 보이고 기존의 균열을 대체하는 '새롭게 등장한 급격하며 지속적인(new, sharp, and durable)' 재정렬 현상이 나타나면 이것이 중대선거의 지표가 된다고 주장했다(Key 1955). 이러한 기준에 따르면, 미국에서는 1896년과 1932년 대선이 중대선거로 분류된다.[2] 키이는 그러나 중대선거만으로는 설명할 수 없는 '점진적인 정당체제의 재편성'에 대해서는 기존 정당일체감의 약화와 유권자의 세대교체 등으로 발생하는 장기적인 과정으로 본다(Key 1959).[3]

최근 들어서는 '단기적 이슈'의 중요성과 단기적 정당지지 변동의 패턴과 특성에 대한 연구도 활발히 진행됐다. 달튼과 메이휴 등은 미국에서 장기간 안정적인 투표결정요인으로서의 정당일체감이 약화되면서 정당지지의 변동이 단기적으로 나타나고 있다고 지적하며, 이를 설명하기 위해 후보자 이미지나 이슈 등 단기 요인들에 주목해야 한다고 주장한다(Dalton 1996; Mayhew 2000).

---

2) 1896년 선거에서는 미국의 모든 사회경제적 계층에서 공화당에 대한 지지가 증가했고, 1932년 대선에서는 가톨릭 유권자들, 흑인 그리고 이민자들이 새로운 민주당 지지자로 등장하면서 '뉴딜연합'을 형성했다. 이와 관련된 내용은 V. O. Key(1955)를 참고할 것.

3) 한편, 잉글하트와 허치스타인(Inglehart and Hochstein 1972)은 정당일체감의 약화와 기존 유권자-정당 간 관계가 해체되는 것이 곧바로 재편성으로 발전하지 않는다고 지적한다.

한편, 정당일체감에 따른 투표와 양당체제 내에서의 변동으로 정당지지 재편을 설명할 수 있는 미국과 달리 유럽에서는 주로 립셋과 로칸의 '사회 균열구조'와 이의 변화로 정당지지와 그 재편을 설명해왔다(Lipset·Rokkan 1967). '동결(freezing)'돼 있던 정당지지의 패턴이 새로운 사회갈등 구조에 의해 바뀔 수 있다는 것이다. 이 과정에서 '녹색당의 등장'이나 '신좌파운동의 대두' 혹은 '극우파정당의 약진'과 같은 현상이 일어나고 기존의 좌파정당 지지층인 노동계급이 극우파정당을 지지하기도 하고, 지식인과 전문가 계층이 신좌파운동과 그에 기반한 신생정당을 지지하는 등의 새로운 정당지지 패턴이 나타난다는 주장이 제기됐다(Dalton·Beck·Flanagan 1984). 서유럽에서도 산업구조와 직업구조가 변화하면서 그 이전에 동결됐던 주요 정당에 대한 사회적 기반은 약화됐으며, 전통적 노동계급의 비율이 줄고 화이트 칼라와 전문직의 증가 추세로 인해 새로운 정당지지 패턴이 나타나고 있다는 것이다.

선진 민주국가에서 기존의 안정적 정당지지 패턴이 약화되고 지지자 재정렬이 나타나고 있는 것이 사실이지만, 이와 관련한 논의들을 곧바로 한국과 같은 신생 혹은 후발 민주국가에 그대로 적용하는 데에는 무리가 있다. 이들 국가들은 정당체제 자체가 취약하고 유권자들의 정당지지 패턴도 변동성이 매우 심하기 때문이다. 구 공산권 국가들을 예로 들면, 민주화 이후 선거에서 평균적으로 약 5.6개의 신생정당이 매 선거마다 등장했고, 많은 선거에서 이러한 신생정당이 과반수 이상의 득표율을 보이는 변동성과 불안정성이 나타났다(Tavits 2008). 따라서 한국에서의 정당지지 재편 역시 서구에서의 정당지지 패턴 변화에 관해 지속돼 온 연구를 바탕으로, 1987년 이후 30년간의 민주주의 경험과 지역주의 정당체제라는 한국적 맥락과 특수성을 고려하며 논의해야 한다.

한국의 정당지지 재편에 관한 논의는 주로 2004년 17대 총선 이후 본격적으로 시작됐다. 2002년 16대 대선에 이어 17대 총선에서 또다시 등장한 '세대균열'을 놓고 기존의 지역주의가 약화되면서 세대와 중첩되는 '이념에 따른' 유권자 재정렬과 정당지지 재편이 일어나고 있다는 주장이 제기되었다(김일영 2004). 박명호도 민주화 이후 선거 정치과정의 유일한 설명변수였던 지역주의 균열구조의 영향력이 약화되면서 세대, 이념 그리고 계층 등의 변수가 영향력을 발휘하기 시작했다고 분석했다(박명호 2004). 하지만 이준한과 임경훈은 17대 총선에서 지역주의가 완화된 것으로 보이는 지역이 매우 제한적이라는 점을 지적하면서, '지역주의'가 '세대와 이념에 따른 균열'로 대체되고 있다는 주장을 반박하고, 2004년 17대 총선을 키이가 말하는 '뚜렷하고 지속성 있는' 정당지지 재편으로 볼 수 없다고 주장했다(이준한·임경훈 2004).

17대 총선 이후 제기된 '세대균열 강화'와 '지역주의 약화'에 따른 정당지지 패턴 변화에 대한 논의는 이후에도 지속적으로 이뤄졌다. 먼저 세대균열과 관련한 논의를 살펴보면, 2007년 17대 대선을 기점으로 약화되는 듯 보였던 세대균열이 2010년 지방선거를 통해 '부활'했다는 분석(이내영 2011)에 이어 2012년 총선에서는 기존 세대균열의 핵심적 세대로 여겨지던 '386세대'가 소멸하고 30대 유권자가 변수로 등장했다는 주장도 제기됐다(박원호 2012). '정당 간의 이념 양극화', '정치엘리트의 이념 양극화'와 유권자의 정당지지 변화에 대한 연구도 이뤄졌는데, 이성우는 정치엘리트의 양극화가 대중의 이슈에 대한 당파적 선택에 영향을 미치고 당파적 배열을 만들어낸다고 주장했다(이성우 2011). 지역주의와 관련해서도 임성학은 2010년 지방선거 분석을 통해 "지역정당에 대한 지지는 감소한 반면, 지역에 우호적인 정당, 심지어 적대정당에 대한 지지가 늘어나는 현상이 나타나고 있다"며 대안적 정당이 등장하면 기존 지역정당의 독점체제는 완화될 수 있다는 주목할 만한 주장을 전개했다(임성학 2011).

이러한 연구들은 그 학문적 성과에도 불구하고 상당 부분 서구학계의 이론을 그대로 적용해 정당지지 재편 여부를 판단하고 분석하는 한계가 있었다. 이러한 한계를 넘어서는 연구로는, 유권자의 '이슈에 대한 태도'를 중심으로 유권자 정당지지 패턴 변화를 살펴본 이내영과 정한울의 연구가 있다(이내영·정한울 2007). 이내영 등은 그간 한국의 정당지지 재편과 관련된 연구가 앞서 언급한 키이의 '중대선거' 이론과 립셋과 로칸의 '사회균열 구조에 따른 정당 재정렬' 이론에 과도하게 의존하는 한계가 있었다고 지적하면서 집권세력의 경제 성과에 대한 평가 등 '실적 이슈,' 즉 단기 이슈가 유권자 지지의 유지와 이탈을 설명할 수 있는 변수가 될 수 있음을 발견했다. 강원택 역시 2007년 17대 대선과 2008년 18대 총선에서의 유권자 지지 변화를 추적하면서, 18대 총선에서 여당(당시 한나라당)이 대승하지 못한 이유로 '이명박 정부 인수위원회에서의 첫 각료 임명을 둘러싼 논란'과 '공천 갈등' 등 단기적 이슈가 '지지이탈'에 영향을 끼쳤다는 점을 확인했다(강원택 2010).

또한 균열 이론이나 재정렬 이론과 같은 서구와 미국의 정당지지 장기변화 설명 이론들은 정당체제의 내구성을 전제한 것으로, 한국과 같은 신생 민주국가의 정당정치의 불안정성과 선거 정치의 변동성을 설명하기에는 한계를 가지며 한국 선거의 독특한 정치적 동학을 살펴보는 것이 필요하다는 주장도 제기됐다(이내영 2009a). 이 연구는 특히 한국 선거 정치에서 신생 정당과 무소속 후보가 갑작스럽게 대거 당선되면서 유의미한 정치행위자로 등장하는 주요 원인이 유권자들이 기존정당과 현역 의원에 대해 갖는 광범위하고 강도 높은 불신에 있다는 점을 규명함으로써, 이후 한국 정당지지 재편이나 선거 정치 변동성 설명에 중요한 시사점을 제공했다. 강원택은 2012년 대선에서의 '안철수 현상'을 분석하면서 당시 안철수 후보가 제3후보로서, 기존 야당(당시 민주통합당)에 실망한 진보세력과 호남 지역 유권자들로부터 '대안'으로 여겨졌다고 주장하며, 제3의 정치세력 등장 가능성을 예측하기도 했다(강원택 2013a).

본 연구에서는 앞서 설명한 선행 연구들을 바탕으로, 기존 정치인이나 정당에 대한 불신과 공천과정에 대한 불만, 그리고 스스로 중도정당임을 표방했던 신생정당에 대한 유권자의 인식 등이 20대 총선에서의 정당지지 재편과 제3당 약진에 미친 영향 등을 규명하고자 한다. 또한 서두에서도 언급한 바 있는, 20여 년 만에 등장한 유의미한 제3정당을 놓고 다시 제기된 '중대선거 여부'와 정당지지 재편 가능성 등에 대해서도 다양한 경험적 검증과 논의를 제시할 것이다.

III. 제20대 총선의 정당지지의 변동 분석

이 절에서는 20대 총선에서 여소야대와 3당 체제의 등장이라는 결과를 가져온 유권자의 정당지지의 변동 양상을 경험적으로 분석할 것이다. 우선 19대 총선과 20대 총선에서 유권자의 정당지지를 교차분석해서 정당지지 변화의 규모와 방향을 분석한다. 교차분석을 통해 규명하려는 초점은 20대 총선에서 신생정당인 국민의당을 선택한 유권자들이 19대 총선에서 어느 정당을 지지했나에 두어질 것이다. 이를 통해 예상외의 참패를 당한 새누리당 지지자들과 더불어민주당 지지자들의 정당지지 변동의 규모와 방향을 살펴볼 것이다. 둘째로 제3당인 국민의당을 선택한 유권자들의 거주지역, 연령대별 특징과 이념성향과 정치적 태도를 새누리당 및 더불어민주당 지지자들과 비교하여 국민의당 지지기반의 성격을 규명할 것이다.

1. 제19대 총선과 제20대 총선의 정당지지 변화의 규모와 방향

2012년의 19대 국회의원총선거와 2016년의 20대 총선 결과만큼 한국 선거 정치의 변동성과 예측불가능성을 극명하게 보여주는 사례도 없다. 2012년 제18대 대통령선거를 8개월 앞두고 치러진 19대 총선에서는 이명박 정부에 대한 '심판론'이 팽배했던 상황에서 당시 야당이었던 민주통합당의 승리가 예상됐으나, 통합진보당과의 '야권연대'에도 불구하고 여당인 새누리당의 승리로 마무리됐다(장승진 2012). 당시 새누리당은 총 의석수(300석)의 과반인 152석을 차지했으나, 최소 '신승'이 예상되던 민주통합당은 127석을 얻는 데 그쳤고, 야권연대의 대상이었던 통합진보당 의석수(13석)와 합해도 140석이었다.[4] 하지만 본 연구의 분석대상인 2016년 20대 총선에서는 19

---

4) 물론 18대 총선에서 현 더불어민주당의 전신인 통합민주당이 81석밖에 얻지 못했던

대 총선과 완전히 상반된 결과가 나타났다. 총선 직전 다수의 여론조사기관들이 새누리당이 제1당은 물론 과반수 의석을 낙관했지만, 실제로는 새누리당이 제1당의 지위마저도 더불어민주당에 빼앗기는 충격적인 선거 결과가 나타났다. 20대 총선에서의 예상을 뛰어넘는 반전은 유권자들의 정당지지 양상이 19대 총선과 크게 달라졌다는 것을 의미한다. 유권자들의 정당지지는 19대 총선과 20대 총선에서 어떻게 달라졌을까? 〈표 1〉은 19대 총선과 20대 총선에서 각각 '정당명부식 비례대표투표에서 어느 정당에 투표했는지'를 물은 설문문항에 대한 답변을 교차분석한 결과다. 19대 총선에서 정당명부 비례대표선택에서 '새누리당'을 선택한 유권자 중 52.8%만이 20대 총선에서도 새누리당에 투표했다. 나머지 47.2% 중 8.1%는 더불어민주당을 선택했고, 6.9%는 국민의당으로 이탈했다. 무려 31.6%가 기권한 것으로 나타났다. 19대 총선에서 새누리당에 정당 투표를 했던 유권자들 중 15% 정도의 유권자가 지지정당을 변경했는데, 이 중 절반가량이 국민의당으로 이동했다는 의미이다.

한편, 19대 총선에서 민주통합당에 투표했던 사람들 가운데 41.6%가 다시 더불어민주당을 지지했지만 20.6%는 국민의당으로 지지를 변경했는데, 이는 국민의당이 더불어민주당의 텃밭이었던 호남에서 크게 승리하면서 새로운 '지역패권' 정당으로 등장한 결과를 반영한다. 19대 총선 민주통합당 투표자의 기권율도 33.2%에 달했다. 헌재의 정당해산 결정으로 사라진 통합진보당 지지층의 선택도 이목을 끈다. 19대 총선에서 통합진보당에 투표했던 유권자들 중에서 42.1%는 더불어민주당으로 이동했으며, 21.1%는 더불어민주당보다 더 중도에 가깝다고 표방한 국민의당으로 이동했다. 한편 국민의당에 투표한 사람만을 기준으로 보면, 25.3%는 새누리당 이탈자였고, 52.7%는 더불어민주당 이탈층이었으며, 2.7%가 전 통합진보당 지지자였다.

것을 감안하면, '균형의 회복'이라고 부를 만한 성과였으나, 2010년 지방선거에서 압승하면서 상승세를 타던 야당의 승리를 예측하는 학자와 언론인들이 다수였기에 선거 결과에 대해서는 의외라는 반응이 많았다. 이와 관련한 논의는 장승진(2012)과 한귀영(2012)의 논의를 참고할 것.

〈표 1〉 제19대 총선과 제20대 총선 정당지지 교차분석표

제20대 총선 정당지지 / 제19대 총선 정당지지		새누리당	더불어민주당	국민의당	정의당	기권	기타정당	전체
새누리당	빈도	282	43	37	0	169	3	534
	19대 총선 지지 대비 %	[52.8]	[8.1]	[6.9]	[0]	[31.6]	[0.6]	[100]
	20대 총선 정당 기준 %	(92.8)	(17.3)	(25.3)	(0)	(35.3)	(37.5)	
민주통합당	빈도	7	155	77	8	124	2	373
	19대 총선 지지 대비 %	[1.9]	[41.6]	[20.6]	[2.1]	[33.2]	[0.5]	[100]
	20대 총선 정당 기준 %	(2.3)	(62.2)	(52.7)	(61.5)	(25.9)	(25)	
자유선진당	빈도	0	1	1	0	0	0	2
	19대 총선 지지 대비 %	[0]	[50.0]	[50.0]	[0]	[0]	[0]	[100]
	20대 총선 정당 기준 %	(0)	(0.4)	(0.7)	(0)	(0)	(0)	
통합진보당	빈도	1	8	4	3	3	0	19
	19대 총선 지지 대비 %	[5.3]	[42.1]	[21.1]	[15.8]	[15.8]	[0]	[100]
	20대 총선 정당 기준 %	(0.3)	(3.2)	(2.7)	(23.1)	(0.6)	(0)	
기권자	빈도	7	25	18	1	137	1	189
	19대 총선 지지 대비 %	[3.7]	[13.2]	[9.5]	[0.5]	[72.4]	[0.5]	[100]
	20대 총선 정당 기준 %	(2.3)	(10)	(12.3)	(7.7)	(28.6)	(12.5)	
기타정당/투표권 없었음/모름	빈도	7	17	9	1	46	2	82
	19대 총선 지지 대비 %	[8.54]	[20]	[11]	[1.2]	[56.1]	[2.4]	[100]
	20대 총선 정당 기준 %	(2.3)	(6.8)	(6.2)	(7.7)	(9.6)	(25)	
전체	빈도	304	249	146	13	479	8	1,199
	20대 총선 정당 기준 %	(100)	(100)	(100)	(100)	(100)	(100)	

* Pearson 카이제곱 값: 635.624, 자유도: 35, 유의확률: 0.000

〈표 1〉은 새누리당 이탈자 분석과 관련해 중요한 시사점 하나를 제시하고 있다. 현 야권 지지자들에 비해 전통적으로 투표참여에 더 적극적이라 평가받던 새누리당 지지층의 기권율이 더불어민주당 지지층과 거의 차이가 나지 않았다는 것이다.5)

또 19대 총선에서 투표에 참여하지 않았던 유권자 중 약 27% 정도는 20대 총선에서 투표를 했는데, 이 중 대부분이 더불어민주당(13.2%)과 국민의당(9.5%)에 투표한 것으로 나타났다. 물론 '기권자 분석'과 '투표참여' 등은 이 글의 주된 연구 대상은 아니기에, 본고에서 수행하는 '정당지지/이탈' 분석은 주로 정당지지의 변경을 중심으로 이뤄질 것이다.

하지만 〈표 1〉에서 드러나는 새누리당 지지층의 높은 '기권율'을 고려하면 '투표 불참'을 통해 새누리당에 항의하거나 지지를 철회한 유권자들에 대한 세밀한 분석이 새누리당의 참패와 국민의당 약진 이유를 설명하기 위해 필요하다는 점을 일깨워준다.

2. 거주지역, 이념, 그리고 연령대에 따른 지지정당 변화의 추이

'이념'과 '세대' 변수는 10여 년 넘게 한국 선거 정치에서 점점 중요한 변수로 여겨져왔다(이내영 2009b; 장승진 2012; 강원택 2013b; 이내영·정한울 2013). 특히 2010년 이후 '세대균열의 부활(이내영 2011)'과 그에 따른 이념투표 현상(이우진 2011; 임성학 2011)에 대한 논의가 다시 시작되고 극명한 세대와 이념의 대결양상으로 나타난 2012 총선과 대선, 그리고 2014 지방선거를 거치면서, 세대와 이념 그리고 지역주의 변수는 반드시 복합적으로 함께 살펴봐야 하는 변수가 되었다.

따라서 2016년 총선에 대해서도 세대(연령대)와, 이념, 그리고 지역변수의 중요성과 영향력을 살펴볼 필요가 있다. 〈표 2〉는 거주지역, 이념(주관적 자기이념 평가 점수),[6] 연령대에 따라 지지정당 추이가 19대 총선과 20

---

5) 이 결과는 20대 총선에서 새누리당의 주 지지층인 50대와 60대의 고령층, 그리고 전통적으로 새누리당의 지지성향이 강한 대구경북(TK)과 부산경남(PK) 지역의 적극적 투표의향이 더불어민주당 등 야당지지 성향이 강한 서울·수도권과 호남 지역에 비해 더 낮았다는 정한울의 분석과 일치하는 결과다(정한울 2016).

6) 주관적 자기이념평가는 설문 응답자가 스스로 매우 진보인 0점에서 매우 보수인 10점

〈표 2〉 거주지역, 이념, 연령대별 지지정당의 변화 추이

전체(%)		제19대 총선 정당비례투표(2012)				제20대 총선 정당비례투표(2016)			
		새누리	민주통합	자유선진	통합진보	새누리	더민주	국민	정의당
		57.5	40.2	0.2	2.0	42.7	35.0	20.5	1.8
거주지역	서울	53.3	45.1	0.5	1.0	39.2	41.2	19.6	0
	인천/경기	55.9	41.5	0	2.6	46.1	34.8	18.1	1.0
	대전/충청	68.4	27.6	1.0	3.1	43.7	38.0	15.5	2.8
	광주/전라	3.4	94.4	0	2.2	1.4	41.7	54.2	2.8
	대구/경북	83	16	0	1.1	66.2	26.8	7.0	0
	부/울/경남	71.6	25.7	0	2.7	51.7	30.2	13.8	4.3
	강원	73.5	26.5	0	0	44.0	16.0	32.0	8.0
이념	진보	23.5	68.7	1.2	6.6	7.3	62.0	25.5	5.1
	중도	52.0	46.6	0	1.5	34.1	38.0	26.3	1.7
	보수	25.9	3.5	0	0.1	79.5	12.4	8.1	0
연령대	20대	45.9	52.7	0	1.4	18.2	41.6	37.7	2.6
	30대	45.9	49.7	0.6	3.8	27.7	36.8	34.7	1.0
	40대	49.3	47.4	0.5	2.8	31.5	44.5	19.9	4.1
	50대	62.1	35.0	0	2.8	49.7	33.5	15.6	1.2
	60대 이상	70.7	29.3	0	0	60.2	26.7	12.2	0.9
		Pearson 카이제곱 값/자유도/유의확률 1) 지역: 167.04/18/0.00 (N=928) 2) 자기이념: 202.21/6/0.00 (N=91 8) 3) 연령대: 47.44/12/0.00 (N=-928)				Pearson 카이제곱 값/자유도/유의확률 1) 지역: 115.16/18/0.00 (N=712) 2) 자기이념: 208.92/6/0.00 (N=705) 3) 연령대: 83.96/12/0.00 (N=712)			

까지 중에서 선택한 것으로, 이 분석에서는 교차분석을 위해 명목변수로 전환했다. 진보는 0~3점, 중도는 4~6점, 보수는 7~10점인 경우로 구분했다. 11점 척도이기에 '중도'변수는 3개 점수, 진보와 보수는 각각 4개의 점수를 포함시켰다.

대 총선에서 어떻게 변화했는지를 분석한 결과이다.[7]

먼저 '거주지역'부터 살펴보면, 몇 가지 흥미로운 결과를 확인할 수 있다. 서울 지역 거주 유권자들은 19대에서는 새누리당과 민주통합당 중 새누리당에 투표한 비율이 다소 높았지만, 20대 총선에서는 더불어민주당에 투표한 비율이 더 높았다. 주목해야 할 부분은 20대 총선에서 서울거주 유권자들의 약 20%가 국민의당에 투표했다는 것이다. 이는 서울과 수도권 지역에서 더불어민주당이 지역구 의석을 다수 확보하고 국민의당은 상대적으로 높은 정당 투표 득표를 기록했다는 사실과 잘 부합한다. 국민의당은 또 광주/전라 지역에서 54.2%의 지지를 얻었는데, 이는 국민의당이 실제 선거 결과 호남에서 지역구 후보 투표와 정당명부 투표에서 대승을 거뒀다는 사실을 보여준다.

19대 총선에서는 16%에 불과했던 민주통합당(현 더불어민주당)에 대한 대구경북 지역에서의 지지가 26.4%로 크게 상승한 것, 부산경남 지역에서도 30%가 넘는 득표를 한 점 역시 '지역주의 약화'의 조짐이 나타났다는 측면에서 주목할 만한 부분이다.

이념 변수를 보면, 스스로 '진보'라 생각한 유권자 중에서 새누리당에 투표한 비율은 19대 총선에 비해 작았으며, 19대 총선에서 '중도'에 속한다고 생각하는 유권자들의 과반(52%)이 새누리당에 투표했지만, 20대 총선에서는 중도 유권자 중 새누리당에 투표한 비율은 34%대로 떨어졌으며 더불어민주당과 국민의당에 투표한 비율이 각각 38%, 26.3%였다.[8]

연령대별 지지정당의 변화 추이에서도 흥미로운 결과가 나타난다. 전통적으로 새누리당 지지성향이 강한 50대와 60대 이상 연령층에서의 새누리

---

7) 19대 총선에서 투표권이 없었거나, 누구를 투표했는지 기억이 안 나거나('모름' 응답), 기타 정당에 투표한 경우는 분석에서 제외했기 때문에 비율의 총합이 100이 되지는 않는다.

8) 〈표 2〉에서는 빠져 있지만, 이념과 '지지/이탈'의 교차표에서 '20대 총선에서 국민의당에 투표한 사람들' 중 스스로 '중도'라 생각한 사람의 비율은 64.4%에 육박하기도 했다. 참고로 국민의당 투표자 가운데 스스로 '진보'라 여기는 사람의 비율은 24%, '보수'에 속한다고 여기는 유권자의 비율은 11.6%였다.

당에 대한 지지율은 19대 총선에 비해 20대 총선에서 크게 감소한 반면, 같은 연령층의 더불어민주당에 대한 지지율은 19대 총선과 20대 총선에서 큰 차이를 보이지 않았다. 한편 20대 총선에서 신생정당인 국민의당에 50대의 15.6%, 60대 이상 중 12.2%가 지지를 보냈다. 이 같은 결과는 50대 이상의 연령층에서 새누리당에 대한 지지이탈이 크게 일어났다는 점을 분명히 보여준다.

3. 소득과 학력, 정치적 태도에 따른 3당 지지패턴

앞서 세대와 이념, 그리고 지역이라는 주요 정당지지 변수와 3당에 대한 지지와 이탈의 관계를 살펴봤는데, 이 절에서는 3당 지지자들의 사회경제적 지위(SES) 특성을 비교분석할 것이다. 한국의 선거 정치에서는 교육수준이 높은 유권자들이 '마땅한 대안'이 없을 경우 급격히 투표참여에 소극적이 되지만, 일단 참여하는 경우에는 '진보적 성향'을 표출한다는 점이 종종 입증돼왔다(서현진 2009).

이에 따라 소득이나 학력에 따라 정당지지의 패턴에 차이가 존재하는지를 규명한 뒤, 정치인과 정당에 대한 신뢰도, 박근혜 정부에 대한 국정평가와 3당의 공천과정에 대한 평가에 따라 지지정당 선택에 유의미한 차이가 있는지를 검토하고자 한다.

먼저 소득과 학력변수(교육수준)가 각 정당지지에 유의한 차이를 만들어 냈는지를 살펴본다. 이어 정책 이슈에 대한 설문응답자들의 답변을 지수화한 '객관적이념지수'[9]와 자기이념평가에 따른 '주관적이념지수', '정치인신뢰

---

9) '객관적이념지수'란 본 연구에서 분석대상으로 삼는 20대 총선 유권자의식조사 중 문항 29의 세부문항 10개, 즉 한미동맹 강화/인도적 대북지원 지속/국가보안법 폐지/집회시 위자유 보장/사형제 폐지/평준화교육 반대/성장보다 복지 중시/비정규직 문제 국가 해결/고소득자 증세/선택적 복지 등에 대해 전적으로 반대(0점)부터 전적으로 찬성(10점) 중 응답자가 선택하게 한 결과를 합산해 나눈 것이다. 질문의 방식에 따라 '진보'와

도',10) '정당신뢰도',11) '각당 공천평가에 대한 태도',12) '지난 1년간의 국가 경제와 가정경제에 대한 평가점수(나빠졌다: 1점 / 비슷하다: 2점 / 좋아졌다: 3점)', '박근혜 정부에 대한 국정평가 점수(매우 못하고 있다: 1점~매우 잘하고 있다: 4점)' 등의 정치적 태도가 3당 지지자들 사이에 차이가 있는지 알아본다.

〈표 3〉을 보면 월소득 200만 원 미만 계층의 56.8%, 월소득 200만 원 이상 400만 원 미만 계층의 40.8%가 새누리당을 지지했지만, 600만 원 이상 계층에서는 42.9%가 더불어민주당을 지지한 것으로 나타났다. 소득이 높은 계층일수록 '보수성향'의 새누리당보다 '진보성향'에 가까운 더불어민주당을 지지하는 비중이 높았지만, 통계적으로 유의한 차이는 아닌 것으로 나타났다. 다만 학력 혹은 교육수준에 따른 지지패턴의 차이는 통계적으로 유의미했는데, 중졸 이하와 고졸 이하 교육수준을 가진 유권자층에서 새누리당 비례대표에 투표한 비율은 각각 71.4%, 47.8%로 가장 높았지만, 전문대학 이하 학력층과 4년제 대학 이상 학력층은 더불어민주당에 투표한 비율이 각각 36.9%와 40.6%인 것으로 나타났다.

'보수'의 방향이 엇갈릴 수 있기에 방향성을 통일해 주관적이념지수(이념의 자기평가)와 마찬가지로 10점일 경우 '가장 보수,' 0점일 경우 '가장 진보'가 되도록 코딩했다.

10) '정치인신뢰도'는 연구의 주 분석대상 자료인 20대 총선 유권자의식자료 중 정치에 관한 태도를 묻는 '문항 21'의 세부문항들, '문항 21-2: 대부분의 정치인은 국민에게 관심이 없다', '문항 21-5: 대부분의 정치인은 신뢰할 만하다', '문항 21-6: 정치인들이 우리나라의 가장 큰 문제이다', '문항 21-8: 가장 중요한 정책결정은 정치인이 아니라 국민한테 맡겨야 한다', '대부분의 정치인은 부자와 권력자의 이익을 지킬 뿐이다'에 대해 '매우 동의한다'부터 '전혀 동의하지 않는다'까지 5점 척도로 답변한 결과를 놓고, '점수가 높을수록 신뢰성이 높도록 방향을 통일시켜 합산한 뒤 5로 나눈 수치다.

11) '정당신뢰도'는 설문 자료 중 정치에 관한 태도를 묻는 '문항 21'의 세부문항 즉, '문항 21-2: 모든 정당들이 없어진다면 우리의 국가 시스템은 훨씬 효율적이 될 것이다', '문항 21-3: 정당들은 사회 문제에 대해 대안을 제공하기보다는 혼란만 부추긴다'에 대한 5점 척도 답변의 방향성을 통일시켜, 신뢰도가 가장 낮을 경우 1점, 가장 높을 경우 5점으로 코딩한 뒤 합산해 2로 나눈 수치다.

12) 각당 공천평가에 대한 태도는 설문자료 중 세 정당에 대한 공천과정에 대해 매우 못한다 0점부터, 매우 잘한다 10점까지를 응답자들이 직접 매기도록 한 '문항 49'를 활용했다.

〈표 3〉 소득수준과 교육수준에 따른 3당 지지패턴

전체(%)		사회경제적 변수와 정당지지					
		새누리당	더민주	국민의당	정의당	기타	계
소득수준 (월소득 기준, 단위: 만 원)	200 미만	42 [56.8] (13.8)	18 [24.3] (7.2)	11 [14.9] (7.5)	2 [2.7] (15.4)	1 [1.4] (12.5)	74 [100]
	200 이상 400 미만	106 [40.8] (34.9)	86 [33.1] (34.5)	60 [23.1] (41.1)	6 [2.3] (46.2)	2 [0.8] (25)	260 [100]
	400 이상 600 미만	138 [40.9] (45.4)	124 [36.8] (49.8)	67 [19.9] (45.9)	5 [1.5] (38.5)	3 [0.9] (37.5)	337 [100]
	600 이상	18 [36.7] (5.9)	21 [42.9] (8.4)	8 [16.3] (5.5)	0 [0] (0)	2 [4.1] (25)	49 [100]
	계	(100)	(100)	(100)	(100)	(100)	720
학력 (교육수준)	중졸 이하	40 [71.4] (13.2)	13 [23.2] (5.2)	3 [5.4] (2.1)	0 [0] (0)	0 [0] (0)	56 [100]
	고졸 이하	153 [47.8] (50.3)	102 [31.9] (41.0)	56 [17.5] (38.4)	7 [2.2] (53.8)	2 [0.6] (25)	320 [100]
	전문대학 이하	54 [34.4] (17.8)	58 [36.9] (23.3)	39 [24.8] (26.7)	4 [2.5] (30.8)	2 [1.3] (25)	157 [100]
	4년제 대학 이상	57 [30.5] (18.8)	76 [40.6] (30.5)	48 [25.7] (32.9)	2 [1.1] (15.4)	4 [2.1] (50)	187 [100]
	계	(100)	(100)	(100)	(100)	(100)	720
카이제곱검정	Pearson 카이제곱 값/자유도/유의확률 1) 소득수준: 16.78/12/0.158 2) 교육수준: 44.16/12/0.00						

전문대학 이하 학력층 이상부터는 국민의당에 투표한 비율도 약 25% 수준이었다. 국민의당에 투표한 사람들만 보면, 역시 32.9%가 4년제 대학 이상 출신으로 교육수준이 높은 유권자층인 경우가 많았다. 사회경제적 지위변수 중 유독 '소득'보다 '교육수준'이 중요한 변수로서 영향을 끼치는 한국 정당지지의 특수성이 다시 한번 확인된 셈이다.

〈표 4〉는 앞서 설명한 대로 이념, 정당과 정치인에 대한 신뢰, 민주주의 만족도와 박근혜 정부에 대한 국정평가 그리고 각 당의 공천과정에 대한 평가 등 3당 지지자들(비례대표 정당 투표자들)의 '정치적 태도'의 평균값을 비교한 결과다. 주관적이념지수나 객관적이념지수 모두, 새누리당 지지자들이 각각 6.68과 5.34로 가장 보수적인 성향을 보이는 것으로 나타났다.

주관적이념지수에서는 더불어민주당 지지자들이 가장 진보적이었고, 객관적이념지수에서는 국민의당 지지자들이 가장 진보적이었다. 이념지수는

〈표 4〉 3당 지지자들의 정치적 태도의 평균 비교

| | | 3당 지지자(정당 투표)들의 정치적 태도 변수 평균값 비교 | | | | |
		새누리당	더불어민주당	국민의당	F값	유의도
주관적이념지수(0~10점)		6.68	4.19	4.60	175.69	0.000
객관적이념지수(0~10점)		5.34	4.84	4.70	38.31	0.000
정치인신뢰지수(1~5점)		2.63	2.50	2.44	7.23	0.001
정당신뢰지수(1~5점)		3.02	3.04	2.96	0.56	0.57
국가경제평가(1~3점)		1.56	1.32	1.34	9.10	0.000
가정경제평가(1~3점)		1.79	1.7	1.66	2.33	0.054
국정평가(1~4점)		2.85	2.04	2.07	149.23	0.000
공천과정 평가 (0~10점)	새누리당	5.38	3.64	3.39	57.89	0.000
	더불어민주당	5.19	6.42	5.19	38.44	0.000
	국민의당	5.03	5.50	6.30	27.07	0.000

모두 통계적으로 유의미했다.

 기성 정치인에 대한 신뢰도는 새누리당 지지자들이 가장 높았고, 국민의 당 투표자들이 가장 낮았다. 기성 정치권에 대한 불신이 가장 높은 유권자 들이 신생정당에 대한 지지를 표출할 가능성이 높다는 점에서 예측할 수 있는 결과였고, 통계적으로도 유의한 것으로 나타났다. 다만 기존정당에 대 한 신뢰도는 국민의당 지지층에서 가장 낮았지만, 그 평균값의 차이는 통계 적으로 유의하지 않았다.

 박근혜 정부의 국정에 대한 평가는 여당인 새누리당에 정당 투표한 유권 자들의 점수가 가장 높았으며, 더불어민주당 지지자들의 박근혜 정부 국정 만족도가 국민의당 지지자들에 비해 다소 낮았다. 지난 1년간 국가경제가 나아졌다고 생각하는지를 묻는 질문에 대해, 평균적으로 새누리당 투표자들 이 준 점수의 평균이 3점 만점에 1.56점으로 가장 높았고, 더불어민주당 투 표자들과 국민의당 투표자들이 매긴 점수의 평균이 1.3점대였다. 가정경제 에 대한 평가 역시 유사한 패턴으로 나타났다.

 공천과정에 대한 평가는 각 정당 투표자들이 자신이 투표한 정당의 공천 과정을 가장 긍정적으로 평가했는데, 새누리당 지지자들은 국민의당 공천과 정보다 더불어민주당의 공천과정을 덜 부정적으로 평가했고, 더불어민주당 지지자들은 새누리당과 국민의당 공천과정에 같은 점수를 줬다.

 마지막으로 국민의당 지지자들은 새누리당 공천과정을 가장 부정적으로 평가했다. 공천과정 평가 점수는 모두 통계적으로 유의했는데, 이는 20대 총선에서 공천과정 평가가 정당지지 결정에 상당한 영향을 미쳤다는 점을 시사한다.

Ⅳ. 제3당의 약진 원인: 누가, 왜 국민의당을 지지했는가?

20대 총선에서 가장 주목할 만한 결과는 창당 6개월 만에 국민의당이 호남의 패권정당이 되고 전국적으로 예상외의 선전을 해서 원내교섭단체를 구성할 수 있는 규모의 제3당으로 등장했고, 그 결과 3당 체제가 20년 만에 형성되었다는 점이다.[13] 국민의당은 이념적으로 새누리당에 매우 근접해 있던 자유선진당이나 친박연대, 혹은 더불어민주당보다 더 진보적이었던 기존 '진보정당'들과 달리 새누리당과 더불어민주당이 각각 표방하는 이념적 좌표의 중간에 위치하고 있다. 따라서 이전 선거에서 성공을 거뒀던 신생정당 혹은 제3당과는 다소 다른 특징을 지닌다.[14]

국민의당이 호남 표심을 장악하고 제3당의 지위를 차지한 결과는 거대 양당에 의해 독점되던 선거경쟁과 국회 운영의 양상을 근본적으로 변화시키는 정치적 효과를 가져왔다는 점은 분명하다. 거시적으로 보면, 20대 총선은 단임제대통령제, 소선거구제에 기초한 양당체제, 그리고 지역패권 정당체제로 특징지어지는 이른바 '87년 체제'[15]에서 형성된 기존 정치질서와 제도가 한계에 직면했고 변화되어야 한다는 점을 분명하게 보여준다고 할 수 있다.

---

13) 20대 총선에서 형성된 3당 체제가 정치적으로 특별히 의미가 있는 점은 3당 모두 과반 의석을 차지하지 못해 단독으로는 주도권을 가질 수 없는 의회 권력의 분점 상황이 나타났고, 그 결과 국회 운영과 여야관계에서 새로운 협력과 경쟁의 양상이 나타나고 있기 때문이다.

14) 국민의당이 표방하는 '중도노선'과 관련해서는 『YTN』, 2016년 4월 14일 자 보도, "당선인 이념 지수는 '중도' … 국민의당의 영향?"

15) '87년 체제'는 2000년대 중반 '87년 체제의 극복'이라는 담론 속에 급격히 부상했던 용어로, 1987년 개정된 헌법에서 규정한 단임대통령제, 소선거구제로 인한 양당체제, 그리고 지역패권 정당체제 등 87년 이후 정치체제를 일컫는다. 이 논의에 대한 비판적 검토는 박상훈(2006)의 논의를 참고할 것.

1. 국민의당 지지자들의 투표 선택 요인

20대 총선에서 가장 뚜렷하게 정치적으로 약진한 정당은 국민의당이다. 물론 더불어민주당도 수도권에서의 선전을 바탕으로 원내 1당이 되는 예상 외의 성과를 이루었지만 '온전한 승리'는 아니었다. 지난 30년간의 핵심적 지지기반이었던 호남의 지역구 선거와 비례대표 득표에서 국민의당에 완패 했을 뿐 아니라 전국적 정당 투표에서도 3위로 밀려났기 때문이다.[16] 총선 전만 해도 국민의당은 창당 6개월에 불과한 신생정당으로 정당의 조직도 제대로 갖추지 못했고, 안철수 대표 개인의 대중적 인기에 지나치게 의존하 고 당의 정체성도 모호한 정당으로 평가받았다. 따라서 국민의당이 총선 이 후에도 유지될 수 있을 것인가에 대한 의구심도 있었지만, 결과는 호남의 의석을 석권하고 정당 투표 득표율에서 2위를 차지하면서 3당 체제에서 캐 스팅보트의 역할을 하는 제3정당으로 등장했다.

그렇다면 지역구와 비례대표를 합쳐 38석을 얻은 국민의당을 지지한 사 람들은 어떠한 인구사회학적 배경과 정치적 태도를 가졌나? 그들은 왜 국민 의당을 선택했을까? 앞서 제시한 교차분석과 분산분석 결과를 검토해보면, 기성 정치권에 실망한 유권자들, 특히 새누리당의 '비박과 친박 갈등'과 그 로 인해 벌어진 '공천 파행'에 극도로 실망한 유권자들과 김종인 더불어민주 당 비상대책위원장의 '셀프공천' 논란과 국민의당이 탄생하기 전까지 거듭되 던 야당 내의 분열과 갈등에 피로감을 느낀 유권자들이 정당 투표에서 국민 의당을 선택했다는 점을 알 수 있다.[17] 앞 절의 분석에서 국민의당에 투표 한 유권자들의 64.4%가 스스로 '중도층'이라고 여겼다는 점을 생각해보면, 더불어민주당에 투표하기에는 이념적으로 거리가 멀지만, 새누리당은 심판 하고 싶어 했던 중도보수 유권자, 새누리당에 투표하기에는 이념적으로 거

---

16) 전국 지역구에서 더불어민주당은 888만 표(37%)를 얻었지만, 정당 투표(비례)에서는 606만 표(25.5%)를 얻는 데 그쳤다. 반면 국민의당은 비례대표 정당 투표에서는 전 국적으로 고른 지지를 받으면서 26.7%를 득표했다.

17) "유권자 사라진 공천전쟁 '그들만의 리그'," 『파이낸셜뉴스』, 2016년 3월 21일 자 보도.

리가 멀지만, 야당은 심판하고 싶어 했던 중도진보 유권자들에게 스스로 '중도'임을 선언한 국민의당은 비교적 쉽게 택할 수 있는 선택지였을 수 있다. 특히 호남 지역에서 30년간 '패권정당'으로 군림해온 더불어민주당에 대한 호남의 심판여론은 이념적으로 중간지대에 등장한 '새로운 야당'에 대한 투표를 통해 드러났을 가능성이 크다.

본 연구에서는 '누가, 왜 국민의당을 지지했나?'라는 질문을 본격적으로 규명하기 위해, 세 정당에 대한 투표 선택의 확률을 함께 비교해볼 수 있는 다항 로지스틱 회귀분석을 실시했다. 기성 정치권과 공천과정에 대한 실망감이 투표 선택에 미친 영향을 보기 위해 〈표 4〉의 분석에 활용했던, 각 당 공천평가 점수와, 정치인신뢰지수, 정당신뢰지수를 독립변수로 설정했다. 집권여당에 대한 심판여부를 보기 위해 지난 1년간의 국가경제와 가정경제에 대한 평가, 박근혜 정부 국정에 대한 평가를 변수로 넣었다. 지역주의 영향력 측정 및 호남에서의 국민의당 선택과 기존 야당심판 여부를 보기 위해 거주지 기준으로 영남과 호남을 더미변수화해 독립변수로 설정했다. 이념의 경우 국민의당 선택에 있어 중도성향 유권자와 진보성향 유권자 간에 유의미한 차이가 있었는지를 보기 위해 〈표 2〉에서 교차분석을 위해 구분했던 진보/중도/보수 변수를 활용했다.[18] 소득수준, 학력(교육수준), 연령을 통제변수로 삼았다. 〈표 5〉에서는 기저범주(baseline)를 '새누리당 선택'으로 설정해 새누리당에 정당 투표한 유권자들과의 차이 분석에 중점을 뒀으며, 〈표 6〉에서는 '더불어민주당 선택'을 기저범주로 두고 더불어민주당 정당 투표자들과의 차이를 규명하는 데 집중했다.

먼저 〈표 5〉의 '기성정치권과 공천과정 실망감'에 속한 변수부터 살펴보면, '새누리당 공천평가' 변수는 유의수준 0.01에서 통계적 유의했다. 부호의 방향이 (−)라는 점에서, 새누리당 공천과정에 대한 평가가 긍정적일수록 국민의당이 아닌 새누리당에 투표했을 확률이 컸던 것으로 나타났다. 또한 더불어민주당의 공천과정에 대한 평가가 부정적일 경우에도 (국민의당 대

---

18) 진보/중도/보수 변수 구분과 관련해서는 각주 6)을 참고할 것.

〈표 5〉 제20대 총선 정당 투표 선택 모형 I: 다항 로지스틱 회귀분석(N=662)

구분	독립변수	국민의당 정당 투표			더불어민주당 정당 투표		
		회귀계수	S.E.	Exp.(B)	회귀계수	S.E.	Exp.(B)
공천평가 기성 정치권 신뢰도	새누리당 공천평가	-0.232**	0.081	0.793	-0.293**	0.070	0.746
	더민주 공천평가	-0.328**	0.112	0.721	0.580**	0.098	1.787
	국민의당 공천평가	0.502**	0.114	1.653	-0.291**	0.100	0.748
	정치인신뢰도	0.513	0.299	1.669	0.332	0.268	1.394
	정당신뢰도	0.023	0.213	1.023	0.077	0.190	1.080
집권여당 심판	1년간 국가경제 평가	-0.300	0.320	0.741	-0.530	0.280	0.589
	1년간 가정경제 평가	0.139	0.320	1.150	0.319	0.270	1.376
	국정운영 평가	-1.433**	0.262	0.239	-1.600**	0.232	0.202
이념과 지역주의	중도	1.290**	0.369	3.633	1.244**	0.305	3.486
	진보	2.441**	0.550	11.483	2.761**	0.490	15.818
	호남거주	4.405**	1.116	81.856	3.506**	1.118	33.321
	영남거주	-0.868*	0.376	0.420	-0.382	0.322	0.682
사회 경제적 변수	소득수준	-0.135	0.112	0.874	0.021	0.099	1.021
	교육수준	0.308	0.177	1.361	0.209	0.161	1.232
	연령	-0.041**	0.013	0.960	-0.020	0.011	0.981
	절편	2.225	1.489		1.551	1.320	
Pseudo R제곱	Nagelkerke	0.670					
	Cox & Snell	0.589					
모형적합 정보	우도비 검정	카이제곱 589.211, 자유도 30, 유의확률 0.000					

** p〈0.01, * p〈0.05(참조변수: 새누리당 투표)

신) 새누리당에 투표할 확률이 높아졌다. '국민의당 공천평가' 변수는 양의 부호(+)를 취했으며, 승산비는 1.653으로, 국민의당 공천과정에 대해 긍정적으로 평가할수록, 새누리당에 비해 국민의당에 투표할 확률이(승산비 기준 1.653배) 높아졌다는 의미이다. 나머지 두 변수인 '정치인신뢰도'와 '정당신뢰도'의 영향력은 통계적으로 유의하지 않았다.

'집권여당 심판'과 관련한 변수들 중에서는 '박근혜 정부 국정운영 평가'와 관련된 변수가 통계적으로 유의미했는데, 부호의 방향이 (−)라는 점에서 국정운영 평가에 긍정적일수록 국민의당이 아닌 새누리당에 투표할 확률이 높았던 것으로 나타났다. 또한 스스로를 '중도'에 위치시킨 유권자의 경우 새누리당이 아닌 국민의당에 투표할 승산비가 3.633배였다. 이는 '중도'라 생각하는 유권자가 새누리당이 아닌 더불어민주당에 투표하는 승산비(3.486배)보다 근소하게 높은 수준이었다. 한편 '진보' 유권자의 경우 (새누리당에 비해) 더불어민주당에 투표했을 승산비가 15.818배였다. 진보로 스스로를 인식하는 유권자가 (새누리당에 비해) 국민의당에 투표했을 확률보다 근소하게 높았다는 의미이다.

지역주의 변수에서도 국민의당이 호남 지역에서 기존 지역패권정당인 더불어민주당을 누르고 제1당이 됐다는 사실이 여실히 드러난다. 호남거주자일 경우, 새누리당이 아닌 국민의당에 투표할 승산비는 81.856배로, 새누리당이 아닌 더불어민주당에 투표한 승산비(33.321)의 두 배 이상이었다. 그만큼 호남 거주자의 국민의당 투표 확률이 높았다는 것이다. 영남 거주자일 경우, 국민의당에 비해 새누리당에 투표할 확률이 큰 것으로 나타났고 통계적으로 유의했지만, 더불어민주당을 선택하는 경우에 있어서는 통계적 유의성이 없었다. 이는 20대 총선에서는 더불어민주당이 전북과 전남 등 호남 지역에서 참패한 반면, 부산경남 지역에서 다수의 당선자를 내는 등 선전했다는 사실과 무관하지 않은 것으로 풀이된다. '연령' 역시 '국민의당 정당투표 모형'에서는 부호의 방향이 (−)였고 통계적으로 유의한 변수였는데, 이는 나이가 많을수록 국민의당에 비해 새누리당을 선택할 확률이 높은 것을 의미한다. 새누리당에 비해 더불어민주당을 선택할 확률에서 연령은 통계적

〈표 6〉 제20대 총선 정당 투표 선택 모형 II: 다항 로지스틱 회분석(N=662)

구분	독립변수	국민의당 정당 투표			새누리당 정당 투표		
		회귀계수	S.E.	Exp.(B)	회귀계수	S.E.	Exp.(B)
공천평가 기성 정치권 신뢰도	새누리당 공천평가	0.061	0.077	1.063	0.293**	0.070	2.340
	더민주 공천평가	-0.908**	0.105	0.403	-0.580**	0.098	0.560
	국민의당 공천평가	0.793**	0.106	2.211	0.291**	0.100	1.338
	정치인신뢰도	0.181	0.268	1.198	-0.332	0.268	0.718
	정당신뢰도	-0.055	0.186	0.947	-0.077	0.190	0.926
집권여당 심판	1년간 국가경제 평가	0.230	0.304	1.259	0.530	0.280	1.699
	1년간 가정경제 평가	-0.180	0.285	0.835	-0.319	0.290	0.727
	국정운영 평가	0.168	0.228	1.182	1.600**	0.232	4.955
이념과 지역주의	중도	0.046	0.397	1.048	-1.244**	0.305	0.288
	진보	-0.320	0.443	0.726	-2.761**	0.490	0.063
	호남거주	0.899*	0.377	2.457	-3.506**	1.118	0.030
	영남거주	-0.486	0.363	0.615	0.382	0.322	1.466
사회 경제적 변수	소득수준	-0.156	0.098	0.855	-0.021	0.099	0.979
	교육수준	-0.100	0.153	1.105	-0.209	0.161	0.812
	연령	-0.021*	0.010	0.919	0.020	0.011	1.020
	절편	0.674	1.351		-1.551	1.320	
Pseudo R제곱	Nagelkerke	0.670					
	Cox & Snell	0.589					
모형적합 정보	우도비 검정	카이제곱 589.211, 자유도 30, 유의확률 0.000					

** p〈0.01, * p〈0.05(참조변수: 더불어민주당 투표)

으로 유의하지 않았는데, 이는 정당명부 비례대표선택에서 젊은세대가 국민
의당을 선택했을 가능성이 높음을 보여준다.

〈표 6〉은 제20대 총선의 두 야당, 국민의당과 더불어민주당에 투표한 유
권자들의 차이를 보기 위해, 〈표 5〉에서 시행한 다항 로지스틱 회귀분석의
참조변수를 '더불어민주당 투표'로 바꿔 대비시킨 것이다.[19] 〈표 6〉에서 통
계적으로 유의한 변수만을 간단히 살펴보면, '공천과정 평가' 관련 변수에서
더불어민주당의 공천과정에 부정적일수록 국민의당에 투표할 확률이 높았
으며, 국민의당 공천과정에 대한 평가가 긍정적일수록 더불어민주당 대신
국민의당에 투표할 확률이 높았다. 호남거주자일 경우, 더불어민주당에 비
해 국민의당에 투표했을 가능성이 컸고, 나이가 젊을수록 정당명부 비례대
표 투표에서 더불어민주당에 비해 국민의당에 표를 던졌을 확률이 컸다.

지금까지의 분석내용을 정리해보면, 국민의당을 선택한 유권자들은 새누
리당과 더불어민주당의 지역구 후보 공천과정에서 벌어진 각종 논란과 잡
음, 분열양상에 실망했고, 상대적으로 국민의당 공천과정에 대해서는 긍정
적으로 평가했던 이들이었다. 박근혜 정부의 국정운영에 대해 부정적으로
평가한 유권자들 역시 국민의당과 더불어민주당을 선택했으며 자신을 이념
적으로 '중도'에 위치시킨 유권자들이 새누리당이 아닌 더불어민주당과 국
민의당을 주로 선택했다. 중도층 유권자들은 더불어민주당에 비해 국민의당
을 선택할 확률이 근소하게나마 높았던 것으로 나타났고, 진보층 유권자들
은 국민의당에 비해 더불어민주당을 선택했을 확률이 더 큰 것으로 분석됐
다. 무엇보다 '호남거주' 변수가 국민의당 선택에 미친 영향력은 가장 큰 것
으로 확인됐으며, 연령 역시 젊을수록 국민의당을 선택할 확률이 컸다는 점
에서 유의미한 변수였다.

요약하면 기존 거대 양당의 공천과정 등 '구태' 정치에 회의감과 실망감을

---

19) 그렇기 때문에, '새누리당 정당 투표'는 앞서 '새누리당 선택'을 참조변수(기저범주,
    baseline)로 놓고 분석한 회귀분석 결과에서 '더불어민주당 정당 투표'와 회귀계수의
    부호만 반대방향일 뿐, 수치는 완전히 일치한다.

느끼고, 박근혜 정부의 국정운영을 부정적으로 평가하는 중도층 유권자들이 '중도정당'을 표방한 국민의당을 선택했던 것으로 볼 수 있으며, 또한 그동안 더불어민주당에 압도적 지지를 보내왔던 호남 유권자들 역시 더불어민주당을 심판하면서 대거 국민의당으로 선택을 바꿨던 것으로 해석할 수 있다.

V. 새누리당 참패의 원인 분석

20대 총선에서 나타난 가장 충격적인 결과는, 오랫동안 의회 권력을 장악했던 여당 새누리당이 예상외의 큰 참패를 당하면서 제2당으로 전락하고 여소야대 구도가 형성되었다는 점이다. 총선 직전까지 대부분의 여론조사들은 새누리당의 과반수 의석 장악을 낙관적으로 전망했다. 그러나 공천파동 등으로 성난 민심은 정부와 여당에 준엄한 심판을 내렸고, 새누리당이 제1당의 지위마저도 더불어민주당에 빼앗기는 충격적인 결과가 나타났다. 그 결과 16년 만의 여소야대 구도가 형성되었다. 여소야대 구도는 야당인 더불어민주당과 국민의당의 선전에도 이유가 있지만 결정적인 이유는 상당수 새누리당 지지자들이 지지를 철회하고 다른 당을 지지하거나 기권한 결과로 볼 수 있다. 따라서 이 절에서는 누가, 왜 새누리당 지지를 철회하였는가를 분석하여 이 글의 두 번째 연구주제인 새누리당 참패의 원인을 규명할 것이다.

1. 새누리당 지지이탈자 분석: 누가, 왜 새누리당 지지를 철회하였는가?

이 절에서는 새누리당 지지이탈자에 대한 분석을 통해 새누리당 참패 원인을 규명할 것이다. 구체적으로 압승을 거두었던 19대 총선에 비해 20대

〈표 7〉 새누리당 '고정지지자'와 '지지이탈자'의 인구사회적·정치경제적 특성 비교

전체(%)		새누리당(n=365)	
		고정지지자	이탈자
		77.3(n=282)	22.7(n=83)
소득별 (월소득 기준, 단위: 만 원)	200 미만	83.7	16.3
	200 이상 400 미만	73.4	26.6
	400 이상 600 미만	77.8	22.2
	600 이상	84.2	15.8
이념**	진보	31.8	68.2
	중도	67.6	32.3
	보수	90.6	9.4
학력별**	중졸 이하	88.9	11.1
	고졸 이하	84.0	16.0
	전문대학 이하	66.7	33.3
	4년제 대학 이상	65.8	34.2
세대별**	20대	53.8	46.2
	30대	55.3	44.7
	40대	62.9	37.1
	50대	84.8	15.2
	60대 이상	87.4	12.6
거주지별	서울	78.3	21.7
	인천/경기	80.0	20.0
	대전/충청	67.4	32.6
	광주/전라	50.0	50.0
	대구/경북	86.8	13.2
	부산/울산/경남	75.0	25.0
	강원	62.5	37.5

** p<0.01

총선에서 누가, 왜 새누리당에 대한 지지를 철회하였는가를 분석할 것이다. 이를 위해 19대 총선에서 새누리당에 투표했던 유권자들 가운데 20대 총선에서도 새누리당에 일관된 지지를 보낸 유권자들과 더불어민주당이나 국민의당으로 이탈한 유권자들의 인구사회학적 특징과 정치적 태도를 비교해보고자 한다.

먼저 〈표 7〉은 새누리당 고정지지자와 지지이탈자의 인구사회학적 배경을 비교한 결과이다. 〈표 7〉에서 새누리당 '일관된 지지자'와 '이탈자'를 소득별로 살펴보면, '가구 월소득 200만 원 이상 400만 원 미만' 계층과 '가구 월소득 400만 원 이상 600만 원 미만'의 중산층과 중상층에서의 이탈자 비율이 각각 26.6%와 22.2%로 소득 최하위 계층과 최상위 계층에 비해 다소 높은 것으로 나왔지만, 통계적으로 유의미한 차이는 아닌 것으로 나타났다. 이념적으로는 기존 새누리당 지지층 중 스스로 '진보'라 생각하던 유권자층의 68.2%, '중도'로 위치시켰던 사람들의 32.3%가 이탈했고, 통계적으로 유의한 수준이었다. 학력별로도, 고학력층으로 갈수록, 특히 전문대 이상의 교육수준을 가진 계층일수록 이탈한 비율이 높았다.

세대별로는 젊을수록 이탈 비율이 높았는데, 50대 이상 유권자부터는 이탈률이 급격히 감소하는 양상을 보였다. 거주지별로 전통적 새누리당 지지 강세지역인 대구/경북 지역을 제외하고는 모두 20% 이상의 이탈률을 보였는데, 특히 전통적 강세지역이었던 부산/울산/경남 지역의 이탈률이 서울·수도권 지역보다 높게 나타난 것이 흥미롭다. 거주지별 고정지지/이탈의 차이가 통계적으로 유의하지는 않았지만, 전통적 새누리당 강세지역 중 하나인 부산/경남 지역에서의 지역주의 약화가능성을 생각해볼 여지가 있는 것으로 판단된다.

〈표 8〉은 일관된 지지자와 이탈자의 정치적 태도를 비교한 결과이다. 먼저 주관적이념지수와 객관적이념지수의 평균값부터 비교해보면, 새누리당 고정지지자에 비해 이탈자들의 이념 평균값이 모두 낮았고(진보적이었고), 특히 주관적이념지수의 평균값 차이는 더 컸다. 기성 정치인에 대한 신뢰도와 기존정당에 대한 신뢰점수 모두 이탈자 그룹의 평균값이 더 낮았지만,

〈표 8〉 새누리당 '일관된 지지자'와 '이탈자' 정치태도 평균 비교와 분산분석

		새누리당 지지자 및 이탈자의 정치적 태도 평균값 분석			
		일관된 지지자	이탈자	F값	유의확률
주관적이념지수(0~10점)		6.80	4.94	93.80	0.000
객관적이념지수(0~10점)		5.38	5.15	4.90	0.027
정치인신뢰지수(1~5점)		2.65	2.48	6.37	0.012
정당신뢰지수(1~5점)		3.02	2.88	2.62	0.106
국가경제평가(1~3점)		1.56	1.41	5.15	0.024
가정경제평가(1~3점)		1.8	1.67	3.558	0.060
국정평가(1~4점)		2.88	2.39	48.96	0.000
공천과정 평가 (1~10점)	새누리당	5.42	3.63	37.33	0.000
	더불어민주당	5.16	5.93	14.09	0.000
	국민의당	5.00	5.46	4.90	0.028

'정치인신뢰지수'만 통계적으로 유의했다. 지난 1년간의 국가경제와 가정경제에 대한 평가는 이탈자 그룹이 역시나 모두 낮은 평균점수를 보였다. '박근혜 정부 국정평가에서도 이탈자들이 매긴 값의 평균은 2.39로 고정지지층의 2.88보다 현저히 낮았다. 새누리당 공천과정에 대해서는 이탈자그룹이 낮은 점수를 준 것으로 나타났으며, 더불어민주당과 국민의당에 대해서는 더 높은 점수를 준 것으로 분석됐다.

2. 새누리당 이탈 요인에 관한 로지스틱 회귀분석

앞에서 논의한 새누리당 지지이탈에 미친 다양한 변수들의 상대적 영향을 파악하기 위해서는 다양한 변수들의 상호통제 속에서 실제 이탈에 영향을 끼친 주요 변수가 무엇인지를 규명할 필요기 있다. 이를 위해 본 연구에

서는 '새누리당 지지이탈 여부'를 종속변수로 삼아 이항 로지스틱 회귀분석을 시행했다. 새누리당의 '공천 갈등'에 대한 실망감을 가진 유권자들이 많이 이탈했다는 기술통계 결과를 토대로, 각당 공천과정에 대한 평가점수를 독립변수로 설정했고, 지난 1년간의 국가경제/가계 평가, 박근혜 정부 국정

〈표 9〉 새누리당 이탈 요인 회귀분석

구분	독립변수	새누리당 지지이탈(타 정당지지)=1		
		회귀계수	S.E.	Exp.(B)
공천평가	새누리당 공천평가	-0.430**	0.099	0.651
	더민주 공천평가	0.337*	0.131	1.401
	국민의당 공천평가	0.017	0.124	1.017
정부 여당의 실적평가	1년간 국가경제 평가	0.135	0.378	1.145
	1년간 가정경제 평가	0.115	0.398	1.122
	국정운영 평가	-1.153**	0.318	0.316
이념	주관적이념지수	-0.673**	0.143	0.510
	객관적이념지수	0.076	0.307	1.079
지역	서울/경기/수도권	-1.631	0.903	0.196
	충청	-1.103	1.025	0.332
	호남	-0.879	1.938	0.415
	대구/경북	-3.100**	1.089	0.045
	부산/울산/경남	-2.324*	0.965	0.098
사회경제적 변수	소득수준	-0.292*	0.146	0.747
	교육수준	0.314	0.238	1.368
	연령	-0.04*	0.018	0.957
	절편	9.404	2.534	
R제곱	Nagelkerke		0.539	
	Cox & Snell		0.356	

** p<0.01, * p<0.05

운영 평가, 그리고 주관적/객관적이념지수 역시 영향력을 볼 수 있도록 변수로 설정했다. 지역주의의 변화 양상을 보기 위해 '강원거주'를 기저범주로 해 각 지역 거주여부를 더미변수로 만들었고, '대구/경북'과 '부산/울산/경남'을 '영남'으로 묶지 않고 분리했다. 사회경제적 변수로는 소득수준, 교육수준(학력), 그리고 연령을 넣었다.

〈표 9〉에서 통계적으로 유의한 변수들을 위주로 결과를 분석해보면, 우선 공천과정에 대한 평가와 관련해서는, 새누리당 공천과정에 대한 평가가 부정적이었던 유권자들과 더불어민주당의 공천과정에 대해 긍정적으로 평가한 유권자들이 새누리당을 이탈할 확률이 컸던 것으로 나타났다. 또한 박근혜 정부 국정에 대한 평가가 부정적일수록 이탈할 확률이 큰 것으로 나타났다. 더불어 이념적으로 진보적일수록, 연령이 낮을수록 이탈 가능성이 높아지는 것으로 확인됐다. 대구/경북 거주자나 부산/울산/경남의 경우에는 여전히 해당 지역 거주자일수록 지지에서 이탈할 확률이 낮아지는 것으로 나타났으며, 소득수준은 오히려 낮을수록 이탈할 확률이 커지는 결과가 나왔다. 이는 앞서 교차분석표(〈표 7〉)에서 간결한 설명을 위해 본래의 설문조사자료에서 총 8개의 소득구간으로 나눈 것을 4개 구간으로 압축했던 것에는 패턴이 잘 드러나지 않았지만, 실제 8개의 구간으로 된 서열변수를 회귀분석에 포함시킨 결과에서는 그 영향력이 나타난 것으로 풀이된다.

앞에서 제시한 다양한 통계 분석의 결과를 종합해보면, 새누리당 지지에서 이탈한 유권자들은 20대 총선을 앞두고 새누리당이 보여준 극심한 공천갈등과 논란과정에서의 실망감, 박근혜 정부의 국정에 대한 부정적 평가에 영향을 받았다는 점에서 20대 총선에서의 새누리당의 지지 하락은 일시적인 현상이라고 볼 여지가 있다. 하지만 진보적인 유권자와 젊은 유권자일수록 이탈 확률이 높았고, 새누리당에 실망한 상당수의 이전 지지자들이 국민의당으로 지지를 이동시킨 것으로 보이기 때문에 새누리당에 대한 지지 하락이 장기화될 가능성도 동시에 존재한다. 따라서 새누리당이 고질적인 계파갈등의 청산과 당의 혁신에 성공하느냐 여부가 당의 위상과 다음 대선에서의 정권 재창출 가능성에 결정적인 영향을 미칠 것으로 예상할 수 있다.

VI. 맺음말: 연구 결과의 요약과 정치적 의미

지난 4월에 실시된 20대 국회의원선거는 국회 권력과 정당정치의 지형을 근본적으로 바꾼 여소야대 구도와 3당 체제라는 결과를 가져왔다. 총선 직후부터 '여소야대와 3당 체제의 원인과 정치적 효과가 무엇인가?'를 둘러싸고 많은 논의가 언론과 학계에서 전개되었다. 이 글은 20대 총선의 핵심적인 결과인 3당 체제와 여소야대 구도를 유권자들의 표심의 변화, 즉 정당지지의 변동의 결과로 보고 유권자들의 정당지지의 패턴을 경험적으로 분석하였다. 연구의 주요 결과는 다음과 같다.

첫째, 19대 총선과 20대 총선의 지지정당을 교차분석한 결과에서 상당수 유권자들이 20대 총선에서는 19대 총선에서 투표했던 정당과 다른 정당을 선택하였다. 19대 총선 새누리당 지지자의 52.8%, 민주통합당 지지자의 41.6%, 통합진보당 지지자의 42.1%만이 20대 총선에서 같은 정당에 투표했다. 19대 총선 새누리당 투표자의 31.6%, 민주통합당 투표자의 33.2%가 20대 총선에서 투표를 하지 않은 점도 주목할 만하다. 이 같은 결과는 한국 정당정치의 불안정성(instability)과 선거 정치의 변동성(volatility)이 그만큼 크다는 것을 의미한다.

둘째, 거주지역, 이념, 연령대별로 19대 총선과 20대 총선의 정당지지의 변화를 살펴본 결과에서도 흥미로운 결과가 나타났다. 우선 호남 지역과 서울 지역의 정당 투표에서 국민의당을 지지한 비율이 상당히 높게 나타났다. 이 결과는 20대 총선에서 국민의당이 약진한 결정적 이유가 호남 지역의 석권과 정당 투표 2위라는 점을 나타낸다고 할 수 있다. 또한 새누리당 지지 성향이 강한 50대와 60대 이상 연령층에서의 새누리당에 대한 지지율이 19대 총선에 비해 20대 총선에서 크게 감소한 결과도 주목할 만하다. 소득수준과 교육수준에 따른 3당 지지의 패턴을 검토한 결과에서는 교육수준이 낮은 유권자가 새누리당을 투표하는 비율이 높은 반면, 교육수준이 높은 유권자들의 국민의당 투표 비율이 높았다.

셋째, 3당 지지자의 정치적 태도를 비교한 결과는 이념적으로 새누리당 지지자들이 가장 보수적이었고, 더불어민주당과 국민의당 지지자는 상대적으로 진보적인 것으로 나타났다. 이 결과는 국민의당이 기존 새누리당 지지자들과 더불어민주당 지지자들 중에서 중도적·중도진보적 성향을 가진 이들을 많이 흡수했을 가능성이 있다는 사실을 보여준다. 또한 국민의당 지지자들의 기성 정치인에 대한 신뢰도가 새누리당이나 더불어민주당 투표자들에 비해 낮다는 점이 나타났다. 더불어 국민의당 지지자들이 기존 거대 양당의 20대 총선 후보 공천과정에 실망하고 신생정당인 국민의당의 공천과정에 더 높은 점수를 준 경향이 있다는 것도 보여줬다.

넷째, 다항 로지스틱 회귀분석을 실시해서 국민의당 투표 선택에 미친 변수들의 상대적인 영향력을 경험적으로 검증한 결과, 기존 거대 양당의 공천 갈등에 실망감을 느낀 유권자들과 박근혜 정부의 국정운영을 부정적으로 평가하는 중도성향의 유권자들이 스스로 '중도'이자 '새정치'를 표방했던 국민의당으로 이동했다는 것을 확인했다. 무엇보다도 '호남거주' 변수가 '국민의당 선택'에 중요한 영향력을 갖는다는 것이 나타나서 호남 유권자들의 압도적 지지가 국민의당 약진의 결정적 요인이라는 점을 확인할 수 있었다.

다섯째, 19대 총선에서 새누리당을 지지했지만 20대 총선에서는 지지를 철회한 새누리당 이탈자의 인구사회학적 배경과 정치적 태도를 분석하였다. 우선 교육수준이 상대적으로 높고 이념적으로 중도이거나 진보적인 유권자들의 이탈 비율이 높고, 연령이 젊을수록 이탈 비율이 높았다. 또한 새누리당 이탈자들은 20대 총선 직전에 벌어진 공천갈등에 실망감을 크게 느끼고 박근혜 정부의 국정운영에 대해서도 부정적으로 평가하는 점이 나타났다. 더불어 이탈자들일수록 일관된 지지자들과 비교하여 국가와 가정의 경제상황에 대해 부정적으로 평가하는 경향이 나타났다.

20대 총선에서 등장한 여소야대 구도와 3당 체제는 향후 정당정치와 국회운영의 양상에 심대한 영향을 미칠 것이라는 것은 분명하다. 이 점에서 20대 총선은 '중대선거'의 성격을 가진다고 볼 수 있다. 20대 총선에서 유권자들의 정부 여당에 대한 심판의 결과로 형성된 여소야대 구도로 인해 정부 여당은 국정운영의 주도권을 상실했다. 여소야대 구도에서 박근혜 정부가 국정 동력을 유지하는 유일한 해법은 야당의 협력을 얻는 것이다. 그러나 문제는 정부 여당이 야당을 설득해서 협력을 얻어낼 의지와 능력이 없다는 점이다. 새누리당은 여전히 총선 책임을 둘러싼 논란과 계파갈등이 이어지고 있다. 또한 여소야대 구도 아래서 야당의 협력을 얻기 위해서는 대통령의 역할이 결정적으로 중요하지만 총선 이후 박 대통령의 행보는 기대에 크게 못 미친다. 야당과의 대화에 소극적이고 과감한 국정쇄신의 의지도 보이지 못하면서 야당이 협조할 명분을 만들지 못하고 있다. 오히려 사드 배치를 둘러싼 국론 분열과 민정 수석의 비리의혹 등으로 현 정부의 레임덕이 가시화되는 분위기다. 어느 정당도 과반 의석을 차지하지 못한 3당 체제가 형성된 이번 총선 결과에는 대화와 협력의 정치가 복원되기를 바라는 국민의 기대가 반영되어 있다. 이러한 총선 민의에 정부 여당은 물론 야당이 적극적으로 응답해야 생산적인 정치리더십이 회복되고 국민에게 희망을 줄 수 있다.

20대 총선에서 등장한 3당 체제가 단기적인 현상으로 끝날 것인지, 아니면 양당체제를 대체하는 새로운 정당체제로 지속될 것인가도 정당정치의 진로를 예상하기 위해서는 중요한 질문이다. 그러나 3당 체제가 지속될 것인가는 현재로서는 단정하기 어렵다. 총선 이후 국민의당 지지도가 지속적으로 하락하는 추세를 감안하면 차기 대선 이후에도 국민의당이 현재의 정치적 위상을 유지할 수 있을지는 불확실하다. 국민의당이 양대 정당과 차별화되는 '새로운 정치의 비전과 행태'를 보여주느냐, 또한 거대 양당이 각축하는 대선정국에서 후보를 내거나 제3당으로서의 독자적 영향력을 발휘할 수 있느냐 여부에 따라 국민의당의 미래와 위상이 달라질 것으로 예상할 수 있다.

【참고문헌】

강원택. 2010. "누가 왜 바꿨나?: 2007년 대선과 2008년 총선에서 유권자 지지의 변화." 『한국 선거정치의 변화와 지속』. 서울: 나남.

_____. 2013a. "'안철수 현상'과 2012년 대선." 박찬욱·김지윤·우정엽 엮음. 『한국 유권자의 선택 2: 18대 대선』. 서울: 아산정책연구원.

_____. 2013b. "2012년 대통령선거에서의 이념과 후보 선택." 이내영·서현진 공편. 『변화하는 한국유권자 5』. 서울: 동아시아연구원.

김연숙. 2014. "긍정과 부정의 정치심리학: 정당에 대한 부정적 감정과 정치행태." 『한국정치학회보』 48(2): 5-27.

김일영. 2014. "17대 총선의 역사적 의미와 정당체계 재편 전망." 『한국동북아논총』 32(단일호): 365-383.

박명호. 2004. "17대 총선과 정당정치의 변화: 지역주의 정당체계와 관련하여." 『정치정보연구』 7(1): 1-26.

박상훈. 2006. "한국의 '87년 체제': 민주화 이후 한국정당체제의 구조적 변화." 『아세아연구』 49(2): 7-41.

박원호. 2012. "세대균열의 진화: '386세대'의 소멸과 30대 유권자의 부상." 박찬욱·김지윤·우정엽 엮음. 『한국유권자의 선택 1: 2012 총선』. 서울: 아산정책연구원.

서현진. 2009. "투표참여와 학력수준." 김민전·이내영 공편. 『변화하는 한국유권자 3』. 서울: 동아시아연구원.

윤광일. 2016. "제20대 총선 결과의 실증적 분석을 위한 제언." 『의정연구』 22(1): 47-79.

이내영. 2002. "세대와 정치이념." 『계간사상』 54호. 가을호: 53-79.

_____. 2009a. "18대 총선의 정당지지의 재편: 일시적 현상인가, 구조적 변화인가?" 김민전·이내영 공편. 『변화하는 한국유권자 3』. 서울: 동아시아연구원.

_____. 2009b. "한국 유권자의 이념성향의 변화와 이념투표." 『평화연구』 17(2): 42-72.

_____. 2011. "6·2 지방선거와 세대균열의 부활." 이내영·임성학 공편. 『변화하는 한국유권자 4』. 서울: 동아시아연구원.

_____. 2013. "세대요인이 18대 대선 결과에 미친 영향." 이내영·서현진 공편. 『변화하는 한국유권자 5』. 서울: 동아시아연구원.

이내영·정한울. 2007. "이슈와 정당지지의 변동." 『한국정치학회보』 41(1): 31-55.

이내영·허석재. 2010. "합리적인 유권자인가, 합리화하는 유권자인가?" 『한국정치학회보』 44(2): 45-67.

이성우. 2011. "한국 정치의 양극화와 당파적 배열." 『민주주의와 인권』 11(8): 109-138.

이우진. 2011. "6·2 지방선거에서 유권자들은 이념에 얼마나 충실하게 투표하였나?" 이내영·임성학 공편. 『변화하는 한국유권자 4』. 서울: 동아시아연구원.

이준한·임경훈. 2004. "과연 '중대선거'인가?: 제17대 국회의원선거에서의 유권자 투표결정요인 분석." 『한국정치연구』 13(2): 117-141.

임성학. 2011. "지역주의 분열의 완화 가능성은?" 이내영·임성학 공편. 『변화하는 한국유권자 4』. 서울: 동아시아연구원.

장승진. 2012. "제19대 총선의 투표선택: 정권심판론, 이념 투표, 정서적 태도." 『한국정치학회보』 46(5): 99-120.

정한울. 2016. "깨어진 여대야소의 신화: 한국일보 조사로 본 여소야대의 징후들." 『EAI Opinion Review』 2016-01.

한귀영. 2012. "2012년 총선은 왜 중대선거가 되지 못했나." 『시민과 세계』 21: 139-155.

황아란. 2012. "제19대 국회의원선거와 투표행태: 긍정적·부정적 정당태도와 회고적·전망적 평가를 중심으로." 『한국과 국제정치』 28(4호): 133-159.

Cambell, Angus, Phillip E. Converse, Warren Edward Miller, and Donald E. Stokes. 1960. *The American Voter*. New York: Wiley.

Dalton, Russell J., Paul A. Beck, & Scott C. Flanagan, eds. 1984. *Electoral Change in Advanced Industrial Democracies: Realignment or Dealignment?* New Jersey: Princeton Univ. Press.

_____. 1996. "Comparative Politics: Micro-Behavioral Perspective." Robert E. Goodwin & Hans-Dieter Klingemann, eds. *A New Handbook of Political Science*. New York: Oxford Univ. Press.

Inglehart, R., & A. Hochstein. 1972. "Alignment and Dealignment of the Electorate in France and the United States." *Comparative Political Studies* 5(3): 343-372.

Key, Jr. V. O. 1955. "A Theory of Critical Elections." *The Journal of Politics* 17(1): 3-18.

_____. 1959. "Secular Realignment and the Party System." *The Journal of Politics* 21(2): 198-210.

Lipset, S. Martin, & Stein Rokkan, eds. 1967. *Party Systems and Voter Alignments.* New York: Free Press.

Mayhew, D. R. 2000. "Electoral realignments." *Annual Review of Political Science* 3(1): 449-474.

Tavits, M. 2008. "Party systems in the making: The emergence and success of new parties in new democracies." *British Journal of Political Science* 38(01): 113-133.

제4장

국민의당은 포퓰리즘 정당인가?
― 안철수와 국민의당 지지자 특성의 변화와 지속성(2012~2016년)*

조기숙 | 이화여자대학교

I. 머리말

2012년 대선을 앞두고 안철수에 대한 지지는 폭발적이었다. 2012년 19대 총선 직후 실시한 여론조사에서도 안철수는 민주당의 잠재적 대선 후보였던 문재인을 압도하는 것으로 나타났다. 하지만 지지도가 점차 하락하자 안철수는 후보직에서 사퇴함으로써 문재인을 야권 단일후보로 만들었다. 그 후 안철수는 민주당과 합당하여 새정치민주연합이라는 정당을 창당하여 공동 대표를 맡았지만 2016년 20대 총선을 앞두고 자신이 창당한 정당을 탈당하여 국민의당을 창당했다.

* 이 연구의 자료 분석을 도와준 박혜윤 박사와 석사과정생 박지영, 김재윤 조교에게 감사의 말을 전한다.

남아 있던 새정치민주연합은 더불어민주당으로 당명을 바꾸고 김종인 비상대책위원장을 영입하여 선거체제로 돌입했다. 많은 이들의 우려에도 불구하고 더민주는 국민의당과 당대당 연대를 시도하지 않았고 국민의당은 개인 차원에서의 연대마저도 불허했다. 야권분열로 인해 원내교섭단체 구성에도 실패할 것이라는 많은 이들의 예측을 뒤로 하고 국민의당은 20대 총선에서 38석을 차지함으로써 캐스팅보트를 쥐게 되었다. 언론과 논평가들은 야권분열로 인해 새누리당의 압승을 전망했지만 야권연대 없이도 더민주는 1당이 되었고 국민의당은 예상치를 훌쩍 뛰어넘는 의석을 차지했다.

이 글은 선거 직전 창당한 국민의당이 야권분열에도 불구하고 어떻게 38석이라는 의석을 차지할 수 있었는지 그 배경을 이해하는 하나의 방법으로서 국민의당이 포퓰리즘 정당인지를 살펴보고자 한다. 이를 위해 2012년 안철수에 대한 지지와 2016년 안철수와 국민의당에 대한 지지에 있어서 어떤 변화와 지속성이 발견되는지를 추적하고자 한다. 포퓰리즘 정당의 특성이 혹은 안철수 지지자의 특성에서 나타나는 변화와 지속성이 국민의당의 선전을 설명하는 하나의 변수가 될 수도 있다고 생각하기 때문이다. 하지만 이 글은 국민의당의 선전 이유를 밝히는 것을 목표로 하고 있지는 않다.

안철수가 등장했던 2012년, 보수언론은 안철수를 포퓰리스트라고 공격했고 진보언론은 바람직한 지도자상으로 묘사했다(조기숙 2015b). 양자 간에 공통점을 찾기는 어렵다. 2012년 한 해 동안 안철수 현상에 대해 쏟아진 엄청난 단행본과 언론보도에 비해 체계적인 학문적 연구는 별로 많지 않은 편이다. 언론의 보도만 상충되는 것이 아니라 안철수 현상에 대한 학문적 연구 결과 또한 매우 다양해서 합의점을 찾기 어려운 형편이다. 상당수의 학자들은 안철수 현상이 정당에 대한 불신, 더 나아가 대의제민주주의에 대한 불신에서 비롯되었다고 주장했다(김정훈 2012; 조희연·이창언 2013; 박홍규 2013; 고원 2014). 안철수 캠프의 핵심인물이었던 박선숙도 기존정당에 대한 불신이 안철수를 정치로 이끌어냈다고 목소리를 높였다(선대식 2012).

반면 안철수가 이념적으로 갈등적인 입장을 견지하는 유권자의 지지를 받았다(최종숙 2013)는 연구가 있다. 하지만 안철수 지지자들은 전통적인 야권 지지자이며(강원택 2013), 정치불신자가 아니라 정치 자체를 혐오하는 정치냉소주의자라는 주장(조기숙 2015a)은 앞의 연구 결과와는 정면으로 배치된다.

이에 조기숙(2016)은 양자의 입장이 반드시 충돌되는 것은 아니라며 포퓰리즘 이론을 사용하여 안철수 현상에 대한 다양한 연구 결과에 대해 일관된 해석을 모색했다. 에드워드 쉴즈(Edward Shils 1956, 100-101)에 따르면 "포퓰리즘(populism)은 권력과 재산, 교육, 문화 등을 독점하고 있다고 생각되는 차별화된 기득권 지배계급에 의해 만들어진 사회의 질서에 대한 대중의 불만이 있는 곳에는 어디든지 존재한다"(Taggart 2000, 11에서 재인용)고 정의된다. 포퓰리즘은 대의민주주의의 위기로 인해 초래되며(Meny and Surel 2002), 또한 정치냉소주의자를 동원할 가능성이 높다는 주장도 존재한다(Krouwel and Abts 2007; Dekker 2007).

안철수의 인기요인이 정책이나 정당보다는 후보에 대한 호감에 있다는 연구 결과(이상신 2012; 안종기 2015) 또한 안철수의 포퓰리스트적 면모를 간접적으로 보여준다. 포퓰리스트는 기득권에 대해 증오심을 표출한다거나 그로 인해 대중의 열광적인 인기를 얻는다는 점에서 정치 혁신가와 유사점을 보인다. 따라서 안철수 현상이 민란이라는 박홍규(2013)와 새로운 정치를 시도했지만 중도정치로 실패했다는 고원(2014)의 주장도 포퓰리스트와 혁신가의 유사성을 고려할 때 안철수 현상을 혁신정치의 일환으로 혼동할 여지가 있다고 생각된다.

조기숙(2015)은 안철수의 폭발적 인기의 배경에는 정치냉소주의자의 동원이 있었다고 주장했다. 그는 정치불신자가 불신의 대상(정치인, 정권, 제도)을 구분하여 반응적인 태도를 보이는 데 비해, 정치냉소주의자는 정치에 대해 관심도 없고 정치의 대상도 구분하지 않으며 총체적으로 정치를 외면한다는 점에서 다르다고 주장했다. 그동안 학자들이 정치불신과 정치냉소주의를 같은 개념으로 사용해왔고 이의 측정자도 같았다.

하지만 조기숙(2016)은 양 개념은 개념적으로나 경험적으로 다르다고 주장했다. 정치불신의 태도는 현실정치의 변화에 따라 증감하는 반면, 정치냉소주의는 외부의 자극에 반응적이지 않다. 반면 성공한 신화를 지닌 비정치인이 정치인으로 변신할 때 기득권 정치에 대한 총체적인 불신을 동원하는 포퓰리스트가 되기 쉬운데 그러한 포퓰리스트에게 정치냉소주의자들이 동원된다는 것이다. 기존 설문에 존재하는 제한된 설문을 사용해 조기숙은 정치불신과 정치냉소주의가 서로 다른 태도임을 밝혀냈다. 더 나아가 안철수와 미국의 제3후보인 로스 페로는 포퓰리스트적 특징을 보이며, 둘 다 정치냉소주의자의 지지를 받았다는 점에서 유사하다는 점을 경험적으로 밝혔다.

조기숙의 위의 연구 결과(2016)는 두 가지 비판에 직면했다. 정치불신과 정치냉소주의를 구분하기 위해 사용한 측정자의 타당성에 대한 것이다. 첫째는, 로스 페로 지지자와 안철수 지지자의 정치냉소주의를 측정한 설문지가 서로 달랐고, 둘째는, 그 설문이 정치불신과 정치냉소주의를 제대로 측정한다고 보기 어렵다는 것이 이유였다. 이에 20대 총선 직후 실시한 선거학회의 설문조사는 위의 두 가지 태도를 측정하는 설문을 한 조사에 모두 포함하였다.

본 연구의 일차적 목표는 2016년 총선에서 국민의당 지지자의 특성이 2012년 총선 직후 설문자료와 비교할 때 어떤 변화와 지속성을 보이는지 살펴보는 것이다. 또한 그러한 변화의 원인과 의미에 대해서도 논의할 것이다. 국민의당 지지자들이 다른 정당(특히 더민주) 지지자와 비교할 때 여전히 정치냉소주의자의 비중이 높은지도 살펴볼 것이다. 이를 위해 다음 절에서는 포퓰리즘과 정치냉소주의의 관계를 이론적으로 처음 소개한 조기숙(2016)의 주장을 정리하고 III절에서는 국민의당이 2016년 총선에서 포퓰리즘 정당의 면모를 보여주고 있는지 당의 수하학, 정치의 사인화(私人化) 현상, 선거전략에 대한 분석을 통해 살펴본다. IV절에서는 2012년 총선 직후 자료와 비교할 때 2016년 총선에서 국민의당 지지자의 특성은 어떤 변화와 연속성을 보이는지 경험적으로 검증한다. 마지막 절은 본고의 연구 결과를 요약하고 현실정치에서의 의미를 논의하는 것으로 맺고자 한다.

II. 포퓰리즘과 정치냉소주의

1. 전략으로서의 포퓰리즘 vs. 운동으로서의 포퓰리즘

포퓰리즘은 시대와 장소를 불문하고 어느 사회에나 공통적으로 기득권에 대한 적대감을 동원했던 정치이념으로서 단순히 대중의 인기에 영합하는 포퓰러리즘(popularism)과는 구분이 필요하다(정병기 2012). 가령, 대통령의 결단으로 국군 장병에게 휴가를 하루 더 준다거나 연휴에 고속도로 통행료를 면제해주는 정책 등은 제도적으로 연속되는 정책이 아니라 국민의 인기를 얻기 위해 즉흥적으로 만들어진 정책으로서 포퓰러리즘이라고 할 수 있다.

포퓰리즘은 전략으로서의 포퓰리즘과 운동으로서의 포퓰리즘으로 구분된다(Ware 2002). 기존정당에서도 후보들은 종종 선거에 이기기 위해 자신을 일반 대중과 동일시하거나 상대를 악으로 자신을 선으로 포장하기 위해 포퓰리즘 전략을 구사한다. 가령, 미국의 지미 카터 후보가 자신을 땅콩농장 출신으로 워싱턴 기득권과 대비하여 포장한다든지, 이명박 후보가 평범한 회사원으로 시작해서 재벌기업의 사장이 되기까지를 신화화한 것, 고졸출신으로 사법고시에 합격한 노무현 후보가 서민적 이미지를 내세운 것이 대표적인 포퓰리즘 전략이라고 할 수 있다. 자신을 선으로 포장하고 상대를 친북좌파라거나 수구꼴통이라고 부르며 악과 동일시하는 것도 일종의 포퓰리즘 전략이라고 할 수 있다.

미국 선거에서 연방 수준에서는 포퓰리즘 전략을 찾아보기 힘들었는데 그 이유는 오래된 헌법적 구조와 잘 정비된 정당체제 덕분이라고 한다. 즉, 공천권을 가지고 있었던 정당의 엘리트들이 포퓰리스트 후보를 좋아하지 않았기에 후보들은 포퓰리스트 전략을 자제하게 되었다고 한다(Ware 2002). 그러나 서부와 남부 주 선거에서는 인종과 경제 문제를 쟁점으로 빈번하게 포퓰리즘 전략이 등장했다. 그것이 대중에게 먹히는 선거전략이기 때문이었다. 하지만 이 지역에서도 경제가 발전하고 다양성이 증가하면서 포퓰리즘 전략도 거의 사라지게 되었다고 한다.

그러나 1970년대 이후 미국에서 예비경선이 도입되면서 정당보스의 권한이 약화되고 정당보다는 후보자 중심의 선거운동이 강화되면서 포퓰리즘 전략이 일상화되었다고 한다(Ware 2002). 특히 포퓰리즘 현상은 미디어의 역할을 빼고 논하기 어려울 만큼 언론의 역할이 중요한데 오늘날 정당 기능의 약화와 동시에 TV와 의사소통매체의 혁명이라고 할 수 있는 인터넷, SNS의 발달은 포퓰리즘 전략이 보다 빈번하게 발생할 수 있는 토양을 마련했다고 할 수 있다(조기숙 2016).

포퓰리즘 전략은 기존정당에서도 일상적으로 등장하기 때문에 이 연구의 대상이 아니다. 본고가 관심을 갖는 현상은 포퓰리즘 운동과 그로 인해 탄생한 포퓰리즘 정당이라고 할 수 있다. 포퓰리즘 정당은 포퓰리즘 정치담론으로 국민의 인기를 얻기에 기존정당도 그 담론을 할 수 없이 따라가게 된다. 포퓰리즘 공약은 실현할 수 없는 내용을 담고 있기에 더 큰 정치불신과 냉소주의를 양산하게 된다. 정치학자들이 포퓰리즘 정당에 대해 우려를 표하는 이유는 포퓰리즘 정당이 리더 한 사람에 의지하는 경우가 많기 때문에 그것이 제도를 중심으로 작동하는 민주주의를 위협하기 때문이다(Kitschelt 2002; Krouwel and Abts 2007).

포퓰리즘 운동의 기원은 19세기 말 북미에서 펼쳐진 농민운동과 러시아의 혁명 전야에 있었던 나로드니크(*Narodnik*)운동으로 알려져 있다(Mouzelis 1985). 나로드니크의 영어 번역이 포퓰리즘이다. 미국의 농민운동은 19세기 말 산업화와 철도운송요금의 인상으로 인해 피해를 입게 된 농가를 중심으로 순수하게 아래로부터 농민의 이익을 보호하기 위해 시작된 개혁적이고 체제 저항적인 성격의 운동이다. 농민들은 기존의 주요 정당이 산업가의 이익을 보호한다고 믿었기에 농민의 이익을 보호하기 위해 '국민의당(*People's Party*)'이라는 새로운 정당을 만들었다.

포퓰리즘 운동은 '국민(*the people*)'의 요구가 실현되는 것을 방해하는 소수 엘리트에게 저항하는 운동을 의미한다. 모든 포퓰리즘에 나타나는 최소 정의(minimal definition)는 포퓰리즘의 필요 충분 조건을 포함한다. 즉, "정치를 동질적이고 적대적인 두 개의 집단(순수한 국민 대 부패한 엘리트)으로 분리하고 정치는 국민의 일반의지를 표현하는 것이어야 된다고 주장하는 이념"(Mudde 2007, 23)이라고 할 수 있다.

운동으로서의 포퓰리즘은 주요 정당 밖에서 새로운 정당을 창당하게 된다. 포퓰리즘은 카멜레온과 같아서 자신이 추구하는 고유의 이념이 없기에 좌, 우, 중도 어떤 이념과도 친화력이 있다. 1970년대 남미에서는 포퓰리즘이 좌파와 결합되었다. 1980년대 이후에는 강력한 리더십과 신자유주의가 결합하는 정권이 탄생함으로써 신자유주의 포퓰리스트 정권의 성립도 가능하게 되었다(Conniff 1999; Taggart 2002). 최근 서유럽에서는 극우 포퓰리스트 정당이 등장하는데 태가르트는 이를 뉴포퓰리즘이라고 명명했다(Taggart 2000; 2002).

뉴포퓰리즘은 정치체제의 정당성과 같은 대의제의 문제를 다룬다(Taggart 2002). 따라서 전체 국민의 목소리를 대변할 지도자가 부각되는 경향이 있어 정치의 사인화 현상을 초래한다. 인종 문제를 거론하면서도 과거의 파시즘이나 나치즘과는 다르며, 대의민주주의의 병폐를 지적하고, 직접 정치를 선호하면서도 의회민주주의 자체를 포기하지는 않는다는 점이 뉴포퓰리즘의 특징이라고 할 수 있다(정병기 2012, 15-16). 1970년대 남미 포퓰리즘과 1980년대 이후 유럽에서 등장한 뉴포퓰리즘의 가장 큰 차이는 전자가 좌파이며, 경제가 주요 관심사이고 계급연합을 통해 포함의 정치(politics of inclusion)를 추구했다면, 후자는 우파이고 정체성에 기반한 정치를 구사하며 소수자에 대한 배제의 정치(politics of exclusion)를 추구한다는 점이다(Mudde and Kaltwasser 2013).

포퓰리즘을 연구하는 접근법에는 다양한 방법이 존재한다. 이 글은 태가르트(2002)의 접근법을 받아들여 포퓰리즘의 이상형(ideal-type)을 제시하고, 본고가 다루는 사례연구가 그것에 얼마나 근접한지 살펴보고자 한다. 모든 포퓰리스트에게 공통적으로 나타나는 현상은 레토릭과 리더십이라고 한다. 포퓰리즘에 공통적으로 나타나는 수사학적 특징은 첫째, 기득권과 기존의 지배적인 사상과 가치, 제도에 반대하는 것이다. 둘째, 포퓰리스트가 가장 많이 언급하는 단어는 '국민'인데 국민은 "동질적인(homogeneous) 생각을 갖는 국민"을(Krouwel and Abts 2007, 264) 상정한다. 민주주의는 기본적으로 서로 다른 의견을 갖는 다원주의를 가정한다. 따라서 정당을 통해 다양한 의견을 몇 개의 정당으로 모으고 지도자를 선출함으로써 대의기관을 통해 대변하는 것이 대의민주주의의 특징이라고 할 수 있다. 반면 포퓰리스트는 국민의 분열과 갈등을 비정상적인 것으로 간주하여 다원주의에 반대한다(Urbinati 1998). 셋째, 포퓰리스트는 정당이나 의회와 같은 매개 제도를 불신한다. 이러한 제도가 국민의 단일한 의지가 포퓰리스트 자신에 의해 대표되는 것을 방해한다고 믿기 때문이다(Kitschelt 2002). 이 때문에 제도에 대한 신뢰를 리더 개인에 대한 신뢰로 대체하는 사인화 현상이 발생한다.

포퓰리스트는 수사학적 특징 외에도 리더십에서도 특징을 발견할 수 있다. 수사학적으로는 국민을 내세우지만 리더십은 대체로 카리스마가 있으며 권위주의적인 특징이 있다. 포퓰리스트 리더는 대중과의 소통을 중시하기 때문에 직접적이고 단순한 수사를 구사하는 경향이 있다. 간접적인 소통은 인위적이고 반대중적이라고 생각한다(Urbinati 1998). 또한 민주적 절차보다는 효율성을 중시하는 경향이 있어서 공조직보다는 자신의 측근으로 이루어진 폐쇄적인 사조직에서 의사결정을 하는 경향이 있다. 또한 포퓰리즘 정당은 분열로 쇠락하는 경향이 있는데 정당이 제도적 절차보다는 리더 개인에 의해 좌지우지되다보니 갈등을 해소하고 타협할 제도적 장치가 발달되지 않기 때문이다.

포퓰리즘이 다양한 이념과 결합하고 시기마다, 국가마다 다르게 나타나기에 공통점을 찾는 데 한계가 있다. 하지만 이들이 등장하는 시대적 배경에서는 공통점이 있다. 즉, 생산수단이 변화하는 전환기에 구시대의 생산수단에 의존해 생활하는 사회 기저층들이 새로운 생산수단의 등장에 의해 생존이 위협받는 경우 기존 정치와 엘리트에 대해 불만이 팽배하게 된다. 이때 성공한 비정치인이 정치를 단순한 선악의 대결로 만들면서 기존 정치권을 비판하며 어려움을 겪는 국민의 분노를 대변하면 다수의 대중은 그가 자신들을 구원할 백마 타고 온 왕자라는 환상을 갖게 된다. 즉, 포퓰리즘은 '극한 위기감'에 대한 반작용으로 나타난다. 유럽에서 극우적인 성격을 띠는 뉴포퓰리즘이 등장한 원인도 유럽통합과 그로 인한 치열한 경쟁, 이민자의 증가 등이 가져온 사회적 불안이라고 할 수 있다(Taggart 2000). 한국도 금융위기 이후 평생직장의 개념이 사라졌고 잠재성장력은 점차 하락하고 있으며, 세계화로 인해 빈부격차가 심화되고 청년실업이 심각한 사회 문제로 등장하고 있다는 점에서 포퓰리스트가 등장할 토양이 갖춰졌다고 할 수 있다.

2. 정치불신 vs. 정치냉소주의

조기숙(2015a)은 안철수 현상을 포퓰리즘 현상으로 해석하면 서로 충돌되는 학문적 연구 결과를 일관되게 설명할 수 있을 뿐만 아니라 안철수의 인기가 그렇게 짧은 기간에 폭발했다가 가라앉은 이유에 대해서도 체계적으로 설명할 수 있다고 주장한다. 그 이유는 평소 정치에 전혀 관심이 없거나 심지어 반정치적이었던 유권자들이 존경받는 성공한 사업가인 안철수가 정치인으로 변신하자 정치에 관심을 갖게 되면서 새로운 정치 시장이 열리게 된 것이 안철수가 폭발적인 인기를 누리게 된 가장 큰 이유라는 것이다. 즉, 언론은 정치에 대한 새로운 독자층, 시청자층이 생기면서 안철수에 대한 수많은 보도를 쏟아내게 되었고 그러한 보도는 유권자의 관심을 더욱 부추기면서 안철수 현상을 만들어냈다는 것이다.

또한 비정치인이 정치인으로 변신하면 포퓰리스트가 될 가능성이 많은데 민주적인 절차와 제도를 잘 이해하지 못하는 비정치인은 유권자의 정치불신과 정치냉소주의를 동원함으로써 쉽게 인기를 얻을 수 있기 때문이다. 기성 정치인이 반정치적인 레토릭을 구사한다면 설득력이 없을 것이다. 그들은 자신의 과오에 대해서 책임을 져야 할 입장에 있기 때문이다. 하지만 비정치인은 잘못된 정치에 대한 책임으로부터 자유롭기 때문에 부채의식 없이 정치를 비판할 수 있고 기존 정치에 대한 비판만으로도 유권자의 속을 시원하게 해주는 효과가 있기 때문이다. 이 때문에 포퓰리스트 혹은 포퓰리즘 정당은 정치를 외면하는 정치냉소주의자를 동원할 가능성이 높으며, 정치냉소주의(political cynicism)는 정치불신(political distrust)과는 구분되어야 한다고 주장했다(조기숙 2016).

그동안 정치학자들은 정치불신과 정치냉소주의를 서로 같은 개념으로 사용해왔고 경험적으로도 같은 설문으로 측정해왔다. 하지만 양자가 개념적으로 구분되어야 한다는 주장이 최근 제기되었다. 아이징어(Eisinger 2000, 5)는 현대적 의미의 냉소주의는 "세계를 향한 적대감만큼이나 세상에의 참여 거부, 비정직성에 뿌리박힌 정치를 버리고 고독, 내면으로의 침잠"을 의미한다며 "인간성에 대한 강한 적대적인 불신과 경멸"(2000, 55)을 포함한다고 주장한다.

선행연구(Krouwel and Abts 2007; Dekker 2007)에 기초해 조기숙(2016)은 정치불신과 정치냉소주의를 (a) 대상, (b) 반응성의 정도, (c) 선거의 결과라는 세 가지 차원에서 구분을 시도했다. 정치불신은 정치인, 정당, 중앙정부 등 대상에 따라 다른 태도인 반면, 정치냉소주의는 정치에 대한 전반적인 불만이라고 정의된다. 유권자의 반응성은 두 가지 요인―정치적 감시와 새로운 정치적 정보와 대안에 대한 개방성―에 따라 다르다고 한다.

따라서 정치불신자는 정치적 정보를 세세히 검토해서 판단을 내리는 반면, 정치냉소주의자는 정치를 외면하기 때문에 정치적 정보에는 거의 관심이 없다. 정치불신자는 새로운 정치적 대안에 반응적인 데 비해, 정치냉소주의자는 비정치적인 대안에는 열려 있어도 정치적 대안에는 닫혀 있다. 정치불신은 정치 참여를 촉진하기도 하고 억제하기도 하지만 정치냉소주의는 정치적 참여를 저하시키는 경향이 있다고 주장한다.

실제로 정치불신은 가변적인 태도라는 증거가 존재하며(Dekker 2007; 조기숙 2015a), 정부에 대한 일반적인 신뢰라기보다는 현직 대통령에 대한 신뢰와 함께 움직이는 것으로 나타났다(Citrin 1974; Citrin and Green 1986). 그동안 정치냉소주의는 웹스터 사전(Webster's Revised Unabridged Dictionary)의 냉소주의자(cynic)의 두 번째 정의, "인간의 행위는 의식적이든 무의식적이든 전적으로 자기 이익을 위해 움직이면서 반대로 겉모습은 깊이가 없고 신뢰할 수 없다고 믿는 사람"으로 인해 정치불신과 동의어로 사용되어왔다.

그러나 정치냉소주의는 "정치인, 정치제도, 그리고/혹은 전반적인 정치체제의 태생적인 사악함을 깊게 믿는 신념으로 이루어진 개인의 태도"라고 정의된다(Schyns et al. 2004, 3; Dekker 2007에서 재인용). 따라서 정치냉소주의자는 누가 선거에서 당선되든 어차피 정치는 변하지 않을 것이라고 생각한다. 정치냉소주의자는 정치적 관심, 지식, 이해가 부족하기 때문에 외부의 자극에 반응하지 않는 경향이 있다. 학자들은 언론이 정치불신을 부추긴다고 주장해 왔는데(Nye 1997; Patterson 1993) 정치냉소주의자들은 언론에 대해서도 닫혀 있기 때문에 언론을 읽지도 않는다고 한다(Bromley et al. 2004).

즉, 정치냉소주의는 정치 그 자체를 나쁘게 보기 때문에 비정치영역에서 성공한 사람이 갑작스럽게 정치인으로 등장하는 포퓰리즘의 동원에 취약하다고 할 수 있다.

2012년 총선 직후 실시한 설문조사 자료를 분석한 조기숙(2015a)에 따르면 안철수는 양당을 불신하는 유권자보다는 정치 그 자체를 외면하는 정치냉소주의자를 동원한 것으로 나타났다. 또한 안철수는 비정치인에서 정치인으로 변신한 포퓰리스트의 면모를 수사학과 리더십의 측면에서 매우 전형적으로 보여주고 있음도 밝혀졌다(조기숙 2015b). 이에 다음 절에서는 4년이 흐른 후 안철수가 창당한 국민의당이 포퓰리스트 정당의 면모를 보이고 있는지 여전히 지지자의 정치냉소주의가 발견되는지, 지지자의 성격에 어떤 변화가 관찰되는지 검토하고자 한다.

III. 국민의당은 포퓰리즘 정당인가?

조기숙(2015b)은 2012년 대선에 출마한 안철수의 출마선언문과 사퇴선언문에 대한 수사학 분석, 의사결정과정에 대한 리더십 분석을 통해 안철수가 상당히 포퓰리스트에 가까운 면모를 보여주었다고 주장했다. 다른 나라의 경우를 살펴보면 포퓰리스트가 신당을 창당하는 경우 포퓰리즘 정당으로 귀착되었음을 위의 연구는 밝히고 있다. 포퓰리즘 정당은 수사학, 정치의 사인화, 선거전략 등에서 포퓰리스트적 특징을 보여줄 가능성이 높다. 본고에서는 2016년 총선을 앞두고 창당한 국민의당이 포퓰리스트 정당의 이상형에 어느 정도 근사한지를 분석해보고자 한다.

1. 국민의당 강령에 나타난 수사학 분석

우선 수사학 분석을 위해 국민의당 홈페이지에 나타난 정당의 강령 및 기본정책을 분석했다.[1] 국민의당이라는 이름은 미국 최초의 포퓰리즘 정당의 이름일 정도로 포퓰리즘 정당이 가장 선호하는 이름이다. 포퓰리즘은 단일한 국민의 의사를 대변하는 걸 목표로 하기 때문이다. 그러나 당의 이름과는 달리 당의 강령은 기존정당의 그것과 크게 다르지 않았다. 국민의당은 "합리적 진보와 개혁적 보수의 양 날개로 국민에게 안전한 삶, 따뜻한 복지를 제공하는 민생정치를 추구하고자 한다"고 하여 중도 이념을 지향한다고 밝히고 있다. 포퓰리즘은 진보, 보수, 중도 어떤 이념과도 친화성이 있으므로 이념은 정당의 포퓰리스트적 특성을 감별하는 데 도움이 되지 않는다.

정당의 포퓰리즘적 특성을 가장 쉽게 감별하는 방법은 정당 강령에서 '국

---

1) 국민의당, 강령 및 기본정책 원문, http://people21.kr/wp-content/uploads/2016/03/ Basic-Policies.pdf(검색일: 2016년 8월 13일).

〈표 1〉 각 정당의 강령에 나타난 '국민' 개수와 비율

정당	새누리당 (강령)	더불어더민주 (강령)	국민의당 (창당취지문)	국민의당 (강령)
전체 단어 수	1,484	2,099	3,918	1,977
'국민' 단어 수 (비율)	15/1,484 (1.01%)	9/2,099 (0.43%)	38/3,918 (0.97%)	18/1,977 (0.91%)

민'이라는 단어가 얼마나 많이 등장하는지를 살펴보는 것이다(Hawkins 2009). 이에 각 정당의 강령에 나타난 단어의 개수와 '국민'의 등장 횟수, 그리고 그 비율을 계산한 결과가 〈표 1〉에 나타나 있다. 표에 따르면 '국민'은 새누리당의 강령에 가장 많이 나타나 있다. 국민의당은 창당취지문, 강령 모두에 새누리당보다는 적지만 더불어더민주보다는 두 배 이상으로 많이 사용되었음을 알 수 있다. 이는 박근혜, 문재인, 안철수 세 후보의 출마선언문을 비교한 결과와 매우 유사한데, 이 결과는 국민의당과 새누리당 모두 포퓰리즘적 성격을 갖는 정당임을 시사한다.

그러나 국민의당 강령과 창당취지문의 수사학을 본격적으로 분석해보면 포퓰리즘적 성격이 강하다고 말하기 어렵다. 국민의당은 "시대정신을 망각한 독과점 양당체제의 적대적 공존", "새로운 역사의 길목에서 국민들과 함께 낡고 무능한 분열정치의 종언을 선언한다"는 대목에서 3정당으로서 기득권 정당에 대한 적대감을 표출하고 있다. "국민분열과 이념대립의 시대를 마감하고 사회통합의 관점에서 국가의 중심, 사회의 중심, 국민의 중심을 새롭게 세우고자 한다"는 대목이 단일한 국민을 상정하는 포퓰리즘 정당의 면모가 아닌가 하는 의구심이 제기될 수도 있다. 하지만 통합과 상생을 강조하는 건 한국의 모든 정당의 수사학이라고 할 수 있다. 오히려 "개인과 집단의 다양성을 인정하고"라는 대목은 단일한 국민을 상정하는 포퓰리즘 정당의 면모와는 거리가 있어 보인다. 다만 정당 본연의 목적이 집권, 공천, 이익결집 등에 있음을 감안할 때 국민의당은 봉사형 정당모델을 지향함으로써 전통적인 정당 모델과는 거리가 있음을 알 수 있다. 결론적으로 기득권

〈표 2〉 국민의당 강령에 나타난 수사학 분석 결과

포퓰리즘의 수사학	국민의당 강령
• 기득권에 대한 증오심 표출 • 매개 제도에 대한 불신 • 동질적인 국민 상정	• "시대정신을 망각한 독과점 양당체제의 적대적 공존", "새로운 역사의 길목에서 국민들과 함께 낡고 무능한 분열정치의 종언을 선언한다" • "당원과 시민이 지역사회 발전에 이바지하는 봉사형 정당모델을 지향" • "개인과 집단의 다양성을 인정하고"

정당에 대한 비판적 태도 외에는 국민의당의 강령에서 뚜렷한 포퓰리즘 정당의 면모는 발견되지 않았다고 할 수 있다.

2. 정치의 사인화

포퓰리즘 정당의 또 다른 특징은 포퓰리스트 리더 개인에게 과도하게 권한이 집중되고 리더 개인의 인기에 의지하는 정치의 사인화 현상이라고 할 수 있다. 국민의당은 선거 초반 안철수·천정배 공동체제를 통해 일인정당의 모습을 표면적으로는 탈피했다고 할 수 있다. 또한 최근에는 홍보리베이트 사건을 계기로 두 공동대표가 사퇴하고 박지원 비상대책위원회 체제로 개편되면서 사당의 모습을 띤다고 단언하기는 어렵다.

그러나 공천과정을 살펴보면 갈등을 제도적으로 해소하지 못해 몸싸움, 폭력사태와 도끼 시위까지 벌어졌었다.[2] 박근혜 대통령의 새누리당 공천 개입과 더민주 김종인 비대위원장의 공천파동으로 인해 양당의 공천 문제가 불거지면서 국민의당 공천 내홍이 언론에 크게 부각되지는 않았지만 최근 불거진 홍보비 리베이트 사건에서 국민의당 공천이 제도적이지 않았다는

---

[2] 조성흠·박수윤, "'강건너 불구경할 때 아냐' … 국민의당도 공천내홍 '난장판'(종합)," 『연합뉴스』, 2016/3/21.

점이 속속 드러나고 있다. 선거 직전 급조한 신생정당이니 이런 갈등이 자연스럽다고도 할 수 있다. 주요 정당인 새누리당도 제도적인 공천이 이루어졌다고 보기 어렵다고 주장하는 이도 있을 것이다. 하지만 이한구 공천관리위원장을 통한 박근혜 대통령의 개입이나 김종인 비대위원장의 권한이 제도적으로 주어진 권한을 통해 행사되었다면, 안철수 대표의 권한은 제도적 제약을 넘어선 비공식적 권한이었다는 차이점이 있다.

국민의당을 공동으로 창당했던 김한길은 사당화를 탈피하기 위해 정당의 대표를 외부에서 영입하려 했으나 창당과정에서 소외되었다. 공동대표인 천정배 또한 공천과정에서 소외됨으로써 천정배계 일부가 탈당을 하거나 더민주로 돌아가기도 했다.3) 천정배 대표가 반대했던 안철수의 최측근 이태규가 비례대표 공천을 받은 점도 국민의당이 안철수 사당에서 크게 벗어나지 못했음을 증명해준다. 선거 후에 홍보비리 사건으로 검찰 수사를 받게 되면서 국민의당 비례대표 공천이 절차에 있어서 커다란 하자가 있었음도 뒤늦게 조명을 받았다.4) 국민의당이 안철수 사당이라는 증거는 비대위원장을 맡은 박지원의 발언에서 보다 노골적으로 드러난다. 박지원 비대위원장은 다음의 기사에서 알 수 있듯이 국민의당이 안철수 사당임을 당연하게 여겼으며 비대위원 인선과정을 안 전 대표와 긴밀히 조율한 사실을 숨기지도 않았다.

> 박 위원장은 '국민의당은 안철수 당이기 때문에 계속 안철수 이미지로 갈 것'이라는 자신의 말대로 친안계 인사들을 전진 배치했다. 반면 현역의원 대다수가 호남인 데 반해 호남출신은 박 위원장을 포함해 4명에 그치는 등 호남색은 빼고 안철수 색깔은 유지한 모양새가 됐다. 박 위원장은 인선 과정에서 안 전 대표와 긴밀히 조율한 것으로 알려졌다.5)

---

3) 손상원, "'천정배측' 국민의당 광주시당 공동위원장 탈당 선언," 『연합뉴스』, 2016/3/11.

4) 문동성, "[단독] 국민의당, '비례대표 심사·의결권 위임'도 절차 논란 … 공천 전 도대체 무슨 일 있었나," 『국민일보』, 2016/6/15.

5) 홍지인·박수윤, "安 빠진 '박지원 비대위', 安색깔 유지하며 脫지역당 시도," 『연합뉴스』, 2016/07/06.

결론적으로 공천과정뿐 아니라 현재까지도 안철수 개인에게 과도하게 권한이 집중되어 있으며, 뒤에 나오겠지만 당의 선거도 안철수 개인의 인기에 과도하게 영향을 받았다는 점에서 어느 정도 포퓰리즘적 특성을 띠고 있다고 할 수 있다.

3. 선거전략

연합뉴스는 총선 당선인을 상대로 한 설문조사를 통해 어떤 단어를 가장 많이 사용했는지 조사한 결과를 보도했다.[6] 정당별로는 새누리당은 국민·국회·지역·생각·선거, 더민주는 정치·국민·생각·선거·국회, 국민의당은 정치·호남·지역·시민·국민의당을 많이 말한 것으로 나타났다. 모든 정당이 국민, 정치를 가장 많이 거론했다는 점에서는 별 차이가 없었다. 오히려 국민의당 후보자들이 국민이란 단어를 별로 사용하지 않았다는 점이 흥미롭다. 하지만 국민의당은 호남과 지역이란 단어를 가장 많이 언급함으로써 국민의당이 지역정당이며, 선거 내 지역주의 선거전략을 구사했음을 간접적으로 증명하고 있다.

실제 국민의당은 지역구 당선자 25명 중 수도권 당선자인 안철수, 김성식 의원을 제외한 23명이 호남 지역에서 당선되었다. 지역당이라고 해도 틀리지 않은 말이다. 다른 나라의 포퓰리즘 정당의 다수가 지역당이었다는 점도 의미심장하다. 포퓰리즘 정당은 중앙정치로부터 소외된 지역에서 기득권에 대한 불만을 동원하여 쉽게 원내로 진입하기 위한 교두보를 마련하는 경향이 있다. 지역주의를 동원해 당선되는 것이 전국을 대상으로 하는 것보다 신생정당으로서는 가장 쉬운 선거전략이기 때문일 것이다.

---

6) 한운희·권영전, "총선 당선인들 어떤 단어 가장 많이 썼나 … '정치'와 '국민'," 『연합뉴스』, 2016/05/08. 연합뉴스는 5월 8일 4·13 총선 당선인 168명(새누리당 62명·더불어민주 69명·국민의당 24명·정의당 2명·무소속 11명)을 인터뷰해 송고한 기사 중 일문일답에서 후보 답변 부분 총 6만 1천354어절의 키워드를 빈도 분석했다.

국민의당의 2016년 20대 총선 선거전략은 크게 두 가지로 압축된다. 하나는 국민을 강조하면서 양대기득권 정당을 공격하는 포퓰리즘 전략이고, 다른 하나는 호남 지역에서 친노패권을 비판하는 '배제의 전략'이라고 할 수 있다. 국민의당의 정필재 후보(경기 시흥을)는 "국민의당 선거전략은 오로지 국민의 말을 듣고, 국민의 애로사항을 헤아리고 국민 편에서 민생을 돌보겠다는 것"이라고 주장했다. 안철수 상임공동대표는 "4.19 당시 서울대 문리대 학생들의 출정선언문을 빌어서 우리의 각오를 말씀드리겠다"며 "보라 우린 기쁨에 넘쳐 승리의 횃불을 올린다, 보라 우린 거대양당의 기득권에 균열의 종을 난타하는 타수의 일원임을 자랑한다"[7]며 포퓰리즘적 수사학을 구사했다.

국민의당이 호남에서 친노패권을 비판하는 배제의 선거전략 또한 다분히 포퓰리즘적이라고 할 수 있다. 더민주에 친노패권이 존재하는지는 몇 가지 사례를 보면 쉽게 알 수 있다. 당의 공식절차에 의해 선출된 문재인 대표는 당무를 거부하는 이종걸 원내대표와 탈당을 협박하는 박영선 의원의 압박으로 선거 직전 대표직을 사임해야 했고, 김종인 비대위원장은 친노의 상징이라 할 수 있는 이해찬 후보를 아무 결격사유도 없이 정무적 판단이라며 공천에서 탈락시켰다. 이는 친노가 국민이나 인터넷 당원으로부터 폭넓은 지지를 받는 건 사실이지만 더민주의 당 내 주류세력이 아니라 여전히 소수임을 증명한다.

반면, 국민의당의 호남 지역 후보는 상당수가 현역의원이었으며, 그중 대부분이 다선의원이다. 정통야당에 뿌리를 둔 더민주가 오랫동안 호남 지역의 기득권 정당임은 분명하지만, 그 더민주의 기득권 다선의원들이 더민주의 현역의원 평가에서 최하위를 기록하자 탈당해서 만든 정당이 국민의당이다. 언론의 르포는 호남민심이 김종인의 셀프공천에 등을 돌려 더민주를 심판하게 되었다고 주장하지만, 실제로는 친노패권이 호남을 차별했다는 사실

7) 정진형, "국민의당 3위 수도권 후보들 '단일화하느니 낙선하겠다' 안철수 '4.13총선은 정치혁명의 날,' 2위권 후보들은 단일화 요구," 『뷰스앤뉴스』, 2016/3/30.

무근의 국민의당 지역주의 선거전략이 상당히 주효했다고 할 수 있다. 즉, 국민의당의 지역주의 선거전략, 특정집단(친노)에 대한 배제의 전략이 뉴포 퓰리즘의 모습과 닮아 있고 이것이 호남에서의 국민의당 승리에 기여했다고 할 수 있다.

　결론적으로 국민의당 강령은 수사학적으로 포퓰리즘적인 면도 있고 그렇 지 않은 면도 존재한다. 하지만 안철수 1인에게 과도하게 실린 권한과 갈등 해결에 비효율적이었던 국민의당 공천과정은 정치의 사인화 현상을 보여주 었다. 무엇보다 국민을 부르짖으며, 친노패권을 기득권이라 공격하며 지역 주의 선거전략을 구사한 것은 전형적인 포퓰리즘 정당의 선거운동이라고 할 수 있다.

IV. 경험적 분석 결과

1. 데이터와 검증 모형

　이 절에서는 국민의당 지지자의 특성이 2012년 총선 직후 안철수 지지자 의 특성에서 어떤 변화와 지속성을 보였는지 경험적으로 검증한 결과를 제 시한다. 자료는 선거학회가 2016년 20대 총선 직후 실시한 면대면 설문조사 자료를 활용했다.[8] 이 절에서 검증하게 될 주요 모형은 다음과 같다.

　　$\log \{Pr(Y=j)/Pr(Y=j')\} = \alpha + \beta_1 X_{1n} + \beta_2 X_{2n} + \beta_3 X3_n + e$ [모형 1]

　　j: 참조범주 제외한 종속변인

---

8) 자료에 대한 자세한 설명은 이 책의 제1장, 이현우 교수의 글을 참조하길 바란다.

j': 참조범주

$X_{1\sim3n}$: 3n개의 독립변인

여기에서 j'은 새누리당 투표자, j는 국민의당 투표자 혹은 더민주 투표자이다. 새누리당 대비, 국민의당 투표자와 더민주 투표자의 성향을 먼저 비교하고, 더민주와 국민의당 투표자를 비교하기 위해 국민의당 투표자를 참조범주로 하고 국민의당 투표자와 비교하였다. X_{1n}은 사회경제적 변수로서 연령, 교육, 수입, 성별, 화이트칼라, 블루칼라, 영남 지역, 호남 지역, 수도권을 포함했다. X_{2n}은 새누리당 지지, 더민주 지지, 국민의당 지지가 포함되었다. X_{3n}은 두 가지 가설을 검증한다.

첫 번째 가설은 정치의 사인화 현상을 검증하기 위해 각 당의 정치지도자(박근혜, 문재인, 안철수)에 대한 선호도를 변수로 사용했다. 각 지도자의 선호도가 정당 투표에 많은 영향을 미칠수록 정치의 사인화 현상이 심하다고 할 수 있다. 그다음으로는 X_{3n}을 정치불신과 정치냉소주의 변수로 대체해 검증했다. 정치냉소주의가 각 정당 투표에 유의미한 영향을 미칠수록 포퓰리즘 정당일 가능성이 높다고 할 수 있을 것이다.

2. 양변인 분석 결과

1) 정치불신과 정치냉소주의

포퓰리스트는 정치불신자보다는 정치냉소주의자를 동원하는 특징이 있음을 별도의 논문에서 다루기 때문에 이 책에서는 방법론적 문제는 다루지 않는다. 선행 연구(조기숙 2015a)에 기초해 본 설문은 관련 문항을 모두 포함했다. 본고에서는 정치냉소주의로 "누가 권력을 잡느냐에 따라 사회에 미치는 영향의 차이가 있다는 의견도 있고, 별 차이 없다는 의견도 있습니다. 다음의 눈금 중에서 ○○님은 몇 번에 해당하십니까? 여기서 1은 '누가 권력을 잡느냐에 따라 차이가 없다'는 것을 의미하며, 5는 '큰 차이가 있다는 것'을 의미합니다"와 "어떤 후보에게 표를 던지느냐가 미래의 일에 얼마나 영향을 미친다고 생각하십니까? 아니면 영향을 미치지 않는다고 생각하십니까?"를 사용했다. 정치불신을 측정하기 위해 "대부분의 정치인은 국민에게 관심이 없다", "대부분의 정치인은 신뢰할만하다", "대부분의 정치인은 부자와 권력자의 이익을 지킬 뿐이다"를 사용했다. 각 항목은 요인분석에서 높은 상관관계를 보였으며 정치불신과 정치냉소주의는 서로 다른 차원의 변수로 발견되었다.[9]

정치불신은 정치 전반에 대한 불신을 측정하기도 하지만 현직자(정부 여당)에 대한 불만도 포함하고 있는 개념이라는 점을 이미 밝힌 바 있다(Citrin; 조기숙 2015a). 이 점은 본 연구 결과에서도 그대로 나타났다(〈표 3〉). 각 정당 투표자의 정치불신을 비교한 결과 여당인 새누리당 지지자의 정치불신 (3.39)은 더민주(3.58)와 국민의당(3.59) 투표자에 비해 낮았다. 야당인 더민주와 국민의당 지지자는 대통령과 정부에 대한 불신으로 높은 정치불신을 보였을 가능성이 있다. 반면, 정치냉소주의는 새누리당(2.01)과 더민주(2.03)

〈표 3〉 각 정당 투표자의 정치불신태도 평균 비교

투표한 정당	N	평균	표준편차	F
새누리당	316	3.3956	.67403	
더민주	264	3.5884	.68215	6.950***
국민의당	104	3.5962	.70699	
합계	684	3.5005	.68816	

**** p〈.001; *** p〈.01; ** p〈.05; * p〈.10

---

9) 정치불신과 정치냉소주의가 다른 차원의 변수라는 것만으로 위의 설문이 정치냉소주의를 측정하는 타당한 척도로 보기 어렵다는 주장도 있는데 이 설문은 냉소주의 정의를 그대로 차용하고 있기 때문에 face validity가 있다고 볼 수 있다. face validity를 인정하지 않는다면 어떤 설문도 만드는 것이 불가능하다.

〈표 4〉 각 정당 투표자의 정치냉소주의태도 평균 비교

투표한 정당	N	평균	표준편차	F
새누리당	312	2.0144	.86869	
더민주	264	2.0284	.88725	4.769***
국민의당	104	2.3029	.74852	
합계	680	2.0640	.86366	

**** p⟨.001; *** p⟨.01; ** p⟨.05; * p⟨.10

〈표 5〉 각 정당 투표자의 선거관심 평균 비교

투표한 정당	N	평균	표준편차	F
새누리당	317	2.9369	.69067	
더민주	265	2.9434	.72339	3.544**
국민의당	104	2.7404	.69667	
합계	686	2.9096	.70700	

**** p⟨.001; *** p⟨.01; ** p⟨.05; * p⟨.10

투표자에 비해 국민의당 투표자가 통계적으로 높게 나타났다(2.30)(〈표 4〉).

정치냉소주의를 측정하는 또 하나의 방법은 정치관심을 측정하는 것이다. 본 설문은 일반적인 정치관심에 대한 설문은 포함하지 않으며, 이번 선거에 대한 관심을 포함하고 있다(〈표 5〉). 국민의당 투표자(2.74)는 새누리당 투표자(2.94)와 더민주 투표자(2.94)에 비해 선거관심이 낮은 것으로 나타났다. 이는 2012년 총선 직후 조기숙(2015a)이 안철수 지지자 집단에서 발견한 결과와도 일치한다. 국민의당을 가장 가까운 정당으로 느끼는 지지자는 투표참여 또한 가장 소극적인 것으로 나타났다(〈표 6〉). 정치에 적극적으로 참여하는 비판적 시민(critical citizen; 혹은 Ronald Inglehart의 탈

<표 6> 정당일체감에 따른 투표율 비교

| | | 이번 선거에 투표하셨습니까? | | 전체 | N |
		투표했다	투표하지 않았다		
정당 일체감	새누리당	73.0%	27.0%	100.0%	415
	더민주	70.3%	29.7%	100.0%	327
	국민의당	62.2%	37.8%	100.0%	209
	기타 정당	56.0%	44.0%	100.0%	25
	없다	19.3%	80.7%	100.0%	223
전체		49.5%	39.9%	100.0%	1199

물질주의자)은 정치에 대한 높은 관심을 보여주는 게 특징이라고 할 수 있다. 이들은 포퓰리즘에 가장 동원되기 어려운 집단이라고 할 수 있다. 반대로 국민의당 투표자들은 정치냉소주의는 높은 반면, 정치관심이 낮고, 투표율도 낮아 포퓰리즘에 동원되기 쉬운 유권자 집단이라고 할 수 있다. 이 결과는 안철수 지지자의 특성이 2012년 총선에 이어 2016년 총선에도 지속됨을 보여준다. 또한 이 결과는 국민의당이 포퓰리즘 정당일 가능성을 높여주는 또 하나의 증거라고 할 수 있다.

2) 정치의 사인화

정치의 사인화 정도를 살펴보기 위해 각 정당 투표자의 정치인 선호도를 비교했다(<표 7>). 리더 개인의 인기가 유권자의 투표에 미치는 영향력을 비교하기 위함이다. 새누리당 투표자는 김무성 대표와 박근혜 대통령의 선호도가 높게 나타났고 더민주 투표자는 김종인 비대위원장과 문재인 전 대표의 선호도가 높게 나타났다. 국민의당 투표자는 안철수 선호도가 압도적으로 높게 나타났다. 즉, 지역구 후보에 대한 투표에서 리더 개인의 영향력이 가장 높게 나타난 사람은 박근혜 대통령(7.30)과 안철수(7.44)라고 할 수 있다. 정당의 강령에서도 포퓰리즘적 요소가 새누리당과 국민의당이 유

〈표 7〉 각 정당 지역구 투표자의 정치인 선호도(0~10점)

선호하는 정치인	투표한 정당	N	평균	표준편차	F
김무성	새누리당	315	5.83	1.868	87.347****
	더민주	261	3.93	1.743	
	국민의당	104	4.28	1.616	
	합계	680	4.86	1.998	
박근혜	새누리당	317	7.30	1.893	224.522****
	더민주	265	4.16	2.139	
	국민의당	104	3.96	1.734	
	합계	686	5.58	2.532	
문재인	새누리당	316	3.78	1.900	115.855****
	더민주	264	6.21	2.072	
	국민의당	104	5.45	1.762	
	합계	684	4.97	2.253	
김종인	새누리당	305	3.90	1.602	57.350****
	더민주	256	5.35	1.724	
	국민의당	102	4.82	1.331	
	합계	663	4.60	1.745	
안철수	새누리당	317	4.47	1.633	143.935****
	더민주	265	5.60	1.681	
	국민의당	104	7.44	1.022	
	합계	686	5.36	1.876	

**** $p < .001$; *** $p < .01$; ** $p < .05$; * $p < .10$

사하게 나타났는데 정치의 사인화 현상도 두 정당이 유사한 수준으로 발견되었다.

박근혜 대통령에 대한 선호도는 더민주 투표자(4.16)보다는 국민의당

(3.96) 투표자에게서 더 낮게 나타난다. 반면, 김무성 대표에 대한 선호도는 더민주 투표자(3.93)가 국민의당 투표자(4.28)에 비해 더 낮은 것으로 나왔다. 새누리당 투표자들은 문재인(3.78)보다는 안철수(4.47)를 더 선호하는 것으로 나타났다. 반면, 더민주 투표자의 안철수 선호도(5.60)와 국민의당 투표자의 문재인 선호도(5.45)는 유사하게 나타남으로써 국민의당 투표자와 더민주 투표자 사이에 적대적인 관계가 있다고 보기는 어렵다. 한편, 더민주 호남 참패의 원인이 문재인에게 있다는 김종인의 주장은 성립되기 어려운 것으로 보인다. 국민의당 투표자의 문재인 선호도(5.45)는 김종인(4.82)보다 높기 때문이다.

3) 정당의 제도화 정도

포퓰리즘 정당은 포퓰리스트 리더 개인의 인기와 리더십에 의존하기 때문에 정당의 제도화가 제대로 이루어지지 않는 특징이 있다. 정당의 제도화 정도를 측정하는 또 하나의 방법은 정당일체감이 정당 투표에 미치는 영향을 살펴보는 것이다. 정당일체감이 투표에 미치는 영향은 정당의 제도화와 비례해서 클 것이기 때문이다. 정당일체감이 각 정당에 대한 투표에 영향을 미치는 정도를 비교한 결과(〈표 8-1〉, 〈표 8-2〉), 20대 총선에서 정당일체

〈표 8-1〉 정당일체감이 지역구 투표에 미친 영향

		지역구 투표는 어느 정당 후보에게 투표?						전체	N
		새누리당	더더민주	국민의당	정의당	기타 정당	무소속		
정당일체감	새누리당	90.4	4.6	.3	.3	.0	4.3	100.0%	303
	더더민주	7.0	85.2	3.9	.9	.0	3.0	100.0%	230
	국민의당	7.7	21.5	66.2	.0	1.5	3.1	100.0%	130
	기타 정당	14.3	57.1	7.1	14.3	.0	7.1	100.0%	14
	없다	34.9	44.2	16.3	.0	.0	4.7	100.0%	43
전체		44.0	36.8	14.4	.7	.3	3.8	100.0%	720

〈표 8-2〉 정당일체감이 정당 투표에 미친 영향

		정당명식 비례대표투표에서 어느 정당에 투표?					전체	N
		새누리당	더더민주	국민의당	정의당	기타 정당		
정당 일체감	새누리당	94.4	2.0	2.3	.0	1.3	100.0%	303
	더더민주	.9	92.2	4.8	1.7	.4	100.0%	230
	국민의당	4.6	6.2	88.5	.0	.8	100.0%	130
	기타 정당	.0	7.1	14.3	64.3	14.3	100.0%	14
	없다	23.3	51.2	25.6	.0	.0	100.0%	43
전체		42.2	34.6	20.3	1.8	1.1	100.0%	720

감이 투표에 미친 영향이 매우 큰 것으로 나타났다. 정당 투표는 물론이고 지역구 투표에도 상당이 큰 영향을 미쳤다. 새누리당에 가깝게 느끼는 유권자의 90.4%, 더민주에 가깝게 느끼는 유권자의 85.2%, 국민의당에 가깝게 느끼는 유권자의 66.2%가 그 정당의 지역구 후보에게 표를 준 것으로 나온다. 이는 새누리당, 더민주, 국민의당 순으로 정당이 제도화되었음을 보여준다. 오래된 역사만큼이나 새누리당에 일체감을 갖는 유권자의 정당충성도가 가장 높은 것으로 나타났다.

정당일체감이 비례대표 투표에 미친 영향은 지역구 투표보다는 더 강하리라 예측할 수 있다. 지역구는 후보 변수나 3자 대결에서 전략적 투표로 인해 정당일체감과 정당 투표가 반드시 일치하지 않을 수도 있지만 비례대표 투표는 정확히 의석으로 전환되기 때문이다. 새누리당 94.4%, 더민주 92.2%, 국민의당 88.5%순으로 세 정당 모두 정당 투표의 비율이 매우 높게 나타났다. 정도는 다르지만 순위는 정당의 제도화의 정도에 따라 지역구 투표에 미친 영향과 다르지 않았다. 결론적으로 양변인 분석에서 국민의당은 정치의 사인화, 정치냉소주의의 동원, 정당의 제도화 수준에서 포퓰리즘 정당에 가장 가까운 것으로 보인다.

3. 다변인 분석 결과

1) 정치의 사인화 가설

각 지도자의 선호도가 정당 투표(지역구, 비례대표)에 얼마나 영향을 미쳤는지 정치의 사인화 가설을 검증하기 위해 새누리당을 참조범주로 하여

〈표 9-1〉 지역구 투표에 미친 정치인 호감도의 영향력(참조범주: 새누리당)

독립변수	더민주		국민의당	
	B(S.E.)	Exp(B)	B(S.E.)	Exp(B)
성별(여성)	.035	1.036	-.666*	.514
연령	-.012	.988	-.023	.977
학력	-.094	.910	-.126	.882
소득	.012	1.012	-.088	.916
화이트칼라	.171	1.187	.591	1.805
블루칼라	-1.253**	.286	-1.809**	.164
수도권	-.236	.790	.936	2.549
호남	.252	1.287	2.493****	12.093
영남	-1.011***	.364	-.588	.555
박근혜 호감도	-.567****	.567	-.589****	.555
문재인 호감도	.328****	1.388	-.145	.865
안철수 호감도	.194**	1.214	1.266****	3.546
상수	1.706*		-3.439**	
N	684			
-2로그우도	754.896			
카이자승(유의확률)	627.587(.000)			
Pseudo R²	.600			

**** p〈.001; *** p〈.01; ** p〈.05; * p〈.10
(1) Pseudo R²=Cox & Snell

더민주와 국민의당 투표와 비교했고(〈표 9-1〉), 더민주와 국민의당 투표자의 차이를 비교하기 위해 더민주를 참조범주로 하여 국민의당 투표와 비교했다(〈표 9-2〉). 사회경제적 변수를 통제하고 지도자의 선호도를 독립변수로 포함했다. 결과는 새누리당에 비해 더민주와 국민의당에 대한 투표가 상당히 유사성을 보여준다고 할 수 있다. 양당투표는 블루칼라에서 약하고 박

〈표 9-2〉 지역구 투표에 미친 정치인 호감도의 영향력(참조범주: 더민주)

독립변수	국민의당	
	B(S.E.)	Exp(B)
성별(여성)	-.701**	.496
연령	-.011	.989
학력	-.031	.969
소득	-.100	.905
화이트칼라	.419	1.521
블루칼라	-.556	.574
수도권	1.172**	3.227
호남	2.241****	9.399
영남	.422	1.526
박근혜 호감도	-.023	.978
문재인 호감도	-.473****	.623
안철수 호감도	1.072****	2.920
상수	-5.146***	
N	684	
-2로그우도	754.896	
카이자승(유의확률)	627.587(.000)	
Pseudo R^2	.600	

**** p<.001; *** p<.01; ** p<.05; * p<.10
(1) Pseudo R^2=Cox & Snell

근혜 선호도와 부정적 관계를 보였다. 더민주는 새누리당에 비해 영남에서
상대적으로 낮은 득표를 했고 국민의당은 호남과 남성, 수도권에서 새누리
당에 비해 강세를 보였다. 두 정당 모두 잠재적 대선후보라고 할 수 있는
안철수, 문재인의 영향력이 높은 것으로 나왔지만 안철수는 문재인에 비해
압도적 영향력을 행사함으로써 정치의 사인화 현상을 보여주었다. 문재인

〈표 10-1〉 비례대표 투표에 미친 정치인 호감도의 영향력(참조범주: 새누리당)

독립변수	더더민주		국민의당	
	B(S.E.)	Exp(B)	B(S.E.)	Exp(B)
성별(여성)	.205	1.228	-.880**	.415
연령	-.022*	.978	-.039***	.962
학력	-.011	.989	.035	.1036
소득	-.114	.892	-.239*	.788
화이트칼라	-.212	.809	-.118	.889
블루칼라	-.984	.374	-.920	.398
수도권	-.670	.511	-.882*	.414
호남	-.630	.532	.310	1.364
영남	-1.420***	.242	-1.639***	.194
박근혜 호감도	-.922****	.398	-.937****	.392
문재인 호감도	.567****	1.763	-.107	.899
안철수 호감도	.041	1.042	1.028****	2.795
상수	4.688****		3.370**	
N	697			
-2로그우도	692.371			
카이자승(유의확률)	779.982(.000)			
Pseudo R²	.673			

**** p<.001; *** p<.01; ** p<.05; * p<.10
(1) Pseudo R²=Cox & Snell

호감도가 국민의당 투표에 의미있는 영향을 미치지 못한 데 비해 더민주
투표에는 안철수 호감도가 긍정적인 것으로 나타났다. 이는 안철수를 지지
하는 유권자가 지역구에서는 더민주 후보에게 전략적 투표를 했기 때문인
것으로 해석할 수 있다.

더민주와 비교해 국민의당은 지역적으로는 수도권과 호남에서, 그리고

〈표 10-2〉 비례대표 투표에 미친 정치인 호감도의 영향력(참조범주: 더민주)

독립변수	국민의당	
	B(S.E.)	Exp(B)
성별(여성)	-1.085****	.338
연령	-.016	.984
학력	.046	1.047
소득	-.125	.883
화이트칼라	.095	1.099
블루칼라	.064	1.066
수도권	-.211	.810
호남	.941**	2.562
영남	-.219	.804
박근혜 지지	-.015	.985
문재인 지지	-.674****	.510
안철수 지지	.987****	2.682
상수	-1.318	
N	697	
-2로그우도	692.371	
카이자승(유의확률)	779.982(.000)	
Pseudo R²	.673	

**** p<.001; *** p<.01; ** p<.05; * p<.10
(1) Pseudo R^2=Cox & Snell

남성에게서 상대적으로 선전했고, 안철수 호감과 문재인 비호감이 국민의당 지역구 투표에 영향을 미쳤는데 안철수 호감도가 상대적으로 영향이 큰 것으로 나타났다(〈표 9-2〉).

비례대표 투표에서는 새누리당에 비해 저연령일수록 더민주, 국민의당에 투표한 것으로 나오고, 영남일수록, 박근혜 대통령에 대한 호감이 높을수록 두 정당 투표에 부정적인 것으로 나타난다(〈표 10-1〉). 문재인 호감도가 더민주 투표에 영향을 미치기는 했으나 안철수 호감도가 국민의당 투표에 미친 영향력이 훨씬 큰 것으로 나타났다. 국민의당은 비례대표 투표에서 새누리당에 비해 비수도권 유권자, 저소득자로부터 득표할 확률이 더 높은 것으로 나타나 포퓰리즘이 극한 위기에 처한 유권자를 동원한다는 가설을 일면 입증해주고 있다. 이상의 분석 결과도 국민의당 투표가 포퓰리즘에 동원될 가능성에 무게를 싣고 있다. 이러한 결과는 더민주와 비교한 국민의당 투표에서 다시 확인된다(〈표 10-2〉). 비례대표선거에서 더민주에 비해 국민의당은 남성, 호남에서 더 높은 경쟁력을 보인 것으로 나타났다.

2) 정치냉소주의 가설

앞에서 사인화 가설을 검증해보았는데 여기에서는 정치냉소주의와 정치불신을 검증하기 위해 통제변수와 함께 모델을 분석해보았다. 새누리당 투표와 비교할 때 정치불신자일수록 더민주와 국민의당에 투표할 확률이 높았고, 정치냉소주의는 국민의당 투표에만 영향을 미친 것으로 나타났다(〈표 11-1〉).

비례대표 투표에서도 국민의당 투표는 정치냉소주의의 영향을 받은 것으로 나타났다. 이 결과는 2012년 총선 직후 안철수 지지자의 특성과 일치한다. 이는 정치냉소주의자들이 포퓰리즘 정당을 지지할 확률이 높다는 본고의 가설을 뒷받침하는 결과이다.

그러나 저소득층의 국민의당 지지와 호남의 압도적 국민의당 지지가 포퓰리즘적 성격을 입증해주는 반면, 2012년과는 다른 긍정적인 변화도 발견된다. 여론의 바로미터라고 할 수 있는 화이트칼라가 더민주보다는 국민의당에게 투표할 확률이 높았다는 점이다. 저연령층은 특정정당에 일체감을 느끼는 경우가 많지 않기에 첫 투표의 경험이 지속되는 경향이 있는데 더민주에 비해 국민의당이 저연령층의 표를 많이 받은 것도 미래지향적으로 긍정적인 신호라고 할 수 있다. 하지만 어느 나라나 포퓰리즘 정당은 저연령층의 동원을 이끌어낸다는 점을 기억할 필요가 있다. 비례대표 투표 결과는 지역구 투표 결과와 크게 다르지 않기에 결과는 생략한다. 다만, 더민주 투

〈표 11-1〉 정치불신과 냉소주의가 지역구 투표에 미친 영향(참조범주: 새누리당)

독립변수	더더민주		국민의당	
	B(S.E.)	Exp(B)	B(S.E.)	Exp(B)
성별(여성)	-.175	.840	-.994***	.370
연령	-.037****	.964	-.068****	.934
학력	.084	1.088	.045	1.046
소득	.032	1.033	-.105	.901
화이트칼라	.307	1.359	.927**	2.528
블루칼라	-.665	.514	-.760	.468
수도권	.095	1.100	.822	2.276
호남	1.623****	5.067	3.823*	45.726
영남	-.958****	.384	-.970****	.379
정치불신	.377***	1.457	.296*	1.345
냉소주의	-.053	.948	.336**	1.399
상수	.303		.174	
N	678			
-2로그우도	1104.539			
카이자승(유의확률)	266.901(.000)			
Pseudo R²	.325			

**** p〈.001; *** p〈.01; ** p〈.05; * p〈.10
Pseudo R²=Cox & Snell

〈표 11-2〉 정치불신과 냉소주의가 지역구 투표에 미친 영향(참조범주: 더민주)

독립변수	국민의당	
	B(S.E.)	Exp(B)
성별(여성)	-.819***	.441
연령	-.032***	.969
학력	-.039	.961
소득	-.137	.872
화이트칼라	.621*	1.860
블루칼라	-.095	.910
수도권	.727	2.070
호남	2.200****	9.024
영남	-.011	.989
정치불신	-.080	.923
냉소주의	.388**	1.475
상수	-.129	
N	678	
-2로그우도	1104.539	
카이자승(유의확률)	266.901(.000)	
Pseudo R²	.325	

**** p<.001; *** p<.01; ** p<.05; * p<.10
Pseudo R²=Cox & Snell

표에는 정치냉소주의가 유의미한 부의 관계를 보이는 데 비해, 국민의당 투표에는 정치냉소주의가 유의미한 정의 상관관계를 보인다는 점이 흥미롭다.

V. 결론과 시사점

본고의 목적은 안철수 현상의 동인을 규명하기 위해 2012년 총선 직후 조사한 설문조사에 나타난 안철수 지지자의 특성이 4년이 흐른 2016년 총선에서 어느 정도 지속되었고 변화했는지를 밝히는 것이었다. 안철수와 국민의당 지지자 특성의 변화와 지속성을 밝히는 본고는 안철수가 포퓰리스트라는 주장(조기숙 2016)이 어느 정도 타당한지, 국민의당의 강령이나 지지자에 대한 분석을 통해 국민의당이 포퓰리스트 정당인지를 밝히고자 하는 이유에서였다.

안철수는 기존의 제3후보와 달리 폭발적인 인기를 누렸으며, 국민의당 또한 기존의 제3정당과는 달리 원내교섭단체를 구성하는 데 성공했다. 안철수와 국민의당 현상이 향후 어떻게 진행될 것인지 예측하기 위해서는 이론적 접근이 필요하다. 포퓰리즘 이론은 안철수와 국민의당 현상을 이해하고 미래를 예측하는 데에도 도움이 되지만, 또한 그것을 통해 국민의당이 현실정치에 미치는 함의를 체계적으로 논할 수 있기 때문이다.

이를 위해 II절에서는 포퓰리즘 운동이 신생정당의 탄생으로 나타날 경우, 포퓰리즘 정당이 되는 경향이 있어 포퓰리즘과 포퓰리즘 정당의 특징을 살펴보았다. 국민을 강조하는 수사학, 정당의 지지를 한 지도자의 인기에 의지하는 정치의 사인화 현상, 배제의 정치에 기초한 지역주의 선거전략 등을 포퓰리즘 정당의 일부 특징으로 제시했다. 또한 정치불신과 정치냉소주의가 서로 다른 개념임 밝히고 포퓰리즘은 정치불신 혹은 정당불신자가 아니라 정치냉소주의자를 동원한다는 것을 제시했다.

III절에서는 국민의당이 포퓰리즘 정당의 이상적인 모형에 얼마나 가까운지 판별하기 위해 국민의당의 강령, 창당취지문을 새누리당, 더민주의 강령과 비교했다. 국민이라는 용어의 등장은 포퓰리즘 정도를 판별하는 가장 손쉬운 방법이다. '국민'의 등장횟수는 새누리당 강령에 가장 많고, 국민의당은 더민주의 2배 정도로 나타났다. 이는 안철수와 문재인의 출마선언문에 나타난 빈도수와 일치한다. 그러나 국민의당 강령 그 자체는 기득권 정당에 대한 적대감을 제외하고는 딱히 포퓰리즘 정당이라고 할 만한 증거를 찾지 못했다. 하지만 공천과정과 그 이후 당의 운영을 살펴볼 때 국민의당은 분열의 제도적 해결에 미흡했고 안철수 대표는 공동대표임에도 불구하고 공천과정에서 다른 공동대표를 능가하는 압도적인 영향력을 행사했다. 안철수가 대표를 사임하고 일반당원인 현재에도 국민의당의 주인은 안철수임을 박지원 비대위원장은 노골적으로 밝히고 있다. 또한 선거에서 친노에 대한 적대감을 부추기고 지역주의를 활용했다는 점에서 다른 나라의 포퓰리즘 정당과 유사한 선거전략을 활용했음을 알 수 있다.

IV절에서는 2016년 총선 직후 실시된 선거학회의 설문조사 자료를 사용하여 국민의당의 지지가 안철수 개인의 인기에 의존하는 정치의 사인화 현상을 보이는지, 정치불신자보다는 정치냉소주의를 동원하는지 경험적으로 분석했다. 그 결과 국민의당 투표는 안철수 개인에 대한 의존도 매우 높은 것으로 나타났고 정치불신의 영향력은 더민주와 유사하게 나타난 반면, 더민주와는 다르게 정치냉소주의자도 동원한 것으로 나타났다. 이러한 결과는 양변인, 다변인 분석에서 모두 확인된다. 사회경제적 변수에서도 일부 선거에서 저소득층과 비수도권 유권자를 동원한 것으로 나타나 포퓰리즘이 극한 위기감에 처한 인구를 동원한다는 가설과 일치하는 것으로 보인다.

그러나 한 가지 긍정적인 변화도 발견되는데 그것은 국민의당이 더민주에 비해 지역구선거에서 비수도권보다는 수도권에서 더 높은 득표확률을 보인 것으로 나타난 점이다. 3자 대결에서 전략적 투표로 인해 국민의당이 비록 수도권에서 2석밖에 의석을 차지하지는 못했지만 투표의 질에 있어서는 오히려 더민주를 능가한 것이다. 그 이유가 더민주에 대한 불만 때문이었는지, 국민의당에 대한 적극적지지 때문인지는 모르겠지만 더민주에게는 경고사인이고 국민의당에게는 긍정적 신호일 수 있다. 왜냐하면 화이트칼라가 시위에 참여할 때 국민은 독재정부를 무너뜨리고 민주화를 쟁취할 수 있었고, 수도권 화이트칼라는 여론주도층이며 선거의 승패에 결정적인 영향을 미칠 수 있다는 점을 여론전문가는 지속적으로 주장해왔기 때문이다.

결론적으로 본 연구 결과는 국민의당이 포퓰리즘 정당에 상당히 가까운 면모를 보이고 있음을 보여준다. 포퓰리즘 정당은 분열을 제도적으로 해결하지 못해 해체되는 경우가 많다. 또한 포퓰리즘 정당이 특정 지역을 기반으로 교두보를 마련하는 경우에도, 더 이상 확장하지 못하는 딜레마로 인해 소멸하는 경우가 많았다(조기숙 2016). 국민의당도 호남을 교두보 삼아 원내교섭단체는 마련했지만 외연확대를 위해서는 박근혜 대통령이나 여당과도 손을 잡아야 한다. 하지만 지지기반인 호남과 국민의당 투표자는 더민주 투표자보다도 박근혜 대통령에 대한 호감도가 낮다. 이러한 딜레마는 국민의당이 외연을 확대하고 포퓰리즘 정당에서 제도권 정당으로 전환하는 데 부담이 될 가능성이 매우 높은 것으로 보인다.

【참고문헌】

강원택. 2013. "'안철수 현상'과 2012년 대선." 박찬욱·김지윤·우정엽 엮음. 『한국 유권자의 선택 2: 18대 대선』 아산정책연구원 선거연구시리즈 3.

고 원. 2014. "안철수 '중도정치'의 효과성에 관한 연구: 방향이론(directional theory)의 관점을 중심으로." 『한국정치연구』 23집 3호. 83-110.

김정훈. 2012. "안철수 현상, 그리고 희망 혹은 희망고문." 『경제와 사회』 93집: 104-136.

문동성. "[단독] 국민의당, '비례대표 심사·의결권 위임'도 절차 논란 … 공천 전 도대체 무슨 일 있었나." 『국민일보』, 2016/6/15.

박홍규. 2013. "유교적 정치가와 성숙한 민주주의: 안철수 민란." 한국정치학회 춘계 학술대회. 서울. 4월.

선대식. 2012. "박선숙 "단일화 필승론 경계해야"." 『오마이뉴스』(10월 22일), http://www.ohmynews.com/NWS_Web/View/at_pg.aspx?CNTN_CD=A0001792566&CMPT_CD=SEARCH(검색일: 2015년 11월 14일).

손상원. "'천정배측' 국민의당 광주시당 공동위원장 탈당 선언." 『연합뉴스』, 2016/3/11.

안종기. 2015. "제3후보로서의 안철수의 부상(浮上)원인의 이해: 2012년 대통령선거 과정에 대한 분석을 중심으로." 『사회과학연구』 31집 3호. 285-331.

이상신. 2012. "정치인의 사인화(私人化)와 대선 후보자의 인지적 평가: 박근혜, 안철수, 문재인의 스키마(Schema) 분석." 『한국정치학회보』 46집 4호. 149-170.

정병기. 2012. "서유럽 포퓰리즘의 성격과 특징: 프랑스, 이탈리아, 오스트리아, 벨기에, 노르웨이의 네오포퓰리즘 정당을 중심으로." 『대한정치학회보』 20집 2호. 139-164.

정진형. "국민의당 3위 수도권 후보들 '단일화 하느니 낙선하겠다' 안철수 '4.13총선은 정치혁명의 날,' 2위권 후보들은 단일화 요구." 『뷰스앤뉴스』, 2016/3/30.

Bromley, Catherine, and John Curtice. 2004. "Are Non-Voters Cynics Anyway?" *Journal of Public Affairs* 4(4): 328-337.

조기숙. 2015a. "안철수 현상의 동인: 정당불신 혹은 정치냉소주의?"『한국정치연구』 24집 3호. 55-86.

_____. 2015b. "안철수 현상에 대한 진영언론의 담론평가: 변혁의 리더십 혹은 포퓰리즘."『의정논총』 10집 2호. 163-191.

_____. 2016.『포퓰리즘이 정치학』. 서울: 인간사랑.

조성흠·박수윤. "'강건너 불구경할 때 아냐' … 국민의당도 공천내홍 '난장판'(종합)."『연합뉴스』, 2016/3/21.

조희연·이창언. 2013. "대안정치성의 접합경쟁, 안철수 현상, 이정희 효과."『경제와 사회』 97집. 97-120.

최종숙. 2013. "복합적 유권자층의 등장? 안철수 지지집단의 이념성향 분석."『한국과 국제정치』 29집 3호. 87-120.

한운희·권영전. "총선 당선인들 어떤 단어 가장 많이 썼나 … '정치'와 '국민'."『연합뉴스』, 2016/05/08.

홍지인·박수윤. "安 빠진 '박지원 비대위', 安색깔 유지하며 脫지역당 시도."『연합뉴스』, 2016/07/06.

Citrin, Jack. 1974. "Comment: the political relevance of trust in government." *American Political Science Review* 68(3): 973-988.

Conniff, Michael L. 1999. *Populism in Latin America*. Tuscaloosa: University of Alabama Press.

Dekker, Paul. 2007. "'Political cynicism' in the course of time: Negative attitudes towards politics in The Netherlands, 2002-2007." Paper presented for the Political Psychology section at the ECPR general conference in Pisa, Italy. September.

Eisinger, Robert M. 2000. "Questioning cynicism." *Society* 37(5): 55-60.

Hawkins, Kirk. 2009. "Is Chavez Populist?: Measuring Populist Discourse in Comparative Perspective." *Comparative Political Studies* 42(8): 1040-1067.

Kitschelt, Herbert. 2002. "Popular Dissatisfaction with Democracy: Populism and Party Systems." In *Democracies and the Populist Challenge*. Edited by Mény Yves and Surel Yves, 179-196. New York: Palgrave.

Krouwel, André, and Koen Abts. 2007. "Varieties of Euroscepticism and populist mobilization: transforming attitudes from mild Euroscepticism to harsh Eurocynicism." *Acta politica* 42(2): 252-270.

Mouzelis, Nicos. 1985. "On the Concept of Populism: Populist and Clientelist Modes of Incorporation in Semiperipheral Politics." *Politics & Society* 14(3): 329-348.

Mudde, Cas. 2007. *Populist Radical Right Parties in Europe.* Cambridge, UK: Cambridge University Press.

Mudde, Cas, and Cristóbal R. Kaltwasser. 2013. "Exclusionary vs. Inclusionary populism: Comparing Europe and Latin America." *Government and Opposition* 48: 147-174.

Nye, Joseph S., Philip Zelikow, and David C. King. 1997. *Why People Don't Trust Government.* Cambridge, Mass.: Harvard University Press.

Patterson, Thomas. 1993. *Out of Order.* New York: Alfred A. Knopf.

Taggart, Paul A. 2000. *Populism.* Buckingham: Open University Press.

_____. 2002. Populism and the pathology of representative politics. In *Democracies and the Populist Challenge*, 62-80. Palgrave Macmillan UK.

Urbinati, Nadia. 1998. "Democracy and populism." *Constellations* 5(1): 110-124.

Ware, Alan. 2002. "The United States: Populism as Political Strategy." Mény Yves and Surel Yves, eds. *Democracies And The Populist Challenge.* New York: Palgrave Macmillan.

상충적 정당태도와 투표 선택
그리고 정당구도의 변화

김연숙 | 일리노이대 어바나 샴페인

I. 도입: 제20대 총선에서 나타난 상충적[1] 정당태도

이 글의 목적은 2016년 4월 제20대 총선에서 나타난 유권자들의 정당태도와 정당 투표 간의 관계를 규명하기 위한 것이다. 유권자들이 투표 선택 과정에서 중요하게 고려하는 기준은 대개 후보자의 정당, 후보자의 인물, 정책 등일 수 있다. 이러한 투표 선택의 요인 중 정당에 대한 심리적인 애착심(attachment) 또는 정당일체감(party identification)은 대부분의 민주적

---

1) 이 장에서 다루는 핵심개념인 '상충성(相衝性, Ambivalence)'은 사람이나 사물, 또는 상황에 대해 서로 반대되는 감정과 태도, 경향성이 동시에 존재하는 것을 의미한다. 긍정과 부정의 상반되는 특성이 공존한다는 의미에서 '양면적', '이중적', '이질적', '비대 칭적'이라는 용어로 사용될 수 있으나, 본 장에서는 정치심리학 연구에서 일반적으로 사용되는 용어인 '상충성'으로 통일하여 사용하기로 한다.

선거과정에서 작동하는 중요한 투표 선택기준이라 할 수 있다. 한국의 경우, 오랫동안 '여당(與黨)'과 '야당(野黨)'이라는 범주에서 정당을 인식하고 지지하는 소위 '여야성향'이 매우 효과적인 투표 선택의 기준으로 알려져 왔다.

이후, 2004년 국회의원선거를 기점으로 주요 양대 정당에 대한 유권자들의 태도와 투표 선택의 관계를 규명하려는 연구들이 증가하고 있으며, 이것은 비례대표의원 선출을 위한 정당 투표와 지역구 후보자 선택이 동시에 이루어지는 선거제도의 변화 때문이기도 하다. 동시에 '여야성향'을 통해 축적된 정당에 대한 평가가 특정정당에 대한 평가로 구체화되고 선거를 통해 다양한 선호투표의 형태로 표출될 수 있었기 때문이다. 예를 들면, 특정한 정당에 지속적인 지지를 보내지 않고 투표정당을 변경하는 부동층 연구, 비례투표정당과 투표후보의 정당이 다른 교차투표 연구, 지지하는 정당이 없는 무당파 연구, 또는 정당에 대한 선호가 중간적이며 불분명한 중도층 연구 등을 들 수 있다(유성진 2010; 류재성 2012; 박원호 2013; 조성대 2013; 김연숙 2014).

이 연구들의 공통적인 문제제기는 정당태도가 불분명하거나 중도적이며 유동적인 경우, 정당 투표 선택과 후보자 투표 선택이 비일관적인 특성을 가지는 행태로써 표면화될 수 있다는 점이다. 이 과정에서 개별 정당에 대해 좋아하거나 싫어하는 상충적인 정당태도가 심리적으로 공존할 수 있으며 이것이 투표결정, 특히 제3당(후보) 지지요인으로 작용할 수 있다는 점은 기존정당구도의 변화를 설명하기 위한 연구의 중요 착안점이 될 수 있다. 이것은 유권자들의 투표행태를 보다 포괄적으로 설명하기 위해 정당태도의 연구가 보다 다양한 차원에서 구체화되고 세분화되어야 함을 의미한다. 즉, 이것은 정당에 대한 감정과 평가의 긍정적 면과 부정적 면을 모두 고려한 정치심리학적 접근이 필요함을 의미하며, 구체적으로 정당태도가 상충적인지 일관적인지의 정도에 따라 투표 선택이 달라질 수 있다고 보는 기존 '정당 상충성' 연구(Basinger et al. 2005; Mulligan 2011; Lavine 2012)들의 개념을 한국 사례에 적용한다는 의미를 가진다.

이번 제20대 총선의 결과, 16년 만에 의회 내 다수당이 바뀌고 신생정당이 제3정당으로 부상하는 정당구도의 변화가 있었다. 대통령 지지율 하락과 집권여당의 공천파동, 그리고 제3당인 국민의당의 부상 등으로 인해, 1987 년 이후 한국 선거 역사상 중대한 의회 권력의 변화를 맞았다. 집권여당의 교체는 개인 유권자들이 느끼는 정당에 대한 평가가 집합적 수준에서 상당한 정도로 변화하였음을 의미한다. 이것은 유권자들이 평소에 가지는 정당에 대한 태도가 긍정적 또는 부정적인 방향으로 강화되거나 약화되는 다양한 형태의 변화를 모두 포함한다. 대개 미시적 수준에서 감지되는 정당구도의 '변화'는 특정정당에 대한 일관된 지지나 긍정적 정당선호의 지속성보다 정당태도의 '이질성(heterogeneity)'과 관계되어 나타날 수 있다. 정당태도의 이질성은 '정당'을 인식하는 다양한 요인들 간의 평가가 상반되거나 일치하지 않는 경우 나타날 수 있기 때문이다.

집권여당인 새누리당에 대해 강한 애착심을 가지고 있던 유권자들이 대통령의 국정수행능력에 비판적인 경우, 자신의 투표결정에 상당한 혼란을 겪을 수 있으며, 최종 투표결정을 위해[2] 보다 많은 요인들을 고려하고 변화된 정당구도에 더욱 민감하게 반응하였다고 볼 수도 있다. 이러한 차원에서 '새누리당에 당파심을 가지고 있음에도 박근혜 정부에 부정적 평가를 하고 있는 유권자들이 과연 어떠한 선택을 하였는가' 또는 '제3당인 국민의당이 주요 정당에 대한 상충적 정당태도로 인해 지지를 얻을 수 있었는가'라는 문제들은 이번 선거과정을 통해 다루어져야 할 중요 주제 중의 하나라고 볼 수 있다.

한국은 서구에 비해 비교적 짧은 정당사를 가지고 있으며, 정당 명칭의 빈번한 변경, 제3당과의 합당 등 미국 및 서구에 비해 매우 유동적이며 상대적으로 불안정한 정당구도에서 대부분의 선거가 치러져 온 것이 사실이다. 이것은 역설적으로 정당구도의 변화와 유권자들의 유동적 투표행태를 설명

---

[2] 2016년 총선투표율은 58%로 2012년 54.3%, 2008년 46.1%에 비해 높았다. 1987년 이후 총선 최대 투표율은 1988년 75.8%이다. 이후 1992년 71.9%, 1996년 63.9%, 2000년 57.2%, 2004년 60.6%로 점차로 낮아져 2008년 최저 투표율을 기록하고 다시 높아지는 추세이다.

하기에 매우 유리한 정치 환경적 요인이라 볼 수도 있다. 특히, 이번 총선과 같은 정당구도의 변화 시기에 유동적인 특성을 가지는 당파적 성향의 유권자들이 누구에게 왜 투표하였으며, 이 과정에서 정당태도의 이질적 특성이 얼마나 중요하게 작용하고 있는지를 논의하는 것은 한국 정당 정치의 변화를 정치심리학 이론틀로써 설명하는 적절한 사례로 제시될 수 있을 것이다.

최근 들어 유권자들이 특정정당에 대해 느끼는 '당파심(partisanship),' 진보-보수의 '이념,' 그리고 '지역주의' 등의 요인들이 한국 유권자들의 투표행태를 충분히 설명할 수 있는가에 대한 논란들이 제기되고 있다. 특정정당을 선호하여 투표하거나, 자신의 이념과 유사한 정당과 후보자에 대한 지지, 또는 지역적 배경에 따라 후보자를 지지하고 선택한다는 가정이 얼마나 타당한가에 대한 문제제기라 할 수 있다. 이러한 정치사회학적 변수들의 설명력이 안정적이지 않다면, 대안적으로 고려될 수 있는 요인은 현직 의원이나 대통령의 수행능력 평가, 지지율, 주요 이슈에 대한 입장, 현 경제적 상황에 대한 고려 등과 관련된 단기적 요인들과 미시적인 차원의 정당태도의 변화 등일 것이다. 일반적으로 자신이 선호하고 지지했던 정당으로부터 이탈하는 경우, 장기적으로 기억되는 투표기준인 당파심과 단기적 고려 요인 간의 불일치 여부를 검토하여야 하며, 그것을 통해 의회 다수당(집권여당)의 전체적인 득표율이 낮아지고 야당이나 제3의 정당이 부상하는 정치구도의 변화가 가능하였는지 논의될 수 있을 것이다.[3]

이에 본 연구는 제20대 총선에서 나타난 유권자들의 정당인식 태도의 이질성 측면을 상충성(Partisan Ambivalence) 개념을 사용하여 '지표(index)'로서 측정하고, 각 정당에 대한 유권자들의 이중적 인식과 태도가 그들의 투표 선택에 어떠한 영향을 주었으며, 3당의 정당구도 속에서 어떻게 작동하여 최종 투표로 이어지는지 경험적 분석을 통해 논의하고자 한다. 이를

---

3) 1987년 이후 대통령 직접선거와 맞물려 시행된 제13대~20대 국회의원선거의 결과를 살펴보면, 야당이 의회의 다수당을 차지하는 소위 '분점정부'의 경우는 1988년, 2000년, 2016년 등 총 3회 나타난다. 이때 제3당(인물)의 등장, 경제 이슈의 부각, 대통령 지지율 하락 등의 요인이 공통적으로 작용하였음을 알 수 있다.

위해, 2000년대 중반부터 미국 유권자들의 유동적 정당성향을 측정하기 위해 사용된 정당의 상충적 인식과 태도의 지표(Ambivalence Index)를 적용하여, 한국의 제20대 총선의 사례를 중심으로 살펴보기로 한다. '정당 상충성'의 지표를 통하여, 유권자들의 비일관적 정당태도와 그에 따른 정당지지, 투표 선택의 가능성을 규명해보고, 더 나아가 한국의 정치 환경에서 유권자들이 가지는 긍정 또는 부정적 정당인식의 상충적 심리가 어떠한 이유로 강화되어 충돌하고, 궁극적으로 정당정치 환경의 변화를 이끌어 내는지 살펴보기로 한다.

II. 정치심리학적 배경:
정당선호 감정, 정당태도, 그리고 투표 선택

유권자들의 정당태도(partisan attitudes)에 집중하여 투표행태를 예측하는 것은 선거연구의 오랜 전통이라 할 수 있다. 미국의 경우, 양대 정당에 대한 심리적 애착심인 '정당일체감'을 근거로 유권자 자신의 사회·경제적 배경과 유사한 정당을 지지하고 투표하는 유권자들의 정치행태를 설명한다(Campbell et al. 1960; Miller et al. 1996; Achen 1992; Gerber and Green 1998). 여기서의 정당태도란 투표결정에 관계된 정당에 대한 종합적인 평가의 반응(overall evaluative response)이며, 정당에 대해 느끼는 감정, 느낌, 선호 등의 총합이라 할 수 있다(Fazio et al. 1986; Petty and Cacioppo 1986; Eagly and Chaiken 1993; Ajzen and Fishbein 2000).

정당에 대한 반응은 어떤 측면을 보고 판단하였는가에 따라 좋아하는 긍정이거나 또는 싫어하는 부정적 감정으로 나타날 수 있다. 반면 정당을 인식하는 다양한 영역에서 비일관적인 상충적인 특성을 동시에 보일 수도 있다. 예를 들면, A정당에 대해 좋아하는 선호의 감정이 있지만 A정당소속

정치인에 대한 평가가 좋지 못한 경우가 있을 수 있다. 또는 B정당에 대한 감정은 그리 좋지 않지만, B정당의 소속 정치인에 대해서는 호감을 가지는 경우도 있을 수 있다. 미국 공화당을 오랫동안 지지해온 유권자라 할지라도, 공화당의 트럼프 후보를 좋아하지 않을 수도 있고, 민주당 당파성은 약하지만 샌더스 후보에게 호감을 가지는 경우가 이에 해당한다.

한국의 경우, 새누리당에 대해 선호하는 감정을 가지고 있지만 박근혜 대통령 국정운영에 부정적 평가를 하는 경우, 또는 국민의당에 대한 소속감은 없지만 안철수 당대표에게 호감을 가지는 경우도 이에 해당될 수 있다. 또한 이념차원에서 진보적인 유권자들이 정부의 경제정책이나 복지정책에 보수적인 입장을 취하여, 증세부담을 피하고 복지정책의 확대에 반대하는 경우, 또는 대북지원과 국가보안법 폐지에 찬성하지만, 경제적으로 성장 위주의 국가 정책에 찬성하는 경우도 이에 해당한다. 이러한 경우 정당에 대한 종합적 태도는 중간적인 선호로 나타나거나, 일관성이 결여된 행태로 표출될 수 있으며, 제3의 신생정당이나 제3의 후보를 대안적으로 선택하게 되는 중요한 요인으로 작용할 수 있다(Mulligan 2011).

정당에 대한 '상충성(ambivalence)'은 우리가 흔히 정치적 선택의 상황에서 접하는 우리 자신의 자연스러운 모습 그대로일 수 있다. 어떠한 선택의 상황이든 그 대상이 가진 각각의 좋은 점과 나쁜 점을 떠올려 저울질하고 그 결과를 가지고 최종적 선택을 하게 때문이다. 이 과정에서 대상에 대한 긍정 또는(그리고) 부정적인 기억을 회상하게 되고 그것에 근거하여 최종 투표를 결정한다고 가정할 수 있다. 만약 선택의 대상에 대한 사전 기억이나 정보가 부족하다면, 자신이 가용한 적당한 수준의 정보를 선별적으로 취합하여 판단하게 될 것이다(Bartels 1996; Kahneman 2003). 정당태도의 상충성에 관한 논의는 중도적 성향을 가진 유권자들의 유동적인 투표행태(Yoo 2010)의 연구, 정당인식 불균형상태에서 정당태도의 변화(attitude change), 불안정한 감정 상태에서 스스로를 어떻게 인지적으로 합리화하여 정치적 의사결정을 하게 되는지에 대한 동기화된 인지과정(motivated reasoning) 연구 등에서 주로 다루어진다(Lodge and Taber 2013).

특히 정당, 정치인 등 정치적 대상에 대한 감정(affect)에 근거하여 정치적 태도와 다양한 정치참여에 관한 주제를 다루는 연구들(Marcus 2003; Valentino et al. 2009; Brader 2011)은 '제한된 합리성(bounded rationality)'의 전제하에서 사회심리학 기반의 정당일체감 연구와 인지심리학 연구 결과들을 포용하여 정치적 감정과 태도 그리고 투표참여와 관련된 중요 쟁점들을 논의하고 있다.

정치적 감정과 태도를 통한 투표행태분석의 가장 중요한 장점 중의 하나는 정치적 대상에 대한 감정과 선호의 평가적 반응이 일치되는 유권자들뿐만 아니라, 일치되지 않는 이질적 유권자의 다양한 행태적 특성을 분석할 수 있다는 점이다(Lavine 2001; Basinger et al. 2005; Rudolph and Popp 2007; Thornton 2014). 또한 한 정당을 일관적으로 선호하는 강한 당파성이 나타나는 경우에 그것이 상대 정당에 대한 부정적인 반감에 의한 일관투표인지, 정당일체감에 의한 긍정적 일관투표인지도 구별할 수 있다(Ivengar et al. 2015).

또 다른 장점은 일관되지 않은 정당태도를 가지고 있는 유권자들이 '긍정'과 '부정'의 상반되는 평가를 어느쪽으로든 인지적으로 극복하고자 노력하는 '합리적 참여자'로 재평가될 수 있다는 점이다(유성진 2009; Arceneaux 2013; 김연숙 2014). 즉, 그들의 '인지적 합리성'에 기초하여, 인지적 불일치(cognitive dissonance)의 일종인 정당태도의 불안정성을 극복하고 투표에 참여하는 합목적적인 유권자들의 투표참여를 설명할 수 있다.

전통적인 정치적 태도에 관한 연구는 사회심리학적 관점에서 유권자들의 사회경제적인 지위에 따라 형성되는 정당일체감 개념으로 구체화되었다. 즉, 정당에 애착심을 가지는 유권자들이 적극적인 참여자이며, 이들의 정당태도가 주요 정당으로 양극화(polarization)되어 양대 정당체제에 안정적으로 동조하는 유권자들을 민주적 참여자로서 부각시켜왔다. 이러한 시각에는 정당태도의 불안정성이 양대 정당에 대한 낮은 당파심으로부터 기인하며, 이로 인해 비일관적인 투표성향을 보일 수 있다는 일방적 논리가 전제되어 있다고 볼 수 있다. 그러나 실제로 정당구도의 변화와 관계된 미시적 차원의 태도변화의 요인들은 매우 보편적으로 관찰된다. 즉, 자신의 당파적 성향이나 이념적 선호는 크게 변화하지 않았음에도 기존에 지지하던 정당으로부터 이탈하여 새롭게 부상하는 제3정당에 투표하는 경우, 이것이 기존정당구도의 재편성과 변화로 이어지곤 한다. 이러한 변화의 과정에서 양대 정당에 대한 유권자들의 태도 변화는 (측정되지 못한) 유권자들의 실제적 특성을 반영하는 것이며, 동시에 현재의 정당정치에 대한 변화를 요구하는 매우 적극적인 의사표현의 일종으로 해석될 수 있다.

특히 여러 정당이 경쟁하는 정당 구도에서, 복수 정당에 대한 정당태도가얼마나 긍정 또는 부정적인지 그리고 두 요소가 공존하여 어느 정도의 상충적 특성을 나타내는지는 유권자들의 최종 투표 선택의 향방을 예측하는 데매우 중요한 변수라고 할 수 있다. 제3당의 부상이나 제3후보의 당선은 기존정당에 당파심을 가지고 있던 유권자들의 미시적인 정당태도 변화에 의해가능할 수 있기 때문이다.

이러한 의미에서 정당태도의 '일관성-상충성'의 개념은 유권자들의 당파적 성향과 관계없이 투표 선택의 과정을 보다 폭넓게 설명할 수 있는 가능성을 보여준다. 또한 기존정당과 신생정당 간의 유권자 태도, 지지의 생성과변화, 그리고 정당구도의 변화를 예측할 수 있는 보다 정밀한 측정도구를제공해준다. 요컨대, 가장 미시적인 차원의 정치적 감정과 태도에 대한 연구는 인지적 합리성을 추구하는 유권자들의 투표 선택과정에 집중하여 투표행태를 규명하고자 하는 시도이다. 동시에 불안정하고 비일관된 행태를 나타내는 유권자들의 참여적 역량과 변화에 대한 정치심리적 원인을 다차원적으로 설명하는 이론적 틀로 제안될 수 있다. 이러한 의미에서 정치적 감정에기초한 상충적 정당태도 연구는 유권자들의 정당태도를 통해 3당 정당체제로의 정당재편 가능성을 가늠해볼 수 있는 포괄적인 이론적 틀로서의 장점을 가진다.

III. 주요 변수 측정과 가설

1. 정당 상충 지수(Partisan Ambivalence Index)의 측정

유권자들이 가지는 정당에 대한 상충성은 그것이 얼마나 일관적인지 또
는 상충적인지의 정도로 측정될 수 있다. 즉, 상충적 정당태도는 각 정당에
대한 긍정과 부정의 측면이 모두 포함된 지수로써 계량화된다. 일반적으로
정당에 대한 긍정(부정)적 태도는 좋아(싫어)하는 정당이 있는지, 그리고 그
정당을 얼마나 좋아(싫어)하는지의 정도를 직접 묻는 방식으로 측정된다.
정당 상충성에 관한 미국의 선행연구들을 보면, 주로 설문조사방식을 통해
공화당과 민주당에 대한 유권자들의 평가적 반응을 측정해 왔다.[4]

2008년 이전 미국의 선거연구자료(ANES)[5]를 보면 후보자에 대해 '좋음
(likes)'과 '싫음(dislikes)'을 개방형 질문(open-ended question)으로 묻고,
그 이유를 최대 다섯 가지로 평가하도록 한다. 긍정 답변의 이유와 부정
답변의 이유가 각각 몇 가지인지 그 개수를 계산하여 다음의 수식[6]에 적용

---

4) 상충성의 측정방식은 크게 Meta-psychological measure와 Operative measure로 나뉜
다. 전자는 조사대상에게 직접적으로 대상에 대한 상충성, 혼란스러움, 갈등적 느낌의
정도를 묻는 방식이다. 후자는 대상에 대해 좋아하고 싫어하는지 모두 질문하여 두 답변
이 서로 상충(긍정과 부정이 공존)되는지를 간접적으로 측정하는 방식이다(Holbrook
and Krosnick 2005).

5) 미국선거연구(ANES) 데이터는 1952년부터 후보자와 정당에 대한 싫고 좋음을 묻는
질문이 포함되도록 구성되어 있다. 특정 후보나 정당을 지지 또는 반대하는 이유를
묻고, 응답자들은 특정 후보(정당)에 대해 최대 10개(찬성 5개, 반대 5개)의 답변을
할 수 있다. 정당의 상충성은 정당지지-반대, 좋아함-싫어함의 구분에 따라 In-party
likes, In-party dislikes, Out-party likes, Out-party dislikes의 4가지 유형의 집단으
로 구분한다.

6) 이 측정방식은 태도의 갈등상태를 긍정과 부정의 두 차원으로 나누고 이것이 얼마나
유사성(similarity)을 가지는가, 그리고 두 영역이 전체적으로 어느 정도의 강도
(intensity)로서 나타나는지를 동시에 측정하는 방식이다. 대상에 대한 긍정의 답변 수
(P)와 부정의 답변 수(N)의 평균에서 긍정과 부정의 차이의 절댓값을 빼주는 방식이다

$$\text{단일정당 상충 지수}(A_p) = (P+N) / 2 - | P - N |$$
$$P = \text{정당의 긍정값}$$
$$N = \text{정당의 부정값}$$

$$\text{두 정당 비교정당 상충 지수}(A_c) = (A+B) / 2 - | A - B |$$
$$A = \text{A정당의 상충태도 평균값} = (\text{A정당 긍정값} + \text{B정당 부정값}) / 2$$
$$B = \text{B정당의 상충태도 평균값} = (\text{B정당 긍정값} + \text{A정당 부정값}) / 2$$

한 후 '상충성 지수'를 계산한다. 값이 커질수록 해당 정당에 대한 상충성이 강해지며 값이 작아지면 일관적 정당태도를 보인다고 할 수 있다.

2008년 이후 미국의 선거연구 패널조사에서는 개방형 질문을 통한 측정 방식의 문제점[7]을 수정하고자, 4점 척도의 범주형(categorical) 질문항으로 조사 설계를 변경하였다. 즉, 공화당과 민주당에 대하여 각각 좋아하는지, 싫어하는지 질문한 후, 좋아하고 싫어하는 정도를 '매우 좋아함(매우 싫어함)', '좋아함(싫어함)', '보통 좋아함(보통 싫어함)', '약간 좋아함(약간 싫어함)'으로 답변하도록 하였다. 평소 선호하는 정당을 좋아한다고 답변하거나, 선호하지 않는 정당을 싫어한다고 답변한 응답자는 일방집단(the onesided)으로, 선호정당에 대해 싫어하거나, 비선호정당을 좋아한다고 답변한 유권자들을 상충집단(the ambivalent)으로 정의하여 사용한다(Lavine et al. 2012).

한국선거학회의 제20대 국회의원총선거 유권자의식조사는 미국의 2008년 이후 정당태도 조사문항과 유사한 형태의 질문항이 포함되어 있다. 응답자들로부터 평소에 어떠한 정당태도를 가지고 있는지 자연스러운 답변을 이끌어내기 위해 질문항 구성과 질문순서 등이 매우 정교하게 설계되어야 하는데, 이번 총선 설문자료는 정당태도에 대한 직·간접적 질문방식을 다양

(Thompson, Zanna and Griffin 1995).

7) 설문조사 응답자들은 대개 개방형 질문에는 응답하지 않으려는 경향이 강하다. 또한 긍정적 답변에 응답이 몰리는 긍정 답변 편향효과도 상충성 측정의 문제점으로 제기된다(Lavine et al. 2012).

한 질문항으로 구성하여 표준화된 지수방식의 측정법을 적용하는 데 매우 유용하였다. 해당 정당의 범위는 제20대 총선의 주요 3정당이라 할 수 있는 새누리당, 더불어민주당(이하 더민주당), 그리고 국민의당으로 정하고 이들 정당에 대한 감정을 기초로 '상충성'을 각각 계산하여 '단일정당 상충 지수 (A_p: Partisan Ambivalence Index)'와 두 정당에 대한 '비교정당 상충 지수 (A_c: Two-Partisan Ambivalence Index)'로 사용하기로 한다. 측정에 사용된 질문은 〈문 16: 좋아하는 정도〉와 〈문 46: 싫어하는 정도〉이다.

위의 측정공식에 의해 구해진 단일정당 상충 지수(A_p)는 $-0.5 \leq A_p \leq 4$ 범위의 값을 가지며, $A_p \leq 0$이면 해당 정당에 대해 일관된 태도를 가진다고 해석할 수 있다. 또한 $A_p > 0$이며, 수치가 커질수록 긍정과 부정의 태도를 동시에 가지는 이중적 태도가 강해진다고 해석할 수 있다. 또한, 경쟁하는 두 정당에 대한 상충정도를 비교하기 위해 두 정당 사이의 비교정당 상충 지수(A_c)를 구할 수 있다. 미국의 경우 공화당과 민주당에 대해 동시에 얼마나 일관적인지 또는 상충적인 태도를 가지고 있는지 측정하기 위해 사용되는 지표이다. 복수정당에 대한 상충 지수는 $-0.5 \leq A_c \leq 4$ 사이의 값을 가지며, 값이 $A_c \leq 0$이면 두 정당에 대해 일관된 태도(한 정당을 좋아하면 상대 정당을 싫어하고 반대의 경우도 성립)를 가진다고 해석한다. $A_c > 0$이면, 두 정당에 대해 긍정과 부정의 인식이 공존하여 심리적으로 갈등상태임을 의미한다. 수치가 커질수록 두 정당에 대한 긍정과 부정의 태도를 동시에 가지는 이중적 태도가 강해짐을 의미한다.

2. 연구가설

본 연구는 주요 정당에 대한 유권자들의 정당태도를 중심으로 제20대 총선의 비례정당 투표의 결과를 분석하는 데 주요 목적을 둔다. 따라서 상충적 유권자들이 어떠한 정당에 투표하였으며, 어떠한 이유로 투표정당을 결정하였는지 주로 논의한다. 또한 제3당의 구도에서 양대 정당에 대한 상충적 태도가 국민의당 득표의 주요 원인이 되었는지 분석해 보기로 한다. 경험적 분석은 다음의 주요 세 가지 가설을 중심으로 기술하기로 한다.

〈가설 1〉 중간 정도의 정당선호를 가지는 유권자들은 정당에 대해 좋아하고 동시에 싫어하는 정당태도를 가지고 있을 가능성이 높다.

〈가설 2〉 기존 양대 정당에 대한 상충적 태도가 강하게 나타날수록 제3정당인 국민의당에 투표할 가능성이 높다.

〈가설 3〉 기존 양대 정당의 경우 당파심, 이념, 지역주의 등의 장기기억을 활용한 투표, 신생정당의 경우 경제평가, 대통령 국정수행능력과 같은 단기기억에 의존하여 투표하였을 것이다.

IV. 분석

1. 정당태도의 양면성

일반적으로 당파(partisan)와 무당파(non-partisan)를 나누는 기준은 "가깝게 느끼는 정당"이 있는지 없는지에 대한 답변에 근거한다. 이 경우 당파적 성향이 있는 사람들은 특정정당에 대해 특별한 어떤 감정을 가지고 있다고 볼 수 있다. 실제로 그들의 당파적 성향은 매우 다양한 색깔(긍정/부정)과 강도(강/약)로서 표현될 수 있지만 "가깝게 느끼는 정당이 있습니까"에 대한 질문에 긍정과 부정이 엇갈리는 경우 중도적인 답변으로 양면적 태도가 표현될 수 있다. 또한 특정한 정당을 부정적으로 인식하는 경우는 가깝게 느끼는 정당이 없는 무당파로 분류되기 쉽다.

우선 전통적인 정당일체감에 대한 질문과 그것의 강도를 묻는 질문을 살펴보자. 일단, 〈문 11〉 "가깝게 느끼는 특정정당이 있습니까?"에 대한 질문에 응답자의 49.8%가 '있다,' 50.2%가 '없다'라고 답변하였다. 그러나 "조금

<표 1> 주요 3당에 대한 정당일체감의 정도[8]

정당일체감	평균	N	표준편차
새누리당	1.93	288	.456
더불어민주당	2.11	194	.452
국민의당	2.07	102	.428
합계	2.02	584	.457

통계값 F=10.00, 유의수준 p=.000

이라도 가깝게 느끼는 정당이 있다면 어디입니까"의 질문에 '정말로 없다'고 답변한 순수 무당파는 전체의 22.3%(223명)에 불과하다. 뿐만 아니라 가깝게 느끼는 정당이 있다고 답변한 '당파'성향의 응답자들조차도 그들이 느끼는 애착심의 강도는 대상 정당에 따라 매우 다른 수치로 나타난다.

새누리당에 애착을 가지는 유권자들의 평균값은 1.93, 더민주당 2.11, 국민의당은 2.07로 주요 3당 중 새누리당에 대한 애착의 강도가 가장 강하다. 반면 신생정당인 국민의당에 가깝게 느낀다고 답변한 응답자는 더민주당의 경우보다는 강한 애착을 나타낸다. 그렇다면, 정당애착이 강해지면 긍정의 방향으로 그 강도도 강해질까? 전통적인 정당일체감 개념에 따른다면, 정당에 대해 가깝게 느낄수록 좋아하는 긍정의 선호태도도 강해져야 한다. 반대로 가깝게 느끼는 정도가 약할수록 긍정의 선호도 약해져야 할 것이다. 구체적인 정당태도의 다양한 특징과 그 정도를 살펴보기 위해 이번에는 주요 3당의 정당일체감 정도를 좋아하는 감정과 싫어하는 감정에 따른 평균치로 비교해보자.

새누리당의 경우 강한 애착을 가질수록 응답자들의 긍정적 정당태도가

---

8) 가깝게 느끼는 정당이 있다고 답변한 모든 응답자에게 "그 정당에 대해서 얼마나 가깝게 느끼십니까"라고 질문하였다. 그에 대한 답변은 3점 척도로 "① 매우 가깝게 느낀다, ② 어느 정도 가깝게 느낀다, ③ 그리 가깝게는 느끼지 않는다"로 답변하도록 구성되었다.

<표 2> 주요 3당의 정당일체감 정도와 긍정-부정 감정[9]

정당일체감 강도		긍정 감정(+)			부정 감정(-)		
		새누리당	더민주당	국민의당	새누리당	더민주당	국민의당
매우 가깝게 느낀다	평균	2.72	1.64	1.85	1.69	2.43	2.02
	N	61	61	61	61	61	61
	표준편차	1.185	1.017	.679	1.104	.991	.695
어느 정도 가깝게 느낀다	평균	1.75	1.77	1.76	2.00	1.93	1.87
	N	642	642	642	642	642	642
	표준편차	.779	.750	.702	.979	.824	.698
그리 가깝게는 느끼지 않는다	평균	1.50	1.75	1.84	2.17	1.86	1.81
	N	270	270	270	270	270	270
	표준편차	.596	.659	.659	.925	.763	.666
합계	평균	1.74	1.75	1.79	2.02	1.94	1.86
	N	973	973	973	973	973	973
	표준편차	.814	.746	.689	.979	.828	.690
통계값 유의수준		F=63.78 p=.000	F=.84 p=.430	F=1.313 p=.270	F=6.96 p=.001	F=12.06 p=.000	F=2.32 p=.099

강해지며(2.72 > 1.75 > 1.5), 반대로 애착이 약해질수록 긍정적 태도가 약해지고, 싫어하는 부정의 태도가 강해지는(1.69 < 2.0 < 2.17) 일관적 태도를 보여준다. 더민주당과 국민의당은 정당일체감이 약해질수록 부정적 태도가 강해지는 부정적이며 일관된 태도를 보여준다. 반면, 더민주당에 가깝게 느끼는 정도가 강해지더라도 긍정적 태도가 강화되지는 않는다. 더민주당과

---

9) 정당에 대한 긍정과 부정의 감정은 〈문 16〉과 〈문 46〉 주요 3정당에 대해 각각 "① 전혀 좋아(싫어)하지 않는다, ② 약간 좋아(싫어)한다, ③ 상당히 좋아(싫어)한다, ④ 아주 많이 좋아(싫어)한다"로 질문하였다.

국민의당에 "매우 가깝게 느낀다"고 답변한 집단은 매우 부정적인 정당태도 (2.43, 2.02)도 동시에 가지고 있음을 간접적으로 알 수 있다. 더민주당과 국민의당에 대해서는 정당일체감을 강하게 가질수록 부정적인 태도가 강해지는 모순적인 태도가 관찰된다. 오히려 더민주당과 국민의당에 대한 긍정 감정은 정당일체감의 강도와 통계적인 관련성도 보이지 않는다. 전체적으로 정당일체감의 정도가 "어느 정도 가깝게 느낀다"고 답변한 중도적인 대다수 (65.9%)의 유권자 중, 긍정과 부정이 교차하는 상충적 정당감정을 가진 유권자들이 상당수 존재하고 있음을 보여준다. 이러한 이중적 정당태도가 각 정당별로 어떠한 색깔과 강도를 나타내고 있는지 상충성 지수(A_p)를 통하여 비교해보자.

2. 정당태도의 분포

〈표 3〉은 주요 3정당에 대해 각각 얼마나 좋아하는지(긍정적 정당태도) 그리고 싫어하는지(부정적 정당태도)를 구분하고, 이것을 다시 정당태도의 일관성-상충성의 정도를 동시에 나타낼 수 있는 단일정당 상충 지수(A_p: Partisan Ambivalence Index)로 계산한 것이다.

앞서 기술한 바와 같이, 정당태도의 상충성은 $-0.5 \leq A_p \leq 4$ 범위에서 존재할 수 있고, $A_p \leq 0$이면 해당 정당에 대해 일관된 태도를 가지며, $A_p > 0$이며, 수치가 커질수록 긍정과 부정의 태도를 동시에 가지는 이중적 태도가 강해진다. 계산된 상충 지수의 평균값은 국민의당, 더민주당, 새누리당의 순서로 강하다(0.94 > 0.76 > 0.54). 분포의 대칭성을 나타내는 왜도 (skewness)는 새누리당이 가장 큰 양수(0.81)이므로 좌측에 쏠린 좌대칭형이며, 이것은 새누리당에 대한 정당태도가 비교적 다른 정당에 비해 일관된 특성을 나타냄을 의미한다. 이에 비해 더민주당, 국민의당은 새누리당에 비해 상대적으로 중앙에 치우친 분포를 나타낸다(0.64, 0.33). 정당 상충 지수의 평균치가 상대적으로 높고, 분산도도 가장 높으며, 왜도의 수치가 가장

〈표 3〉 주요 3정당 상충성

단일정당(A_p)	새누리당 상충성	더민주당 상충성	국민의당 상충성
N	1199	1199	1199
평균	0.54	0.76	0.94
표준편차	0.76	0.80	0.82
분산	0.58	0.65	0.67
왜도	0.81	0.64	0.33
첨도	-0.26	-0.57	-1.35
최솟값	-0.5	-0.5	-0.5
최댓값	2.5	4	3

작은 국민의당에 대한 유권자들의 정당인식이 3당 중 가장 상충적이라 할수 있다. 〈표 4〉의 빈도분석표를 보면 새누리당의 경우 일관적이거나, 약간상충적인 집단이 각각 37.7%와 46.4%를 차지하는 반면, 더민주당은 낮거나 높은 상충성을 띠는 유권자들이 각각 50.2%, 23.4%에 이르고 있다. 국

〈표 4〉 주요 3정당의 일관-상충집단의 분포

일관-상충 정도[10]	새누리당		더민주당		국민의당	
	빈도	퍼센트	빈도	퍼센트	빈도	퍼센트
일관	452	37.7	317	26.4	239	19.9
상충_저(low)	556	46.4	602	50.2	573	47.8
상충_고(high)	191	15.9	280	23.4	387	32.3
합계	1199	100.0	1199	100.0	1199	100.0

---

10) 정당 상충 지수를 기준으로 일관(one-sided)집단: $-0.5 \leq A_p \leq 0$, 저-상충집단(low-ambivalent): $0 < A_p \leq 2$, 고-상충(high-ambivalent)집단: $2 < A_p \leq 4$으로 구분하였다.

〈표 5〉 양자구도에서의 비교정당태도 상충성

비교정당(Ac)	새누리당-더민주당	더민주당-국민의당	새누리당-국민의당
N	1199	1199	1199
평균	0.85	1.30	0.93
표준편차	0.64	0.53	0.58
분산	0.41	0.28	0.34
왜도	0.06	-0.12	-0.04
첨도	-0.72	0.14	-0.55
최솟값	-0.50	-0.25	-0.50
최댓값	2.50	3.50	2.50

민의당에 대해 낮거나 높은 상충성을 나타내는 집단은 각각 47.8%, 32.3%에 이르고 일관된 특성을 나타내는 경우는 19.9%에 그치고 있음을 알 수 있다.

〈표 5〉는 3당 구도하에서 유권자들이 경쟁하는 두 정당의 좋은 점과 싫어하는 점을 모두 고려할 때 느낄 수 있는 상충성을 계산한 비교정당 상충 지수(A_c: Two-Partisan Ambivalence Index)이다. 비교정당 상충 지수는 단일정당 상충 지수와 마찬가지로 $-0.5 \leq A_c \leq 4$ 사이의 값을 가질 수 있다. $A_c \leq 0$이면 두 정당에 대해 일관된 태도(즉, 한 정당을 좋아하면 상대 정당을 싫어하고, 반대의 경우도 마찬가지로 성립)를 가지며, $A_c > 0$이면 두 정당에 대해 긍정과 부정의 인식이 공존하여 갈등상태임을 의미한다. 수치가 커질수록 두 정당에 대해 긍정과 부정의 태도를 동시에 가지는 이중적 태도가 강해짐을 의미한다.

3당 구도에서 유권자들이 인식하는 복수정당의 조합 중 '더민주당-국민의당' 사이의 상충 지수 평균값이 1.30으로 가장 높다. '새누리당-국민의당' 사이의 평균값은 0.93, 그리고 '새누리당-더민주당' 사이의 평균값은 0.85로 상충성의 정도가 상대적으로 가장 낮다. 즉, '더민주당-국민의당'에 대해 좋아하는 점과 싫어하는 점을 고려할 때 느끼는 심리적 갈등의 정도가 상대적으로 가장 강할 수 있다. 더민주당을 좋아하면서 동시에 국민의당을 좋아하거나, 두 정당에 대해 모두 부정적인 태도도 함축되어 있음을 알 수 있다. 반면, '새누리당-더민주당' 사이에 느끼는 상충적 태도의 정도는 상대적으로 가장 낮다. 즉, 새누리당을 좋아하면 더민주당을 싫어하고, 새누리당을 싫어하면 더민주당을 좋아하는 상쇄관계라 해석할 수 있다. 새누리당과 더민주 두 정당을 고려할 때 비교적 일관된 선택을 쉽게 할 수 있으며, 호불호를 분명히 할 수 있는 경쟁조합이라 할 수 있다.

3. 상충적 정당태도와 투표 선택: 최선의 선택인가? 차선의 선택인가?

기존 양대 정당에 대한 긍정과 부정의 상충적 정당태도가 강할수록 제3정당인 국민의당에 투표하는지 〈가설 2〉를 검증하기 위해 정당태도와 정당투표와의 관계를 검토해 보자. 우선 단일정당에 대한 유권자들의 일관-상충의 태도(A_p)를 독립변수로 설정하고 유권자들이 어느 정당에 주로 투표하였는지 분석해보기로 한다. 다음의 〈표 6-1〉~〈표 6-3〉은 각 정당의 상충적 태도를 '일관', '낮은 상충', '높은 상충'의 세 집단으로 구분하고 정당에 투표하는 정당명부식 비례대표 투표에서 어느 정당에 투표하였는지 교차분석한 결과이다.

우선, 새누리당에 대한 정당태도의 특성을 보면, 그것의 강도와 방향성과 관계없이 새누리당에 일관되게 투표하는 경향성을 가진다고 볼 수 있다.[11] 새누리당에 일관된 정당태도를 나타내는 경우 그것이 긍정적이면 새누리당에(43.3%) 투표하고, 부정적인 일관된 비선호의 태도를 가진 유권자들은 더불어민주당에(37.3%) 투표한 것으로 볼 수 있다. 그러나 새누리당에 대한

---

11) 지역구 투표후보의 정당을 종속변수로 설정한 경우에도 동일한 결과로 나타난다. 다만, 새누리당의 경우 정당태도의 상충성이 강해지면 새누리당이 아닌 정당의 후보에게 투표하는 경향이 약간 높게 나타나지만, 정당 투표와 마찬가지로 통계적으로 유의하지는 않았다.

선호와 비선호의 상충성이 높아진다고 해서 이것으로 인해 더불어민주당이
나 국민의당에 투표할 가능성이 높아지지는 않으며, 그럼에도 불구하고 여
전히 새누리당에 투표하는 비율이 가장 높다(40.5%). 이것은 새누리당에
대한 태도가 긍정과 부정적 측면이 교차하여 심리적으로 갈등상황에 처해
있지만, 이것이 새누리당에 대한 투표가능성을 낮추거나, 타 정당으로 이탈
하는 투표행태의 원인으로 작용하지는 않는다는 것을 의미한다. 특히 높은
상충성의 정도를 보이는 집단 중에서도 새누리당에 투표한 유권자들의 비율
이 가장 높다(51.8%). 이 부분은 상충적 정당태도의 특징이 특정한 상황에
서 차별적으로 작동할 수 있는 가능성을 의미한다. 새누리당에 대한 정당태
도는 긍정과 부정의 심리적 갈등상황에서도 유동적인 투표나 교차투표의 가
능성보다는 응집성 있는 일관적 투표성향을 가질 수 있음을 시사한다.

〈표 6-1〉 새누리당에 대한 정당태도와 정당 투표 선택

구분			비례정당 투표			전체
			새누리당	더민주당	국민의당	
새누리당 정당태도	일관	빈도	130	112	58	300
		%	43.3	37.3	19.3	100.0
		전체(%)	18.6	16.0	8.3	42.9
	저-상충	빈도	117	104	68	289
		%	40.5	36.0	23.5	100.0
		전체(%)	16.7	14.9	9.7	41.3
	고-상충	빈도	57	33	20	110
		%	51.8	30.0	18.2	100.0
		전체(%)	8.2	4.7	2.9	15.7
카이제곱=5.29 (p=0.259)		빈도	304	249	146	699
		%	43.5	35.6	20.9	100.0
		전체(%)	43.5	35.6	20.9	100.0

〈표 6-2〉 더민주당에 대한 정당태도와 정당 투표 선택

구분			비례정당 투표			전체
			새누리당	더민주당	국민의당	
더민주당 정당태도	일관	빈도	110	83	22	215
		%	51.2	38.6	10.2	100.0
		전체(%)	15.7	11.9	3.1	30.8
	저-상충	빈도	150	119	62	331
		%	45.3	36.0	18.7	100.0
		전체(%)	21.5	17.0	8.9	47.4
	고-상충	빈도	44	47	62	153
		%	28.8	30.7	40.5	100.0
		전체(%)	6.3	6.7	8.9	21.9
카이제곱=53.04 (p=.000)		빈도	304	249	146	699
		%	43.5	35.6	20.9	100.0
		전체(%)	43.5	35.6	20.9	100.0

　　반면, 더민주당에 대한 유권자들의 정당태도는 중간정도의 상충적 정당
태도로 인한 심리적 갈등을 겪는 경우 새누리당(45.3%)에 투표하고, 높은
정도의 심리적 상충성을 느끼는 집단은 국민의당(40.5%)에 투표한 비율이
가장 높다. 이 점은 더민주당에 상충적 태도를 가진 집단은 유동적 투표행
태를 주로 나타내며, 경쟁하는 정당의 출현이나 정당구도의 변화에 민감하
게 반응할 수 있음을 의미한다. 또한 일관적 정당태도를 가진 집단의 경우,
더민주당을 일관되게 싫어하는 부정적 정당태도로 인하여 새누리당에 투표
할 가능성을 높이고 있으며, 이 점은 부정적 정당태도의 반대투표(negative
voting)성향이 새누리당 득표의 원인 중 하나일 수 있음을 시사한다.
　　국민의당의 경우는 전체적으로 상충적 태도를 보이는 유권자층이 전체의
79.7%로 일관된 정당태도를 보이는 비율보다 압도적으로 많다. 일관된 정

〈표 6-3〉 국민의당에 대한 정당태도와 정당 투표 선택

구분			비례정당 투표			전체
			새누리당	더민주당	국민의당	
국민의당 정당태도	일관	빈도	62	22	58	142
		%	43.7	15.5	40.8	100.0
		전체(%)	8.9	3.1	8.3	20.3
	저-상충	빈도	142	115	59	316
		%	44.9	36.4	18.7	100.0
		전체(%)	20.3	16.5	8.4	45.2
	고-상충	빈도	100	112	29	241
		%	41.5	46.5	12.0	100.0
		전체(%)	14.3	16.0	4.1	34.5
카이제곱=61.42 (p=.000)		빈도	304	249	146	699
		%	43.5	35.6	20.9	100.0
		전체(%)	43.5	35.6	20.9	100.0

당태도 중에서 국민의당을 좋아하는 정당태도에 의해 긍정적인 지지투표행태를 보이는 비율은 더민주당보다는 높다(40.8%). 그러나 더민주당의 경우와 마찬가지로 국민의당에 대해 싫어하는 부정의 태도가 새누리당 투표(43.7%) 가능성을 높여주고 있어 부정적 정당태도로 인해 새누리당이 얻는 수혜적 효과도 역시 상당함을 알 수 있다.

　요컨대 더민주당과 국민의당은 해당 정당에 대한 인식이 상충적이며 그것이 강해질수록 타 정당에 투표하는 경향을 보인다는 유사한 특성을 보인다. 이로 인해 더민주당에 대한 강한 상충성을 가진 유권자들은 국민의당에 투표할 가능성이 높고, 국민의당에 대한 상충성을 가진 유권자들은 더민주당에 투표할 가능성이 높다. 이 점에서 두 정당 간의 상충성은 서로 상대 정당의 득표에 영향을 주고 받는 완충적 기능을 하였다고 해석할 수 있다.

새누리당의 경우는 긍정과 부정의 양극화된 정당태도로 인하여 일관성 있는 투표행태를 나타내고 있음을 알 수 있다. 기존 당파심에 의한 정당지지 투표행태와, 싫어하는 정당을 선택하지 않으려는 차선의 선택에 의해 득표하는 특성도 동시에 보이고 있다.

〈그림 1〉은 비례정당 투표에 각각 새누리당, 더민주당, 국민의당에 투표하였다고 답변한 응답자들의 정당태도의 평균값을 비교한 것이다. 각 정당의 상충 지수가 높을 때 그들의 투표 선택이 어느 정당에 집중되고 있는지 잘 보여준다. 그림 좌측의 정당 상충 지수(A_p)와 투표 선택을 보면, 더민주당에 대한 정당태도 상충성이 높은 경우는 주로 국민의당에, 국민의당에 대한 상충성이 높은 경우는 더민주당과 새누리당에 투표가 분산되고 있음을 잘 보여준다. 그러나 새누리당의 경우는 상대적으로 타 정당보다 일관된 정당태도를 나타내며, 상충성이 높아지더라도 새누리당 지지를 고수하는 특성을 보인다.

오른쪽 그림은 두 정당을 기준으로 한 상충적 정당태도(A_c)가 비례정당

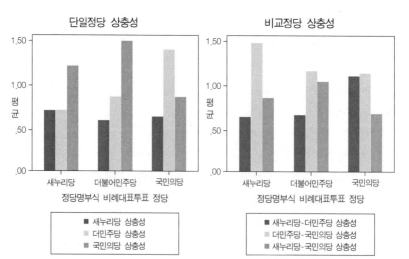

〈그림 1〉 주요 정당에 대한 상충성과 투표 선택

투표 결정과 어떠한 관계를 가지는지 잘 보여주고 있다. 두 정당의 조합을 이용한 정당 상충성과의 정당 투표 선택의 관계는 3당 구도의 투표에서 두 정당 사이의 상충성의 증가가 두 정당 이외의 타 정당에 대한 투표 가능성을 높여주는 패턴으로 나타난다. 즉, 국민의당에 투표한 유권자들은 '새누리당-더민주당' 사이의 정당태도 상충성이 높다. 마찬가지로 새누리당 투표자들은 '더민주당-국민의당' 사이의 정당태도 상충성이 높다. 또한, 더민주당 투표자들은 '새누리당-국민의당,' 그리고 '더민주당-국민의당'에 대한 비교 상충태도가 높게 나타난다.

'단일정당 상충태도(A_p)'가 의미하는 바는 각 정당에 대한 태도 값으로 하나의 정당에 대해 형성된 감정적, 인지적 평가적 반응의 총합이며 이것은 그 정당에 대해 직접적 평가의 결과값이라 볼 수 있다. 또한, 3당 구도에서 두 정당 간의 경쟁적 구도에 집중하여 '비교정당 상충태도(A_c)'를 본다면, 유권자들은 두 정당에 대해 좋아하고 싫어하게 되는 장·단점을 비교하여 이러한 차이를 심리적으로 계산(running tally)하여 인지적 불안정 상태를 최소화할 수 있는 대안적 선택을 위해 각 정당에 대한 상대적인 평가를 하였다고 해석할 수 있다. 이 과정에서 단일한 정당에 대한 기본적 좋고 싫어하는 감정의 인식뿐 아니라, 두 정당 간의 긍정 또는(그리고) 부정의 태도를 형성하는 다양한 요인을 고려하여 최종 선택에 필요한 수렴점을 찾고자 노력하며, 기존의 당파적 정보와 단기적 정당 평가 정보를 복합적으로 고려하여 투표정당을 선택하였다고 추론해볼 수 있다.[12]

그렇다면, 각 정당에 대한 태도와 3당 구도의 역학관계에서 어떠한 요인에 의해 특정한 정당에 긍정하고 부정하는 상충적 정당태도를 가지게 되는

---

12) 상충성이 높아짐에 따라 투표에 참여하지 않을 가능성이 높아지지는 않는다. 각 3당에 대한 태도가 긍정적인지 부정적인지 여부에 따라 투표와 기권의 가능성이 달라지기 때문이다. 긍정적 정당태도가 강해질수록 투표할 가능성이 높아지고 약해지면 기권하는 경향을 나타내지만, 부정적 정당태도는 그것의 강도와 투표, 기권 여부는 통계적으로 관련성이 없었다. 이 점이 기존의 부동층과 상충적 유권자층의 큰 차이라고 할 수 있다.

지 분석해 보기로 한다. 이를 위해 제20대 총선투표에 영향을 주었을 것이라 예상되는 단기적 정보로서 경제상황, 대통령 국정평가, 그리고 유권자들의 투표 선택에 영향을 주는 장기적 정보로서 당파심, 이념, 지역주의 효과 등을 검토해 본다. 또한, 상충적 태도의 다양한 유형으로서 중요 이슈에 대한 입장, 중요 정치인과 정당에 대한 감정요인을 포함한 정당 상충성의 다양한 측면을 구체적으로 살펴보기로 한다.

4. 그들은 왜 흔들리는가?

1) 정당별 상충성의 원인과 주요 특성

정당에 대해 어떻게 좋아하고 싫어하는 태도를 가지게 되었는가의 문제, 그리고 어떤 이유로 좋아하면서도 싫어하는 상충적 정당태도를 가지게 되는지는 다양한 측면에서 논의가 가능하다. 정당에 대한 태도는 현재의 정치적 감정과 그 이전에 형성된 태도 간의 상호작용에 의해 생성되어 유지되거나 수정되는 특성을 갖기 때문에(Eagly and Chaiken 1993), 이미 장기적으로 축적된 정당 관련 정보는 이 과정에서 중심정보(central route)로서 기능한다. 즉, 자신이 속한 정치 환경에서 장기적 기억으로 작동하는 '정당정보'는 각 개인의 사회경제적 배경, 당파심, 평소에 가지고 있던 정치적 신념으로서 진보-보수의 이념성향, 그리고 출신지역이라는 지역적 배경(지역주의)에 의해 형성된 정당태도와 복합적으로 작용할 수 있다. 동시에 정당태도는 단기적으로 현직 대통령에 대한 국정평가와 현재의 경제상황을 고려한 주변정보(peripheral route)를 활용하여 장기적 정당정보와 함께 전체적인 평가의 과정을 통해 상호작용하여 정당에 대한 감정과 태도가 강화되거나 약화되는 등 변화될 수 있다(Petty et al. 1986; Lazarus 1991). 이로 인해 정당과 관련된 또 다른 감정의 영역인 소속 정치인에 대한 선호감정, 정당평가의 전체적인 감정정도에 따라 일관 또는 상충적 태도를 나타낼 수 있다.

〈표 7〉은 주요 3정당에 대한 상충 지수를 종속변수로 하여 상충성에 영

향을 줄 수 있는 주요한 원인을 분석한 선형 회귀분석 결과이다. 새누리당
에 대한 정당태도는 장기 정보 중 당파심이 약한 경우, 호남출신이 아닌 유
권자들에게서 상충성이 나타난다. 단기적인 영향 중에는 외교/안보 이슈와
는 통계적 관련성이 없는 것으로 분석되지만, 경제/복지 이슈에 대한 입장
에서는 비정규직 문제를 국가가 해결, 고소득자 증세에 찬성, 선별복지정책
에 찬성할수록 새누리당 상충성이 높아진다. 감정평가 요인 중에서는 정치
인 박근혜에 대해 선호하고, 문재인에 대해 싫어하는 감정을 가질수록 상충
적이 되지만, 더민주당에 기본적으로 호감을 가지고 있다면 새누리당 상충
성은 상승한다.

　더민주당에 대한 상충성은 고소득자이면서 무당파적 성향, 진보적 성향,
그리고 호남 지역 출신일수록 높다. 단기적 요인으로 박근혜 정부 국정평가
와 지난 1년간의 경제 평가가 긍정적일수록 더민주당 상충성은 높게 나타난
다. 또한 외교/안보 이슈에 대한 입장은 매우 진보적인 방향으로, 경제적으

〈표 7〉 주요 3정당에 대한 상충적 태도(A_p) 회귀분석(OLS)

변수 구분	변수	새누리당 상충성			더민주당 상충성			국민의당 상충성		
		B	S.E.	유의 확률	B	S.E.	유의 확률	B	S.E.	유의 확률
	(상수)	.391	.298	.190	.434	.312	.164	.773	.337	.022
사회 경제적 지위	세대	-.019	.019	.320	-.017	.020	.384	.025	.021	.247
	성별	.022	.044	.621	-.030	.046	.513	.039	.050	.434
	학력	.005	.027	.859	.006	.028	.837	.078	.030	.010
	한 달 가구소득	.002	.017	.897	.034	.017	.049	-.033	.019	.075
장기 정보	당파심 유무	.325	.045	.000	.283	.047	.000	.052	.051	.300
	이념: 진보-보수	-.010	.015	.504	-.038	.016	.016	.012	.017	.496
	고향-호남	-.203	.062	.001	.139	.065	.033	-.088	.071	.212
	고향-대구경북	.057	.064	.373	.038	.067	.574	-.137	.073	.060

단기 정보	박근혜 국정평가	-.071	.039	.070	-.081	.041	.047	.065	.044	.142
	지난 1년 경제평가	-.006	.044	.901	-.062	.046	.182	-.145	.050	.004
	외교/안보 이슈[13]	-.021	.018	.248	.039	.019	.039	.011	.020	.574
	경제/복지 이슈[14]	-.068	.015	.000	-.031	.016	.048	-.027	.017	.116
정치인 감정	박근혜 점수	.053	.017	.002	-.043	.018	.016	-.002	.019	.903
	문재인 점수	-.042	.017	.015	.015	.018	.396	-.006	.020	.773
	안철수 점수	-.001	.018	.952	.018	.019	.335	.011	.021	.596
정당 감정	새누리당 점수	-.002	.017	.913	.029	.018	.109	-.004	.020	.852
	더민주당 점수	.080	.017	.000	-.002	.018	.896	.044	.020	.026
	국민의당 점수	.004	.019	.829	.061	.020	.003	-.007	.022	.749
모델 값		R^2=.124			R^2=.137			R^2=.035		

* 당파심 유무(1: 있다, 2: 없다), 이념(0: 진보~10: 보수), 박근혜 국정평가(1: 매우 잘함~4: 매우 못함), 지난 1년 경제평가(1: 좋아졌다~3: 나빠졌다), 정치인감정과 정당감정(0: 매우 싫음~10: 매우 좋음)

로는 고소득자 증세반대, 국가주도의 경제에 반대하는 입장에 있는 유권자들이 더민주당에 대한 상충성이 높았다. 상당히 많은 영역에서 장기적인 정당정보와 단기적인 정당정보 영역이 충돌하며, 모두 상충성을 강화하는 원인으로 작동하고 있다. 상충성의 축이 매우 다양하다는 점에서 제3의 대안정당의 출현에 민감하게 반응할 수 있는 잠재조건을 가지고 있다고 볼 수 있다. 감정요인의 측면에서는 정치인 박근혜를 싫어하면서 국민의당에 호감을 가질수록 상충적 태도가 강화됨을 알 수 있다.

---

13) 외교/안보 이슈에 대한 입장은 〈문 29-1〉~〈문 29-5〉의 5개 질문(한미동맹 강화반대, 대북지원지속, 국가보안법 폐지, 집회·시위의 자유, 사형제 폐지)에 대한 답변을 평균점수화하여 사용하였다.

14) 경제/복지 이슈에 대한 입장은 〈문 29-8〉~〈문 29-10〉의 3개 질문(비정규직 문제 국가해결, 고소득자 증세, 선별복지)에 대한 답변을 평균점수화하여 사용하였다.

국민의당에 대한 상충성은 고학력층에서 주로 높아진다. 신생정당이기 때문에 장기적인 정당 정보인 당파심, 이념, 지역주의와의 통계적 관련성은 보이지 않는다. 단기적 정보 중 최근 1년간 경제평가가 긍정적일수록 상충적이며, 더민주당에 긍정적 감정을 가질수록 상충의 정도가 높아진다.

요약하자면, 새누리당과 더민주당의 경우 당파심의 약화가 상충적 정당 태도의 직접적인 원인임을 알 수 있다. 더민주당의 경우 장기적·단기적 요인 모두 다양한 측면에서 상충성과의 통계적 관련성을 보여주고 있다. 이념적 상충, 당파적 상충, 지역적 상충, 그리고 단기적으로 이슈들 간의 상충적 태도가 중첩되어 있었다. 이념적으로 진보적인 층의 이슈인식은 외교/안보 관련 이슈에 대하여 진보적인 입장이지만, 경제적 영역에서는 국가의 개입을 옹호하는 입장을 보이고 있어 이슈상충성의 측면에서 설명될 수 있다. 새누리당 상충성은 주로 경제적인 면에서의 정책평가와 정치인 박근혜 및 새누리당 정당에 대해 평소 가지고 있는 선호 감정이 엇갈리는 경우 높아짐을 알 수 있다. 신생정당인 국민의당은 주로 단기적 경제평가와 정당평가의 감정에 의해 상충성이 높아지고 있으며, 장기적인 정보 중 당파성향과 정당 태도 사이의 심리적 갈등은 존재하지 않음을 알 수 있다.

2) 3당 구도에서 나타난 정당 상충성의 특징

3당 구도에서 나타나는 각 정당 상충성의 정도(A_c)와 투표 선택의 관계를 이해하기 위해서는 두 정당에 대한 정당인식의 조합에 따라 정당에 대한 태도가 얼마나 상충적으로 변화하고 있는지를 검토해 보아야 한다. 유권자들의 정당인식은 장·단기적인 요인에 따라 차별적으로 작용하고 있으며, 동시에 상대적인 비교를 통해 감정의 선호가 조정될 수 있기 때문이다. 〈표 8〉은 3당 구도에서 '새누리-더민주', '더민주-국민', '새누리-국민'의 경쟁하는 두 정당에 대한 정당인식의 조합을 기준으로 상충적인 비교정당태도를 가지게 되는 주요 이유를 알아보기 위해 선형 회귀분석한 결과이다.

'새누리-더민주' 상충모델을 살펴보면, 젊은층 그리고 당파심이 낮은 진보적 유권자일수록 두 정당을 동시에 좋아하거나 싫어하는 상충적 태도를

〈표 8〉 비교정당 상충적 태도(Ac) 회귀분석(OLS)

변수 구분	변수	새누리-더민주 상충성			더민주-국민 상충성			새누리-국민 상충성		
		B	S.E.	유의확률	B	S.E.	유의확률	B	S.E.	유의확률
	(상수)	.395	.240	.099	1.174	.216	.000	.675	.225	.003
사회경제적지위	세대	-.030	.015	.047	.014	.014	.296	.011	.014	.454
	성별	.049	.036	.166	.015	.032	.651	.014	.033	.682
	학력	.003	.021	.907	.003	.019	.886	.040	.020	.046
	한 달 가구소득	.015	.013	.266	.028	.012	.018	-.013	.012	.290
장기정보	당파심 유무	.452	.036	.000	.132	.032	.000	.323	.034	.000
	이념: 진보-보수	-.033	.012	.007	.006	.011	.609	.003	.011	.806
	고향-호남	.001	.050	.978	.022	.045	.625	-.121	.047	.010
	고향-대구경북	.052	.052	.311	.029	.047	.532	-.091	.048	.060
단기정보	박근혜 국정평가	-.016	.031	.608	.039	.028	.167	-.018	.029	.535
	지난 1년 경제평가	-.023	.035	.513	-.110	.032	.001	-.047	.033	.156
	외교/안보 이슈	.044	.014	.002	-.007	.013	.605	-.007	.014	.631
	경제/복지 이슈	-.048	.012	.000	-.016	.011	.150	-.031	.011	.007
정치인감정	박근혜 점수	.020	.014	.151	.005	.012	.677	.020	.013	.129
	문재인 점수	-.040	.014	.004	.008	.013	.504	-.027	.013	.037
	안철수 점수	.008	.015	.570	-.021	.013	.107	-.021	.014	.125
정당감정	새누리당 점수	-.015	.014	.286	.023	.013	.074	-.019	.013	.140
	더민주당 점수	.005	.014	.705	-.002	.013	.889	.076	.013	.000
	국민의당 점수	.036	.016	.019	-.011	.014	.419	-.013	.015	.355
모델값		R^2=.199			R^2=.065			R^2=.130		

* 당파심 유무(1: 있다, 2: 없다), 이념(0: 진보~10: 보수), 박근혜 국정평가(1: 매우 잘함~4: 매우 못함), 지난 1년 경제평가(1: 좋아졌다~3: 나빠졌다), 정치인감정과 정당감정(0: 매우 싫음~10: 매우 좋음)

보인다. 외교/안보 이슈에 대해 진보적인 입장이지만, 경제/복지 이슈에 대해서는 국가의 개입을 반대하는 입장인 경우, 두 정당 사이에서 갈등하는 모습을 보인다. 그러나 정치인 문재인에 대한 비호감의 정도가 높고 국민의당을 좋아할수록 새누리당과 더민주당에 대한 긍정과 부정의 태도가 교차하는 심리적 갈등상태에 놓이게 됨을 알 수 있다. 즉, 두 정당 간의 상충성은 세대 간, 이슈, 이념적 측면의 고민이 여러 차원에서 중첩되어 나타남을 알 수 있다.

'더민주-국민' 상충모델은 고소득의 무당파적 성향의 유권자에게서 유효하다. 장기적으로 이념이나 지역주의와 관련성은 나타나지 않는다. 그러나 단기적인 경제평가에서 부정적일 뿐, 이슈에 대한 입장과 두 정당 간 상충성의 관계도 보이지 않는다. 주로 단기적 경제적인 요인에 의해 두 정당 사이에서 고민하고 있으며, 이로 인해 새누리당에 대해 긍정의 감정이 약간 상승하는 패턴을 보이나 통계적 유의성은 약하다.

'새누리-국민' 상충 모델은 고학력의 무당파적 비호남 유권자들이다. 역시 장기적인 이념성향이나 지역주의와 관련성은 약하지만 경제/복지 이슈에 대한 입장에서 부자증세반대, 선별복지반대, 비정규직 문제에 국가가 나서는 것에 반대할수록 두 정당 사이에서 긍정과 부정이 교차하는 상충적 태도를 나타내고 있다. 특히, 정치인 문재인을 싫어하지만, 더민주당에 대해 호감을 가질수록 새누리-국민의당 사이의 상충성이 높아진다는 점이 주목된다. 이것은 정당에 대한 평가가 정당소속 주요정치인, 이슈에 대한 입장, 당파심 등 관련 정보들을 종합하여 이루어지고 있음을 보여주는 것이며, 이 과정에서 장기적이며 안정적인 인지정보가 부족할 때, 대안으로서 제3의 정당을 고려하면서 장점과 단점을 동시에 고민하는 것으로 해석할 수 있다. 즉, 인지적 합리성을 가지고 있는 유권자의 심리적 갈등이 '상충성'을 극복하고자 노력하는 인지과정'을 통해 조정되어 투표결정에 임하는 것으로 추론해 볼 수 있다.

복수정당에 대한 상충적 태도의 원인을 요약하면, '새누리-더민주' 간에는 진보-보수의 이념적 갈등, 외교/안보 이슈와 경제/복지 이슈에 대한 상이한 입장이 정당태도 갈등의 심리적 주요 원인이 되고 있다. '더민주-국민' 간에는 단기적인 경제적 평가(지위)의 차이가 주된 상충성의 원인이라 볼 수 있으며, 정치인 평가나 정당에 대한 직접평가가 중요하게 작용하지는 않았음을 알 수 있었다. 반면 '새누리-국민' 간의 심리적 갈등은 주로 민주당에 대한 선호의 감정이 있음에도, 정치인 문재인에 대한 부정적 감정이 주요 원인으로 나타났다. 또한 경제/복지 이슈에 대한 입장에서 국가주의에 반대할수록 더민주당에 대한 호감이 상승하고 있음을 알 수 있다.

다시 말하면, 주요 양대 정당인 새누리당과 더민주당의 상충적 특징은 주로 장기적인 당파심의 약화와 이념의 갈등을 포함하고 있다. 반면, 신생정당인 국민의당은 고유한 정당의 정체성에서 초래된 갈등이기보다는 두 정당에 대한 부정적 태도에 근거한 단기적 정당태도로 볼 수 있다. 특히, 두 정당의 구도에서 유권자들의 정당태도는 주로 최근 1년간의 경제평가가 부정적일 때, 어느 정당이 이를 해결할 수 있을지 가늠해보는 평가의 차원에서 긍정과 부정 반응이 엇갈리는 상충적 태도를 나타내는 것으로 해석할 수 있다. 결국 두 정당에 대한 심리적 갈등의 정도가 강해지는 불안정한 감정이 심화될 때 이를 회피하기 위해 대안으로서 제3의 정당을 고려한 대안투표의 행태로서 투표 선택이 이루어질 것이라 예상할 수 있다.

5. 정당 투표 선택과 상충적 정당태도: 직접적 정당평가인가? 정당구도의 반사이익인가?

각 정당에 대한 유권자들의 태도는 크게 일관되게 긍정적이거나 부정적인 특성을 가지는 "일방형" 그리고, 긍정과 부정의 태도가 공존하는 "상충형"으로 크게 나누어볼 수 있다. 각 정당에 대해 유권자들이 가지는 정당태도는 자신이 좋아하는 정당에 대한 일관된 지지표명 형태의 '정당 투표'를 가능하게 했거나, 싫어하는 정당에 표를 주지 않고 반대정당에 투표하는 '반대투표(negative voting)'성향으로 표출될 수 있다. 반면, 긍정과 부정의 태도가 공존하며 그 정도가 높아지면 심리적 대안으로 제3의 정당을 고려하게 될 수 있다. 동시에 투표 선택에 고려요인이 되는 정당 구도적 환경의 영향 즉, 정당들 간의 긍정 그리고(또는) 부정의 요소들이 어떻게 인지적 조합을 이루는가에 따라 두 정당에 대한 인식이 일관된 긍정 또는 부정, 또는 상충적일 수 있다. 즉, 이번 총선의 경우처럼 주요 양대 정당과 신생정당을 포함하여 선택을 위한 고려의 대상이 두 정당이 아닌 세 정당 이상이 될 때, 단일한 정당에 대한 평가뿐 아니라 복수 정당에 대한 상대적 평가가 최종 투표결정에 어떠한 방향으로든 영향을 주었을 것이라 예측할 수 있다.

〈표 9〉~〈표 11〉은 각각 새누리당, 더민주당, 국민의당 투표에 영향을 주는 중요 요인들을 알아보기 위한 로짓 회귀분석 결과이다. 먼저, 새누리당에 정당 투표한 유권자들은 자신의 정당인 새누리당에 대한 일관된 긍정 또는 상대당인 더민주당에 대한 일관된 부정의 비선호 태도에 기인하여 투표한 것임을 알 수 있다. 또한 3당의 정당구도에서 더민주당과 국민의당에 대해 선호하거나 비선호하는 복합적 감정이 강할수록 새누리당에 투표할 가능성이 높다. 이들은 비호남, 대구/경북 지역을 기반으로 한 지역주의 투표성향과 강한 당파성향의 보수적 유권자들이다. 상대 정당인 더민주당과 제3당인 국민의당에 대한 긍정과 부정의 태도가 상충적이기 때문에 기존의 장기기억인 당파심에 근거하여 일관된 투표행태를 나타낸 것으로 추론된다. 특히 박근혜 대통령의 국정운영에 대해 긍정적으로 평가하고 있으며, 지난 1년간의 경제상황에 대한 평가는 새누리당에의 투표 선택에 영향을 주지 않았음을 알 수 있다.

반면, 더민주당 투표모델에서는 단일정당에 대한 평가 면에서 더민주당 상충성이 높을수록 오히려 투표 가능성이 높아진다. 부정적 정당태도와 함께 긍정적 정당태도를 동시에 가지고 있음에도 긍정적 평가 방향으로 인지적 불일치를 수렴하여 투표한 것으로 해석할 수 있다. 양자구도의 비교정당 상충성을 보면, '새누리당-더민주당', '더민주당-국민의당' 사이의 고민 속에서 일관된 민주당 선호의 일관된 태도에 의해 더민주당에 최종적으로 투표

<표 9> 새누리당 정당 투표에 대한 정당태도 효과

	변수	B	S.E.	Wals	자유도	유의확률	Exp(B)
1 단계[a]	학력	-.305	.159	3.700	1	.054	.737
	소득	.067	.091	.554	1	.457	1.070
	성별(1: 남자 2: 여자)	.089	.255	.122	1	.726	1.093
	출생연도	-.012	.011	1.286	1	.257	.988
	호남***	-1.384	.370	13.961	1	.000	.251
	대구/경북***	1.087	.355	9.360	1	.002	2.964
	당파심(1: 유 2: 무)***	-.591	.272	4.704	1	.030	.554
	이념(진보-보수)***	.628	.081	60.415	1	.000	1.873
	박근혜 국정평가***	-1.832	.226	65.858	1	.000	.160
	경제평가	-.124	.239	.271	1	.603	.883
	투표변경(1)	.319	.447	.508	1	.476	1.376
	새누리당 상충	.280	.247	1.287	1	.257	1.324
	더민주당 상충**	-.615	.247	6.194	1	.013	.541
	국민의당 상충	.050	.210	.057	1	.811	1.052
	새누리-민주 상충	-.203	.377	.290	1	.590	.816
	더민주-국민 상충***	1.783	.295	36.427	1	.000	5.948
	새누리-국민 상충	-.395	.368	1.151	1	.283	.674
	상수항	23.852	20.783	1.317	1	.251	9.484

-2log 우도=443.100, N=708, 적중률=87.6%

*** p<.000 ** p<.01 * p<.05 종속변수: 비례정당 새누리당 투표=1

한 것으로 보인다. 동시에 '새누리당-국민의당'에 대한 정당태도는 긍정과 부정이 교차하여 매우 상충적일수록 더민주당에 투표할 가능성이 높아진다. 또한, 이들은 무당파적 성향이 강한, 진보성향의 유권자로 박근혜 국정운영에 부정적 입장을 취하고 있다. 특히, 여성유권자의 지지와 호남과 영남의 지역주의 구도와 관계없이 득표했다는 점이 주목된다. 이것은 더민주당의 지지층 변화로 인식될 수 있으며, 이번 총선에서 민주당의 지지층이 분화하고 확대되어 호남을 제외한 전국 구도로 확장된 지지를 얻을 수 있었음을 시사한다. 국민의당을 포함한 3당 구도에서는 더민주당의 긍정적 측면이 상대적으로 부각되어 무당파 층으로부터 전체적인 득표에 긍정적 영향을 주었을 것이라 추론된다.

〈표 10〉 더민주당 정당 투표에 대한 정당태도 효과

변수		B	S.E,	Wals	자유도	유의확률	Exp(B)
	학력	.075	.126	.349	1	.555	1.077
	소득	.111	.075	2.180	1	.140	1.117
	성별(1: 남자 2: 여자)***	.786	.216	13.226	1	.000	2.194
	출생연도	-.012	.009	1.923	1	.165	.988
	호남	-.259	.275	.889	1	.346	.771
	대구/경북	-.180	.315	.324	1	.569	.836
	당파심(1: 유 2: 무)**	.574	.224	6.585	1	.010	1.776
	이념(진보-보수)***	-.505	.064	61.865	1	.000	.604
1 단계[a]	박근혜 국정평가***	.943	.167	32.060	1	.000	2.567
	경제평가	.148	.209	.500	1	.479	1.159
	투표변경(1)	.526	.345	2.332	1	.127	1.692
	새누리당 상충	.048	.223	.045	1	.831	1.049
	더민주당 상충**	.624	.203	9.412	1	.002	1.866
	국민의당 상충	-.052	.181	.083	1	.774	.949
	새누리-민주 상충***	-1.622	.326	24.814	1	.000	.198
	더민주-국민 상충***	-.849	.241	12.422	1	.000	.428
	새누리-국민 상충***	1.697	.311	29.795	1	.000	5.455
	상수항	21.110	16.923	1.556	1	.212	8.269
-2log 우도=662.431, N=708, 적중률=80.5%							

*** p〈.000 ** p〈.01 * p〈.05 종속변수: 비례정당 더민주당 투표=1

한편, 국민의당에 대한 정당 투표는 각 정당에 대한 태도와의 직접적인 관련성보다는 3당 구도에서 인식되는 상대적인 긍정과 부정의 인식의 조합의 결과로부터 '파생된 득표'라고 볼 수 있다. 즉 새누리당과 더민주당 중심의 정당 구도에서 상충적 정당인식으로 인해 이탈된 유권자들로부터 지지표를 얻었다고 볼 수 있다. 신생정당인 만큼 예상대로 당파심이 약할수록 표를 얻을 가능성이 높았다. 이것은 '새누리당-더민주당' 간의 높은 상충성에 기인하며, 민주당-국민의당, 새누리당-국민의당 사이에서 얻어지는 상대적 비교우위에 의한 것이며, 원래 마음에 둔 후보자를 변경한 유동적인 유권자일 가능성도 매우 높다.

특히, 구 민주당의 득표기반이 되었던 호남을 중심으로 한 지역주의 특성을 반영하고 있으며, 동시에 비 영남권 유권자들의 지지도 고르게 얻고 있다. 그러나 이것은 국민의당에 대한 직접적 정당평가에 따른 긍정의 선호투표라고 판단하기는 어렵다. 신생정당으로서 정당의 정체성이 수립되지 않은 초기 단계에서, 유권자들이 인식할 수 있는 기존정당과의 차별화된 당파적 특성이나 안정적 지지기반을 찾아보기 어렵기 때문이다. 신생정당이 유권자들의 인식 속에 안정적으로 정착하기 위해서는 장기적으로 기억될 수 있는 정당정보가 지속적으로 유지되어야 하고, 유권자들에게 보다 쉽게 다가갈 수 있는 공약과 정책으로 개발되어 선거캠페인을 통해 효과적으로 제시될 수 있어야 한다. 정당과 관련된 장기 정보들은 경제, 복지, 외교, 안보, 교육 등 실제적인 주요 정책을 중심으로 정당의 입장이 명백하게 제시되고 지속적으로 견지될 때 정당일체감의 형태로 유지될 수 있다. 또한 반복되는 선거과정 속에서 이것이 실제로 유권자들의 공감을 얻을 때, 정당지지의 형태로서 유권자들의 투표 선택에 긍정적인 영향을 지속적으로 줄 수 있을 것이다. 장기적인 정당정보가 유권자들의 인식 속에 작동하지 않는 정당은 유권자들의 안정적인 지지를 얻을 수 없으며, 지역주의에 편승한 단기적 파생효과만을 얻어가는 부동층 정당으로서의 내생적 한계를 가질 수밖에 없기 때문이다.

이러한 면을 종합해 볼 때, 국민의당에 대한 유권자들의 투표는 새누리당, 더민주당에 대한 직접적 부정적 평가, 그리고 국민의당에 대한 긍정적 평가에 근거했다고 보기는 사실상 어렵다. 오히려 제3당의 정당구도에서 새누리당과 더민주당에 대한 상대적 비선호의 효과, 즉 상대당에 대한 비교평가의 결과, 자신의 표의 가치를 고려한 '단기적 전략투표'일 가능성이 매우 높아 보인다. 결론적으로 국민의당은 3당의 정당구도에서 심리적 균형점과

〈표 11〉 국민의당 정당 투표에 대한 정당태도 효과

변수		B	S.E.	Wals	자유도	유의확률	Exp(B)
1 단계[a]	학력	.251	.152	2.748	1	.097	1.286
	소득	-.123	.096	1.627	1	.202	.884
	성별(1: 남자 2: 여자)***	-.896	.267	11.247	1	.001	.408
	출생연도***	.028	.010	6.958	1	.008	1.028
	호남***	1.798	.314	32.729	1	.000	6.036
	대구/경북***	-1.667	.548	9.268	1	.002	.189
	당파심(1: 유 2: 무)**	.571	.266	4.597	1	.032	1.770
	이념(진보-보수)	.021	.074	.080	1	.777	1.021
	박근혜 국정평가***	.577	.209	7.658	1	.006	1.781
	경제평가	.010	.254	.002	1	.968	1.010
	투표변경(1)***	-.960	.365	6.904	1	.009	.383
	새누리당 상충	-.079	.264	.090	1	.764	.924
	더민주당 상충	-.145	.220	.434	1	.510	.865
	국민의당 상충	.065	.243	.073	1	.787	1.068
	새누리-민주 상충***	2.064	.340	36.842	1	.000	7.874
	더민주-국민 상충***	-.862	.295	8.537	1	.003	.422
	새누리-국민 상충***	-1.667	.409	16.632	1	.000	.189
	상수항	-55.825	20.403	7.486	1	.006	.000

-2log 우도=437.741, N=708, 적중률=87.1%

*** p<.000 ** p<.01 * p<.05 종속변수: 비례정당 국민의당 투표=1

합리적 선택을 지향하는 유권자들의 상충적 정당태도에 의한 대안적 선택에 의해 득표하였다고 볼 수 있다.

이처럼 각 정당에 대한 상충적 태도는 상대 경쟁 정당에 대한 지지의 원인이 되어 긍정적 선호를 파생시키는 특성이 있음을 알 수 있다. 반면 일관적이며 응집력이 있는 정당의 경우, 장기적 정당정보의 인지적 힘에 의해 정당구도의 변화에 민감하게 반응하지 않으며 변화에 둔감한 특성을 가지게 됨을 알 수 있다. 특히, 긍정과 부정의 인식이 교차되어 심리적으로 갈등상황에 처할지라도 단일한 정당의 긍정 또는 부정평가에 따른 '일관투표'의 가능성이 높게 나타났다. 그러나 정당에 대한 태도가 분산적이며 불안정성이 높은 경우, 선거게임의 행위자인 정당에 대한 긍정값과 부정값의 심리적 계산과정이 수반되며 이 결과 대안적으로 제3당에 대한 차선의 투표 선택이 이루어짐을 알 수 있었다. 이 과정에서 투표결정을 돕는 장기기억인 당파심과 이념, 지역주의 등은 개별 정당에 대한 선호/비선호의 평가에 중요한 기초적 단서(cues)로 사용되며, 그것의 연상선상에서 단기적인 평가도 이루어짐을 알 수 있었다.

V. 결론: 정당태도로 이해하는 정당구도의 변화

한국의 선거와 정당의 역사는 이제 60여 년을 넘어서고 있다. 1987년 민주화를 기점으로 보더라도, 내년이면 30년의 선거혁명의 정치사를 지나왔다. 그동안 정당명이 변화하고 제3정당이 등장하는 등 수많은 변화와 변동의 정당사를 거쳐 왔다. 한국의 정치사는 여당과 야당의 정당 프레임에서 제3당(제3후보)의 부상과 쇠락 그리고 포용과 융합과정을 통해 변화하고 발전해왔다. 그렇다면, 한국의 선거과정에서 유권자들이 가지는 당파심이란 무엇을 뜻하는가? 한국 유권자들의 당파심은 서구, 특히 미국 유권자들이

민주당과 공화당에 대해 가지는 정당일체감과 비교할 수 있는 유사한 개념
으로 사용할 수 있는가? 아니면 서구의 정당일체감과 비교해 불안정하거나
유동적이기 때문에 기존의 투표행태이론으로 한국의 정당정치 변화를 설명
하기 어렵다고 단언할 수 있는가?

　본 연구는 정당에 대한 유권자들의 감정적·인지적 그리고 평가적 반응에
의해 형성되는 태도를 중심으로 그들의 투표 선택과 그 결과로 변화된 3당
구도에 대해 논의하였다. 제20대 총선의 분석 결과, 한국 정당에 대한 유권
자들의 태도는 양당제 구도를 가지고 있는 국가들의 유권자 투표행태와 매
우 유사한 경험적 증거들을 얻었다. 정치적 태도에 관한 정치심리이론에 의
하면, 당파심의 구성인자는 특수한 정치 환경과 개인의 사회·정치적 경험
에 따라 다를 수 있으나, 어떠한 정당체계에 속한 유권자라 할지라도 정당에
대한 장기기억(partisan cue)을 중심으로 단기적인 정당정보와 관련된 요인
들을 종합하여 누구에게 투표할지 결정하는 인지적 의사결정의 과정은 서로
매우 유사함을 알 수 있다. 한국의 선거과정에서 나타나는 유권자들의 투표
행태도 이에 예외가 될 수는 없을 것이다. 한국의 정당역사가 짧다고 하여
유권자들의 투표 선택과정이 서구와 다르다고 해석할 수 없으며, 정당정책
이 중도적으로 변화하고 제3당의 등장이 간헐적으로 발생하는 것이 양당제
가 아닌 후진적인 정치 환경 때문이라 단언할 수도 없다.

　한국 유권자들은 20회에 걸친 국회의원선거를 통해 양당구도와 신생정당
의 3당 구도를 반복적으로 경험해 왔다. 지금의 새누리당 전신인 민주자유
당은 1988년 총선에서 여당임에도 과반수 의석확보에 실패하여 4당구도의
소위 '여소야대' 정국을 맞았다. 이후 1989년 김종필이 이끄는 신민주공화당
과 통일민주당의 3당 합당으로 1992년 정권을 잡게 된다. 이후 보수적인
제3당인 자유민주연합이 1997년 김대중의 대선 승리에 큰 역할을 하였음은
널리 알려진 사실이다. 이번 총선을 통해 유권자들의 상당한 지지를 얻은
국민의당은 상충적 유권자들에게 과연 어떠한 정당으로 자리매김하게 될 것
인가? 또한 제3당으로서 의회 내 어떠한 역할을 하게 되며, 어떤 방향으로
정국을 이끌어갈 수 있을까? 한국 정당구도의 변화를 예측하기 위해서는 제

3당인 국민의당이 기존정당에 대한 상충적 인식과 태도의 불안정성에 기인한 '파생적 득표'에 성공한 제3당이라는 점 또한 이해하여야 한다. 이러한 이유로 제3당인 국민의당이 가진 유동적 정당인식이 긍정과 부정의 측면 중 어느 쪽으로 융합되어 진화할지 예측하기는 어려울 것 같다. 또한 호남 지역주의적 색채와 진보-보수의 이념적 수레바퀴에서 얼마간 반사이익을 취할 수 있을지는 더욱 알기 어렵다.

그러나 한 가지 확실한 것은 대부분의 유권자들은 최종 투표결정의 순간에 불안정한 긍정과 부정의 인지적 불안정성을 피하려는 "인지적 합리성"을 가지고 있다는 점이다. 주요 정당에 대한 불안정한 태도의 인지적 불편함을 피하려는 속성이 제3당에 대한 막연한 상대적 선호의 지지로 이어질 수 있기 때문이다. 또한 이러한 불안정성을 극복하지 못하고 당파적 안정성을 확보하지 못한 경우, 정당구도의 변화를 이끈 대중적 인기를 얻고도 유권자들의 인식 속에 장기적으로 정착하지 못하고 외면당한 사례는 한국 정당사에 상당수 존재한다.

이러한 의미에서 정당태도의 연구는 정당의 득표라는 표면적 결과를 넘어 유권자 한 표 한 표의 실제적 의미에 관심을 가지려는 새로운 시도라 할 수 있다. 이와 같은 정치구도 속에서 유권자들의 다양한 정당태도에 기초하여 이루어지는 정당 투표를 이해하기 위해서는 '일관성'과 '상충성(partisan ambivalence)'의 개념을 동시에 이해하는 연구전략이 매우 중요할 수 있다. 정당태도에 관한 후속연구를 통해, 어떻게 하면 유권자들의 입장에서 기능하는 정당이 유권자들의 공감을 얻고 긍정적인 평가를 받아 그것이 득표로 수렴되는 긍정적 정치 환경이 될 수 있을지 거시적인 차원에서 전망해볼 수 있기를 기대해본다.

【부록】 정당 상충성과 정당 투표확률

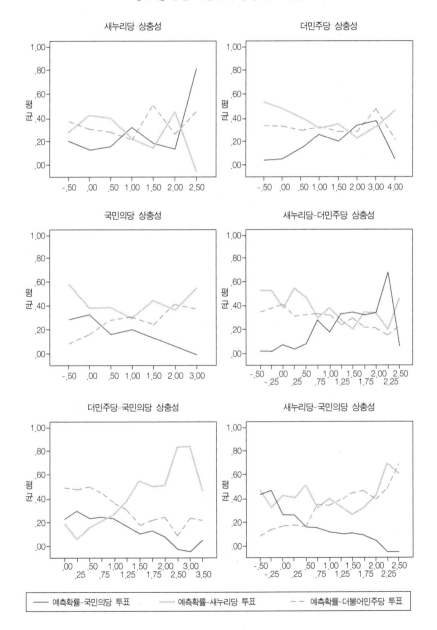

【참고문헌】

김연숙. 2014. "한국 유권자의 투표결정시기에 관한 연구." 『한국정당학회보』 제13집 제1호: 33-63.

류재성. 2012. "부동층은 누구인가? ― 지지후보 결정시점의 요인에 관한 연구." 박찬욱·강원택 편. 『2012년 국회의원선거 분석』. 경기도 파주: 나남.

박원호. 2013. "무당파의 선택: 2012년 양대 선거를 중심으로." 『변화하는 한국유권자 5』. 서울: EAI.

유성진. 2009. "상충적 태도의 유권자: 민주주의의 적인가, 이상적 유권자인가?" 김민전·이내영 공저. 『변화하는 한국유권자 3』. EAI.

유성진. 2010. "부동층의 특성과 투표행태." 『변화하는 한국유권자 4』. 서울: EAI.

조성대. 2013. "부동층에 관한 연구: 19대 총선에서 정당선호, 선거쟁점과 투표 결정시기." 『한국정치학회보』 제47집 제2호: 109-129.

Achen, Christopher H. 1992. "Social psychology, demographic variables, and linear regression: Breaking the iron triangle in voting research." *Political Behavior* 14.3: 195-211.

Ajzen, Icek, and Martin Fishbein. 2000. "Attitudes and the attitude-behavior relation: Reasoned and automatic processes." *European Review of Social Psychology* 11.1: 1-33.

Arceneaux, Kevin, and Ryan J. Vander Wielen. 2013. "The effects of need for cognition and need for affect on partisan evaluations." *Political Psychology* 34.1: 23-42.

Bartels, Larry M. 1996. "Uninformed votes: Information effects in presidential elections." *American Journal of Political Science*: 194-230.

Basinger, Scott J., and Howard Lavine. 2005. "Ambivalence, information, and electoral choice." *American Political Science Review* 99.02: 169-184.

Brader, Ted. 2011. "The political relevance of emotions: "Reassessing" revisited."

Political Psychology 32.2: 337-346.

Campbell, Angus, Philip E. Converse, Warren E. Miller, and Donald E. Stroke. 1960. *The American Voter.* New York: John Wiley.

Eagly, Alice H., and Shelly Chaiken. 1993. *The Psychology of Attitudes.* Harcourt Brace Jovanovich College Publishers.

Fazio, Russell H., and Carol J. Williams. 1986. "Attitude accessibility as a moderator of the attitude-perception and attitude-behavior relations: An investigation of the 1984 presidential election." *Journal of Personality and Social Psychology* 51.3: 505.

Gerber, Alan, and Donald P. Green. 1998. "Rational learning and partisan attitudes." *American Journal of Political Science*: 794-818.

Greene, Steven. 2005. "The structure of partisan attitudes: Reexamining partisan dimensionality and ambivalence." *Political Psychology* 26.5: 809-822.

Holbrook, Allyson L., and Jon A. Krosnick. 2005. "Meta-psychological versus operative measures of ambivalence." *Ambivalence and the Structure of Political Opinion.* Palgrave Macmillan US: 73-103.

Iyengar, Shanto, and Sean J. Westwood. 2015. "Fear and loathing across party lines: New evidence on group polarization." *American Journal of Political Science* 59.3: 690-707.

Kahneman, Daniel. 2003. "A perspective on judgment and choice: mapping bounded rationality." *American Psychologist* 58.9: 697.

Lavine, Howard. 2001. "The electoral consequences of ambivalence toward presidential candidates." *American Journal of Political Science*: 915-929.

Lavine, Howard G., Christopher D. Johnston, and Marco R. Steenbergen. 2012. *The Ambivalent Partisan: How Critical Loyalty Promotes Democracy.* Oxford University Press: 47-81.

Lazarus, Richard S. 1991. *Emotion and Adaptation.* New York: Oxford University Press.

Lodge, Milton, and Charles S. Taber. 2013. *The Rationalizing Voter.* Cambridge University Press.

Marcus, George E. 2003. "The psychology of emotion and politics." *Oxford Handbook of Political Psychology*: 182-221.

Miller, Warren Edward, and J. Merrill Shanks. 1996. *The New American Voter.*

Cambridge, MA: Harvard University Press.

Mulligan, Kenneth. 2011. "Partisan Ambivalence, Split-Ticket Voting, and Divided Government." *Political Psychology* 32.3: 505-530.

Petty, Richard E., and John T. Cacioppo. 1986. "The elaboration likelihood model of persuasion." In *Communication and Persuasion*. pp.1-24. Springer New York.

Rudolph, Thomas J., and Elizabeth Popp. 2007. "An information processing theory of ambivalence." *Political Psychology* 28.5: 563-585.

Thompson, Megan M., Mark P. Zanna, and Dale W. Griffin. 1995. "Let's not be indifferent about (attitudinal) ambivalence." *Attitude Strength: Antecedents and Consequences* 4: 361-386.

Thornton, Judd R. 2011. "Ambivalent or indifferent? Examining the validity of an objective measure of partisan ambivalence." *Political Psychology* 32.5: 863-884.

_____. 2014. "Getting lost on the way to the party: Ambivalence, indifference, and defection with evidence from two presidential elections." *Social Science Quarterly* 95.1: 184-201.

Valentino, Nicholas A., Krysha Gregorowicz, and Eric W. Groenendyk. 2009. "Efficacy, emotions and the habit of participation." *Political Behavior* 31.3: 307-330.

Yoo, Sung-jin. 2010. "Two types of neutrality: Ambivalence versus indifference and political participation." *Journal of Politics* 72.1: 163-177.

제 **3** 부

선거와 투표

제6장

제20대 총선에서 투표결정 변경자의 지역별·계층별·이념적 특징 분석

문우진 | 아주대학교

I. 서론

20대 총선 결과 야당이 16년 만에 다수당을 차지하였다. 선거 이틀 전 한국갤럽·코리아리서치·미디어리서치 등은 새누리당 의석을 155~169석으로 예측했으나 실제 결과는 122석이었다. 여당의 공천 파동 때문에 여당에 대한 민심이반이 있을 것으로 예상되었으나, 야당의 분열 효과는 이러한 민심을 상쇄하기에 충분할 것을 생각되었다. 20대 총선에서의 야당의 압도적인 승리는 일반 유권자들뿐만 아니라 전문가도 예측하지 못한 결과였다. 총선 이후, 언론들은 이러한 예상을 뛰어넘는 총선 결과의 이유에 대한 다양한 해석들을 내놓았다. 한 언론기관이 실시한 설문조사에 따르면, 응답자의 43.9%가 새누리당의 공천파동을, 32.3%는 대통령의 독선적인 불통정치, 18.1%는 경제사정 악화를 새누리당의 선거패배의 원인으로 들었다.[1) 이러한 비판적인 평가는 새누리당의 고정지지층인 새누리당 지지자, 60세 이상 고령층, 대구경북 지역에서 높게 나왔다. 더불어민주당과 국민의당이 승리한 이유도 이들 정당에 대한 긍정적인 평가보다는 새누리당에 대한 부정적인 평가의 반사이익을 누린 것으로 평가되었다.

그렇다면 유권자들의 새누리당에 대한 부정적인 평가가 실제로 지지변경으로 이루어졌을까? 노년층이면서 대구경북에 기반을 둔 보수적인 성향이 강한 새누리당 지지자의 새누리당에 대한 충성도는 견고한 것으로 인식되어 왔다. 19대 총선 당시, 이명박 정부의 경제실정 및 민간인 사찰과 같은 악재도 새누리당에 대한 지지를 무너뜨리기에는 역부족이었고, 이러한 결과는 새누리당(당시 한나라당)의 패배를 예견하고 국회선진화법을 준비한 여당 의원들도 예측하지 못한 것이었다. 이러한 새누리당에 대한 견고한 지지 때문에, "새누리당이 나라를 팔아먹어도 새누리당에 대한 지지는 변하지 않는다"는 말이 회자될 정도이었다. 새누리당이 무리하게 친박의원 중심의 공천을 밀어붙인 이유도 아마 이러한 자신감의 발로였을 수 있다. 20대 총선에서 새누리당의 참패는 일반 유권자 및 여야 정치인뿐만 아니라 정치전문가들도 예상치 못한 결과이었다. 따라서 새누리당 지지변경에 대한 분석은 선거정치학에서 중요한 의미를 지닌다.

20대 총선에서 유권자들의 투표결정 변경이 중요한 의미를 지니는 이유는 한국의 정당체제의 변화 가능성에 대한 경험적 사례를 제공하기 때문이다. 소선거구제가 지배적인 한국의 선거제도에서 두 주요 정당이 지배하는 정당체제가 형성되어 왔다. 물론, 지역적 지도자의 출현에 따른 소규모 지역정당의 출현으로 3당 체제가 일시적으로 형성되기도 했었다. 국민의당 역시 아직까지 호남에 기반을 둔 지역정당의 성격이 강하지만, 향후 국민의당이 이념적 스펙트럼에서 보수와 진보를 대표하는 두 주요 정당 사이에 중도를 대표하는 전국 기반의 이념정당이 될 수 있는가는 이론적으로 매우 흥미로

---

1) 『문화일보』, 2016년 4월 18일. http://www.munhwa.com/news/view.html?no=2016041801070230124001

운 문제이다. 따라서 국민의당에 대한 지지가 기존정당들에 지속적으로 대응할 수 있는 견고한 이념적인 기반에 기초한 것인가, 아니면 더민주당 내부의 권력투쟁에서 분리되어 나온 일부 호남 정치세력이 안철수라는 대중 정치인의 등장과 새누리당에 대한 비판적 여론에 편승해서 형성된 것인가를 분석할 필요가 있다.

마지막으로 20대 총선에서 투표결정 변경 분석이 흥미로운 이유는 국민의당의 출현이 20대 국회에서의 여야 의석 배분에 어떠한 효과를 미쳤는가를 파악할 수 있게 해주기 때문이다. 총선 전 더민주당은 국민의당에 선거연대를 지속적으로 요구했었고, 선거연대 실패는 총선 패배를 초래할 수 있다고 주장했었다. 이러한 주장의 근거는 더민주당과 국민의당의 지지자들이 상당히 중첩되기 때문에, 선거연대의 실패는 이들 지지자들 표의 분산을 초래하여 새누리당에게 어부지리를 줄 수 있다는 것이었다. 반면, 국민의당은 오히려 새누리당 지지자들의 표를 흡수해서 더민주당에게 반사이익을 줄 수도 있다고 주장했다. 총선 결과 새누리당의 예상치 못한 패배는 이러한 대립하는 두 주장들 중, 국민의당의 주장이 더 설득력이 있는 것으로 보여지게 하였다. 총선 이후 발표된 국민의당에 대한 지지율 변화는 새누리당에 대한 지지율 변화와 연동되어, 새누리당 이탈자들이 국민의당 지지자들의 상당 부분을 구성하는 것으로 해석되었다. 그러나 새누리당과 더민주당 이탈자들이 어느 정도 국민의당 지지에 동참했는가를 분석하기 전에는 이러한 해석들은 경험적인 근거가 없는 것이다.

이 글은 20대 총선에서 투표결정 변경자들의 특징들을 지역별·계층별·이념별로 분류해서 살펴보고, 이러한 관찰 결과가 전술한 문제들에 어떠한 해법을 제시할 수 있는가를 논의한다. 이 글은 다음과 같이 구성되어 있다. 첫째, 20대 국회의원 설문조사 자료를 분석하여, 19대 총선에서의 유권자들의 정당지지가 20대 총선에서 어떻게 변했는가를 살펴본다. 여기에서는 유권자들의 후보 투표와 정당 투표에서의 투표결정 변경이 어떤 차이가 있는가를 비교한다. 둘째, 유권자들의 투표결정 변경이 지역별로 어떻게 다르게 나타났는가를 비교한다. 셋째, 유권자들이 투표결정 변경이 정치적으로 중요한 집단(예컨대 전쟁세대나 86세대)에서 어떻게 나타났는가를 살펴본다. 넷째, 19대 총선과 20대 총선 사이에 정당지지를 변경하지 않은 유권자들과 다른 정당으로 지지를 바꾼 유권자들 사이에 어떠한 이념적 차이가 있는가를 분석한다. 다섯째, 이러한 분석 결과를 기초로, 국민의당의 출현이 20대 국회에서 야권 의석점유율에 긍정적인 또는 부정적인 영향을 미쳤는가를 분석한다.

II. 후보 투표와 정당 투표에서의 투표결정 변경

16대 대선에서 17대 대선 사이에 지지정당 변경 유권자들의 특성을 분석한 일부 연구(문우진 2012; 이내영·정한울 2007)를 제외하면, 유권자들의 투표결정 변경에 대한 연구는 희소한 편이다. 특히 국회의원선거에서 투표결정 변경에 대한 연구는 전무하다고 해도 과언이 아니다. 이러한 이유는 국회의원선거에서는 학자들의 관심을 끌 정도로 주목할 만한 정당지지 변경이 관찰되지 않았기 때문일 것이다. 뿐만 아니라, 총선 사이의 지지변경 분석이 가능한 설문조사 문항이 설문조사에 19대 총선부터 포함되기 시작했다. 따라서 총선에서 유권자들의 투표결정 변경 또는 지지정당 변경에 대한 연구는 거의 전무한 현실이다. 이 글이 사용하는 「제20대 국회의원총선거 관련 유권자정치의식조사」는 19대 총선과 20대 총선에서 유권자들의 투표결정에 대한 문항들을 포함하고 있어, 비로소 총선에서의 유권자들의 투표결정 변경에 대한 분석이 가능하게 되었다. 19대 및 20대 총선에서의 지역구 투표에 대한 유권자들의 결정을 총체적으로 이해하기 위해서, 같은 정당소속의 후보를 계속 지지하거나 다른 정당소속의 후보로 지지를 변경한 유권자들이 분포를 〈표 1〉에 정리하였다.

먼저 19대 총선에서 새누리당과 민주당을 지지한 유권자들의 투표결정 변경을 비교해보면, 다음과 같은 흥미로운 사실들이 발견된다. 견고하다고 여겨졌던 새누리당 지지자들의 거의 50% 정도가 두 총선 사이에서 투표결정을 변경하였다. 이러한 결과는 유권자들의 정당지지가 두 선거 사이에 상당히 유동적이었다는 사실을 의미한다. 〈표 1〉은 다른 정당지지자들에 비해서 새누리당 지지자들이 더 많이 이탈했기 때문에 20대 총선에서 새누리당이 대패한 것이 아니라는 사실을 보여준다. 새누리당 지지자들의 이탈 정도(48.7%)는 민주통합당 지지자들의 지지변경과 비교해보면, 훨씬 덜 심각

〈표 1〉 제19대 총선과 제20대 총선에서의 지역구 후보 투표결정

20대 총선 / 19대 총선	새누리당 후보 지지	더민주당 후보 지지	국민의당 후보 지지	정의당 후보 지지	기타 후보 지지	기권 유권자	합
새누리당 후보 지지	284 (51.3%)	56 (10.1%)	21 (3.8%)	1 (0.2%)	15 (2.7%)	177 (31.9%)	554 (100%)
민주통합당 후보 지지	14 (3.8%)	160 (43.5%)	61 (16.6%)	4 (1.1%)	8 (2.2%)	121 (32.9%)	368 (100%)
통합진보당 후보 지지	1 (10.0%)	3 (30.0%)	3 (30.0%)	0 (0.0%)	0 (0.0%)	3 (30.0%)	10 (100%)
기타 후보 지지	0 (0.0%)	2 (13.3%)	1 (6.7%)	0 (0.0%)	3 (20.0%)	9 (60.0%)	15 (100%)
기권 유권자	11 (6.4%)	25 (14.5%)	11 (6.4%)	0 (0.0%)	2 (1.2%)	124 (71.7%)	173 (100%)
19대 총선 무투표권자	6 (11.8%)	11 (21.6%)	5 (9.8%)	0 (0.0%)	0 (0.0%)	29 (56.9%)	51 (100%)
20대 총선 정당별 득표	316 (27.0%)	257 (21.9%)	102 (8.7%)	5 (0.4%)	28 (2.4%)	463 (39.5%)	1171 (100%)
유입표	32	97	102	5	25	339	600
이탈표	270	208	–	10	12	49	600
순유입표	-238	-111	102	-5	13	290	0

자료: 「제20대 국회의원총선거 관련 유권자정치의식조사」

한 수준이었다. 19대 총선에서 민주통합당을 지지했던 유권자들의 56.5%가 더민주당에 대한 지지로 이어지지 않았다. 〈표 1〉은 새누리당 고정지지층의 이탈보다 더 중요한 새누리당 패배의 원인을 보여준다. 〈표 1〉은 새누리당 유입표보다 유출표가 훨씬 더 많다는 사실을 보여준다(32표 대 270표). 〈표 1〉은 특히 새누리당 후보에 대한 지지를 철회한 유권자들의 표 중 10.1%가 지역구 경쟁대상인 더민주당 후보에게 유입되었다는 사실을 보여준다.

이에 반해, 민주통합당을 이탈한 지지자들의 표는 새누리당으로 거의 유입되지 않고, 국민의당으로 유입되었다. 더민주당은 새누리당 이탈자 표(56표)를 얻은 만큼, 민주통합당 이탈자 표(61표)를 국민의당에 빼앗겼다. 즉, 정당 간의 표 이동을 통해 가장 큰 이득을 본 정당은 국민의당이었다. 〈표 1〉은 또한 국민의당 출현으로 새누리당 표가 국민의당으로 이동해서 민주당이 반사이익을 얻었다는 주장은 사실이 아니라는 것을 보여준다. 19대 총선 당시 새누리당 지지자들 중 3.8%만이 국민의당으로 이탈하였다. 반면, 민주통합당 지지자들 중 16.6%가 국민의당으로 이탈하였다. 그리고 국민의당이 얻은 전체 102표 중에서 새누리당에서 유입된 표는 21표(20.6%)였으나 민주통합당에서 유입된 표는 61표(59.8%)에 달했다. 따라서 국민의당의 출현은 더민주당 표를 상당히 잠식했다고 볼 수 있다.

〈표 1〉은 유권자들의 투표결정 변경 중, 정당 간의 지지변경보다 더 큰 비중을 차지하는 부분이 기권이라는 사실을 보여준다. 19대 총선에서 기권을 한 유권자들(173표)의 대부분(124표)은 20대 총선에서도 기권하였고, 49표만이 투표를 재개하였다(71.7% 대 28.3%). 반면 19대 총선에서는 투표를 했으나 20대 총선에서 기권한 유권자는 339표에 달했다. 19대 총선에서 새누리당과 민주통합당을 각각 지지한 유권자들의 30% 정도가 20대 총선에서 기권으로 빠져나갔다. 이처럼 기권으로 이탈한 경우는 정당지지 변경으로 빠져나간 경우보다 규모가 훨씬 더 컸다. 더민주당은 19대 총선의 기권자들의 투표재개로 가장 많은 표(25표)를 얻었다. 새누리당과 국민의당은 각각 11표씩을 얻었다. 그러나 이러한 기권표의 유입에 비해 새누리당과 더민주당

은 훨씬 많은 유권자들을 기권으로 잃었다. 새누리당은 177표를, 더민주당은 121표를 기권으로 잃었다. 마지막으로, 〈표 1〉은 19대 총선에서 투표권이 없었다가 20대 총선에서 투표권을 획득한 젊은 유권자들이 더민주당 후보들

〈표 2〉 제19대 총선과 제20대 총선에서의 정당 투표결정[2]

20대 총선 / 19대 총선	새누리당 지지	더민주당 지지	국민의당 지지	정의당 지지	기타 정당 지지	기권 유권자	합
새누리당 지지	282 (52.8%)	43 (8.1%)	37 (6.9%)	0 (0.0%)	3 (0.6%)	169 (31.6%)	534 (100%)
민주통합당 지지	7 (1.9%)	155 (41.6%)	77 (20.6%)	8 (2.1%)	2 (0.5%)	124 (33.2%)	373 (100%)
통합진보당 지지	1 (5.9%)	8 (47.1%)	4 (23.5%)	3 (17.6%)	0 (0.0%)	1 (5.9%)	17 (100%)
기타 정당 지지	0 (0.0%)	1 (33.3%)	0 (6.7%)	0 (0.0%)	1 (33.3%)	1 (33.3%)	3 (100%)
기권 유권자	7 (3.7%)	25 (13.2%)	18 (9.5%)	1 (0.5%)	1 (0.5%)	137 (72.5%)	189 (100%)
19대 총선 무투표권자	6 (11.5%)	6 (11.5%)	8 (15.4%)	1 (1.9%)	1 (1.9%)	30 (57.7%)	52 (100%)
20대 총선 정당별 득표	303 (25.9%)	238 (20.4%)	144 (12.3%)	13 (1.1%)	8 (0.7%)	462 (39.6%)	1168 (100%)
유입표	21	83	144	10	7	325	590
이탈표	252	218	-	14	2	52	590
순유입표	-231	-135	144	-4	5	273	0

2) 20대 총선의 투표율은 58%이고, 새누리당, 더민주당, 국민의당이 정당 투표에서 얻은 득표율은 각각 33.6%, 25.5%, 26.7%이다. 〈표 2〉에서 기권자를 제외하고 세 정당의 득표율을 다시 계산하면 각각 42.9%, 33.7%, 20.3%이다. 위 설문조사의 표본에서 새누리당과 더민주당 지지자들이 과대대표되었고 국민의당 지지자들이 과소대표되었으므로, 새누리당과 더민주당에서 국민의당으로 이탈한 유권자들이 과소대표되었다고 볼 수 있다.

을 가장 많이 지지했다는 사실을 보여주고 있다(21.6%). 이들 젊은 유권자들의 새누리당 후보와 국민의당 후보의 지지는 거의 동등하게 갈렸다.

〈표 2〉는 19대 및 20대 총선에서의 정당 투표에 대한 유권자들의 결정을 보여준다. 〈표 2〉는 약간의 정도 차이는 있으나 〈표 1〉과 대부분 비슷한 결과를 보여준다. 첫째, 새누리당은 민주당에 비해서 지지 유지자들의 비율이 더 높으나 이탈표(252표)가 유입표(21표)에 비해서 현격하게 많다. 더민주당은 새누리당 이탈자들의 표를 얻었으나 민주통합당 이탈자들을 국민의당에 빼앗겼다. 둘째, 이러한 표의 이동에서 더민주당은 정당 투표에서 더 큰 손실을 보았다. 후보 투표에 비해서 정당 투표의 경우, 새누리당 이탈자의 더민주당 유입은 감소한 반면, 민주통합당 지지자들의 국민의당으로의 이탈은 증가하였다. 19대 총선 새누리당 지지표의 국민의당 유입은 37표에 불과한 반면, 민주통합당 이탈표는 유입표의 두 배 이상(77표)에 달했다. 셋째, 새누리당과 더민주당 모두 정당지지 변경에 비해 기권에 의한 이탈을 더 심하게 경험하였다. 다섯째, 19대 총선에서 투표권이 없었던 젊은 유권자들은 20대 총선 정당 투표에서는 국민의당을 가장 많이 지지하였다.

이러한 유사성에도 불구하고, 〈표 1〉과 〈표 2〉를 비교해보면, 몇 가지 차이점이 관찰되었다. 가장 주목할 만한 차이점은 후보 투표에서 지지를 변경한 경우 새누리당 후보지지표가 대부분 더민주당 후보지지표로 변경되었으나, 정당 투표에서 지지를 변경한 경우 새누리당 이탈표의 상당 부분이 더민주당에서 국민의당으로 이동하였다. 후보 투표의 경우 더민주당과 국민의당은 각각 새누리당 이탈표의 10.1%와 3.8%를 얻은 반면, 정당 투표의 경우 이 두 당은 각각 8.1%와 6.9%를 얻었다. 이러한 결과는 새누리당 이탈자들이 한 표는 더민주당 후보에게 나머지 한 표는 국민의당에게 교차투표를 했기 때문으로 해석된다. 둘째, 민주통합당 이탈자의 국민의당 유입이 후보 투표보다 정당 투표에서 더 크게 관찰되었다(16.6% 대 20.6%). 이 결과 역시 민주통합당 이탈자들이 한 표는 새누리당 후보에게, 한 표는 국민의당에게 교차투표했을 가능성 때문에 발생한 것으로 해석된다.

III. 지역별 투표결정 변경

〈표 3〉은 두 총선에서 유권자들의 후보 투표 결정이 지역별로 어떻게 차이가 나는가를 보여준다.3) 먼저 19대 총선 당시 새누리당 후보지지자들의 20대 총선에서의 투표결정을 살펴보면, 전국 자료에서 발견된 결과와 비슷한 결과가 호남을 제외한 대부분 지역에서도 관찰되었다.4) 대부분 지역에서 새누리당 후보에 대한 지지를 유지한 유권자들은 50% 내외로 관찰되었다. 서울과 충청·강원 지역에서의 새누리당 후보지지자의 이탈이 각각 전국에 비해 4.5%와 3.5% 더 큰 것으로 나타났다. 새누리당 후보지지자의 이탈이 가장 적었던 지역은 영남이었다. 그러나 영남에서의 새누리당 후보에 대한 지지유지 정도가 전국 수준보다 현저하게 더 크지는 않았다. 또한 19대 총선 당시 새누리당과 민주통합당 지지자들 중, 타 정당 후보로 지지를 변경한 유권자들보다 기권을 통해 두 정당에서 이탈한 유권자들이 두 배 정도 많았다.

다음은 19대 총선 당시 새누리당 후보지지자가 20대 총선에서 더민주당 후보로 이탈한 정도를 살펴보자. 새누리당 이탈표 중 더민주당으로의 유입비율이 가장 큰 지역은 충청과 강원으로 관찰되었다(14.1%). 다음으로 유입비율이 큰 지역은 서울이었고, 유입비율이 가장 작은 지역은 영남이 아니라 경기도로 나타났다. 영남에서의 새누리당 이탈자의 더민주당 유입비율은 전국 수준(10.1%)보다 약간 더 낮은 수준이었다(9.1%). 이처럼 영남에서의 새누리당 이탈자의 더민주당 유입비율이 전국 수준과 큰 차이가 없는 이유는 국민의당 출현으로 더민주당이 더 이상 호남을 대표하는 정당이 아닌

---

3) 충청과 강원은 사례수가 적어 하나의 지역으로 묶어서 살펴보았다. 통합진보당과 무소속 및 기타 정당에 대한 투표결정 그리고 19대 총선 당시 투표권이 없었던 유권자들의 투표결정은 사례의 수가 너무 적기 때문에 〈표 3〉에서 제외하였다.

4) 19대 총선 당시 호남의 새누리당 지지자에 대한 사례가 너무 적어서 유의미한 표의 이동을 관찰하기 어려웠다.

〈표 3〉 제19대 총선과 제20대 총선에서의 지역별 후보 투표 결과

20대 총선 / 19대 총선	새누리당 후보 지지	더민주당 후보 지지	국민의당 후보 지지	정의당 후보 지지	기타 후보 지지	기권 유권자	합
▶ 서울							
새누리당 후보 지지	51 (46.8%)	13 (11.9%)	6 (5.5%)	0 (0.0%)	1 (0.9%)	38 (34.9%)	109 (100%)
민주통합당 후보 지지	4 (4.7%)	43 (50.6%)	12 (14.1%)	0 (0.0%)	0 (0.0%)	26 (30.6%)	85 (100%)
기권 유권자	3 (7.0%)	9 (20.9%)	3 (7.0%)	0 (0.0%)	0 (0.0%)	28 (65.1%)	43 (100%)
▶ 경기							
새누리당 후보 지지	85 (52.1%)	12 (7.4%)	9 (5.5%)	1 (0.6%)	8 (4.9%)	48 (29.4%)	163 (100%)
민주통합당 후보 지지	2 (1.8%)	54 (49.1%)	12 (10.9%)	1 (0.9%)	1 (0.9%)	40 (36.4%)	110 (100%)
기권 유권자	1 (1.8%)	8 (14.0%)	5 (8.8%)	0 (0.0%)	0 (0.0%)	43 (75.4%)	57 (100%)
▶ 영남							
새누리당 후보 지지	103 (55.1)%	17 (9.1)%	4 (2.1)%	0 (0.0)%	6 (3.2)%	57 (30.5)%	187 (100%)
민주통합당 후보 지지	5 (9.4)%	22 (41.5)%	2 (3.8)%	0 (0.0)%	6 (11.3)%	18 (34.0)%	53 (100%)
기권 유권자	4 (11.4)%	2 (5.7)%	0 (0.0)%	0 (0.0)%	1 (2.9)%	28 (80.0)%	35 (100%)
▶ 호남							
새누리당 후보 지지	1 (33.3)%	1 (33.3)%	0 (0.0)%	0 (0.0)%	0 (0.0)%	1 (33.3)%	3 (100%)
민주통합당 후보 지지	0 (0.0)%	22 (28.2)%	30 (38.5)%	1 (1.3)%	1 (1.3)%	24 (30.8)%	78 (100%)
기권 유권자	0 (0.0)%	2 (11.1)%	3 (16.7)%	0 (0.0)%	0 (0.0)%	13 (72.2)%	18 (100%)

▶ 충청·강원							
새누리당 후보 지지	44 (47.8)%	13 (14.1)%	2 (2.2)%	0 (0.0)%	0 (0.0)%	33 (35.9)%	92 (100%)
민주통합당 후보 지지	2 (4.9)%	19 (46.3)%	5 (12.2)%	2 (4.9)%	0 (0.0)%	13 (31.7)%	41 (100%)
기권 유권자	3 (15.0)%	4 (20.0)%	0 (0.0)%	0 (0.0)%	1 (5.0)%	12 (60.0)%	20 (100%)
▶ 전국							
새누리당 후보 지지	284 (51.3)%	56 (10.1)%	21 (3.8)%	1 (0.2)%	15 (2.7)%	177 (31.9)%	554 (100%)
민주통합당 후보 지지	14 (3.8)%	160 (43.5)%	61 (16.6)%	4 (1.1)%	8 (2.2)%	121 (32.9)%	368 (100%)
기권 유권자	11 (6.4)%	25 (14.5)%	11 (6.4)%	0 (0.0)%	2 (1.2)%	124 (71.7)%	173 (100%)

것으로 영남유권자들에게 인식되었기 때문으로 해석된다. 특히 민주통합당을 호남을 대표하는 정당이라 생각하고 19대 총선에 새누리당 후보를 지지했던 진보적인 영남 유권자들이 20대 총선에서는 더민주당으로 이탈했을 가능성이 있다. 실제로 새누리당에서 더민주당으로 지지를 변경한 전국 유권자들의 이념 평균이 5.4점인 반면, 영남의 지지변경자들의 이념 평균은 5.0으로 약간 더 진보적인 것으로 관찰되었다.

셋째, 19대 총선 당시 민주통합당 후보를 지지했던 유권자들이 20대 총선에서 어떠한 투표결정을 했는가를 지역별로 살펴보자. 민주통합당 후보에 대한 지지가 더민주당 후보에 대한 지지로 유지된 정도가 큰 지역은 서울, 경기, 충청·강원으로 나타났고, 민주통합당 후보로부터 이탈 정도가 가장 큰 지역은 호남과 영남으로 나타났다. 서울은 민주통합당에 대한 지지유지 정도(50.6%)가 새누리당 지지유지 정도(46.8%)보다 더 크게 나타난 유일한 지역이었다. 이러한 사실과 서울이 새누리당 이탈표 중 더민주당으로의 유입비율이 두 번째로 큰 지역이라는 관찰결과는 더민주당이 서울에서 승리한 이유를 보여준다.

더민주당은 새누리당 이탈자들을 얻는 것에 비해 훨씬 많은 수의 민주통합당 지지자를 국민의당에 잃었다. 특히 호남에서는 새누리당 이탈자를 거의 얻지 못한 반면, 민주통합당에 대한 지지를 유지한 유권자(28.2%)보다 더 많은 유권자(38.5%)를 국민의당에 잃었다. 호남에서 더민주당이 국민의당에게 잃은 민주통합당 지지자들의 이탈표(30표)는 전국 수준에서의 이탈표(61표)의 절반 정도에 이르렀다. 민주통합당 지지표의 국민의당으로의 이동은, 호남처럼 심하지는 않았지만, 모든 지역에서 고르게 나타났다. 영남을 제외한 대부분 지역에서 민주통합당 이탈표 중 기권표를 제외한 대부분의 표가 모두 국민의당으로 흡수되었다. 영남에서는 민주통합당 이탈표가 국민의당이 아닌 새누리당과 무소속 후보들에게 유입되었다. 영남에서의 이러한 예외적인 표의 이동은 영남민들이 국민의당을 호남을 대표하는 정당으로 인식했다는 사실을 보여준다.

〈표 4〉는 두 총선에서 유권자들의 정당 투표결정이 지역별로 어떻게 차이가 나는가를 보여준다. 〈표 3〉과 〈표 4〉를 비교해보면, 〈표 3〉에서 발견한 결과들이 〈표 4〉에서도 대부분 발견되었으나, 몇 가지 차이점이 관찰되었다. 첫째, 서울과 충청·강원 지역에서의 새누리당 후보지지자의 이탈은 각각 전국에 비해 더 컸으나, 이 지역에서의 새누리당 지지자의 이탈은 오히려 전국보다 더 적은 것으로 나타났다. 둘째, 새누리당 투표자의 이탈이 가장 적었던 지역은 영남이 아니라 경기도로 나타났다. 셋째, 정당 투표에서 새누리당 이탈표 중 더민주당으로의 유입비율이 가장 큰 지역은 후보 투표에서와 마찬가지로 충청과 강원이었으나, 두 번째로 유입비율이 큰 지역은 후보 투표에서와는 달리 영남으로 나타났다(8.2%). 타지역에서는 새누리당에 대한 지지를 철회한 유권자들이 한 표는 더민주당 후보를, 다른 한 표는 국민의당에 교차투표를 했기 때문에, 새누리당 이탈표가 더민주당과 국민의당으로 분산되었다. 반면 국민의당을 호남 정당으로 인식하는 영남 지역에서는 이러한 교차투표 가능성이 상대적으로 약했을 것이다. 따라서 타지역에서는 새누리당 이탈자들의 정당 투표가 국민의당으로 유입되면서 더민주

〈표 4〉 제19대 총선과 제20대 총선에서의 지역별 정당 투표 결과

20대 총선 / 19대 총선	새누리당 지지	더민주당 지지	국민의당 지지	정의당 지지	기타 정당 지지	기권 유권자	합
▶ 서울							
새누리당 지지	52 (51.0%)	7 (6.9%)	8 (7.8%)	0 (0.0%)	0 (0.0%)	35 (34.3%)	102 (100%)
민주통합당 지지	3 (3.4%)	43 (48.9%)	14 (15.9%)	0 (0.0%)	0 (0.0%)	28 (31.8%)	88 (100%)
기권 유권자	1 (2.1%)	10 (21.3%)	5 (10.6%)	0 (0.0%)	0 (0.0%)	31 (66.0%)	47 (100%)
▶ 경기							
새누리당 지지	88 (58.3%)	9 (6.0%)	11 (7.3%)	0 (0.0%)	2 (1.3%)	41 (27.2%)	151 (100%)
민주통합당 지지	3 (2.7%)	47 (42.0%)	17 (15.2%)	2 (1.8%)	1 (0.9%)	42 (37.5%)	112 (100%)
기권 유권자	2 (3.1%)	8 (12.5%)	6 (9.4%)	0 (0.0%)	0 (0.0%)	48 (75.0%)	64 (100%)
▶ 영남							
새누리당 지지	100 (54.3%)	15 (8.2%)	9 (4.9%)	0 (0.0%)	1 (0.5%)	59 (32.1%)	184 (100%)
민주통합당 지지	1 (1.9%)	26 (49.1%)	8 (15.1%)	2 (3.8%)	0 (0.0%)	16 (30.2%)	53 (100%)
기권 유권자	1 (2.6%)	4 (10.5%)	1 (2.6%)	0 (0.0%)	1 (2.6%)	31 (81.6%)	38 (100%)
▶ 호남							
새누리당 지지	0 (0.0%)	0 (0.0%)	0 (0.0%)	0 (0.0%)	0 (0.0%)	1 (100%)	1 (100%)
민주통합당 지지	0 (0.0%)	25 (29.8%)	30 (35.7%)	2 (2.4%)	0 (0.0%)	27 (32.1%)	84 (100%)
기권 유권자	0 (0.0%)	1 (5.6%)	4 (22.2%)	0 (0.0%)	0 (0.0%)	13 (72.2%)	18 (100%)

▶ 충청·강원							
새누리당 지지	39 (42.4%)	11 (12.0%)	9 (9.8%)	0 (0.0%)	0 (0.0%)	33 (35.9%)	92 (100%)
민주통합당 지지	0 (0.0%)	14 (38.9%)	8 (22.2%)	2 (5.6%)	1 (2.8%)	11 (30.6%)	36 (100%)
기권 유권자	3 (13.6%)	2 (9.1%)	2 (9.1%)	1 (4.5%)	0 (0.0%)	14 (63.6%)	22 (100%)
▶ 전국							
새누리당 지지	282 (52.8%)	43 (8.1%)	37 (6.9%)	0 (0.0%)	3 (0.6%)	169 (31.6%)	534 (100%)
민주통합당 지지	7 (1.9%)	155 (41.6%)	77 (20.6%)	8 (2.1%)	2 (0.5%)	124 (33.2%)	373 (100%)
기권 유권자	7 (3.7%)	25 (13.2%)	18 (9.5%)	1 (0.5%)	1 (0.5%)	137 (72.5%)	189 (100%)

당 정당 투표 감소에 영향을 미친 반면, 영남에서는 별 영향을 미치지 않은 것으로 해석된다.

마지막으로, 19대 총선 당시 민주통합당을 지지했던 유권자들이 20대 총선에서 어떠한 투표결정을 했는가를 지역별로 살펴보자. 19대 총선에서 민주통합당에 대한 지지가 20대 총선에서 더민주당에 대한 지지로 연결된 정도가 큰 지역은 영남과 서울이었고, 다른 정당(국민의당)으로 이탈한 정도가 큰 지역은 호남과 충청·강원으로 나타났다. 영남에서 더민주당의 정당 투표가 강하게 나타난 이유는 영남 유권자들이 타지역 유권자들에 비해서, 후보 투표는 새누리당에 정당 투표는 더민주당에 행사했을 가능성이 높기 때문이다. 다른 지역에 비해 충청·강원에서 민주통합당에 대한 정당 투표가 더민주당에 대한 정당 투표로 덜 연결된 이유는 더민주당 후보와 국민의당을 지지하는 교차투표성향이 충청·강원에서 더 강하게 나타났기 때문이다.5) 호남에서

---

5) 〈표 4〉에서 민주통합당 이탈자의 국민의당 유입비율이 호남을 제외한 모든 다른 지역

민주통합당에 대한 지지가 국민의당으로 이탈한 정도는 정당 투표보다 후보 투표에서 강하게 나타났다. 이는 국민의당 후보로 지지를 변경한 일부 유권자들이 정당 투표는 더민주당에 행사한 교차투표의 결과로 해석된다.

지역별 투표행태를 분석한 결과를 정리하면, 호남과 영남을 제외한 모든 지역에서 비슷한 양태가 발견되었다. 첫째, 새누리당과 민주통합당 지지자의 기권을 통한 이탈이 가장 현저하게 관찰되었다. 둘째, 새누리당 지지자들은 국민의당보다는 더민주당으로 이탈하였고, 이러한 이동은 후보 투표에서 더 강하게 나타났다. 셋째, 민주통합당 지지자들은 대부분 국민의당으로 이탈하였고, 더민주당은 새누리당 이탈자들을 얻은 것보다 더 많은 유권자들을 국민의당에 잃었다. 국민의당 출현으로 인한 더민주당의 이러한 손실은 정당 투표에서 더 큰 것으로 관찰되었다. 넷째, 호남과 영남에서의 투표행태는 타지역과 두드러진 차이점을 나타냈다. 호남에서는 후보 투표와 정당 투표 모두에서 민주통합당 지지자의 국민의당으로의 이탈이 전국에 비해 강하게 나타났다. 반면 영남에서는 민주통합당 지지자의 국민의당으로의 이탈이 심하지 않았고, 특히 후보 투표에서 이러한 이동은 약하게 관찰되었다. 타지역과 차별되는 호남과 영남에서의 이러한 투표행태는 지역주의 투표가 20대 총선에서도 잔존했다는 사실을 의미한다.

IV. 세대별 투표결정 변경

한국 유권자의 투표결정에서 지역 못지않게 중요한 변수로 세대가 주목받게 되었다. 2002년 16대 대선에서 젊은세대, 특히 '386세대'가 적극적으로 정치에 참여하면서 다수의 연구들은 세대를 중요한 변수로 주목하였다

에 비해서 충청·강원에서 훨씬 높게 관찰되는 사실이 이러한 해석을 뒷받침한다.

(강원택 2003; 김주찬·윤성이 2003; 노환희 등 2013; 허석재 2014). 세대
가 중요한 연구 주제로 부상하기 전, 기존 연구는 거주지, 이념, 또는 계층과
같은 변수들의 정치적 영향력을 분석하는 통계 모형에서 연령을 통제변수로
사용하였다. 연령효과(age effect)를 분석하는 연구는 특정 연령층에 발생
한 정치적 사건의 영향력보다는 자연 연령의 증가에 따른 유권자의 생물학
적·사회학적 성숙 과정에 초점을 맞춘다. 이러한 연구들은 유권자들이 나
이가 들수록 보수화되고 보수적인 정당을 지지한다고 가정한다.

　이에 반해, 세대를 정치적 사건과 연관지어 생각하는 입장에서는 한 세대가
공유하는 가치와 태도의 중요성을 강조한다. 예컨대, 정진민·황아란(1999)
은 전전세대(1950년생 이전), 민주세대(1950~62년), 신세대(1962년 이후)
를 구분하고 세대효과(generation effect)의 영향력을 분석하고자 하였다.
후속 연구들 다양한 세대 개념을 제시하면서, 세대가 이념성향이나 정당지
지에 미치는 영향을 분석하였다(김형준 2006; 박명호 2009; 어수영 2006;
노환희 등 2013). 이러한 연구들은 다양한 정치세대를 구분하는 객관적인
기준이 없어 연구자들의 자의적인 세대 구분에 의존하는 단점이 있다.[6]

　이 글의 목적은 연령효과와 세대효과를 시계열적으로 추적하기보다는 20
대 총선에서 세대 또는 연령 간에 어떠한 투표결정 차이가 있는가를 비교하
는 것이므로, 이 글에서는 가장 폭넓은 연령층에 대한 세대 구분을 한 노환
희 등(2013)의 세대 구분 방식을 이용한다. 노환희 등(2013)은 1988년에서
1993년생을 촛불세대로, 1979년에서 1987년생을 월드컵세대로, 1970년에
서 1978년생을 IMF세대로, 1960년에서 1969년생을 86세대로, 1952년생에
서 1959년생을 유신세대로, 1942년생에서 1951년생을 전후산업화세대로,
1942년생 이전을 한국전쟁세대로 구분하였다. 이글이 사용하는「제20대 국
회의원총선거 관련 유권자정치의식조사」의 자료는 노환희 등(2013)의 연구

---

6) 동시에 이 연구들은 세대효과와 연령효과, 및 기간효과(period effect)가 혼재되어 이
　효과들을 서로 분리하기가 어렵다는 문제가 있다. 이러한 문제를 극복하려는 연구로
　노환희 등(2013)과 이내영·정한울(2013) 참고.

가 포함하지 않은 1994년생에서 1997년생의 유권자들을 포함하고, 전후산
업화세대와 한국전쟁세대를 따로 구분하기에는 사례의 수가 너무 적다. 이
글은 1994년생에서 1997년생을 촛불세대에 포함시켰고, 전후산업화세대와
한국전쟁세대를 전쟁전후세대로 통합하였다. 이 글의 세대 구분은 연령구분
과 중첩되므로 세대별 투표행태의 차이가 선형적(linear)으로 나타나면 세
대별 차이가 연령별 차이로도 이해될 수도 있다.

〈표 5〉는 두 총선에서 유권자들의 후보 투표 결정이 세대별로 어떻게 차
이가 나는가를 보여준다. 〈표 5〉는 지역별 차이 못지않게 유권자의 투표결
정이 세대별로 차이가 난다는 사실을 보여준다. 새누리당과 민주통합당 후
보지지자들의 이탈은 노년세대보다 청년세대에서 훨씬 심하게 관찰되었다.
새누리당 지지자들의 이탈은 나이가 들수록 심하지 않았고, 이러한 상관성
은 거의 선형적인 것으로 관찰되었다. 새누리당에 대한 지지유지 정도는 전
쟁전후세대의 경우 70%를 넘어섰고 촛불세대는 20%에도 못 미쳤다(73%
대 19.4%). 노년층의 정당지지 견고성은 단지 새누리당 지지자들에게서만
발견되는 것이 아니었다. 민주통합당 후보를 지지했던 유권자들도 나이가
들수록 지지를 철회하지 않았다. 민주통합당 지지자들의 나이와 지지의 안
정성과의 관계 역시 거의 선형적인 것으로 나타났다.[7]

노년층과 청년층의 차이는 지지이탈 방식에서도 다르게 나타났다. 노년
층들은 기권에 비해 다른 정당으로 지지를 변경하는 경향이 있었으나, 청년
층으로 갈수록, 이탈자들의 기권비율이 증가했다. 나이가 젊어질수록 기권
을 통해서 지지를 변경하는 성향이 강하게 나타났으나, 월드컵세대는 이러
한 선형적인 상관관계에서 예외적인 세대로 관찰되었다. 월드컵세대 지지변
경자들의 기권율은 IMF세대와 거의 비슷하게 나타났다. 월드컵세대는 정당
간의 지지변경에 있어서도 다른 특징을 보여주었다. 새누리당을 이탈할 때

---

7) 민주통합당 지지자들의 나이와 지지의 안정성과의 선형적인 상관관계에 예외적인 세대
는 유신세대로, 전쟁전후세대보다 민주통합당에 대한 견고한 지지를 보여주었다. 민주
통합당 지지자들의 나이와 지지의 안정성과의 상관성이 나이가 들수록 민주통합당을
더 지지한다는 것을 의미하는 것은 아니다.

〈표 5〉 제19대 총선과 제20대 총선에서의 세대별 후보 투표 결과

20대 총선 / 19대 총선	새누리당 후보 지지	더민주당 후보 지지	국민의당 후보 지지	정의당 후보 지지	기타 후보 지지	기권 유권자	합
▶ 촛불세대 (1988~1997년생: 19~28세)							
새누리당 후보 지지	6 (19.4%)	3 (9.7%)	2 (6.5%)	0 (0.0%)	1 (3.2%)	19 (61.3%)	31 (100%)
민주통합당 후보 지지	1 (2.3%)	13 (29.5%)	7 (15.9%)	1 (2.3%)	0 (0.0%)	22 (50.0%)	44 (100%)
기권 유권자	0 (0.0%)	9 (19.6%)	4 (8.7%)	0 (0.0%)	0 (0.0%)	33 (71.7%)	46 (100%)
▶ 월드컵세대 (1979~1987년생: 29~37세)							
새누리당 후보 지지	24 (39.3%)	5 (8.2%)	7 (11.5%)	0 (0.0%)	1 (1.6%)	24 (39.3%)	61 (100%)
민주통합당 후보 지지	1 (1.6%)	23 (37.1%)	9 (14.5%)	0 (0.0%)	3 (4.8%)	26 (41.9%)	62 (100%)
기권 유권자	1 (1.9%)	1 (1.9%)	4 (7.5%)	0 (0.0%)	2 (3.3%)	45 (84.9%)	53 (100%)
▶ IMF세대 (1970~1978년생: 39~46세)							
새누리당 후보 지지	38 (37.6%)	13 (12.9%)	7 (6.9%)	0 (0.0%)	1 (1.0%)	42 (41.6%)	101 (100%)
민주통합당 후보 지지	5 (6.5%)	29 (37.7%)	7 (9.1%)	0 (0.0%)	0 (0.0%)	36 (46.8%)	77 (100%)
기권 유권자	3 (10.7%)	5 (17.9%)	1 (3.6%)	0 (0.0%)	0 (0.0%)	19 (67.9%)	28 (100%)
▶ 86세대 (1960~1969년생: 47~56세)							
새누리당 후보 지지	77 (51.7%)	17 (11.4%)	2 (1.3%)	0 (0.0%)	6 (4.0%)	47 (31.5%)	149 (100%)
민주통합당 후보 지지	6 (5.6%)	48 (44.9%)	23 (21.5%)	2 (1.9%)	3 (2.8%)	25 (23.4%)	107 (100%)
기권 유권자	6 (18.2%)	7 (21.2%)	1 (3.0%)	0 (0.0%)	0 (0.0%)	19 (57.6%)	33 (100%)

▶ 유신세대 (1952~1959년생: 57~64세)						
새누리당 후보 지지	85 (61.6%)	13 (9.4%)	1 (0.7%)	1 (0.7%)	5 (3.6%)	33 (23.9%)	138 (100%)
민주통합당 후보 지지	0 (0.0%)	34 (65.4%)	9 (17.3%)	0 (0.0%)	1 (1.9%)	8 (15.4%)	52 (100%)
기권 유권자	0 (0.0%)	2 (25.0%)	0 (0.0%)	0 (0.0%)	0 (0.0%)	6 (75.0%)	8 (100%)
▶ 전쟁전후세대 (1951년생 이전: 65세~)						
새누리당 후보 지지	54 (73.0%)	5 (6.8%)	2 (2.7%)	0 (0.0%)	1 (1.4%)	12 (16.2%)	74 (100%)
민주통합당 후보 지지	1 (3.8%)	13 (50.0%)	6 (23.1%)	1 (3.8%)	1 (3.8%)	4 (15.4%)	26 (100%)
기권 유권자	0 (0.0%)	0 (0.0%)	1 (33.3%)	0 (0.0%)	0 (0.0%)	2 (66.7%)	3 (100%)

모든 세대들이 국민의당보다 더민주당으로 더 많이 이동하였으나, 월드컵세대만 예외적으로 국민의당으로 더 이동하였다. 다음으로 촛불세대에서는 새누리당 이탈자의 국민의당 유입 정도는 더민주당 유입 정도와 비슷하게 나타났다.

민주통합당 이탈자들을 살펴보면, 모든 세대에서 새누리당보다는 국민의당으로 이동하였고 이러한 비대칭적 이동은 매우 강하게 나타났다. 그러나 IMF세대에서만 민주통합당 이탈자들이 새누리당과 더민주당에 거의 비슷하게 유입되었다. 민주통합당 후보에 대한 지지가 더민주당 후보에 대한 지지로 유지된 유권자들과 국민의당으로 이탈한 유권자들의 비율은 전국 수준에서 약 3:1 정도였다. 그러나 이러한 비율보다 훨씬 더 많이 국민의당으로 이동한 세대는 촛불세대, 86세대, 전쟁전후세대의 순으로 관찰되었다.

〈표 5〉가 보여주는 결과를 정리하면, 첫째, 노년세대일수록 기권의 비율이 급격히 감소하였고, 기성정당의 지지가 유지되었다. 이들의 지지변경은 기성정당 사이에서 이루어졌다. 둘째, 젊은세대일수록 기권율이 급격하게

〈표 6〉 제19대 총선과 제20대 총선에서의 세대별 정당 투표 결과

20대 총선 〰 19대 총선	새누리당 지지	더민주당 지지	국민의당 지지	정의당 지지	기타 정당 지지	기권 유권자	합
▶ 촛불세대 (1988~1997년생: 19~28세)							
새누리당 지지	6 (19.4%)	0 (0.0%)	6 (19.4%)	0 (0.0%)	0 (0.0%)	19 (61.3%)	31 (100%)
민주통합당 지지	0 (0.0%)	12 (27.3%)	8 (18.2%)	1 (2.3%)	0 (0.0%)	17 (38.6%)	38 (100%)
기권 유권자	0 (0.0%)	9 (19.6%)	4 (8.7%)	0 (0.0%)	1 (2.2%)	37 (80.4%)	51 (100%)
▶ 월드컵세대 (1979~1987년생: 29~37세)							
새누리당 지지	21 (37.5%)	5 (8.9%)	8 (14.3%)	0 (0.0%)	0 (0.0%)	22 (39.3%)	56 (100%)
민주통합당 지지	0 (0.0%)	22 (34.9%)	12 (19.0%)	0 (0.0%)	0 (0.0%)	29 (46.0%)	63 (100%)
기권 유권자	1 (1.8%)	2 (3.5%)	7 (12.3%)	0 (0.0%)	0 (0.0%)	47 (82.5%)	57 (100%)
▶ IMF세대 (1970~1978년생: 39~46세)							
새누리당 지지	31 (32.0%)	13 (13.4%)	9 (9.3%)	0 (0.0%)	3 (3.1%)	41 (42.3%)	97 (100%)
민주통합당 지지	2 (2.6%)	30 (39.5%)	8 (10.5%)	1 (1.3%)	1 (1.3%)	34 (44.7%)	76 (100%)
기권 유권자	1 (3.2%)	5 (16.1%)	2 (6.5%)	1 (3.2%)	0 (0.0%)	22 (71.0%)	31 (100%)
▶ 86세대 (1960~1969년생: 47~56세)							
새누리당 지지	81 (56.3%)	13 (9.0%)	6 (4.2%)	0 (0.0%)	0 (0.0%)	44 (30.6%)	144 (100%)
민주통합당 지지	4 (3.6%)	44 (40.0%)	28 (25.5%)	4 (3.6%)	1 (0.9%)	29 (26.4%)	110 (100%)
기권 유권자	5 (14.3%)	6 (17.1%)	4 (11.4%)	0 (0.0%)	0 (0.0%)	20 (57.1%)	35 (100%)

▶ 유신세대 (1952~1959년생: 57~64세)							
새누리당 지지	65 (59.1%)	9 (8.2%)	5 (4.5%)	0 (0.0%)	0 (0.0%)	31 (28.2%)	110 (100%)
민주통합당 지지	1 (1.7%)	33 (55.0%)	13 (21.7%)	1 (1.7%)	0 (0.0%)	12 (20.0%)	60 (100%)
기권 유권자	0 (0.0%)	2 (20.0%)	0 (0.0%)	0 (0.0%)	0 (0.0%)	8 (80.0%)	10 (100%)
▶ 전쟁전후세대 (1951년생 이전: 65세~)							
새누리당 지지	56 (75.7%)	3 (4.1%)	3 (4.1%)	0 (0.0%)	0 (0.0%)	12 (16.2%)	74 (100%)
민주통합당 지지	0 (0.0%)	14 (56.0%)	8 (32.0%)	1 (4.0%)	0 (0.0%)	2 (8.0%)	25 (100%)
기권 유권자	0 (0.0%)	1 (20.0%)	1 (20.0%)	0 (0.0%)	0 (0.0%)	3 (8.0%)	5 (100%)

증가했고, 투표한 젊은층들의 이탈표는 국민의당으로 유입되었다. 셋째, 새누리당 이탈자들은 주로 더민주당으로 이동했고, 민주당 이탈자들은 국민의당으로 이동하였다. 이러한 분석 결과는 20대 총선에서의 더민주당과 국민의당 승리는 노인층의 투표율 감소와 청년층의 투표율 증가로 보기 어렵다는 사실을 보여준다. 연령층과 상관없이, 새누리당 지지는 더민주로 빠져나갔고, 민주통합당에 대한 지지는 국민의당으로 빠져나갔다.

〈표 6〉은 두 총선에서 유권자들의 정당 투표 결과를 세대별로 비교한 것이다. 〈표 5〉와 〈표 6〉을 비교하면 다음과 같은 결과를 얻을 수 있다. 첫째, 〈표 5〉에서 얻은 대부분의 결과는 〈표 6〉에서도 발견된다. 둘째, 후보 투표와 정당 투표에서의 새누리당 이탈자의 비율을 세대별로 비교해보면, 일부 세대에서는 정당 투표에서의 이탈이 심했고 다른 세대에서는 후보 투표에서의 이탈이 심했다. 둘째, 후보 투표와 정당 투표에서의 민주통합당 이탈자의 비율을 세대별로 비교해보면, IMF세대와 전쟁전후세대를 제외한 모든 세대에서 후보 투표보다 정당 투표에서 이탈이 더 심하게 나타났다. 후보 투표

에 비해서 정당 투표에서 민주통합당 이탈자들이 더 많은 이유는 정당 투표
에서 민주통합당 지지자들의 투표결정 변경이 더 많았기 때문이었다. 셋째,
국민의당은 모든 연령층에서 후보 투표에 비해 정당 투표에서 더 많은 표를
얻었다. 넷째, 후보 투표에서 새누리당 이탈자가 더민주당보다 국민의당으
로 더 많이 유입된 세대는 월드컵세대였으나, 정당 투표에서는 월드컵세대
와 촛불세대에서 이러한 현상이 발견되었다. 즉 젊은세대들이 국민의당으로
유입될 가능성은 후보 투표보다 정당 투표에서 더 크게 나타났다.

V. 지지정당 변경 유권자들의 이념적 특징

강원택(2003)은 서구와 달리 한국에서는 세대 간의 갈등에 비해서 계급
간의 이념갈등이 약하다고 주장했다. 그렇다면 지지정당을 바꾸거나 기권한
유권자들은 지지를 유지하는 유권자들과 어떠한 이념차이를 보이는가? 그
리고 투표결정을 유지하거나 변경한 유권자들은 20대 총선에서 자신들이
지지한 정당의 이념에 대한 인식에 있어서 어떠한 차이를 보이는가? 이 두
종류의 유권자들 중 지지를 유지하는 유권자들은 과연 지지를 변경하는 유
권자들에 비해서 지지유지 정당과 이념적으로 더 가깝게 느끼는가? 이 절은
이러한 질문들에 답할 것이다.

〈표 7〉은 두 총선에서 투표결정을 유지하거나 변경한 유권자들의 이념분
포를 보여준다. 「제20대 국회의원총선거 관련 유권자정치의식조사」는 유권
자들에게 자신의 이념과 정당의 이념을 0점(진보)에서 10점(보수) 사이에
측정하도록 하였다. 〈표 7〉의 숫자들은 정당 투표 결과를 기초로 유권자들
의 이념 평균을 나타내며, 괄호안의 숫자들은 후보 투표 결과를 기초로 계산
한 것이다. 〈표 7〉은 20대 총선에서 새누리당, 국민의당, 더민주당, 정의당
을 지지한 유권자들순으로 보수적인 이념을 가졌다는 사실을 보여준다. 전

〈표 7〉 유권자 유형별 이념분포

20대 총선 19대 총선	새누리당 (후보) 지지	더민주당 (후보) 지지	국민의당 (후보) 지지	정의당 (후보) 지지	기권 유권자	19대 총선 정당 (후보) 지지자이념
새누리당 (후보) 지지	6.80 (6.62)	4.86 (5.13)	5.00 (4.86)	·	5.73 (5.67)	6.17 (6.10)
민주통합당 (후보) 지지	4.57 (5.00)	3.91 (4.01)	4.55 (4.33)	·	4.37 (4.37)	4.22 (4.20)
기권 유권자	6.00 (5.91)	5.28 (4.96)	4.50 (4.18)	·	4.66 (4.61)	4.67 (4.72)
19대 총선 무투표권자	4.67 (4.67)	2.83 (3.40)	4.29 (4.20)	·	4.22 (4.22)	4.10 (4.13)
20대 총선 정당 (후보) 지지자이념	6.69 (6.49)	4.19 (4.33)	4.60 (4.40)	3.46 (4.00)	4.93 (4.93)	5.16 (5.16)

참고: 공란은 사례의 수가 너무 적어서 이념을 입력하지 않은 경우임

체 유권자의 이념 평균은 5.16으로 거의 중도에 가까웠다. 이 네 정당들 중 야3당 후보를 지지하는 유권자들의 이념은 큰 차이가 나지 않았으나, 새누리당 후보를 지지한 유권자들은 대비적으로 보수적이었다. 일반적으로 20대 총선에서 정당 투표지지자들이 후보 투표 지지자들에 비해서 새누리당과 국민의당 경우 더 보수적이고, 더민주당의 경우는 더 진보적이었다.

먼저 19대 총선과 20대 총선 사이에 지지를 유지한 유권자들과 변경한 유권자들을 비교해보자. 〈표 7〉은 새누리당 지지를 유지한 유권자들은 새누리당을 이탈한 유권자들보다 더 보수적이라는 사실을 보여준다. 새누리당 이탈자들 중, 국민의당으로 이동한 유권자들이 가장 진보적이었고, 기권을 한 유권자들이 가장 보수적이었다. 〈표 7〉은 또한 민주통합당에 대한 지지를 더민주당 지지로 연결한 유권자들이 이탈자들에 비해서 더 진보적이라는 사실을 보여준다. 민주통합당 이탈자 중에서는 새누리당으로 이탈한 유권자

들이 국민의당으로 이탈한 유권자들에 비해 더 보수적이었다. 19대 총선에서 기권한 유권자들 중 20대 총선에서 국민의당 후보를 지지한 유권자들이 가장 진보적이었고 새누리당 후보를 지지한 유권자들이 가장 보수적이었다. 이에 반해서, 20대 총선에서 새로 투표권을 얻은 젊은 유권자들 중 가장 진보적인 유권자들은 더민주당 후보를, 가장 보수적인 유권자들은 새누리당 후보를 지지하였다. 이들은 다른 유권자들에 비해서 전반적으로 진보적인 것으로 관찰되었다.

정당 (후보) 지지자들의 이념을 총선별로 비교해보면, 새누리당 지지자들은 19대 총선보다 20대 총선에서 더 보수화되었다. 보수성이 강한 유권자들이 여러 악재에도 불구하고 새누리당에 대한 지지를 유지했기 때문이라 해석된다. 민주통합당 지지자들의 이념성향은 두 선거 사이에 크게 변하지 않았다. 19대 총선과 20대 총선에서 민주통합당과 더민주당을 지지한 유권자들의 평균 이념은 각각 4.22(4.20)점과 4.19(4.33)점으로 관찰되었다. 두 총선에서 기권한 유권자들은 미약하게 진보적이긴 하나 대체로 중도적인 유권자들이었다. 19대와 20대 총선에서의 기권자들의 평균 이념은 각각 4.67(4.72)점과 4.93(4.93)점이었다.

다음은 유권자들이 인식하는 정당들의 이념이 유권자 유형별로 어떻게 다른가, 그리고 이들이 자신의 이념과 지지정당의 이념차이를 어떻게 인식하고 있는가를 살펴보자. 〈표 8〉에서 좌측 3열은 20대 총선에서 지지한 정당의 이념에 대한 인식을 보여준다. 좌측 3열의 괄호안의 숫자는 19대 총선에서 지지했던 정당들에 대한 20대 총선 당시의 이념인식을 보여준다. 우측 3열은 지지정당 이념에 대한 인식과 유권자 자신 이념과의 차이를 보여준다. 이 차이가 양(음)의 수이면 유권자 이념보다 더 보수(진보)적인 정당을 지지했다는 것을 의미한다. 우측 3열의 괄호안의 숫자는 19대 총선에 지지했던 정당 이념과 유권자의 이념차이를 보여준다. 〈표 8〉에서 각 정당의 이념에 대한 인식의 차이를 후보 투표 유권자와 정당 투표 유권자별로 살펴보면, 새누리당과 국민의당의 경우 정당 투표자들이 후보 투표자에 비해 더 보수적이라고 인식하였다. 반면, 더민주당의 경우 정당 투표자들이 후보 투

〈표 8〉 유권자 유형별 정당 이념인식 및 지지정당과 유권자의 이념차이

▶ 후보 투표

| 20대 총선
19대 총선 | 새누리당
후보 지지 | 더민주당
후보 지지 | 국민의당
후보 지지 | 지지후보 정당 이념-유권자 이념 | | |
				새누리당	더민주당	국민의당
새누리당 후보 지지	7.57 (7.57)	4.11 (7.15)	4.43 (7.90)	0.95 (0.95)	-1.02 (2.02)	-0.43 (3.05)
민주통합당 후보 지지	7.69 (3.36)	3.44 (3.44)	3.87 (3.59)	2.69 (-1.64)	-0.57 (-0.57)	-0.46 (-0.74)
기권 유권자	7.36	4.71	3.36	1.45	-0.25	-0.82
19대 총선 무투표권자	7.00	3.00	3.20	2.33	-0.40	-1.00
20대 총선 후보 투표자 정당 이념인식	7.41	3.82	3.72	0.92	-0.51	-0.69

▶ 정당 투표

| 20대 총선
19대 총선 | 새누리당
지지 | 더민주당
지지 | 국민의당
지지 | 지지정당 이념-유권자 이념 | | |
				새누리당	더민주당	국민의당
새누리당 지지	7.62 (7.62)	3.88 (7.26)	4.22 (7.51)	0.82 (0.82)	-0.98 (2.40)	-0.78 (2.51)
민주통합당 지지	7.69 (3.00)	3.37 (3.37)	3.88 (3.79)	2.57 (-2.57)	-0.54 (-0.54)	-0.66 (-0.78)
기권 유권자	7.57	4.52	3.91	1.57	-0.76	-0.77
19대 총선 무투표권자	7.00	2.50	3.86	2.33	-0.33	-1.29
20대 총선 정당 투표자 정당 이념인식	7.59	3.52	3.97	0.91	-0.67	-0.63

표자에 비해 더 진보적이라고 인식하였다.

〈표 8〉은 20대 총선에서 새누리당을 지지한 유권자들 자신의 이념과 이들의 새누리당 이념에 대한 인식 차이가 모두 양수라는 사실을 보여준다. 이는 20대 총선에서 새누리당을 지지한 유권자들은 19대 총선에서 어떤 투표결정을 내렸는가와 상관없이 새누리당이 자신의 이념보다 더 보수적이라고 생각했다는 사실을 의미한다. 반면, 〈표 8〉은 20대 총선에서 더민주당을 지지한 유권자들 자신의 입장과 이들의 더민주당 이념에 대한 인식 차이가 모두 음수라는 사실을 보여준다. 이는 더민주당을 지지한 유권자들은 더민주당이 자신보다 평균적으로 더 진보적이라고 생각했다는 사실을 의미한다. 이러한 결과는 국민의당에도 발견되었다. 이는 국민의당 지지자들은 국민의당이 자신들의 입장보다 더 진보적이라고 생각한다는 사실을 의미한다. 세정당들 중 지지자들 자신의 이념과 지지정당의 이념이 가장 가까운 정당은 더민주당이었다.

다음은 19대와 20대 총선에서 지지를 유지한 유권자들과 지지를 변경한 유권자들을 비교해보자. 19대 총선 새누리당 지지자들 중, 국민의당 이탈자들이 자신이 새로 선택한 정당을 가장 가깝게 인식하였다. 새누리당에 대한 지지를 유지한 유권자들이 새누리당에 느끼는 이념차이에 비해, 더민주당으로 이탈한 유권자들은 더민주당에 이념차이를 더 크게 느꼈다. 그러나 국민의당으로의 이탈자 역시 새누리당보다 새로 선택한 정당을 이념적으로 더 가깝게 느꼈다. 민주통합당에서 국민의당으로 이탈한 유권자들은 더민주당보다 국민의당을 더 가깝게 느꼈다. 민주통합당에서 새누리당으로 이탈한 유권자는 새누리당보다 더민주당을 더 가깝게 인식했음에도 불구하고 새누리당으로 지지를 변경하였다. 그러나 이러한 유권자들은 민주통합당 지지자들 중 무시할 정도로 비중이 적었다. 19대 총선에서 기권했던 유권자들은 다른 정당을 지지한 경우에 비해 더민주당을 지지한 경우, 자신과 지지정당의 차이가 가장 작은 것으로 인식하였다.

전술한 논의를 정리하면, 새누리당 지지자들이 가장 보수적이고, 더민주당 지지자들은 가장 진보적이었다. 국민의당 지지자들은 새누리당 지지자들과 더민주당 지지자들 사이에 위치하였으나, 더민주당 쪽에 훨씬 더 가까운 이념성향을 가지고 있었다. 새누리당 지지자들은 새누리당이 자신보다 더 보수적이라고 인식하였고, 더민주당과 국민의당 지지자들은 자신의 지지정 당이 자신보다 더 진보적이라고 생각하였다. 19대 총선 당시 지지했던 정당 으로부터 이탈한 유권자들은 자신의 이념과 같은 방향의 정당을 선택하였 다. 19대 총선에서 지지했던 정당보다 더 진보적(보수적)인 정당으로 이동 한 유권자들은 지지변경을 하지 않은 유권자들보다 더 진보적(보수적)이었 다. 지지정당 변경자들은 대부분의 경우 자신의 입장과 이념적으로 가장 가 깝다고 생각하는 정당을 선택하여 이동하였다. 유일하게 예외적인 경우는 민주통합당 지지자가 새누리당으로 이탈한 경우이었으나, 이러한 사례는 극 소수에 불과했다. 결론적으로 19대 총선 유권자들의 지지정당 변경은 자신 의 이념과 가까운 정당을 지지하는 성향을 일관되게 보여주었다.

VI. 주요 쟁점과 전망

20대 총선에서 중요한 쟁점들 중 하나는 국민의당의 출현이었다. 선거기 간 동안 더민주당은 국민의당과 선거연대를 제안하면서 야권의 분열은 선거 필패로 귀결될 것이라고 주장했다. 국민의당은 선거연대 없이도 새누리당에 승리할 수 있다고 주장하였다. 국민의당은 더민주당 지지자뿐만 아니라 새 누리당 지지자들을 충분히 흡수하면 선거경쟁력이 있다고 보았고, 따라서 3당 경쟁이 여당에 어부지리를 가져다주는 것만은 아니라고 주장했다. 여당 의 패배로 귀결된 선거 결과는 국민의당의 주장에 설득력을 실어주는 듯 했다. 그러나 여당의 패배만으로는 국민의당의 주장이 옳다고 볼 수는 없다. 이는 왜냐하면, 선거연대를 했으면 새누리당이 더 큰 패배를 했을 수 있었기 때문이다. 어떤 당의 주장이 더 옳은가는 선거연대를 했을 경우와 3당 경쟁을 했을 때, 어떤 경우가 야당에게 더 유리한가를 분석해보아야 한다.

이 글의 분석 결과는 이러한 질문에 대한 부분적인 답을 제공한다. 단지 선거 결과 자료를 가지고 이러한 질문에 온전한 답을 제공할 수는 없다. 이는 왜냐하면 더민주당과 국민의당이 선거연대를 했으면 유권자들이 다른 투표결정을 했을 수도 있었기 때문이다. 만약 야당이 연대를 했으면 발생했을 시나리오들은 여당에게 유리했을 수도 있고, 야당에게 유리했을 수도 있다. 야당이 분열했기에 여당의 완승을 예측한 여당 지지자들의 결속력이 떨어졌을 수도 있고 투표에 불참했을 수도 있다. 따라서 야당연대가 이러한 유권자들을 결속시켰을 수도 있다. 뿐만 아니라 야당의 선거연대를 야합으로 보고 야당에 대한 지지를 철회한 유권자들도 있었을 수 있다. 이에 반해 야당의 분열로 야당의 패배를 예측한 유권자들이 투표에 불참했을 수도 있다. 따라서 선거연대가 이루어졌다면, 야당의 선거승리를 위해 투표에 참가했을 수도 있다. 이러한 다양한 가능성 때문에 20대 총선 결과 자료 분석을 통해 야당의 선거연합이 어떠한 결과를 초래했을지 예측할 수는 없다.

다만 이 글의 분석 결과는 새누리당 주요 지지층인 노년층은 20대 총선에서도 매우 결속적이었고 더민주당의 지지층인 젊은세대의 더민주당 이탈 정도는 상당히 심각했다는 사실을 보여준다. 후보 투표에서 19대 총선에서 새누리당을 지지한 전쟁전후세대와 유신세대들의 73.0%와 61.6%는 20대 총선에서도 새누리당을 지지하였다. 이 두 세대의 기권율은 각각 19대 총선 새누리당 지지자들의 16.2%와 23.9%밖에 안 되었다. 반면 19대 총선에서 민주통합당을 지지했던 촛불세대와 월드컵세대의 29.5%와 37.1%만이 20대 총선에서 더민주당을 지지하였다. 이 두 세대의 기권율은 각각 19대 총선 민주통합당 지지자들의 50.0%와 41.9%에 달했다. 따라서 야권연대가 새누리당 결집을 더욱더 강화시켜 새누리당이 추가적인 표를 얻을 수 있는 여력은 많지 않았다. 반면 야당연대로 새누리당 후보와 야당 후보가 박빙으로 경합하게 되는 승부처에서는 야당 후보가 추가적인 표를 얻을 수 있는 여력이 더 많았다.

그럼에도 불구하고, 이러한 여당 또는 야당에 긍정적 요인과 부정적 요인이 무작위적으로 발생하고 서로 상쇄한다고 가정하면, 이 글의 분석 결과는 야당의 선거연대가 가져왔을 결과를 추정할 수 있다. 〈표 1〉에 의하면, 후보 투표에서 국민의당으로 유입된 19대 총선에서의 새누리당 후보지지자와 국민통합당 후보지지자의 비율은 각각 3.8%와 16.6%라는 사실을 알 수 있다. 만약 선거연대로 국민의당 후보가 사퇴한다면, 국민의당 후보를 지지하려고 했던 유권자들은 새누리당 후보와 더민주당 후보를 지지하거나 기권할 것이다. 〈표 1〉의 자료를 이용해서, 국민의당 후보지지자들을 19대 총선에서의 투표결정 내용에 따라서 분류하면, 새누리당 후보지지자(20.6%), 민주통합당 후보지지자(59.8%), 기타 후보지지자(3.9%), 기권자(10.8%), 무투표권자(4.9%)로 나눌 수 있다.

이 다섯 부류의 유권자들 중 기타 후보지지자가 새누리당 후보와 더민주당 후보를 지지할 가능성은 각각 0%와 13.3%이다. 기권자가 두 정당 후보를 지지할 확률은 각각 6.4%와 14.5%이고, 무투표권자가 두 정당 후보를 지지할 확률은 각각 11.8%와 21.6%이다. 따라서 선거연대로 국민의당 후보가 탈락한 이후, 이들 유권자를 잠재적인 새누리당 후보와 더민주당 후보 지지자로 포함시키면, 이들의 표들 중 더민주당 후보가 새누리당 후보보다 더 많은 표를 얻을 것이다. 그러나 보수적으로 계산하기 위해, 이들 표를 무시하고 새누리당 후보지지자들의 표와 민주통합당 후보지지자들의 표들만 계산에 포함시켜, 선거연대 이후의 새누리당과 더민주당 후보의 표를 다시 산출할 수 있다.

예컨대, 만약 한 지역구에서 새누리당, 더민주당, 국민의당 후보들이 각각 45%, 40%, 15%의 지지를 얻었다면, 더민주당 후보로 후보가 단일화되고 15%를 얻은 국민의당 후보는 사퇴하게 될 것이다. 이럴 경우, 국민의당 후보가 얻은 15%의 20.6%(즉 3.1%)는 새누리당 후보로, 15%의 59.8%(즉 9%)는 더민주당 후보로 갈 수 있는 잠재표이다. 그러나 이들 유권자들이 국민의당 후보가 탈퇴한 이후에도 모두 투표한다고 가정할 수 없으므로, 이들의 기권율에 따라 결과는 달라진다. 이들 중의 50% 정도가 투표한다고 가정하면, 새누리당 후보는 1.55%를 더 얻게 되고, 더민주당 후보는 4.5%

를 추가적으로 얻게 될 것이다. 이런 방식으로, 더민주당 후보로 선거연대가 이루어졌을 때 더민주당 후보들이 얼마나 더 많은 의석을 얻게 될 것인가를 추정할 수 있다.

20대 총선 결과 더민주당 후보의 지지율보다 국민의당 후보의 지지율이 더 높은 지역구의 경우 더민주당 후보가 탈락한다고 가정하면, 선거연대 후의 득표결과를 다시 계산할 수 있다. 더민주당 후보가 사퇴했을 경우, 더민주당 후보지지표들 중 19대 총선 새누리당 후보로부터 유입되었던 표가 다시 새누리당으로 돌아가고, 더민주당 후보에 대한 지지표가 국민의당으로 옮아간다고 가정하면, 〈표 1〉의 결과에 의하면, 더민주당 후보가 얻은 득표율의 10.1%는 새누리당 후보에게로, 43.5%는 국민의당 후보에게로 돌아갈 잠재표이다. 이들 중 50%는 기권한다고 가정하고 국민의당 후보로 선거연대가 이루어졌을 때의 선거 결과를 추측해볼 수 있다. 이와 같은 방식으로 투표 결과를 다시 계산했을 경우, 더민주당은 4석(서울 양천을 이용선, 서울 관악을 정태호, 안산 단원갑 고영인, 전주을 최형재), 국민의당은 2석(인천 부평갑 문병호, 서울 중구성동을 정호준)을 더 얻을 수 있었다.

이 글의 분석을 종합해보면 더민주당과 국민의당의 선거연대에 대한 논쟁은 한편으로는 더민주당이, 다른 한편으로는 국민의당이 옳지 않은 것으로 밝혀졌다. 선거연대 실패가 선거의 참패를 초래할 것이라는 더민주당의 주장과는 달리, 선거연대가 성사되었으면 야권이 6표를 더 얻었을 것으로 분석되었다. 3당 대결로 야당 지지자들의 표가 분산되기보다는 국민의당이 새누리당 지지자들을 흡수할 것이라는 주장 역시 사실과 다른 것으로 밝혀졌다. 더민주당은 새누리당 지지자들을 상당히 흡수했으며, 더민주당이 추가로 확보한 새누리당 이탈자만큼의 민주통합당 이탈자들이 국민의당으로 흡수되었다. 결국 더민주당은 추가적인 얻은 새누리당 표를 상쇄할 정도로 국민의당에 표를 잃었지만, 새누리당 지지자들이 더민주당으로 상당히 이탈했기 때문에 더민주당은 새누리당의 맞대결에서 승리할 수 있었던 것으로 나타났다. 특히 서울에서의 새누리당 후보지지자들의 더민주당으로의 이탈이 새누리당 패배에 중요한 원인이 된 것으로 관찰되었다.

 마지막으로, 이글은 20대 총선에서 나타난 3당 경쟁의 구도가 안정적으로 계속될 수 있을 것인가라는 질문에 대한 답을 뒷받침할 수 있는 경험적 근거들을 제시한다. 향후 전개될 정계개편이 어떻게 진행될 것인가 그리고 누가 유력한 대선후보가 될 것인가에 따라 정당체제가 어떻게 변화할지 예측하기 어렵다. 정주영이라는 거물급 후보의 1992년 대통령선거 경쟁력에 따라 국민당의 흥망이 결정되었듯이, 안철수 대표의 차기 대통령선거 당락에 따라 3당 체제가 유지될 수도 와해될 수도 있다. 그리고 주로 박근혜 대통령의 실정과 새누리당에서의 권력다툼 같은 비이념적 유인 쟁점들이 새누리당의 패배와 3당 경쟁구도 형성의 주원인이 되었기 때문에, 이러한 국면적인 변수가 사라지면 양당체제로 복귀할 것이라는 예측이 제시될 수도 있다.

 그러나 20대 총선 후의 3당 경쟁 구도는 이전의 정주영 후보의 등장이 초래한 일시적인 3당 체제와는 조금 다른 모습을 띠고 있다. 뿐만 아니라, 유권자들의 지지변경이 단순히 안철수라는 유력 정치인에 대한 선호 때문이거나 새누리당에 악재로 작동한 다양한 국면적인 변수 때문만은 아닌 것으로 분석되었다. 이 글의 분석에 의하면, 유권자들의 정당변경은 이념적으로 상당히 일관된 모습을 나타냈다. 정당지지 변경자들은 대부분의 경우 자신의 입장과 이념적으로 가장 가깝다고 생각하는 정당으로 지지를 변경하였다. 이러한 이념적 지지변경은 20대 총선 이후 3당 체제의 존속에 긍정적인 요인으로 지적될 수 있다. 특히 개혁적 보수 정치인의 합류로 국민의당이 전국정당화된다면 이럴 가능성은 증가한다. 반면 소선거구 의석이 지배적으로 많은 한국의 선거제도는 3당 체제의 존속에 불리하게 작동한다. 결론적으로 3당 체제 유지 또는 와해에 대한 섣부른 예측을 제시하기에는 현실은 훨씬 더 복잡하고 예측 불가능하다.

【참고문헌】

강원택. 2003. 『한국의 선거정치: 이념, 지역, 세대와 미디어』. 서울: 푸른길.

김주찬·윤성이. 2003. "2002년 대통령선거에서 이념성향이 투표에 미친 영향." 『21세기 정치학회보』 13집 2호. 87-103.

김형준. 2006. "17대 총선과 세대: 정당 지지 분석을 중심으로." 어수영 편. 『한국의 선거 V』. 서울: 도서출판 오름.

노환희·송정민·강원택. 2013. "한국 선거에서의 세대효과: 1997년부터 2012년까지의 대선을 중심으로." 『한국정당학회보』 12집 1호. 113-140.

문우진. 2012. "대통령지지도의 필연적 하락의 법칙: 누가 왜 대통령에 대한 지지를 바꾸는가?" 『한국정치학회보』 46집 1호. 175-201.

박명호. 2009. "2008 총선에서 나타난 세대 효과와 연령효과에 관한 분석: 386세대를 중심으로." 『한국정당학회보』 8권 1호. 64-86.

어수영. 2006. "세대와 투표양태." 어수영 편. 『한국의 선거 V』. 서울: 도서출판 오름.

이내영·정한울. 2007. "이슈와 한국 정당지지의 변동." 『한국정당학회보』 41집 1호. 31-55.

_____. 2013. "세대균열의 구성요소: 코호트 효과와 연령 효과." 『의정연구』 19권 3호. 37-83.

정진민·황아란. 1999. "민주화 이후 한국의 선거정치: 세대요인을 중심으로." 『한국정치학회보』 33권 2호. 115-134.

허석재. 2014. "정치적 세대와 집합기억." 『정신문화연구』 37권 1호. 257-290.

제7장

제20대 총선과 부동층:
막바지 결정자들의 합리성에 대한 탐구

조성대 | 한신대학교

I. 머리말

현대 정치의 특징 중 하나는 지지할 정당이나 후보를 결정하지 않고 선거 막판까지 선택을 미루는 유권자들이 많다는 점이다. 그 원인이 서구에서처럼 정당 해체(partisan dealignment)에 있든 혹은 신생민주주의 국가에서처럼 덜 제도화된 정당체계에 있든 부동층의 비율이 높다는 점은 주의 깊게 관찰하고 다루어야 할 문제임에 틀림없다. 물론 정당만이 민주주의의 유일한 대표 기제인가 하는 문제제기의 중요성을 부정하지는 않는다. 그러나 뚜렷하고 손에 잡히는 대안이 제시되지 않는 한 정당은 여전히 대의제민주주의에서 필수불가결한 정치제도임에 틀림없다. 그런 의미에서 정치적 선택에서 정당을 내면화하지 못하고 선거에서 무결정의 상태에 남아 있는 시민들이 많다는 점은 정치영역에 불안정성을 부여할 뿐만 아니라 정당성의 위기마저 불러일으킬 수 있다.

그럼에도 불구하고 서구에서 부동층에 대한 연구는 그렇게 많지 않다. 한국에서도 손가락으로 꼽을 정도다(김연숙 2014; 류재성 2012; 2014; 신진 1996; 조성대 2013 참조). 그 이유는 무결정(indecision)의 상태가 수반하는 무작위성(randomness)때문에 연구 주제가 그렇게 폭넓지 않기도 하거니와 개념을 정의하는 방법이 연구자마다 다르고 이로 인해 중요한 연구 질문들에 대한 분석 결과들이 하나의 합의로 수렴되지 않았기 때문이다.

그럼에도 불구하고 정당의 약화에 따른 광범위한 '막바지 결정자'들의 존재는 선거의 결과를 예측하기 어렵게 만들고 또 선거가 박빙으로 진행될수록 그들의 선택이 승부를 결정짓는다는 점에서 늘 주목의 대상이 된다. 아울러 '캠페인 결정자'라는 부동층의 속성상 정당의 효과를 자연스럽게 통제한 상태에서 다양한 미디어나 캠페인 이벤트의 효과를 연구할 수 있다는 학문적인 가치도 있다.

기존 연구의 혼돈은 부동층을 하나의 동질적인 집단으로 가정하고 사회경제적 배경, 정치적 정향이나 태도 및 행동, 그리고 정치적 선택을 분석했기에 발생했을 가능성을 배제할 수 없다. 부동층에는 정치나 선거에 관심이 없어 정당이나 후보에 대해 정보를 갖지 못한 집단과 선거에 관심이 높으나 확신을 갖기에 정당이나 후보에 대해 충분한 정보를 갖지 못했다고 판단하는 집단이 있을 수 있다. 따라서 이 글은 이를 지적한 기존 연구(Chaffee and Choe 1980; McAllister 2002; Brox and Giammo 2009; 조성대 2013)의 문제제기를 적극적으로 수용하여 부동층을 선거관심도를 기준으로 두 집단으로 구분하고 부동층과 관련된 주요 연구 질문들인 '누가 부동층을 구성하는가', '부동층은 어떤 정치적 태도와 정향, 그리고 행동을 보이는가', '부동층은 어떤 정치적 선택을 하는가'를 경험적으로 분석한다. 구체적으로 세 가지 주제에 대해 세 유권자 집단―기결정자, 적극부동층, 소극부동층―사이에 유의미한 차이가 있는지를 분석한다. 특히 이 글은 적극부동층이 주요 정치정향과 태도에 있어 기결정자와 구분되지만, 정보활동이나 선거활동에서는 기결정자와 차이가 거의 없고 소극부동층과는 많은 차이가 있음을 입증한다.

이 글은 한국의 2016년 제20대 국회의원총선거를 사례로 경험 분석을 진행한다. 아울러 데이터는 서강대학교 현대정치연구소, 한국선거학회, 한국사회과학데이터센터가 공동으로 2016년 4월 13일 20대 총선이 끝난 직후 전국 유권자 1,199명을 대상으로 조사한 자료를 사용한다.

글의 순서는 다음과 같다. II절에서는 부동층을 둘러싼 기존연구를 검토하면서 부동층을 두 개의 하위 집단으로 구분해야 할 필요성을 이론적으로 제기한다. III절은 민주화 이후 부동층의 추이와 함께 이 글이 분석해야 할 가설과 주요 변수들의 조작화를 소개한다. IV절은 두 가지 연구 질문―누가 부동층을 구성하는가, 부동층은 어떤 정치정향과 행동을 보이는가―에 대한 경험 분석 결과를 제시한다. V절은 마지막 연구 질문인 부동층은 어떤 정치적 선택을 보이는가에 대한 경험 분석 결과를 제시한다. IV절과 V절의 경험 분석에는 양변량 교차분석과 분산분석, 그리고 이항 로지스틱과 다항 로지스틱 회귀가 사용되었다. 마지막으로 VI절은 연구 결과를 요약하며 한국 정치에 대한 함의를 제시한다.

II. 부동층 개념에 대한 이론적 검토

선거연구에서 부동층은 서로 다른 두 가지 개념으로 사용되어 왔다. 하나는 부유하는 유권자(floating voter)로 일련의 연속된 선거에서 투표 대상을 바꾼 유권자들을 지칭한다(Lazarsfeld, Berelson and Gaudet 1948; Zaller 2004). 일반적으로 연속하는 두 선거에서 지지정당이나 후보를 변경한 경험이 있는 유권자들의 투표 선택, 즉 스윙투표(swing vote)가 연구대상이 된다. 다른 하나는 지지할 정당이나 후보를 결정하지 못하다가 소위 선거일에 임박해서야 결정하는 이른바 '막바지 결정자(late decider)'를 지칭한다. 이 경우 일반적으로 투표결정시기가 연구대상이 된다. 이 글은 후자를 연구대상으로 한다.

최근 서구 국가들에서 부동층의 증가는 집단의 정치정향과 선택에 대한 관심을 증가시키는 계기가 되었다. 12개 OECD 국가들을 대상으로 조사한 한 연구는 덴마크를 제외한 11개 국가에서 최근 부동층이 증가했음을 발견했다(Dalton, McAllister and Wattenberg 2000). 또 다른 연구는 부동층이 미국에서는 1948년에 28%에서 1992년 47%로, 오스트레일리아에서는 1988년 27%에서 1998년 42%로, 그리고 영국에서는 1964년 12%에서 1997년 26%로 증가했음을 발견했다(McAllister 2002, 24). 네덜란드에서도 1971년 10%에서 2002년 38%로 증가했으며(Irwin and Van Holsteyn 2008, 483), 독일에서도 1965년 5% 이하에서 2005년 42%까지 급증했다(Schmmitt-Beck 2009). 20세기 후반 '정당의 해체(partisan dealignment),' 즉 미디어의 확장에 따른 정보 습득 통로의 다양화, 교육의 증가에 따른 유권자 기술의 향상, 새로운 균열 구조의 등장과 정당의 반응성 약화 등으로 인한 유권자의 정당일체감 약화와 탈정당화 현상을 부동층 증가의 주요 원인으로 지목받고 있다(Dalton et al. 2000).

이처럼 '캠페인 결정자(campaign decider)'의 증가는 중요한 정치적 현상임에 틀림없다. 광범위한 부동층의 존재는 선거의 결과를 예측하기 어렵게 만든다. 아울러 부동층의 규모가 클수록 그들이 선거의 승부를 결정지을 수 있는 확률이 증가한다. 특히 선거가 박빙으로 진행될 경우 조그만 규모도 승부를 결정지을 수 있어 그들의 존재는 언론매체, 정치평론가들, 그리고 선거 참모나 정당 관계자들로부터 늘 주목의 대상이 된다. 학문적인 영역에서도 부동층의 존재는 많은 흥미를 유발한다. 우선 합리적 선택이론이나 정치 커뮤니케이션 분야는 부동층이 선거운동기간에 지지 대상을 결정한다는 점에서 그들을 선거 캠페인의 효용이나 미디어의 보도 효과 등을 분석하기 좋은 대상으로 여겨왔다. 기결정자(early decider)들의 선택이 정당일체감이나 이념과 같이 장기간의 정치사회화 과정으로부터 발생한 요인들에 의해 좌우될 가능성이 높은 반면, 부동층의 선택은 선거운동기간의 이벤트, 쟁점,

미디어의 노출 정도에 의해 영향을 받을 수 있는 여지가 크기 때문이다
(Fournier, Nadeau, Blais, Gidengil and Nevitte 2004; Irwin and Van
Holsteyn 2008; Kosmidisa and Xezonakisb 2010; Nir and Druckman
2008; Whitney and Goldman 1985).

부동층의 정치적 정향과 행태에서 어떤 규칙성을 발견하려는 시도는 집
단의 현실적인 정치적 무게를 고려할 때 중요할 수밖에 없다. 그런데 부동
층에 대한 연구는 이상하리만치 그 수가 많지 않다. 이는 기존의 연구가
부동층과 관련된 핵심적인 주제들— 정치적 태도, 미디어의 효과, 그리고
정치적 선택 등— 에 대해 이렇다 할 공동의 합의를 이루지 못했기 때문으
로 보인다. 부동층이 여성과 청년층에서 많이 발견된다는 연구(Hayes and
McAllister 1992; Fournier et al. 2004)에도 불구하고 과연 정당일체감과
같은 정치적 요인들을 통제했을 때도 유효한지에 대한 합의가 없다. 부동층
이 정보수준이 낮으며 참여가 저조하다는 초기 연구(Lazarsfeld et al. 1948)
에 대해서도 입증(Gopoian and Hadjiharalambous 1994)과 조건부 반증
(Chaffee and Choe 1980; McAllister 2002; Brox and Giammo 2009)이
대립하고 있다. 아울러 부동층의 정치적 선택에 영향을 주는 요인에 대해서
도 무작위적이라는 주장(Gopoian and Hadjiharalambous 1994), 정당일체
감만이 유의미하다는 발견(Fournier et al. 2004; Nir and Druckman
2008), 경제 상태나 캠페인 이벤트 역시 영향력이 있다는 발견(McAllister
2002; Brox and Giammo 2009) 등으로 혼재되어 있다.

두 가지 원인이 있는 것으로 보인다. 하나는 '언제'를 부동층으로 정의내
리는 기준으로 사용할 것인가가 연구자마다 다르다는 것이고, 다른 하나는
부동층 내의 이질성을 고려하지 않고 있다는 것이다.

첫째, 부동층을 정의하는 시기는 선거운동과 함께 선거에 대한 정보가 언
제부터 본격적으로 쏟아져 나왔나와 밀접하게 관련된다. 예를 들어, 사실상
선거 해 전체가 선거운동일이라 해도 과언이 아닌 미국의 경우 예비선거의
개시(1~2월), 전당대회의 개최(7~8월), 본선의 개시(8~9월) 모두 부동층을
가늠하는 기준이 될 수도 있다. 선거 막바지를 기준으로 한다면 부동층의

관찰수가 적어진다는 문제도 연구방법상으로 만만치 않은 문제이다. 따라서 연구자마다 자신이 선호하는 일자를 주관적으로 정하기도 한다. 그럼에도 불구하고 많은 연구들은 선거운동의 막바지까지 투표할 대상을 결정하지 못하고 있다는 정의를 고려해 선거일 전 2주를 부동층을 판단하는 기준으로 삼고 있는 듯하다.

한국의 경우도 2주가 적절한 기준이 될 수 있다. 과거 국회의원 후보의 선거운동은 선거일 전 15일로 한정되었다. 2004년 개정된 선거법에서 비록 선거일 전 120일까지 예비후보로 등록해 명함 배포 등 간단한 선거운동을 할 수 있도록 하고 선거일 전 20일까지 후보 등록 절차를 따로 두었지만, 총체적인 선거운동은 15일로 국한하고 있다. 따라서 본격적인 선거운동에 노출되는 시점인 2주 전까지를 부동층을 정의하는 기준으로 사용하는 것이 적절하며, 대체로 기존의 연구도 이 시점에 따르고 있다(류재성 2012; 2014; 조성대 2013).

둘째, 더욱 중요한 문제로 부동층을 하나의 동질 집단으로 판단하고 집단 내의 규칙적인 속성을 밝히려 할 경우 유의미한 발견들을 이끌어 내기가 어렵다. 〈표 1〉에서 제시되어 있듯이 몇몇 연구들은 부동층이 이질적인 집단으로 구성되어 있음에 주목해왔다. 즉, 하나는 정당이나 후보자에 대해 알려고 하는 의지가 없어 정보를 갖지 못한 집단이고, 다른 하나는 어떤 정당이나 후보에 대해 확신을 가지기에 충분한 정보를 갖지 못한 집단이다(Brox and Giammo 2009; 조성대 2013). 서구의 정당 해체는 두 번째 집단, 즉 합리적 부동층의 출현을 가능하게 만든 것으로 보인다. 기성정당에 대해 실망한 나머지 정당으로부터 퇴장(exit)했지만 여전히 정치에 대해 높은 관심을 유지하고 있는 초정당 유권자들(apartisans, Dalton et al. 2000)은, 자신이 지지할 정당이나 후보자들을 미리 정하기보다 미디어들의 다양한 정치 정보를 적극적으로 활용하고 판단해 마지막 순간 표의 향방을 결정하는 경향을 띤다는 것이다.

이처럼 구분되는 두 집단은 선거 막바지까지 투표결정을 미룬다는 점에서 동일하나 선거 정보와 그를 바탕으로 한 행동은 정반대로 나타날 수 있다. 즉 선거에 대한 관심이 적은 부동층의 경우 과거 연구물들이 밝혀왔던 정보가 적으며(uninformed), 주의가 옅으며(inattentive), 그리고 참여하지 않는(inactive) 유권자일 가능성이 높지만, 반대의 경우 보다 적극적인 정보활동과 함께 캠페인에 활발한 참여를 보일 수 있다.

결국 부동층 내부의 이질성은 얼마나 민감하게 정치(선거) 정보에 노출되고 획득하며 수용하는 단계를 거쳐 자신을 설득하는 단계에 이를 수 있는가는 설득에의 수용성(susceptibility to persuasion)(Fournier et al. 2004; Nir and Druckman 2008)을 기준으로 두 개의 집단으로 구분하는 작업이 필요하다. 그리고 이는 자연스럽게 어떤 요인을 양자를 구분하기 위한 경험적 조작치(operational measure)로 사용해야 하는가의 문제로 이어진다.

예를 들어, 〈표 1〉에서 기존 연구들은 시기 자체(Chaffee and Choe 1980; Gopoian and Hadjiharalambous 1994), 선거 결과에 대한 관심

〈표 1〉 주요 연구별 투표결정시기에 따른 유권자 유형 구분

Chaffee and Choe (1980)	• 초기 결정자: 첫 번째 조사(9/23 이전) 이전 결정 • 캠페인 결정자: 두 번째(9/23)와 세 번째 조사(10/23) 사이 결정 • 최후 결정자: 세 번째와 네 번째 조사(11/2 선거일 이후) 사이 결정
Gopoian and Hadjiharalambous (1994)	• 초기 결정자: 후보에 대한 선호가 처음부터 확실 • 중기 결정자: 선거일 전 두 주까지의 선거운동기간 결정 • 후기 결정자: 선거일 전 두 주 동안 결정
McAllister (2002)	• 초기 결정자: 선거운동 개시 전 결정자 • 합리적 후기 결정자: 선거운동 개시 후 + 누가 승리하는가가 중요함 • 변덕스런 후기 결정자: 선거운동 개시 후 + 누가 승리하는가가 중요하지 않음
Brox and Giammo (2009)	• 초기 결정자: 선거일 전 2주까지 결정 • 관심 많은 후기 결정자: 선거일 전 2주 동안 + 선거관심도 높음 • 관심 적은 후기 결정자: 선거일 전 2주 동안 + 선거관심도 낮음
조성대 (2013)	• 기결정자: 선거일 전 20일까지 결정 • 적극적 부동층: 선거일 전 20일 동안 + 선거관심도 높음 • 소극적 부동층: 선거일 전 20일 동안 + 선거관심도 낮음

(McAllister 2002), 선거관심도(Brox and Giammo 2009) 등을 사용하고 있다. 이 글은 마지막 두 연구(Brox and Giammo 2009; 조성대 2013)[1]가 사용한 선거관심도가 가장 적절한 요인이라고 판단한다. 정치 정보에의 노출과 수용 혹은 그 밖의 정치적 태도나 행동 등의 주요 변수들을 건드리지 않은 채 비정치적인 부동층과 주의 깊은 부동층을 구분할 수 있기 때문이다(Brox and Giammo 2009, 342). 선거관심의 증가가 미디어 정보에 대한 노출과 수용의 증가로 이어지고, 이는 다시 선거운동에의 적극적인 참여로 이어진다는 가설을 부동층을 대상으로 자연스럽게 검증할 수 있다는 장점도 지닌다.

'선거관심도'와 '투표결정시기'를 이용해 기존 연구(McAllister 2002)의 유권자 분류모형에 적용한 결과는 다음의 〈표 2〉와 같다. 이를 세 가지 집단으로 재정의하면 기결정자(early deciders), 적극부동층(active late deciders), 소극부동층(passive late deciders)이라는 분류가 나오며 이후 이 글에서 '부동층 변수'로 지칭하며 사용할 것이다.

〈표 2〉 투표결정시기에 따른 유권자의 분류: 부동층 변수

	선거운동기간 전 투표결정		선거운동기간 동안 투표결정	
선거관심도 높음	기결정자	정당 유권자 (Partisan)*	부동층	적극부동층 (Rational)
선거관심도 낮음		탈정치화 유권자 (Disengaged)		소극부동층 (Capricious)

* 괄호안의 영문 개념은 원 저자(McAllister 2002)가 사용한 분류 용어임

---

1) 조성대(2013)의 연구는 19대 총선을 사례로 부동층을 연구했는데, 이 글에서처럼 선거관심도를 기준으로 '적극적 부동층'과 '소극적 부동층'으로 분류하여 분석했다. 그러나 류재성(2014, 121)의 지적처럼 적극적 부동층이 왜 투표결정을 연기 혹은 유보하고 있는지를 경험적으로 분석하지 못했다. 이 글은 부동층의 정보활동이나 선거활동을 경험 분석에 추가함으로써 기존 연구의 한계를 극복하고자 하는 의미도 지니고 있다.

III. 한국의 부동층 추이와 그에 대한 가설 및 조작화

　본격적인 가설을 제시하기에 앞서 〈표 2〉에서 제시한 부동층 변수를 한국의 사례에 적용해 부동층의 추이를 파악해보자. 다음의 〈그림 1〉은 1992년 15대 총선부터 한국선거학회와 한국사회과학데이터센터가 공동으로 조사한 유권자의식조사 자료를 활용하여 부동층의 규모를 파악한 것이다. 흥미롭게도 서구 국가들의 경험과 달리 한국의 부동층은 감소하고 있다. 한국의 부동층은 1992년 71.6%에서 2000년 초반 60%대로 감소했고, 2010년 이후 50%대로 진입했다. 물론 부동층의 전체적인 비율이 미국이나 유럽 국가들에 비해 상당히 높은 것은 사실이나 그 추이는 서구의 국가들과 달리 감소하고 있는 것이 분명하다.

　정당 해체가 서구 국가들에서 부동층의 증가를 설명한다면, 한국의 부동층 감소현상은 오히려 민주화 이후 불안했던 정당체계가 공고화기를 거치면서 점차 안정적으로 제도화되어감에 정치사회화 단계의 정당일체감을 갖는 유권자들이 서서히 증가했기 때문이라고 할 수 있다. 이는 〈그림 1〉에서 '정당 유권자'의 비율이 1990년대 초 24.5%에서 2000년대 20% 후반대를 거쳐 2010년대에는 30% 후반대에 진입한 사실에서 확인된다. 이에 반해 '탈정치화 유권자'들은 1990년대 초부터 5% 내외의 낮은 비율을 보이고 있을 뿐이다. 이는 한국의 정당체계가 비록 잦은 이합집산을 보여 왔지만 제도화의 수준이 점차 증가하고 있고 유권자들의 정치적 태도나 행동도 이에 긍정적으로 조응해가고 있음을 의미한다.

　민주화 이후 부동층이 감소 추세에 있는 가운데 적극부동층은 민주화 이후 두 번째로 치러진 선거에 대한 유권자의 높은 관심을 반영하듯 52.6%의 높은 비율을 보였다가, 90년대 중반 이후 40~44%에서 등락을 거듭하며 비교적 안정된 추이를 보이고 있다. 이에 반해 소극부동층은 등락의 폭이 무척 크다. 예를 들어 2000년 16대 총선의 경우 27.9%까지 치솟았으나, 2012년 19대 총선에서는 12.8%로 급감했다. 다른 선거에서는 10% 후반대의 비

〈그림 1〉 역대 한국 총선에서 부동층의 추이[2]

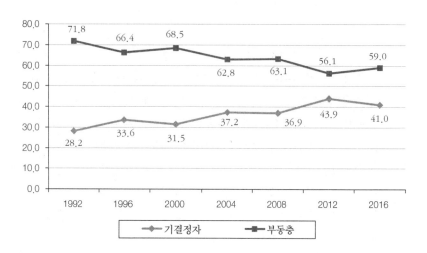

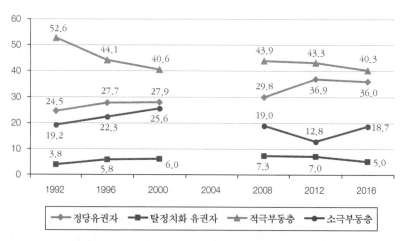

출처: 한국선거학회(한국사회과학데이터센터) 역대 총선 조사자료

---

2) 17대 총선의 경우 선거학회의 조사자료에는 투표결정시기에 대한 설문항이 없다. 대신 중앙선거관리위원회가 조사한 다른 자료에서 빈도를 구해서 표시했다.

율을 보이고 있다.

이제 부동층을 둘러싼 가설을 살펴보자. 부동층을 적극부동층과 소극부동층으로 구분했을 때[3] 기존 연구가 다루어온 부동층에 대한 가설들은 재조정이 불가피하다. 구체적으로 누가 부동층인가, 부동층은 어떤 정치적 태도와 행동을 보이는가, 부동층의 정치적 선택에 영향을 미치는 요인들은 무엇인가 등에 대한 가설은 두 개의 서로 다른 부동층 집단을 고려해 조정되어야 한다.

첫 번째 가설은 누가 부동층인가에 관한 것이다. 대부분의 기존 연구는 기결정자에 비해 부동층이 여성, 저연령층, 저학력층, 저소득층에서 상대적으로 많이 발견될 가능성을 제시해왔다(예: Chaffee and Choe 1980; Campbell 2000). 그러나 이는 소극부동층에 국한될 가능성이 높다. 반대로 적극부동층은 남성, 고연령층, 고학력층 및 고소득층에서 많이 발견될 가능성이 크다. 이들 계층이 정보활동에 필요한 비용을 훨씬 더 지불하기 쉽기 때문이다. 이를 비교적 단순한 가설로 표현하면 다음과 같다. 아울러 가설을 검증하기 위한 응답자의 사회경제적 지위 변수는 성(1. 남성, 2. 여성), 연령(1. 20대 이하, 2. 30대, 3. 40대, 4. 50대, 5. 60대 이상), 학력(1. 고졸이하, 2. 전문대 이하, 3. 4년제 대학 이상), 소득(1. 299만 원 이하, 2. 499만 원 이하, 3. 500만 원 이상)으로 조작되었다.

> H1-1: 소극부동층은 여성, 저연령, 저학력, 저소득층에서 상대적으로 많이 발견될 것이다.
> H1-2: 적극부동층은 남성, 고연령, 고학력, 고소득층에서 상대적으로 많이 발견될 것이다.

---

3) 적극부동층과 소극부동층의 구분은 선거에 대한 관심 정도를 물은 설문을 이용해 높음(1. 매우 많았다, 2. 조금 있었다)과 낮음(3. 별로 없었다, 4. 전혀 없었다)으로 구분하고 이를 부동층(선거일 전 2주에서 선거 당일까지 투표할 지역구 후보를 결정한 사람)과 교차, 분석해 조작했다.

두 번째 가설은 부동층이 어떤 정치적 태도와 행동을 보이는가에 관한 것이다. 대부분의 기존 연구는 부동층이 정당일체감이 없거나 약하고, 이념적으로 중도적이며 양가적 태도(ambivalent attitude)를 지니고 있다고 소개하고 있다(예, Brox and Giammo 2009; Lazarsfeld et al. 1948; McAllister 2002; Nir and Druckman 2009; 김연숙 2014). 아울러 대표적인 초기 연구와 부동층이 정치 정보에 취약하며 선거 캠페인에의 참여가 약한 사람들로 평가했었다(Lazarsfeld et al. 1948; Gopoian and Hadjiharalambous 1994).

그러나 적극부동층에 대한 평가는 조정될 필요가 있다. 물론 적극부동층은 기결정자들에 비해 정당일체감이 약하고 중도적이며 교차압력에 의한 양가적 태도를 더 많이 보일 수 있다. 그러나 정치 정보를 구하고 수용하며 선거 캠페인에 참여하는 정도는 기결정자들에 비해 약하지 않을지도 모른다. 기결정자들이 자신의 결정을 재차 확인하기 위해 선거운동기간에도 활발한 정보활동이나 참여활동을 보이는 데 반해 적극부동층은 부족하다고 생각하는 정보를 채워서 최종적으로 지지하는 정당이나 후보를 결정하기 위해 활발한 정보 및 참여 활동을 보이기 때문이다. 따라서 정보활동과 선거활동에 있어 기결정자와 적극부동층 사이에 유의미한 차이가 발견되지 않고 오히려 두 집단과 소극부동층과의 차이가 유의미하게 발견될 것으로 기대한다.

변수는 정당일체감(1. 강한 정당일체자, 2. 보통 정당일체자, 3. 약한 정당일체자, 4. 무당파)[4]과 이념(1. 강한 이념, …, 6. 중도), 그리핀(Griffin) 공식으로 측정된 각 정당에 대한 상충 지수(새누리당, 더민주당, 국민의당 양가적 태도),[5] 정치 정보활동(1. 전혀 챙겨보지 않는다, 2. 그렇게 열심히

---

4) 조작화에는 두 가지 설문, 첫째, 가깝게 느끼는 정당 유무(1. 없다 ⇒ 무당파 2. 있다 ⇒ 2) 문항으로), 둘째, 정당에 가깝게 느끼는 정도(2. 그리 가깝게 느끼지 않는다, 3. 어느 정도 가깝게 느낀다, 4. 매우 가깝게 느낀다)를 활용했다.

5) 그리핀 공식은(P+N)/2 - ∣ P-N ∣로 P는 특정 대상에 대한 긍정적인 응답의 수를, N은 부정적인 응답의 수를 일컫는다. 이 글은 각 정당(새누리당, 더민주당, 국민의당)에 대해 좋아하는지 정도(1. 전혀 좋아하지 않는다, 2. 약간 좋아한다, 3. 상당히 좋아한다, 4. 아주 많이 좋아한다)와 싫어하는 정도(1. 전혀 싫어하지 않는다, 2. 약간 싫어한

보지 않는다, 3. 꽤 챙겨보는 편이다, 4. 매우 꼼꼼히 챙겨본다), 선거활동 (후보자 접촉 경험, 선거운동원 접촉 경험, 특정정당이나 후보 지지설득 경험) 등을 활용했다. 각 정당에 대한 양가적 태도를 제외한 모든 변수들은 최솟값 0과 최댓값 1을 갖는 변수로 변형해 조작했다. 이 변수들로 검증해야할 가설을 단순하게 표현하면 다음과 같다.

> H2-1: 적극부동층과 소극부동층 모두 기결정자보다 무당파, 중도, 양가적 태도를 더 많이 보이는 가운데, 그 효과는 소극부동층에서 상대적으로 더 강할 것이다.
>
> H2-2: 적극부동층은 정보활동이나 선거활동에서 기결정자들과 차이를 보이지 않는 반면, 소극부동층과는 유의미한 차이를 보일 것이다.

마지막 가설은 부동층의 정치적 선택에 관한 것이다. 한국 유권자의 정치적 선택에 일반적으로 정당, 정책, 인물이 영향을 미친다고 했을 때, 기결정자들의 정치적 선택에 정당이라는 이름표가 상대적으로 큰 영향을 미치는 것은 당연할 것이다. 아울러 적극부동층이 보다 많은 정치정보를 활용해 최종적으로 지지할 후보를 결정하기 위해 결정을 미루고 있음을 고려할 때, 그들의 정치적 결정에는 정책이나 인물의 영향력이 상대적으로 높을 것으로 예상한다. 이를 간단한 가설로 표현하면 다음과 같다. 그리고 검증에는 그리고 지역구 후보 선택 요인(1. 정당, 2. 정책, 3. 인물, 4. 당선가능성)으로 조작된 변수를 활용했다.

> H3-1: 정치적 선택에서 기결정자들은 정당에, 적극부동층은 정책이나 인물에 대한 의존도가 상대적으로 높을 것이다.

이와는 별개로 기존 연구는 정치적 선택에서 부동층이 보이는 대표적인

다, 3. 상당히 싫어한다, 4. 아주 많이 싫어한다)를 물은 설문을 이용하여 세 정당에 대한 양가적 태도를 측정했다.

특징이 변동성이 크다고 지적하고 있다(Box-Steffensmeier, Dillard, Kimball and Massengill 2015). 정치적 선택에서 불확실성의 증가는 실제 여러 층위의 선택에서 같은 당을 선택하지 않는 분할(split ticket)투표나 과거의 투표 선택과 현재의 투표 선택이 다른 스윙(swing)투표로 이어질 가능성이 높다(McAllister 2002).

이는 적극부동층이나 소극부동층에서 공히 발견되는 패턴일 것으로 예상된다. 물론 적극부동층이 소극부동층에 비해 그 정도는 약할 것으로 판단된다. 변수들은 분할투표(지역구 후보 정당과 비례대표 정당의 일치 여부), 스윙투표(19대 총선과 20대 총선에서 비례대표 정당 투표 일치 여부) 등으로 조작되었다.

> H3-2: 부동층은 기결정자에 비해 높은 분할투표와 스윙투표를 보일 것이다. 다만 그 정도는 소극부동층에서 더 강할 것이다.

분석방법은 다음과 같다. 먼저 IV절에서는 각 독립변수와 종속변수(1. 기결정자, 2. 적극부동층, 3. 소극부동층) 사이의 이변량 교차분석 혹은 분산분석을 통해 세 집단 사이의 유의미한 차이가 있는지 검토할 것이다. 이 절에서는 부동층과 관련한 유권자 유형분류가 종속변수로 사용되는 연구 질문, 즉 누가 부동층을 구성하는가와 부동층은 어떤 정치적 태도와 행동을 보이는가를 분석할 것이다.

아울러 각 독립변수들을 모두 한 모형에 사용한 다항 로지스틱 회귀분석의 결과도 살펴볼 것이다. V절에서는 부동층 변수가 독립변수로 사용되는 부동층의 정치적 선택과 관련된 분석을 살펴볼 것이다. 역시 이변량 교차분석과 이항 로지스틱 회귀를 통해 과연 세 집단 사이에 유의미한 차이가 있는지 살펴볼 것이다.

IV. 부동층 결정요인에 대한 경험 분석 결과

〈표 3〉은 유권자의 사회경제적 배경과 부동층 변수 사이의 교차분석 결과로 〈가설 1-1〉과 〈가설 1-2〉에 대한 검증결과를 보여준다. 성별과 관련하여 남성이 기결정자에서 많이 발견되는 데 반해 여성은 소극부동층에서 많이 발견된다. 그러나 이러한 차이가 통계적으로 유의미하지는 않다. 이에 반해, 연령과 학력 변수는 유의미한 구분을 보인다. 기결정자는 고연령층과 저학력층에서 두드러지고, 소극부동층은 저연령층에서 많이 발견되며, 적극 부동층은 고학력층에서 많이 발건된다. 구분은 통계적으로도 유의미하다. 소득 변수는 비록 90%의 신뢰구간에서 통계적으로 투표결정시기와 유의미한 상관관계를 보이나 가설이 예견하는 직선형의(linear) 패턴을 보이지 않는다. 따라서 〈가설 1-1〉과 〈가설 1-2〉를 충족하는 요인은 유권자의 연령과 학력이라고 일단은 정리해두는 것이 좋을 듯하다.

가설로는 제시되지 않았지만, 응답자의 거주지와 부동층 변수와의 관계는 상당히 흥미롭다. 기결정자는 충청 지역에서 압도적으로 높은 반면, 대구/경북(TK), 부산/울산/경남(PK), 그리고 광주/전남/전북(호남) 지역에서 평균을 현저하게 밑돌고 있다. 20대 총선에서 영호남 지역 부동층 비율이 높게 나타난 이유는 과거와 다른 경쟁구도 때문으로 판단된다. TK에서는 '친박' 새누리 대 '반박' 무소속, PK에서는 새누리 대 더민주, 그리고 호남에서는 더민주 대 국민의당 후보 간의 활발한 경쟁이 펼쳐져서 유권자들을 최후까지 긴장시킨 것으로 보이다. 그런데 TK 지역에서 적극부동층이 두드러지는 데 반해 호남 지역에서 소극부동층이 상대적으로 두드러지며, PK 지역은 둘 사이의 균형을 이루고 있다. 현재로서는 이러한 상이한 분포를 합리적으로 설명할 근거를 찾기는 어려울 것 같다. 다만 경쟁하는 당사자들의 정치적 성격의 차이가 관련되어 있지 않을까 하는 추론을 제시해볼 수는 있을 듯하다.

다음으로 〈표 4〉는 〈가설 2-1〉에 대한 검증을 위해 부동층 변수를 기준

〈표 3〉유권자의 사회경제적 지위와 부동층

	구분	기결정자	적극부동층	소극부동층	합계a	카이제곱 검증
성	남	154(43.3)	144(40.4)	58(16.3)	356(49.4)	3.17
	여	141(38.7)	146(40.1)	77(21.2)	364(50.6)	
연령	20대 이하	30(33.7)	36(40.4)	23(25.8)	89(12.4)	26.0**
	30대	36(34.3)	44(41.9)	25(23.8)	105(14.8)	
	40대	62(35.8)	67(38.7)	44(25.4)	173(24.0)	
	50대	79(43.4)	81(44.5)	22(12.1)	182(25.3)	
	60대 이상	88(51.5)	62(36.3)	21(12.3)	171(23.8)	
학력	고졸 이하	171(45.5)	145(38.6)	60(16.0)	376(52.2)	12.18*
	전문대	61(38.9)	57(36.3)	39(24.8)	157(21.8)	
	4년제 대학 이상	63(33.7)	88(47.1)	36(19.3)	187(26.0)	
소득	3백만 원 미만	77(43.5)	77(43.5)	23(13.0)	177(24.6)	8.05+
	5백만 원 미만	157(21.8)	137(37.1)	75(20.3)	369(51.2)	
	5백만 원 이상	61(35.1)	76(43.7)	37(21.3)	174(24.2)	
거주지	수도권/강원	170(43.9)	153(39.5)	64(16.5)	387(53.8)	47.85**
	충청	49(68.1)	14(19.4)	9(12.5)	72(10.0)	
	대구/경북	22(30.6)	39(54.2)	11(15.3)	72(10.0)	
	부산/울산/경남	37(31.8)	53(45.3)	27(23.1)	117(16.2)	
	광주/전북/전남	17(23.6)	31(43.1)	24(33.3)	72(10.0)	
합계		295(41.0)	290(40.3)	135(18.8)	720(100.0)	

a. 괄호안의 비율은 열(column)의 비율임. ** p⟨0.01, * p⟨0.05, + p⟨0.10

〈표 4〉 정치적 태도와 부동층(평균 및 분산분석)

	기결정자	적극부동층	소극부동층	전체	F-검증
정당일체감 강도	0.46	0.57	0.74	0.56	33.64**
이념 강도a	0.62	0.70	0.76	0.68	15.10**
새누리당 양가적 태도	0.42	0.56	0.57	0.51	2.92+
더민주당 양가적 태도	0.55	0.77	0.94	0.71	13.01**
국민의당 양가적 태도	1.02	0.90	1.04	0.98	2.18

N: a=712, 나머지는 720. ** p〈0.01, * p〈0.05

으로 정치정향 및 태도를 분산분석한 결과이다. 먼저 정당일체감 강도(무당파), 이념 강도(중도), 그리고 정당에 대한 양가적 태도(국민의당 양가적 태도 제외) 변수 대부분이 '기결정자〈적극부동층〈소극부동층'의 순서의 평균값을 제시하고 있으며 분산분석(F-검증)의 결과도 통계적으로 유의미하다. 즉, 기결정자가 부동층 두 집단보다 선명한 정치 정향을 갖고 있다는 것에는 의문의 여지가 없다. 그런데 부동층 두 집단에도 일정한 차이가 있다. 즉 적극부동층이 소극부동층에 비해 상대적으로 더 선명한 정치적 태도를 가지고 있음을 알 수 있다. 따라서 이변량 분석에서 〈가설 2-1〉이 검증된 것으로 볼 수 있다.[6]

다음으로 〈표 5〉는 〈가설 2-2〉에 대한 검증을 위해 정보활동(정치뉴스 획득)과 선거활동(후보자 접촉, 선거운동원 접촉, 지지설득)을 종속변수의

---

6) 터키(Turkey) 방법—하위집단 간의 일대일 평균값 t-검증—에 의한 사후검증에 의하면 적극부동층과 소극부동층이 정당일체감 강도와 이념 강도 변수에서만 차이가 있을 뿐, 정당에 대한 양가적 태도에서는 통계적으로 유의미한 차이가 없는 것으로 나타났다. 따라서 정당에 대한 양가적 태도에서 적극부동층과 소극부동층은 큰 차이가 없다고 해석하는 편이 더 적절할 수 있을지 모른다. 다만 〈가설 2-1〉의 경우 핵심적인 내용이 정치적 정향과 태도에 있어 기결정자와 부동층을 구분하는 것이기에 위와 다른 해석이 필요할 것 같지는 않다.

<표 5> 정보 및 선거활동과 부동층(평균 및 분산분석)

		기결정자	적극부동층	소득부동층	전체	F-검증
정보활동: 정치뉴스 획득a		0.57	0.54	0.37	0.51	34.91**
선거 활동	후보자 접촉	0.40	0.39	0.23	0.36	6.56**
	선거운동원 접촉	0.34	0.35	0.27	0.33	1.31
	지지설득	0.32	0.30	0.13	0.28	9.80**

N: a=717, 나머지 변수는 720. ** p<0.01, * p<0.05

하위집단별로 구분하여 분산분석으로 검증한 결과이다. 눈에 띄는 점은 〈표 4〉의 정치적 태도 변수들의 결과 패턴과 사뭇 다르다는 것이다. 정치뉴스 획득이나 후보자 접촉, 지지설득 변수에서 기결정자의 평균값이 보여주는 패턴은 여타 정치태도 변수와 다르지 않다. 즉, 이미 지지할 지역구 후보를 결정한 유권자들이 자신의 선택을 재차 확인하거나 정당화하기 위해 활발하게 선거활동을 전개하고 있음을 확인할 수 있다. 그런데 적극부동층의 평균값이 기결정자와 큰 차이가 없다.7) 다시 말해, 적극부동층의 경우 무기력하게 선거를 대하기보다 정치적 선택을 위해 기결정자만큼이나 활발한 선거활동을 전개하고 있다는 것이다. 이는 부동층이 정보에 무지하며 덜 참여적이라는 기존연구를 부분적으로 반증함과 동시에 〈가설 2-2〉를 일정하게 입증하고 있다.

이제 모든 변수들을 하나의 회귀모형에 삽입한 다음 부동층 변수와 회귀한 결과를 살펴보자. 다항 로지스틱 회귀 결과를 살펴보기에 앞서 부동층을 하위집단으로 구분하지 않은 채 여러 독립변수들과 이항 로지스틱 회귀 결과를 살펴볼 필요가 있다. 만약 두 모형에서 특정 변수의 효과가 달리 나타

---

7) 터키 사후검증에 의하면, 정치뉴스 획득 변수만이 기결정자와 적극부동층을 유의미하게 구분하고 있을 뿐, 후보자 접촉이나 지지설득 변수에 있어 기결정자와 적극부동층은 통계적인 차이가 없다.

난다면, 이는 부동층의 분류방법 때문에 발생한 것으로 이 글의 부동층 변수의 유효성을 판단하는 증거가 될 수 있을 것이다. 결과는 〈표 6〉에 제시되어 있다.

우선 응답자의 사회경제적 배경 변수 중 유일하게 학력 변수만이 통계적인 유의미성을 띠면서 부동층 변수에 영향을 주고 있다. 이항 로지스틱 회귀 결과는 고학력일수록 무당파가 될 확률이 증가한다고 예측하고 있다. 그런데 다항 로지스틱 회귀 결과는 그 효과가 적극부동층에 국한된 것임을 보여준다. 즉 고학력자들의 경우 소극적으로 캠페인에 임하기보다 높은 관심을 유지한 채 결정을 미루고 있다는 것이다. 요약하면, 〈가설 1-1〉을 뒷받침하는 경험적 증거는 20대 총선에서 발견되지 않았고 〈가설 1-2〉를 입증하는 변수도 교육 변수에 불과하다.

〈가설 2-1〉을 검증하는 응답자의 정치적 태도를 나타내는 변수 중 기결정자와 두 부동층 집단을 통계적으로 유의미하게 구분하는 변수는 정당일체감 강도, 이념 강조, 그리고 더민주당 양가적 태도 변수이다. 그런데 그 효과는 부동층 두 집단에서 조금 다르다. 우선 정당일체감 강도 변수는 소극부동층/기결정자, 적극부동층/기결정자, 적극부동층/소득부동층의 비교 모형 모두에서 통계적으로 유의미한 영향을 미치고 있다. 그런데 회귀계수 규모로 판단하면, 그 효과가 소극부동층과 기결정자를 구분하는데서 가장 큰 반면 적극부동층과 기결정자를 구분하는 데서 가장 작다.

이념 강도 변수도 기결정자와 두 부동층 집단을 통계적으로 유의미하게 구분하는 가운데, 소극부동층에의 효과가 훨씬 크다. 그러나 적극부동층과 소극부동층을 유의미하게 구분하지는 못한다. 더민주당 양가적 태도 변수도 이념 강도 변수와 정확하게 같은 패턴의 효과를 보이고 있다. 종합적으로 보았을 때, 정당이나 이념에 관한 태도가 기결정자와 부동층을 구분하는 가운데 그 효과가 적극부동층에 상대적으로 약하게 나타날 것이란 〈가설 2-1〉을 입증하고 있다.

비록 통계적 신뢰도는 약하지만($p < 0.10$) 국민의당 양가적 태도 변수가 더민주당 양가적 태도 변수와 정반대의 효과를 지니고 있다. 인지 대상에

대해 양가적 태도를 지닐 경우 무위(無爲)의 상태에 빠지기 싫다는 가설(Mutz 2002a; 2002b)과 정반대의 효과를 보인다. 그런데 이는 지난 총선에서 신생정당으로 창당해 하나의 대체제로 더민주당과 경쟁했던 국민의당의 정치적 위상과 맥락이 닿아 있는 것으로 보인다. 즉, 더민주당에 양가적 태도를 갖는 사람들은 국민의당이라는 퇴장 대안(혹은 정의당이나 새누리당)을 놓고 선거 막바지까지 고심하나, 신생정당인 국민의당에 호불호가 불분명한 사람의 경우 이미 선거운동이 시작되기도 전에 기성정당 중 하나를 지지하기로 결심한 상태였을 개연성이 다분하다.[8) 그러나 이 변수가 〈가설 2-1〉과 정반대의 효과를 보이고 있음은 부정할 수 없다.

마지막으로 〈가설 2-2〉에 대한 경험 분석 결과를 살펴보자. 기결정자와 부동층 전체를 구분한 이항 로지스틱 회귀에서 정치뉴스 획득 변수만이 통계적으로 유의미한 효과를 보이고 있다. 즉, 정치정보를 활발하게 다루는 사람일수록 선거 막바지까지 후보결정을 미루지 않는 경향이 높다는 것이다. 이 변수는 다항 로지스틱 회귀에서도 앞서 정당일체감 강도 변수와 유사한 효과를 지닌다. 그러나 적극부동층/기결정자 모형에서의 효과가 가장 작다. 다시 말해, 적극부동층 또한 기결정자들에 비해 조금 덜하지만 역시 정보활동을 활발하게 펼치고 있으며 이 점에서 소극부동층과 확연하게 구분된다는 것이다.

흥미롭게도 지지설득 변수는 이항 로지스틱 회귀에서는 통계적인 유의미성을 지니고 있지 않지만, 다항 로지스틱 회귀에서는 적극부동층/기결정자 모형을 제외한 두 모형에서 통계적으로 유의미한 효과를 지니고 있다. 선거활동변수가 소극부동층/기결정자 그리고 적극부동층/소극부동층만을 유의미하게 구분하고 있다는 점은, 적극부동층의 선거활동이 소극부동층에 비해 훨씬 활발하며 기결정자에 비해 저조하지 않다는 점을 의미하며 〈가설 3-2〉

---

8) 지역구후보 투표 정당별 국민의당에 갖는 양가적 태도는 새누리당 투표자 0.97, 더민주당 투표자 1.15, 국민의당 투표자 0.55, 그리고 정의당 투표자 1.40으로 나타났다. 분산분석도 통계적으로 유의미하다(p⟨0.001⟩. 즉, 기성정당인 세 당에 투표를 결정한 사람들이 국민의당에 양가적 태도를 강하게 가졌다는 것이다.

를 입증하는 것이다.

전체적으로 정치적 태도와 선거활동 변수의 효과는 앞서 〈표 4〉와 〈표 5〉의 분산분석에서도 이미 확인된 것과 같다. 특히 〈가설 3-2〉와 관련해서 적극부동층이 기결정자와는 구분되지 않으나 소극부동층과는 유의미하게 구분되는 적극적인 선거활동을 보인다는 것은 이 글을 관통하는 핵심적 가

〈표 6〉 **부동층의 결정요인(다항 로지스틱 회귀)**

구분		이항 로지스틱	다항 로지스틱		
		부동층 /기결정자	소극부동층 /기결정자	적극부동층 /기결정자	적극부동층 /소극부동층
사회 경제 배경	성	0.09(0.18)	0.26(0.25)	0.19(0.18)	-0.07(0.24)
	연령	-0.05(0.07)	-0.12(0.10)	-0.03(0.08)	0.09(0.09)
	학력	0.24(0.11)*	0.15(0.16)	0.26(0.12)*	0.12(0.15)
	소득	-0.04(0.13)	0.09(0.18)	-0.07(0.13)	-0.16(0.17)
정치 태도	정당일체감 강도	0.74(0.27)**	1.57(0.38)**	0.60(0.29)*	-0.97(0.36)**
	이념 강도	0.79(0.35)*	1.66(0.52)**	0.77(0.36)*	-0.89(0.50)+
	새누리당 양가적 태도	0.09(0.11)	0.03(0.16)	0.12(0.12)	0.08(0.15)
	더민주당 양가적 태도	0.30(0.11)**	0.42(0.15)**	0.27(0.12)*	-0.15(0.14)
	국민의당 양가적 태도	-0.15(0.10)	0.02(0.15)	-0.20(0.11)+	-0.22(0.14)
	선거관심도	-1.93(0.43)**	–	–	–
정보 및 선거 활동	정치뉴스 획득	-0.93(0.40)*	-3.41(0.61)**	-0.84(0.41)*	2.57(0.59)**
	후보자 접촉	0.17(0.20)	-0.09(0.30)	0.19(0.20)	0.27(0.28)
	선거운동원 접촉	0.25(0.21)	0.34(0.29)	0.20(0.21)	-0.14(0.28)
	지지설득	-0.09(0.20)	0.37(0.34)*	-0.01(0.21)	0.72(0.33)*
상수		0.63(0.71)	-2.01(0.92)*	-1.04(0.68)	0.97(0.88)
-2 로그우도		848.84**	1319.20**		
Cox and Snell R^2		0.15	0.21		
N		710	710		

괄호안의 숫자는 표준오차. ** $p<0.01$, * $p<0.05$, + $p<0.10$

설을 뒷받침하는 것이다. 즉, 〈표 5〉의 회귀분석 결과는 이항 로지스틱 회귀 모형에서처럼 부동층 집단의 내적 이질성을 구분하지 않고 동질적 집단으로 가정했을 경우, 부동층의 정치적 태도나 행태를 제대로 이해할 수 없음을 재차 보여주고 있다. 부동층 내에는 비록 정당에 대한 태도가 약하며 이념적으로 중도에 가깝지만 정치정보에 여전히 민감하며 선거활동도 활발하게 벌이는 적극적인 참여자가 있다는 것이다. 즉, 부동층은 하나의 동질적인 집단이 아니며 적절한 변수로 다수의 집단으로 구분해 정치적 태도와 행태를 분석해야 한다는 이 글의 문제제기가 적절하다고 볼 수 있다.

V. 부동층의 정치적 선택에 대한 경험 분석 결과

지금까지 부동층이 종속변수의 역할을 한 주제에 대해 살펴보았다. 이제부터 부동층이 독립변수가 되는 가설, 즉 부동층의 정치적 선택에 대해 살펴보자.

앞서 III절에서 〈가설 3-1〉은 후보 선택의 원인에서 기결정자들은 정당 요인에, 적극부동층은 정책이나 인물에 대한 의존도가 높을 것으로 예상했었다. 분석 결과는 〈표 7〉에 제시되어 있다. 각각의 하위집단이 가장 많이 선택한 요인을 중심으로 살펴보면, 기결정자들의 36.5%가 정당을 투표 선택의 근거로 제시한 데 반해, 적극부동층의 39.7%가 인물을 선택했으며 소득부동층의 35.6%도 인물을 선택했다. 이는 가설의 예견을 일정하게 충족하고 있다. 그러나 아쉽게도 정책을 선택한 적극부동층의 비율이 하위 세 집단 중 가장 낮다. 오히려 소극부동층의 정책 선택 비율이 적극부동층에 비해 4.0%p 높다. 이는 가설과 정반대의 결과인 셈이다. 이러한 결과가 보편적인 현상인지 혹은 기성정당의 치환(displacement)을 노리는 제3당의 등장에 따른 20대 총선만의 독특한 현상인지 현재로서는 확실하지 않다.

〈표 7〉 투표 선택의 요인

구분	정당	정책	인물	후보의 당선가능성	합계	카이제곱 검증
기결정자	108(36.6)	85(28.8)	93(31.5)	9(3.1)	295(41.0)	
적극부동층	92(31.7)	68(23.4)	115(39.7)	15(5.2)	290(40.3)	11.41+
소극부동층	39(28.9)	37(27.4)	48(35.6)	11(8.1)	135(18.8)	
합계	239(33.2)	190(26.4)	256(35.6)	35(4.9)	720(100.0)	

* 인물: 자질, 능력, 도덕성 등. + p〈0.10

다양한 선거의 분석이 필요하며 미래의 과제로 남기고자 한다.

특정 가설을 다루는 것은 아니지만 투표 선택의 원인을 살펴보았으니 부동층들이 어떤 투표 선택을 했는지도 살펴보는 것도 흥미를 더해줄 것이다. 다음의 〈표 8〉은 부동층 변수와 20대 총선 지역구 후보 정당과 비례대표 정당 선택 간을 교차분석한 결과이다. 흥미로운 점은 소극부동층일수록 지

〈표 8〉 부동층의 제20대 총선 투표 선택

구분		새누리당	더민주당	국민의당	기타	합계
지역구 후보 선택a	기결정자	138(46.6)	113(38.3)	30(10.2)	14(4.7)	295(41.0)
	적극부동층	128(44.1)	101(34.8)	46(15.9)	15(5.1)	290(40.3)
	소극부동층	51(37.8)	51(37.8)	28(20.7)	5(3.7)	135(18.8)
	합계	317(44.0)	265(36.8)	104(14.4)	34(4.8)	720(100.0)
비례대표 정당 선택b	기결정자	135(45.8)	104(35.3)	47(15.9)	9(3.0)	295(41.0)
	적극부동층	127(43.8)	97(33.4)	57(19.7)	6(2.1)	290(40.3)
	소극부동층	42(31.1)	48(35.6)	42(31.1)	3(2.2)	135(18.8)
	합계	304(42.2)	249(34.6)	146(20.3)	21(2.9)	720(100.0)

카이제곱: a. 13.70(p〈0.19), b. 17.04(p〈0.03)

역구후보나 비례대표 정당으로 국민의당을 선택한 응답자가 상대적으로 많은 반면, 새누리당을 선택한 사람이 적다는 점이다. 기결정자의 경우 정확하게 반대의 패턴을 보이고 있다. 더민주당에 대한 선택은 부동층 변수에 크게 영향을 받지 않은 듯하다. 현재로써는 소극부동층이 제3당의 등장에 민감하게 반응하는 원인에 대해 이렇다 할 해답을 제시할 수 없을 듯하다. 이 역시 이후의 과제로 남기고자 한다.

부동층의 정치적 선택과 관련해 많은 기존 연구는 부동층이라는 상태가 수반하는 불확실성의 증가에 대해 지적해왔다. 이제 그에 대한 경험 분석 결과를 살펴보자. 이미 앞 절에서 〈가설 3-2〉를 통해 부동층이 기결정자들에 비해 높은 분할투표와 스윙투표를 보일 것으로 예상했었다. 〈표 9〉는 그 결과를 보여준다. 전체 분할투표는 기결정자에서 소극부동층으로 갈수록 증가하나 통계적으로 유의미하지 않다. 그런데 분할투표를 더민주당과 국민의당 사이의 선택으로 좁혔을 때 같은 패턴에 통계적인 유의미성을 띤다. 그러나 관찰수가 너무 적은 것이 흠이다.

보다 관찰수가 많은 스윙투표―즉 19대 총선의 비례대표 정당 선택과 20대 총선의 비례대표 정당 선택이 다른 경우―는 기결정자에서 소극부동층으로 갈수록 비율이 명백하게 증가하고 있다. 그러나 그 폭이 소극부동층

〈표 9〉 부동층과 분할투표 및 스윙투표

구분	분할투표		스윙투표
	전체 분할투표	더민주-국민의당 분할투표	
기결정자	46(15.6)	10(3.4)	84(29.7)
적극부동층	56(19.3)	19(6.6)	94(33.9)
소극부동층	31(23.0)	14(10.4)	67(53.2)
합계	133(18.5)	43(6.0)	245(35.7)
카이제곱검증	3.57	6.53*	21.60**

** p⟨0.01, * p⟨0.05

에서 갑자기 증가하고 있다. 다시 말해, 부동층의 정치적 선택에는 불확실성
이 수반되지만 그 정도가 소극부동층에서 훨씬 심하다는 것이다. 환언하면,
〈표 9〉는 부동층의 상태가 수반하는 불확실성에 대한 가설을 비교적 산뜻
하게 검증하고 있음은 분명하다.

한 가지 남는 궁금증은 부동층의 정치적 선택에서 일관투표(consistent
vote)를 유도하는 원인을 찾는 일일 것이다. 이러한 작업은 정치가 예측 가
능한 모양새를 띠는 데 일조할 수 있다. 이를 위해 앞서 Ⅳ절의 경험 분석에
사용되었던 독립변수들을 활용하여 스윙투표를 예측해보자. 편의상 부동층
변수의 하위 집단별로 이항 로지스틱 회귀를 사용했으며 결과는 〈표 10〉에
제시되어 있다. 부동층의 정치적 선택에 통계적으로 유의미한 영향을 미친
변수는 정당일체감 강도, 이념 강도, 더민주당 양가적 태도, 국민의당 양가
적 태도, 선거운동원 접촉으로 나타났다.

우선 각 정당에 대한 양가적 태도 변수들의 효과부터 살펴보자. 국민의당
양가적 태도 변수는 부동층의 두 모형뿐만 아니라 기결정자 모형에서도 통
계적인 유의미성을 지니고 있다. 국민의당에 대해 양가적 태도가 클수록 19
대 총선에 이어 20대 총선에서도 같은 정당을 선택할 확률이 높았음을 보여
준다. 즉, 신생정당의 등장으로 관심을 집중했으나 긍정적인 면만큼이나 부
정정적인 면을 많이 발견한 시민들이 과거 그가 지지해왔던 정당으로 회귀
했음을 의미하는 것으로 보인다.

이에 반해 더민주당에 대한 양가적 태도는 기결정자와 소극부동층에서
스윙투표를 많이 발생시켰으나, 적극부동층의 선택에는 영향을 미치지 않았
다. 앞서 소극부동층의 높은 국민의당 지지를 감안한다면, 더민주당에 높은
양가적 태도를 지닌 소극부동층의 스윙투표 현상을 미루어 짐작할 수 있을
듯하다. 국민의당과 더민주당에 대한 양가적 태도가 정치적 선택의 불확실
성과 어떤 형태로든 연결되는 데 반해, 새누리당에 대한 양가적 태도는 투표
자 유형과 관계없이 스윙투표와 무관하게 나타났다. TK 지역에서의 친박
새누리 후보와 비박 무소속 후보 사이의 부동층의 무결정은 스윙투표에 반
영되지 않은 듯하다. 결국 20대 총선에서의 스윙투표는 국민의당과 더민주

당 사이에서의 혼돈이 주요한 원인이 되었다고 볼 수 있을 것이다.

좀 더 흥미로운 결과는 정당일체감 강도와 이념 강도의 효과이다. 정당일체감 강도 변수는 기결정자들의 스윙투표에 전혀 영향을 미치지 않으며, 오히려 적극부동층과 소극부동층의 스윙투표를 유의미하게 설명하고 있다. 이

〈표 10〉 부동층과 스윙투표(로지스틱 회귀)

구분		기결정자	적극부동층	소극부동층
사회 경제 배경	성	-0.61(0.35)+	-0.49(0.33)	-0.72(0.47)
	연령	-0.79(0.16)**	-0.25(0.14)+	-0.24(0.21)
	학력	0.08(0.22)	0.21(0.21)	-0.12(0.31)
	소득	-0.67(0.28)*	-0.31(0.22)	0.49(0.37)
정치 태도	정당일체감 강도	0.25(0.51)	1.38(0.47)**	2.09(0.74)**
	이념 강도	1.37(0.65)*	2.33(0.69)**	0.10(0.96)
	선거 관심	-1.18(0.80)	0.82(1.27)	0.12(0.13)
	양가적 태도(새누리당)	0.01(0.21)	0.07(0.19)	-0.52(0.35)
	양가적 태도(더민주당)	1.00(0.21)**	0.26(0.19)	0.77(0.33)*
	양가적 태도(국민의당)	-0.69(0.21)**	-0.54(0.19)**	-0.72(0.30)*
선거 활동	정치뉴스 획득	0.63(0.78)	-0.72(0.73)	0.12(0.13)
	후보자 접촉	0.58(0.39)	-0.24(0.36)	0.26(0.57)
	선거운동원 접촉	-0.42(0.39)	-0.45(0.38)	-1.18(0.59)*
	지지설득	-0.18(0.36)	0.20(0.41)	0.03(0.78)
상수		3.34(1.53)*	-1.20(1.39)	0.30(2.08)
Correctly Classified		78.9	73.0	73.4
Cox and Snell R^2		0.27	0.21	0.28
N		279	274	124

괄호안의 숫자는 표준오차. ** $p<0.01$, * $p<0.05$

는 정당일체감만이 부동층의 정치적 선택을 설명한다는 기존연구(Fournier et al. 2004; Nir and Druckman 2008)와 일맥상통한다. 그런데 정당일체감의 효과는 소극부동층에서 좀 더 강하다. 이에 반해, 이념 강도 변수는 소극부동층의 정치적 선택에 전혀 영향이 없다. 오히려 기결정자와 적극부동층의 스윙투표에 영향을 미치고 있다. 효과는 적극부동층에서 좀 더 강하다.

이처럼 정당일체감이 소극부동층의 선택을 잘 설명하는 데 반해 이념이 적극부동층의 선택을 강하게 설명하는 것은 두 집단의 정보에 대한 태도와 밀접하게 관련된 것으로 보인다. 적극부동층의 경우 선거 막바지까지 활발한 정보활동을 보이는 집단이다. 정당일체감도 고려하겠지만 정책에 대한 판단을 중요하게 생각한다. 따라서 정책이 반영하는 이념이 그들의 선택에 중요할 수밖에 없다. 이에 반해 선거에 관심이 없는 소극부동층은 정치정보를 고려하지 않은 채 막바지까지 결정을 미루다 그나마 기존에 지니고 있던 정당일체감에 따라 정치적 선택을 행한다는 것이다.

이 밖에 선거활동 변수들은 응답자들의 스윙투표에 전혀 영향을 미치지 못하고 있다.[9] 아마 단기적 행동을 조작한 선거활동 변수가 중기적 투표행태를 설명한다는 것이 어쩌면 불합리한 판단일지로 모르겠다.

---

9) 유일하게 선거운동원 접촉 변수가 소극부동층의 스윙투표를 감소시키고 있는 것이 소극부동층의 정치적 선택이 주위의 설득에 취약하다는 증거이어서 흥미롭다.

Ⅵ. 맺음말

지금까지 부동층의 사회경제적 구성, 정치 정향, 태도 및 행동, 그리고 정치적 선택에 대해 살펴보았다. 부동층을 하나의 동질적 집단으로 파악하지 않고 집단 내부의 이질성에 주목해야만 그들의 정치행태를 이해할 수 있다는 문제의식은 이 글을 시종일관 관통하는 핵심어였다. 경험적 발견을 요약하면 다음과 같다.

첫째, 민주화 이후 한국의 부동층은 서구의 경험과는 반대로 감소추세에 있다. 민주주의 공고화에 따라 정당체계가 일정하게 제도화되어감에 따라 정당에 조응하는 '정당 유권자(partisan)'의 증가에 따른 것이었다. 그럼에도 불구하고 부동층은 상당히 높은 비율을 차지하고 있다. 아울러 적극부동층은 비교적 안정된 추이를 보이는 가운데 소극부동층은 등락의 폭이 상대적으로 크다.

둘째, 사회경제적 인구 구성과 관련하여 부동층은 저연령층과 고학력층에서 상대적으로 많이 발견되었으나 회귀분석에서 유의미한 효과를 갖는 것은 응답자의 교육수준뿐이었다. 그러나 교육수준은 소극부동층에 영향을 미치지 못했고, 기결정자와 적극부동층을 구분할 뿐이었다. 한국사회에서 학력수준이 적극부동층의 사회적 배경이 됨을 보여준다.

셋째, 정치적 정향 및 태도와 관련하여 부동층은 기결정자에 비해 무당파와 중도의 정향과 양가적 태도를 갖는 것으로 나타났다. 그러나 이들 변수들은 기결정자와 소극부동층을 상대적으로 더 강하게 구분했고 적극부동층을 구분하는 효과는 그 절반 정도로 약했다.

넷째, 정보활동 및 선거활동과 관련하여 부동층 내부의 집단적 이질성은 확연하게 드러났다. 즉 적극부동층은 정치뉴스를 열람하는 정도나 타인에게 지지 후보나 정당을 설득하는 정도에 있어 기결정자들과 차이가 거의 없었다. 그러나 소극부동층과는 확연하게 구분되는 활동을 보였다.

이처럼 정치적 태도나 행동에서 부동층이 보이는 특징은 부동층을 하나의 동질한 집단으로 판단했을 때 확인할 수 없는 것들이다. 오히려 부동층은 선거에의 관심, 정보에 대한 태도 및 행동, 그리고 캠페인활동 정도에 따라 최소한 두 개의 이질적인 집단으로 구성되어 있으며 이를 적절히 통제했을 때 부동층의 정치적 특징들을 제대로 파악할 수 있다.

다섯째, 부동층의 정치적 선택은 기존 연구에서의 주장과 마찬가지로 불확실성이 높다. 분할투표와 스윙투표로 측정된 선택의 불확실성에서 소극부동층으로 갈수록 불확실한 정치적 선택을 할 확률이 높음을 발견했다. 부동층의 스윙투표에 대한 회귀분석에서 적극부동층의 일관투표는 이념에 영향을 많이 받는 것으로 나타났다. 즉 적극부동층이 캠페인 이슈나 이벤트, 그리고 정책에 영향을 많이 받는 집단임을 재차 보여주는 것이다.

흥미로운 사실은 소극적 부동층일수록 정치적 선택에서 정당일체감에 더 많이 의존한다는 것이었다. 이유야 어떻든 지지할 정당을 정하지 못하고 정치적 결정을 미루는 사람들의 일관된 선택에 정당일체감이 중요한 역할을 한다는 것은 정당체계의 제도화 과정에 있는 한국의 정치현실에 중요한 시사점을 지닌다. 즉 정당은 대의제민주주의의 대표성을 재고할 수 있는 여전히 유효한 정치적 기재라는 것이다. 결국 현재의 정당정치에 대한 높은 불신을 해소하기 위해서 역설적으로 다시 정당으로 돌아갈 수밖에 없음을 시사한다.

몇 가지 중요한 경험적 발견에도 불구하고 다음의 몇 가지 지적은 이 글의 한계이며 향후 개선되어야 할 과제로 보인다. 무엇보다 이 글의 경험적 발견을 일반화하기엔 여전히 사례가 적다는 것이 문제이다. 물론 19대 총선을 분석한 사례(조성대 2013)가 유사한 경험적 발견을 제시했다고는 하나, 유권자의 사회경제적 배경이나 정당일체감, 이념 등의 변수만을 공동으로 사용하고 있고 나머지 변수들은 종류나 조작에서 무척 다르다. 19대 총선 연구의 경우 정보활동이나 선거활동에 대한 변수가 아예 없다. 따라서 향후 연구에서는 사례를 늘려 나갈 것과 변수를 통일할 필요성이 제기된다.

둘째, 다른 신생 민주주의 국가들의 사례에 대한 분석도 일반화를 위해 필요해 보인다. 기존연구가 주로 서구 민주주의 국가들에 집중되어 있다는 점은 부동층에 대한 이해를 불완전하게 만든다. 정당 해체기의 부동층과 정당체계의 제도화 단계를 경험하고 있는 신생민주주의 국가들의 부동층이 똑같은 태도와 행태를 보이는지를 비교 연구할 필요가 있다.

마지막으로 선거관심도가 유일하고 적절한 매개변수인지 혹은 부동층 내부의 이질성을 구분할 수 있는 다른 변수는 없는지에 대한 논쟁이 필요하다. 합리성과 비합리성, 적극 대 소극, 혹은 정치적 대 비정치적 등 다양한 구분 개념에 대한 논쟁과 더불어 이를 조작하는 방법들에 대한 토론도 필요하다.

이 글은 위의 문제제기에 대한 하나의 시도를 보여줬을 뿐이다. 이후 후속 연구가 뒤따르길 기대한다.

【참고문헌】

김연숙. 2014. "한국 유권자의 투표결정시기에 관한 연구: 제18대 대통령선거에서 나타난 상충적(ambivalent) 유권자 분석을 중심으로." 『한국정당학회보』 13 권 1호: 33-63.

류재성. 2012. "부동층은 누구인가?―지지후보 결정시점의 요인에 관한 연구." 박찬 욱·강원택 편. 『2012년 국회의원선거 분석』. 경기도 파주: 나남.

_____. 2014. "부동층은 누구인가?―2012년 총선 및 대선, 2014년 지방선거 비교 분석." 『평화연구』 22권 2호: 113-144.

신 진. 1996. "부동층의 투표행태 분석." 『한국정치학회보』 30: 181-197.

조성대. 2006. "투표참여와 기권의 정치학: 합리적 선택이론의 수리모형과 17대 총 선." 『한국정치학회보』 제40집 2호: 51-74.

_____. 2013. "부동층에 관한 연구: 19대 총선에서 정당선호, 선거쟁점과 투표 결정 시기." 『한국정치학회보』 47집 2호: 109-129.

Box-Steffensmeier, Janet, Micah Dillard, David Kimball, and William Massengill. 2015. "The Long and Short of It: The Unpredictability of Late Deciding Voters." *Electoral Studies* 39: 181-194.

Brox, Brian, and Joseph Giammo. 2009. "Late Deciders in U.S. Presidential Elections." *The American Review of Politics* 30: 333-355.

Campbell, James E. 2000. *The American Campaign: U.S. Presidential Campaigns and the National Vote.* College Station: Texas A&M University Press.

Chaffee, Steven H., and Sun Yuel Choe. 1980. "Time of Decision and Media Use During the Ford-Carter Campaign." *Public Opinion Quarterly* 44: 53-69.

Dalton, Russell J., Ian McAllister, and Martin P. Wattenberg. 2000. "The Conse-quences of Partisan Dealignment." In *Parties without Partisans: Political Change in Advance Democracies.* Russell J. Dalton and Martin P.

Wattenberg, eds. Oxford: Oxford University Press.

Fournier, Patrick, Richard Nadeau, André Blais, Elisabeth Gidengil, and Neil Nevitte. 2004. "Time-of-Voting Decision and Susceptibility to Campaign Effects." *Electoral Studies* 23: 661-681.

Gopoian, J. David, and Sissie Hadjiharalambous. 1994. "Late-Deciding Voters in Presidential Elections." *Political Behavior* 16: 55-78.

Irwin, Galen A., and Joop J. M. Van Holsteyn. 2008. "What Are They Waiting for? Strategic Information for Late Deciding Voters." *International Journal of Public Opinion Research* 20-4: 483-493.

Kosmidisa, Spyros, and Georgios Xezonakisb. 2010. "The Undecided Voters and the Economy: Campaign Heterogeneity in the 2005 British General Election." *Electoral Studies* 29: 604-616.

Lazarsfeld, Paul F., Nernard Berelson, and Hazel Gaudet. 1948. *The People's Choice: How the Voters Makes Up His Mind in a Presidential Campaign*. New York: Columbia University Press.

McAllister, Ian. 2002. "Calculating or Capricious? The New Politics of Late Deciding Voters." In *Do Political Campaigns Matter?* David M. Farrell and Rüdiger Schmitt-Beck, eds. London: Routledge.

Mutz, Diana. C. 2002a. "Cross-cutting Social Networks: Testing Democratic Theory in Practice." *American Political Science Review* 96: 111-126.

_____. 2002b. "The Consequences of Cross-cutting Networks for Political Participation." *American Journal of Political Science* 46: 838-855.

Nir, Lilach, and James N. Druckman. 2008. "Campaign Mixed-Message Flows and Timeing of Votge Decision." *International Journal of Public Opinion Research* 20: 326-346.

Schmitt-Beck, Rüdiger. 2009. "Better Late Than Never: Campaign Deciders at the 2005 German Parliamentary Election." Paper prepared for de.

Whitney, D. Charles, and Steven B. Goldman. 1985. "Media Use and Time of Voting Decision: A Study of the 1980 Presidential Election." *Communication Research* 12: 511-529.

Zaller, John. 2004. "Floating Voters in U.S. Presidential Elections, 1948-2000." In *Studies in Public Opinion*. P. M. Sniderman & W. E. Saris, eds. Princeton, NJ: Princeton University Press.

제20대 국회의원선거와 분할투표행태

이준한 | 인천대학교

I. 서론

일반적으로 분할투표(split voting)란 미국에서 투표를 할 때 유권자들이 긴 투표용지 위에서 대통령 후보와 그 아래의 연방 하원의원, 연방 상원의원, 주지사, 주 하원의원, 주 상원의원 후보 등을 고를 때 서로 다른 정당의 후보에게 기표하는 현상이다. 이와 반대로 일관투표(straight voting)란 유권자들이 투표용지 위에 인쇄되어 있는 수많은 직위에 상관없이 모두 같은 정당의 후보에게 투표하는 경우를 뜻한다. 그러나 한국과 같이 의회선거를 위하여 1인 2표제를 채택한 국가에서 분할투표란 유권자들이 지역구선거와 비례대표선거에서 각기 다른 정당에게 투표하는 경우를 의미한다. 이에 반하여 일관투표란 유권자들이 지역구선거와 비례대표선거를 위하여 서로 같은 정당에게 투표하는 현상이다(박찬욱 2004). 일관투표는 유권자들이 자기가 가장 좋아하는 정당이나 후보에게 그대로 순수투표(sincere voting)를 하는 데 반하여, 분할투표는 유권자들이 자기가 가장 좋아하지 않더라도 여러 가지 이유로 인하여 그 외의 정당이나 후보에게 전략적으로 투표(strategic voting)하는 것을 말한다.

한국은 미국과 같이 동시선거를 실시하지 않지만 매우 다양한 차원에서 분할투표와 관련된 유권자의 투표행태를 분석할 수 있는 환경을 조성하고 있다. 한국은 아주 전형적인 비동시 선거주기를 채택하고 있기 때문에 그 자체로도 유권자에게 분할투표의 기회를 제공한다. 유권자는 서로 다른 시점에 실시되는 대통령선거, 국회의원선거, 그리고 지방선거에서 서로 다른 정당이나 후보에게 투표할 수 있다. 물론 지방선거에서는 1995년 이후 유권자 1인에게 부여되는 표의 숫자가 점차 늘어나면서 분할투표의 기회는 더욱 풍부해졌다.

게다가 2004년 국회의원선거부터 한국에 1인 2표제가 도입되면서 지역구선거와 비례대표선거에서 똑같은 정당에게 일관투표를 하는 유권자들이 있는 동시에 서로 다른 정당에게 분할투표하는 유권자들이 확실하게 구분되었다. 한국의 1인 2표는 병립제(MMM: mixed-member majoritarian system)로서 1인 2표가 연동제(MMP: mixed-member proportional system)인 독일식 의회선거제도와 구분된다. 1인 2표 연동제는 비례대표선거의 정당 투표가 단지 비례대표의석만 결정하는 것에 그치지 않고 지역구 의석의 숫자까지 결정하는 데 영향을 주는 데 반하여 1인 2표 병립제는 비례대표선거와 지역구선거에서 집계된 표가 서로 무관하게 의석으로 전환된다(Shugart and Wattenberg 2001).

분할투표는 대체로 네 가지 형태에서 발생하는 것으로 알려졌다(Burden and Helmke 2009). 첫 번째 유형은 동시적·수평적 분할투표이다. 이러한 유형은 한국의 국회의원선거제도와 같은 혼합형 선거제도(mixed-member electoral systems)에서 발생한다. 즉, 같은 날 지역구선거와 비례대표선거를 실시할 때 유권자가 분할투표를 택할 수 있다는 것이다. 두 번째 유형은 동시적·수직적 분할투표이다. 이러한 유형은 미국의 보통선거에서 발생한다. 즉 4년마다 한 날에 대통령을 위시하여 서로 다른 직급의 선거가 실시될 때 유권자가 분할투표를 하는 것이다. 세 번째 유형은 비동시·수평적 분할투표이다. 이러한 유형은 미국의 연방 상원의원선거에서 나타난다. 미국의 연방 상원의원선거는 100명 가운데 약 1/3씩을 대상으로 2년마다 실시되면서 유권자가 분할투표를 할 수 있다. 네 번째 유형은 비동시·수직적 분할투표이다. 이러한 유형은 미국의 중간선거에서 나타난다. 즉 대통령 임기 중간에 하원의원선거가 실시되면서 유권자가 2년 전과 다른 선택을 내릴 수 있다는 것이다.

이 연구에서는 2016년 국회의원선거에서 과연 누가 왜 분할투표를 했는지 체계적으로 분석해본다. 이러한 목적에 도달하기 위하여 이 연구는 먼저 한국에서 그간 다양한 수준의 선거를 대상으로 분석해온 선행연구를 추적한다. 이러한 작업은 분할투표와 관련된 제반 이론을 이해한 뒤 이 연구에서 검증할 가설들을 세우는 데 도움을 줄 것이다. 그다음으로 이 연구는 분할투표는 누가 하는 것이고 그 이유는 무엇인지에 대하여 통계적으로 규명하고 그 결과를 설명한다. 마지막으로 이 연구의 결론에서는 연구 결과의 함의를 정리한다.

II. 선행연구와 연구가설

돌이켜보면 한국에서 유권자의 분할투표와 관련된 연구는 상당히 축적되어 있다고 하겠다. 먼저 대통령선거 수준에서는 그 자체로 분할투표라고 할 수는 없지만, 이와 관련된 유권자의 전략적 투표는 상당히 오래전부터 분석의 대상이 되었다. 이는 주로 자신의 표가 사표로 되는 것을 막기 위하여 대통령 후보로 가장 선호하는 정당의 후보 대신 다른 정당의 후보를 선택하는, 유권자들의 순수투표보다는 전략투표의 결과라는 연구 결과로 이어졌다

(경제희·김재한 1999; 안순철 1996; 지병근 2008).

이와 더불어 1995년 지방선거부터 유권자들이 각급 자치단체장과 각급 의회의원을 동시에 뽑기 시작했고, 2006년 지방선거부터는 이에 더하여 각급 비례대표의원까지 선출하는 1인 6표제가 도입되면서 유권자의 분할투표 행태는 더욱 다양해졌다. 지방선거 수준의 분할투표현상에 대한 분석은 강원택(2010)이 2010년 지방선거에서 서울 지역의 광역단체장과 기초단체장 사이의 분할투표를 다룬 것이 거의 처음이었다. 또한 지병근(2011)은 2010년 지방선거의 패널설문자료를 분석하면서 광역단체장과 광역비례대표의원 사이의 분할투표가 특정정당을 매우 좋아하고 싫어하는 호감도에 의하여 영향을 받는다고 지적했다. 이와 비슷하게 최효노(2015)는 2014년 지방선거에서 경쟁정당에 대한 선호도가 분할투표에 영향을 주었다고 분석했다. 윤광일(2014a; 2014b)은 각기 다른 논문을 통하여 2014년 지방선거에서 광역선거 수준의 분할투표와 기초선거 수준의 분할투표를 정당일체감, 정당선호감, 정치적 지식, 투표결정 시기 등의 변수와 관련하여 그 효과를 측정했다.

또한 1인 2표제가 도입된 2004년 이후 한국에서는 국회의원선거 수준의 분할투표에 대한 연구가 다양한 각도에서 진행되었다(김왕식 2005; 2006; 김형철 2012; 박찬욱 2004; 박찬욱·홍지연 2009; 송정민·노환희·하헌주·길정아 2012; 안순철·가상준 2006; 조진만·최준영 2006; 홍지연 2009; Rich 2012; 2014). 이 연구들은 대체로 2004년 이후 4년마다 치러진 국회의원선거 직후 실시된 선거후 설문조사자료를 통계적으로 분석하여 누가 왜 분할투표를 했는지에 대한 답을 제공했다. 이에 비하여 한상익(2014)은 2004년과 2008년 국회의원선거의 집합자료인 각 선거구별 지역구선거 득표율과 비례대표선거 득표율 사이의 비율을 조사하여 선거구 경쟁도가 유권자의 전략적인 분할투표에 영향을 주었다고 주장했다.

일반적으로 유권자가 분할투표를 하는 이유는 사표방지를 추구(wasted-vote strategy)하는 유권자의 합리적인 선택이라고 알려져 있다(Bawn 1999; Karp et al. 2002; Moser and Scheiner 2009). 유권자가 가장 선호하는 후보를 그대로 선택하는 순수투표는 자신의 효용성을 그 자체로 극대화시키기 때문에 합리적인 선택이 된다. 이와 동시에 유권자의 전략투표도 자신의 한 표를 사표로 버리지 않기 위하여 당선가능성이 높은 후보에게 한 표를 행사함으로써 자신의 효용성을 극대화시키기 때문에 합리적인 선택의 하나가 된다. 이러한 유권자의 전략투표는 당선가능성이 낮은 후보를 선택하지 않게 된다는 선거제도의 심리적인 효과(psychological effects)에 의하여 이루어 진다(Duverger 1954).[1] 이러한 1인 1표 단순다수제라는 다소 단면적인 맥락에서 사표방지전략은 당선가능성이 높은 정당 가운데 유권자가 다양한 측면에서 조금 더 선호하는 정당이나 후보를 선택하게 된다. 이와 달리 한국의 1인 2표의 맥락에서는 유권자의 전략투표는 지역구선거에서는 역시 당선가능성이 높은 정당이나 후보를 찍고 비례대표선거에서는 자신이 가장 선호하는 정당을 찍는 분할투표로 이어진다(박찬욱 2004).

그다음으로 유권자가 분할투표를 하는 이유는 정당 사이의 견제와 균형을 추구(policy balancing)하는 유권자의 합리적인 선택이라고 알려져 있다(Fiorina 1996). 미국의 유권자는 동시적·수직적 분할투표, 비동시·수평적 분할투표, 그리고 비동시·수직적 분할투표를 통하여 서로 다른 정당에게 행정부와 의회를 책임지도록 맡길 수 있다.

그 결과 유권자는 서로 다른 정당이 권력의 집중이나 독주 대신 권력의 견제와 균형을 맞추게 함으로써 이는 결국 분점정부(divided government)의 출현으로 이어진다는 것이다. 미국에서는 이념적으로 중도성향의 유권자들이 진보나 보수의 극단적인 정책들이 시행되는 것을 미연에 막기 위하여 이러한 선택을 하는 것으로 알려졌다(Fiorina 1988). 한국에서 정책균형의 분할투표는 대체로 양대 정당 사이의 분할투표로 나타난다고 한다(박찬욱 2004; 박찬욱·홍지연 2009).

---

1) 이와 더불어 듀베르제는 득표율과 의석점유율 사이의 불비례성에 의하여 정당의 숫자가 감소하는 기계적 효과(mechanical effects)에도 주목했다. 그 결과 단순다수제 선거제도에서는 정당의 숫자가 감소하여 양당제가 형성될 가능성이 생기고, 비례대표제에서는 정당의 숫자가 증가하여 다당제가 형성될 가능성이 있다는 듀베르제의 법칙이 자리를 잡았던 것이다.

그다음으로 분할투표가 발생하는 이유는 유권자의 연합보장을 위한 선택 때문이라고 알려졌다(Gschwend 2007). 다시 말하자면 유권자들이 가장 선호하는 정당과 이념적으로나 정책적으로 가까운 다른 정당 사이에 정당연합이 이루어질 수 있다는 가능성을 보고 표를 나누어준다는 것이다. 이때에도 유권자들은 지역구선거에서는 자신의 선호도에 따라 당선가능성이 높은 거대정당을 선택하는 동시에 비례대표선거에서는 그 정당과 정당연합을 구축할 수 있는 군소정당을 뽑는 식이다(박찬욱 2004). 이에 비하여 정책균형을 위한 분할투표는 비슷한 거대정당들 사이 또는 군소정당들 사이의 분할투표를 잘 설명해준다고 하겠다. 하지만 연합보장 분할투표는 표면적으로는 사실상 사표방지를 위한 분할투표와 큰 차이를 보이지 않는다는 단점이 있다(윤광일 2014a). 그러나 사표방지 분할투표와 연합보장 분할투표 사이의 결정적인 차이점은 전자가 양당제적 맥락에서 보다 더 잘 설명되는 데 반하여, 후자는 다당제를 촉진하거나 유지하는 차원에서 보다 더 잘 이해된다는 것이다.

마지막으로 분할투표가 발생하는 이유는 유권자가 지지하는 정당에게 실망과 경고의 표시를 전달하려는 저항투표(protest voting)가 있다(강원택 1998). 과거 영국의회에서 유권자들은 보수당과 노동당 대신 제3당인 자유민주당을 지지함으로써 양대 정당에 불만을 느낀 결과를 하나의 저항 차원에서 한 표를 행사했다고 알려졌다. 유권자들은 일시적이나마 순수투표 대신 전략투표를 통하여 기존의 양당에 대하여 저항하는 방식으로 투표하는 동시에 양대 정당이 정신을 차리지 않으면 지속적으로 등을 돌릴 수 있다고 경고했던 것이다. 과거 영국의 자유민주당을 뽑는 지지자들은 선거 때마다 거의 매번 바뀌지만 그래도 꾸준히 15~20%를 차지했던 것은 유권자들은 누구든지 자유민주당을 일시적인 저항투표의 정박처로 여겼다고 해석된다.

경제학에서는 시장에서 상품의 질이 떨어지면 소비자는 퇴장(exit)하거나 항의(voice)로 대응한다고 주장한다(Hirschman 1970). 퇴장은 소비자가 그 상품을 구입하지 않는 것이요, 항의는 그 회사에게 불만을 표현하는 것이다. 이때 항의는 상품의 질이 바뀔 수 있다는 믿음이 있거나 퇴장이 불가능

할 때 표시된다. 선거에서 정당과 후보의 공약과 유권자의 표를 교환할 때
도 유권자들이 정당과 후보에게 실망하게 되면 투표를 안 하거나 지지를
철회하여 자신의 실망감을 표시하는 것이다.

영국의 의회선거는 소선거구 단순다수제이기 때문에 저항투표는 유권자
들의 제3의 정당 선택으로 이어졌다. 하지만 1인 2표 이상인 한국의 국회의
원선거나 지방선거에서는 유권자의 저항투표는 분할투표로 표출될 수 있다.
여기에서 유권자들은 가장 중요한 직급의 선거에서는 가장 선호하는 정당이
나 후보에게 투표하지만, 보다 낮은 직급의 선거에서는 전략적인 선택을 할
수 있는 것이다. 실제로 2010년 지방선거의 서울시장선거에서는 한나라당
후보가 0.6% 포인트 차이로 이겼지만 기초단체장선거에서는 대통령의 국정
운영에 반발한 유권자의 저항투표로 인하여 한나라당 후보가 강남 3구와
중랑구를 제외하고는 모두 패배하고 말았다(강원택 2010). 이와 유사하게
유권자들이 국회의원선거에서는 지역구선거를 위하여 당선가능성이 높은
정당과 후보를 찍는 대신에 비례대표선거에서는 실망, 분노, 불만, 저항의
표시로 다른 정당을 선택하는 일이 발생할 수 있다.

이 연구에서는 조진만·최준영(2006)과 윤광일(2014a; 2014b)의 가설과
통계모델을 2016년 국회의원선거의 맥락에서 재조명해본다. 즉 이 연구에
서는 먼저 유권자의 정당소속감에 주목한다. 다시 말하자면 유권자의 정당
소속감이 약할수록 분할투표를 할 가능성이 있다는 것이다. 그다음으로 유
권자의 이념적 위치가 중도에 가까울수록 분할투표를 할 가능성이 있다고
본다. 중도에 위치한 유권자는 뚜렷하게 소속감을 느끼는 정당이 적을 것이
고 지속적으로 선호하는 정당이 없을 것이다. 이에 비하여 이념적 위치가
중도보다 분명한 위치에 있을 때 유권자는 일관투표할 가능성이 있다. 그리
고 비슷한 관점에서 유권자가 특정정당에 대하여 좋아하거나 싫어하는 선호
감이 약할수록 분할투표를 할 가능성이 있다. 만약 유권자가 특정정당을 매
우 좋아하거나 매우 싫어한다면 이에 따라 자신의 표를 서로 다른 정당에게
나눠주는 일은 하지 않을 것이다. 유권자의 이념적 위치와 선호감은 모두
분할투표와 비선형적인 관계에 있다. 이에 따라 이 연구에서는 두 변수를

위하여 2차의 다항식을 이용한다.

이외에 이 연구의 다른 가설들은 정치적 지식 등을 포함한다. 즉 유권자가 정치적인 현안이나 사실에 대하여 무지할수록 분할투표를 많이 할 수 있다고 본다. 만약 유권자가 정치적인 선택에 대하여 구분할 지식을 많이 갖추고 있다면 이에 따라 일관적이고 의식적인 투표행위를 할 것이다. 또한 유권자가 투표를 결정하는 시기가 늦을수록 분할투표를 할 가능성이 생긴다 (Rich 2012). 투표결정 시기가 늦다는 것은 그만큼 유권자가 선거에서 어느 정당과 어느 후보를 찍을지 결정을 못한다는 의미이다. 이 경우에는 유권자가 뚜렷하게 선호하는 정당이 없고 이를 결정하는 데 필요한 정보나 시간이 더 필요하다.

III. 통계 분석과 결과 해설

2016년 국회의원선거후 설문조사에 따르면 투표했다고 응답한 720명 가운데 지역구 후보로 새누리당을 선택한 경우는 44.0%, 더불어민주당은 36.8%, 국민의당은 14.4%, 정의당은 0.7%로 집계된다(〈표 1〉 참조). 이것은 중앙선거관리위원회가 집계한 정당별 지역구선거 전국 득표율과 약간의 차이를 보이는데 여기에서는 새누리당이 38.3%, 더불어민주당이 37.0%, 국민의당이 14.9%를 기록했다. 또한 2016년 국회의원선거후 설문조사에 따르면 비례대표선거와 관련하여 새누리당은 42.2%, 더불어민주당은 34.6%, 국민의당은 20.3%, 정의당은 1.8%의 응답을 받은 것으로 집계된다. 이것은 역시 중앙선거관리위원회의 공식기록인 새누리당의 33.5%, 더불어민주당의 25.5%, 국민의당의 26.7%와 조금씩 다르다. 이 연구에서는 샘플 숫자가 지나치게 작아 의미있는 추론을 가능하게 하지 않는 정의당을 분석의 대상에서 제외한다.

〈표 1〉 정당별 1인 2표 득표율 및 의석

	새누리당		더불어민주당		국민의당	
	지역구	비례대표	지역구	비례대표	지역구	비례대표
설문자료	44.0	42.2	36.8	34.6	14.4	20.3
선관위자료	38.3	33.5	37.0	25.5	14.9	26.7
획득 의석	105	17	110	13	25	13

2016년 국회의원선거후 설문조사에서는 과거와 달리 유권자의 분할투표 행태에 대하여 직접 묻는 항목을 포함시켰다. 즉 "지역구와 정당비례대표 투표에서 서로 다른 정당을 택하신 이유"를 질문했다. 여기에서 분할투표를 했다고 밝힌 응답자는 132명으로, 투표했다는 응답자 720명 가운데 18.3% 를 차지한다. 분할투표자 가운데 60명(45.5%)은 "후보는 마음에 드는데, 정당이 마음에 들지 않아서"라고 이유를 밝힌 데 비하여 28명(21.2%)은 "정당은 마음에 드는데, 후보가 마음에 들지 않아서"라고 응답했다. 또한 "좋아하는 정당의 후보가 출마하지 않아서" 분할투표한 응답자도 26명(19.7%)을 차지했고 "좋아하는 정당의 후보가 당선가능성이 없어서"라는 응답자도 18 명(1.5%)에 이르렀다.

분할투표는 1인 2표제를 실시하는 국가에서는 대체로 목격된다. 과거 분할투표는 뉴질랜드에서 35~39% 정도 발생했고 독일에서는 약 22%, 일본에서 약 38%, 러시아에서 약 38% 정도 나타났다(박찬욱 2004). 한국에서도 2004년 국회의원선거후 설문조사 결과에 따르면 분할투표가 약 20% 수준으로 추정되나 집합자료에 의하면 약 35% 정도 되는 것으로 집계된다(박찬욱 2004). 2008년 국회의원선거에서도 설문조사를 실시한 기관에 따라 다르지만 분할투표가 대략 25~36% 수준이었던 것으로 보인다(박찬욱·홍지연 2009). 한국의 2010년 지방선거에서도 패널조사자료에 따르면 광역단체장과 광역의회비례대표선거 사이의 분할투표가 약 35.4%씩이나 발생했던 것으로 추정된다(지병근 2011). 그러나 2014년 지방선거후 설문조사에서는 분할투표의 규모가 줄어드는데 단체장선거와 비례대표선거 사이는 약 7.9% 에서 단체장선거와 지역구선거 사이에는 약 13.5% 정도로 계산되었다(윤광 일 2014a).

이번 국회의원선거에서 유권자의 분할투표에 영향을 준 배경은 정당의 공천파동과 적지 않게 관련이 있었던 것으로 보인다. 설문조사는 투표했다 고 응답한 720명에게 정당의 공천파동이 투표결정에 미친 영향을 물었다. 이에 대한 응답으로 양당의 공천파동에도 불구하고 572명(79.4%)이 지역구 는 물론 정당비례투표를 위한 선택을 바꾸지 않았다고 한 반면, 39명(5.4%) 은 지역구와 정당비례투표를 위한 선택 모두를 바꾸었다고 답했다. 이에 비 하여 지역구 지지자를 바꾼 응답자가 25명(3.5%)이 있었고 비례대표 지지 정당을 바꾼 응답자가 84명(11.7%)에 이르렀다. 이러한 과정을 거치면서 유권자는 분할투표를 선택하기로 마음을 바꾸기도 했을 것이다.

2016년 국회의원선거에서는 거대정당일수록 유권자로부터 일관투표를 받는 경향이 강하고, 그 반대일수록 분할투표를 받는 경향이 있는 것으로 확인되었다. 〈표 2〉에 의하면 새누리당에 비례대표 정당 투표를 한 유권자

〈표 2〉 정당별 일관투표와 분할투표의 분포

지역구	비례대표					
	새누리당	더불어민주당	국민의당	정의당	기타 정당	전체
새누리당	91.4	7.6	9.6	7.7	62.5	44.0
더불어민주당	3.6	85.1	22.6	53.8	25.0	36.8
국민의당	0.3	4.0	63.7	0.0	0.0	14.4
정의당	0.3	0.0	0.0	30.8	0.0	0.7
기타 정당	0.0	0.0	0.7	0.0	12.5	0.3
무소속	4.3	3.2	3.4	7.7	0.0	3.8
전체	100.0	100.0	100.0	100.0	100.0	100.0

주: 카이제곱 검정값=.000

가운데 무려 91.4%가 지역구를 위하여 새누리당에게 동시에 투표한 것으로 나타났다. 비례대표선거를 위하여 더불어민주당에게 정당 투표를 한 유권자의 85.1%가 지역구 투표로 다시 더불어민주당을 선택했다. 이에 비하여 비례대표 정당 투표로 국민의당을 선택한 유권자 가운데 63.7%만이 지역구 투표로 동시에 국민의당을 선택했을 뿐이다. 또한 비례대표 정당 투표로 정의당을 선택한 유권자 가운데 불과 30.8%만이 지역구 투표로 다시 정의당을 뽑았다. 제20대 국회의원선거에서는 제19대 국회에서 의석의 크기가 큰 정당에서 점차 작은 정당의 순서로 분할투표의 비율이 커졌던 것(카이제곱 검정값=.000)이다.

그 결과 2016년 국회의원선거후 설문조사를 통하여 분할투표자의 유형을 정리할 수 있다. 다음의 〈표 3〉에서 '새'는 새누리당, '더'는 더불어민주당, '국'은 국민의당을 줄여서 쓴 것이다. 그리고 '-'표시 앞의 정당이름 약자는 지역구선거에서 투표한 정당을 뜻하고 뒤의 정당이름 약자는 비례대표선거에서 투표한 정당을 의미한다. 이 설문조사에는 분할투표를 했다고 밝힌 응답자가 모두 132명에 달했으나 다음의 표와 같이 새누리당, 더불어민주당, 국민의당 사이에 분할투표를 한 경우는 모두 88명이라 이번 설문조사에서 투표했다는 응답자 720명 가운데 12.2%에 그쳤다.

세 개의 정당 사이에 분할투표한 유형을 살펴보면 유권자가 분할투표한 이유의 일부라도 이해할 수 있게 된다. 2016년 국회의원선거후 설문조사에 의하면 비례대표선거로 국민의당을 선택한 분할투표자가 47명으로 가장 많

〈표 3〉 분할투표의 유형

	일관투표	분할투표	
새누리당-비례	새-새: 278명(38.6%)	새-더: 19명(2.6%)	새-국: 14명(1.9%)
더불어민주당-비례	더-더: 212명(29.4%)	더-새: 11명(0.9%)	더-국: 33명(4.6%)
국민의당-비례	국-국: 93명(12.9%)	국-새: 1명(0.1%)	국-더: 10명(1.4%)

주: N=720명

았다. 이 가운데 지역구선거로 새누리당을 선택한 응답자가 14명인 데 비하
여 지역구선거로 더불어민주당을 선택한 분할투표자가 33명이었다. 이에
비하여 국민의당을 지역구선거에서 뽑은 뒤 비례대표로 새누리당(1명)이나
더불어민주당(10명)을 선택한 경우는 많지 않았다. 이러한 분할투표행태는
대체로 비례대표 정당 투표로 국민의당을 선택하여 사표를 줄이는 동시에
새누리당이나 더불어민주당과 같이 자기의 최고 선호정당에 대한 항의의 의
미를 담은 것이라고 보인다.

2016년 국회의원선거에서 유권자의 분할투표 행태는 사회경제적 변수에
따라 다르게 이루어졌다. 즉 〈표 4〉에서 확인되듯이 유권자의 성을 보았을
때 여성일수록 일관투표를 하는 경향이 있었다면 남성일수록 분할투표를 하
는 경향(카이제곱 검정값=.004)이 있었다. 연령대를 보면 50대와 60세 이상
으로 갈수록 일관투표를 한다면 30대와 40대에 분할투표를 더 하는 것(카이
제곱 검정값=.022)으로 나타났다. 거주지역을 살펴보면 지역에 따라 분할

〈표 4〉 사회경제적 변수와 분할투표

변수	지표	일관투표	분할투표	검정값
성	여성	85.4	14.6	.004
	남성	77.5	22.5	
연령대	19~29세	79.7	20.3	.022
	30대	77.9	22.1	
	40대	74.3	25.7	
	50대	83.3	16.7	
	60세 이상	87.3	12.7	
학력	중졸 이하	89.3	10.7	.193
	고졸 이하	83.1	16.9	
	전문대학 이하	77.7	22.3	
	4년제 대학 이상	79.7	20.3	

거주지 크기	군지역	80.2	19.8	.117
	일반시	85.0	15.0	
	특별시, 광역시	78.7	21.3	
거주지역	서울	85.0	15.0	.000
	수도권	88.4	11.6	
	충청권	80.6	19.4	
	호남권	90.3	9.7	
	영남권	71.4	28.6	
	강원제주	59.3	40.7	
소득수준	100만 원 미만	75.0	25.0	.964
	100만 원대	83.3	16.7	
	200만 원대	82.5	17.5	
	300만 원대	79.0	21.0	
	400만 원대	83.0	17.0	
	500만 원대	82.4	17.6	
	600만 원대	80.0	20.0	
	700만 원 이상	79.2	20.8	
직업	공무원	100	0	.355
	관리, 전문직	72.7	27.3	
	사무직	82.3	17.7	
	노동직	78.3	21.7	
	판매, 영업직	78.9	21.1	
	농업, 수산업	71.4	28.6	
	자영업	77.1	22.9	
	학생	80.6	19.4	
	주부	86.7	13.3	

투표하는 현상이 99% 신뢰수준에서 통계적으로 유의미(카이제곱 검정값
=.000)한 것으로 확인되었다. 좀 더 자세히 들여다보면 호남권에서는 일관
투표가 가장 많이 나타난 데 비하여 영남권에서는 분할투표가 상당히 많이
발생했던 것으로 드러났다. 이와 반대로 학력, 거주지 크기, 소득, 직업 등은
유권자의 분할투표에 영향을 주지 않은 것으로 보인다.

다음으로 유권자의 정치적 인식에 따른 분할투표의 교차분석은 다음의
〈표 5〉에 정리되어 있다. 이 표를 살펴보면 유권자의 이념성향이나 정치지
식은 통계적으로 유의미한 영향을 주지 않은 것으로 나타났다. 유권자의 이
념성향은 11점 척도로서 0(가장 진보)에서 5(중도)를 지나 10(가장 보수)으
로 측정되었다. 유권자의 정치지식은 설문지에 관련 질문 4개(현재 우리나
라 국회에서 가장 다수를 차지하고 있는 정당은 어떤 정당입니까? 현재 우
리나라 국회의원은 비례대표를 포함해서 총 몇 명입니까? 현재 우리나라 국
회의원의 임기는 몇 년입니까? 현재 우리나라 국무총리의 이름은 무엇입니
까?) 가운데 정답을 모두 틀린 경우(1=많이 낮음)부터 모두 맞춘 경우(5=많
이 높음)로 측정되었다.

이에 비하여 정당에 대한 유권자의 선호도는 일관투표와 분할투표 사이
에 통계적으로 유의미한 차이를 일으켰다. 다시 말하자면 새누리당에 대한
유권자의 선호도가 높을수록 일관투표가 더 많은 데 비하여 그 선호도가
낮을수록 분할투표가 더 많았다(카이제곱 검정값=.020). 이와 비슷한 관계
(카이제곱 검정값=.026)가 국민의당 선호도와 분할투표 사이에 확인되었
다. 정당의 선호도를 측정하기 위하여 여기에서는 설문항("○○님께서 우리
나라 정당들에 대해서 어떤 감정을 갖고 계신지 여쭙겠습니다. 우선 각당의
부정적인 측면은 제쳐두고, 얼마나 좋아하시는지에 대해서만 알고 싶습니
다.")을 이용했다.

이제 2016년 국회의원선거에서 나타난 분할투표의 요인을 규명하기 위하
여 프로빗 회귀분석 결과를 살펴보자. 이 결과는 〈표 6〉에 요약되어 있는데
모델 I에서는 남성일수록 분할투표를 하는 경향이 있고 영남에 거주하는 유
권자일수록 분할투표를 한 것으로 확인되었다. 이러한 결과는 영남 유권자

〈표 5〉 정치적 인식과 분할투표

변수	지표	일관투표	분할투표	검정값
이념성향	0(가장 진보)	80.0	20.0	.916
	1	81.3	18.8	
	2	74.4	25.6	
	3	78.7	21.3	
	4	81.5	18.5	
	5(중도)	79.6	20.4	
	6	83.8	16.2	
	7	81.3	18.7	
	8	87.0	13.0	
	9	87.5	12.5	
	10(가장 보수)	84.6	15.4	
정치지식	많이 낮음	100	0	.637
	약간 낮음	76.8	23.2	
	보통	83.8	16.2	
	약간 높음	80.3	19.7	
	많이 높은	80.9	19.1	
새누리당 선호도	전혀 안 좋아	79.7	20.3	0.20
	약간 좋아	78.9	21.1	
	상당히 좋아	89.8	10.2	
	아주 많이 좋아	93.5	6.5	
더민주 선호도	전혀 안 좋아	79.9	20.1	.542
	약간 좋아	81.4	18.6	
	상당히 좋아	86.2	13.8	
	아주 많이 좋아	86.7	13.3	
국민의당 선호도	전혀 안 좋아	86.6	13.4	.026
	약간 좋아	80.1	19.9	
	상당히 좋아	72.5	27.5	
	아주 많이 좋아	85.7	14.3	

〈표 6〉 분할투표 요인에 대한 프로빗 회귀분석

	모델 I	모델 II	모델 III	모델 IV
성 (남성=1)	.69 (.22)***	.69 (.22)***	.76 (.22)***	.74 (.23)***
연령대	.13 (.09)	.12 (.09)	.12 (.09)	.12 (.10)
교육수준	.03 (.13)	.00 (.13)	-.01 (.13)	-.02 (.14)
거주지 크기	.14 (.17)	.23 (.18)	.18 (.18)	.23 (.18)
서울	-.34 (.40)	-.41 (.40)	-.42 (.40)	-.35 (.42)
경기와 인천	-.31 (.36)	-.24 (.36)	-.37 (.35)	-.16 (.38)
호남	.24 (.44)	.12 (.44)	.22 (.44)	.54 (.48)
영남	.90 (.32)***	.91 (.32)***	.87 (.31)***	.98 (.33)***
소득수준	.03 (.08)	.02 (.08)	.03 (.08)	.04 (.08)
직업 (학생=1)	.39 (.48)	.42 (.48)	.28 (.48)	.42 (.49)
정치적 지식수준	.21 (.26)	.21 (.26)	.16 (.26)	.16 (.27)
투표결정시기	-.06 (.06)	-.07 (.06)	-.07 (.06)	-.08 (.06)
이념	-.45 (.26)*	-.32 (.28)	-.37 (.26)	-.36 (.29)
이념^2	.04 (.02)*	.03 (.02)	.03 (.02)	.03 (.02)
새누리당 소속감	-.44 (.37)	-.47 (.35)	-.41 (.35)	-.56 (.38)
더불어민주당 소속감	-.17 (.29)	-.15 (.31)	-.18 (.29)	-.10 (.32)

국민의당 소속감	.41 (.30)	.44 (.30)	.43 (.32)	.60 (.33)*
새누리당 선호감	1.09 (.86)			1.39 (.89)
새누리당 선호감^2	-.29 (.24)			-.34 (.24)
더불어민주당 선호감		-1.38 (.70)**		-1.55 (.72)**
더불어민주당 선호감^2		.35 (.17)**		.41 (.18)**
국민의당 선호감			.81 (.87)	1.40 (.91)
국민의당 선호감^2			-.23 (.22)	-.41 (.24)*
계수	-1.87 (1.15)	-.15 (1.16)	-1.70 (1.24)	-2.24 (1.61)
N	233	233	233	233
Prob 〉 chi^2	0.0000	0.0000	0.0000	0.0000
Pseudo R^2	0.2167	0.2246	0.2141	0.2426

주: * p〈0.10, ** p〈0.05, *** p〈0.01

들이 지역구선거에서 과거와 마찬가지로 새누리당을 선택했으나, 비례대표 선거에서는 새로이 국민의당 등에 표를 나누어준 것으로 해석된다. 또한 진보적 유권자일수록 분할투표를 한 것으로 나타났다.

모델 II에서도 남성일수록 분할투표를 하는 경향이 있었고, 영남에 거주하는 유권자일수록 분할투표를 한 것으로 확인되었다. 이와 더불어 정당선호감도 분할투표에 영향을 준 것으로 드러났다. 즉 더불어민주당에 대한 선호감이 적을수록 분할투표가 발생했던 것이다. 이러한 결과는 이번 국회의원선거에서 더불어민주당에 대한 선호도를 적게 느낀 유권자들이 지역구선거나 비례대표로 국민의당을 포함한 다른 정당에게 표를 주었던 것으로 확인시켜준다.

모델 I에서부터 모델 III까지는 정당에 대한 선호감을 각각 하나씩 변수로 포함하여 그 영향력을 검증했다. 모델 II에서 더불어민주당의 선호감이 통계적으로 유의미한 변수로 나타난 데 반하여 모델 III에서는 국민의당에 대한 정당선호감이 분할투표에 대하여 통계적으로 유의미한 영향을 주지 않은 것으로 드러났다. 모델 III에서도 남성일수록 분할투표를 하는 경향이 있었고 영남에 거주하는 유권자일수록 분할투표를 한 것으로 확인되었다.

마지막으로 모델 IV는 세 정당에 대한 선호감 변수를 모두 포함하고 있다. 모델 IV에서도 남성일수록 분할투표를 하는 경향이 있었고 영남에 거주하는 유권자일수록 분할투표를 한 것으로 확인되었다. 그리고 모델 IV는 국민의당에 대한 정당소속감이 강할수록 분할투표를 하는 경향이 있었다고 알려준다. 이와 더불어 국민의당에 대한 선호감도 분할투표에 통계적으로 유의미한 영향을 주었다. 또한 더불어민주당에 대한 선호감이 적을수록 분할투표의 가능성이 높은 것이 나타났다.

IV. 결론

이 연구에서는 2016년 국회의원선거에서 과연 누가 왜 분할투표를 했는지 살펴보았다. 이 연구는 2016년 국회의원선거에서 발생했던 분할투표의 결정요인을 규명하기 위하여 유권자의 정당소속감, 이념적 성향, 정당선호감, 정치적 지식, 투표결정시기 등의 변수를 포함시켰다. 또한 분할투표 결정요인을 파악하기 위하여 통제변수로 유권자의 다양한 인구사회학적 변수를 이용하였다. 그 결과 2016년 국회의원선거에서 남성과 영남거주자가 분할투표를 하는 경향이 발견되었다. 이와 더불어 정당소속감과 정당선호감도 유권자의 분할투표에 영향을 준 것으로 확인되었다. 다시 말하자면 국민의당에 대한 정당소속감이 강할수록 분할투표를 했고 더불어민주당에 대한 선호감이 적을수록 분할투표를 했던 것이다. 이에 비하여 정치적 지식이나 투표결정시기는 유권자의 분할투표에 통계적으로 유의미한 영향을 주지 않은 것으로 드러났다. 다만 정치적 지식이나 투표결정시기의 부호의 방향은 가설과 같은 방향인 것으로 나타났다.

2016년 국회의원선거에서는 지역구선거의 득표율로 새누리당이 38.3%, 더불어민주당 37.0%, 국민의당이 14.9%를 각각 기록했는데 비례대표선거에서는 새누리당이 33.5%, 국민의당이 26.7%, 더불어민주당이 25.5%를 각각 획득했다. 산술적으로 보았을 때도 새누리당이나 더불어민주당에게 지역구 후보를 지지한 유권자들 가운데 상당 부분이 비례대표선거에서는 국민의당으로 표를 나누어준 것으로 보인다. 이 연구 결과는 유권자들 사이에 정당소속감이 약할수록, 특히 더불어민주당에 대한 선호감이 적을수록 분할투표를 한 가능성이 높았을 것이라고 시사한다. 앞으로 이 연구는 분할투표가 사표를 방지하거나 견제와 균형을 맞추는 차원에서 발생한다고 할 때 이러한 합리적인 선택이 왜 정당소속감이 약한 유권자에게서 발생하는지 이론적이고 현실적으로 매우 중요한 질문에 대하여 답하는 과제를 남겨둔다.

【참고문헌】

강원택. 1998. "정치적 기대수준과 저항투표: 단순다수제하에서 제3당에 대한 지지의 논리." 『한국정치학회보』 제32집 제2호. 191-210.

_____. 2010. "2010 지방선거에서의 분할투표: 서울 지역을 중심으로." 『한국과 국제정치』 26-4: 1-26.

경제희 · 김재한. 1999. "제15대 대통령선거에서의 전략투표자." 『한국과 국제정치』 제30집. 65-95.

김왕식. 2005. "혼합선거제도의 효과: 분할투표, 정당체제 그리고 투표율." 『한국정치학회보』 제39권 제4호. 95-113.

_____. 2006. "1인2표제 도입의 정치적 효과." 어수영 편. 『한국의 선거 V』. 서울: 도서출판 오름.

김형철. 2012. "혼합형 다수대표제의 정치적 결과에 대한 분석: 제19대 국회의원선거를 중심으로." 『선거연구』 제2권 제2호. 51-86.

박원호. 2012. "정당일체감의 재구성." 박찬욱 · 강원택 편. 『2012년 대통령선거 분석』. 파주: 나남.

박찬욱. 2004. "제17대 총선에서의 2표병립제와 유권자의 분할투표: 선거제도의 미시적 효과 분석." 『한국정치연구』 13-2: 39-85.

박찬욱 · 홍지연. 2009. "제18대 국회의원 총선거에서 한국유권자들의 분할투표 행태에 관한 분석." 『한국정치연구』 18-1: 1-28.

송정민 · 노환희 · 하헌주 · 길정아. 2012. "제19대 총선과 분할투표: 유권자의 특성 및 야권 연대의 효과를 중심으로." 박찬욱 · 강원택 편. 『2012년 국회의원선거 분석』. 서울: 나남.

안순철. 1996. "한국 유권자의 전략투표 행태." 『한국정치학회보』 제30집 제2호. 165-186.

안순철 · 가상준. 2006. "17대 국회의원선거의 민주노동당 투표자에 대한 분석." 『한국정당학회보』 제5권 제2호. 37-57.

윤광일. 2014. "6 · 4 지방선거와 분할투표: 광역단체장과 광역의회선거를 중심으로."

『한국정당학회보』 13(3): 35-67.

_____. 2014. "6·4 지방선거와 분할투표: 기초단체장과 기초의회 선거 사례 분석." 『의정연구』 20-3. 186-220.

장승진. 2012. "한국 유권자들의 정당에 대한 태도: 정당지지와 정당투표의 이념적, 정서적 기초." 박찬욱·강원택 편. 『2012년 국회의원선거 분석』. 파주: 나남.

정준표·정영재. 2005. "선거제도의 정치적 효과: 제6대~제17대 국회의원선거를 중심으로." 『정당학회보』 4-2: 5-44.

조진만·최준영. 2006. "1인 2표 병립제의 도입과 유권자의 투표행태: 일관투표와 분할투표의 결정요인 분석." 『한국정치학회보』 40-1: 71-90.

지병근. 2008. "한국에서의 전략투표: 대통령선거와 국회의원선거에서 나타난 약소정당 지지자들의 투표 행태." 『국제정치논총』 제48집 제2호. 151-171.

_____. 2011. "6·2 지방선거에서 나타난 분할투표: 광역단체장 선거와 광역비례대표의원선거 사례를 중심으로." 이내영·임성학 공편. 『변화하는 한국유권자 4: 패널조사를 통해 본 2010 지방선거』. 서울: 동아시아연구원.

최정욱. 2006. "전략투표율의 변화, 개인의 선호도 변화 그리고 군소후보의 쇠퇴." 『국제정치논총』 제46집 제4호. 223-240.

최효노. 2015. "경쟁정당에 대한 선호도와 후보요인이 분할투표에 미치는 영향 분석: 2014년 지방선거를 중심으로." 『한국정당학회보』 14(2): 55-82.

한상익. 2014. "선거구 경쟁도와 전략적 분할투표: 17대와 18대 국회의원 총선거를 사례로." 『한국정치연구』 제23권 제2호. 161-184.

홍지연. 2009. "제18대 국회의원 총선거에서 분할투표의 결정요인 분석: 후보자효과를 중심으로." 서울대학교 석사학위 논문.

Burden, Barry C., and Gretchen Helmke. 2009. "The Comparative Study of Split-Ticket Voting." *Electoral Studies* 28: 1-7.

Duverger, Maurice. 1954. *Political Parties, Their Organization and Activity in the Modern State*. London, New York: Methuen; Wiley.

Fiorina, Morris P. 1996. *Divided Government*. Boston. Mass: Allyn and Bacon.

Gschwend, Thomas. 2007. "Ticket-splitting and Strategic Voting under Mixed Electoral Rules: Evidence from Germany." *European Journal of Political Research* 46-1: 1-23.

Hirschman, Albert. 1970. *Exit, Voice and Loyalty*. Cambridge, Mass: Harvard University Press.

Shugart, Matthew, and Martin P. Wattenberg, eds. 2001. *Mixed-Member Electoral Systems: The Best of Both Worlds?* Oxford University Press.

제 **4** 부

선거와 이념

제20대 총선 세대균열 평가:
세대효과 잠복의 원인 평가를 중심으로

오세제 | 서강대학교

I. 서론

2016년 제20대 총선의 결과로 집권여당인 새누리당이 참패하여 야당인 더민주당이 1당이 되고, 신생 국민의당이 캐스팅보트를 갖게 되었다. 국민이 더민주당을 통해 대통령과 집권여당을 심판하고, 국민의당을 통해 제일 야당에 대해 경고한 것이 이번 제20대 총선 결과의 메시지라고 할 수 있겠다. 그리고 결과적으로 지역균열의 약화를 통해 보수독점의 지역주의체제인 87년 체제가 약화되고 있다는 점에서 정당체계의 재편에 대한 공감대가 확산되는 것 같다. 그러나 아직 대안이 어떤 것인지는 대중의 눈앞에 명백히 떠오르고 있지는 않다.

어떤 신문은 이번 선거 결과야말로 '2030의 선거반란(『한겨레신문』, 2016. 4.14)'이라고 한다. 혹자는 '2030세대의 선거혁명(김용옥 『JTBC』, 차이나는 도올 2016.4)'이라고 한다. 보수성향의 언론들도 박 대통령과 새누리당의 친박그룹에 비판을 쏟아냈다. 투표율이 크게 높아진 젊은 유권자 세대가 선거 결과에 과거보다 더 많은 영향을 끼쳤다는 점은 사실이다. 나타난 선거 결과로 볼 때 그 지지성향도 상당히 야당에 우호적이었다. 그러나 그런 현상이 그 세대의 진보적 세대효과의 결과인지 이 글에서 규명해볼 것이다.

더구나 세월호 진상규명이나 국정교과서 문제, 노동법 문제 등에서 비판적인 정치적 입장을 견지한 더민주당은 김종인 비대위 대표 체제로 선거를 치르면서 지난 2012년 제18대 대선이나 제19대 총선같이 젊은층에 대한 정치적 호명을 하지 않았다. 청년 비례대표를 떠들썩하게 선출하고 투표장 인증샷을 찍어 올려 선거법 위반이냐는 논란이 있었던 젊은층 투표율 향상을 겨냥한 이벤트조차도 이번에는 야당이 주도하지 않았다. 그런데 어째서 젊은 유권자들은 높은 투표참여와 지지로 야당을 지지한 것일까? 이 글의 문제의식이다.

이 글에서는 기본적으로 대한민국의 2016년 4월 제20대 국회의원총선거를 사례로 경험 분석을 한다. 데이터는 서강대학교 현대정치연구소, 한국선거학회, 한국사회과학데이터센터(KSDC)가 공동으로 2016년 4월 13일 제20대 총선이 끝난 직후 전국의 유권자 1,199명을 대상으로 면접조사한 여론조사 자료를 사용한다. 그외에 정기적인 갤럽 자체조사(2016.4 둘째 주)와 선거 당일 지상파 방송사 합동 출구조사(2016.4.13)와 SBS(2016.4.15)와 한국일보(2016.2.21) 등 언론사 여론조사도 활용한다.

이 글에서는 극명한 대조를 위해 세대 구분을 세 그룹으로 한다. 대표적인 정치세대인 87세대[1]는 1962년생(대학 학번 81학번)부터 1971년생(90학

---

1) 1997년 12월 제15대 대선에서 김대중 후보로 정권교체가 이뤄지고 나서 2000년 제16대 총선을 앞두고 1999년 3월부터 10개월 동안 조선일보가 사회 각계에서 활동하는 386세대를 중심으로 '한국의 주력 386세대'라는 기획기사를 17회에 걸쳐 연재했다. 이 과정을 통해 당시 쓰이던 '모래시계세대'라는 이름을 밀어내고 '386세대'가 이 정치세대의 세대명으로 정착한다. 조선일보의 '탈역사화' 프레임을 의식하지 못한 채 그 흐름에 참여하여 무비판적으로 386세대라 쓴 한겨레신문과 말지의 기여도 크다. 서구의 '68세대'처럼 한국에서 민주공화국을 회복한 역사적인 1987년 6월민주항쟁의 선두에 섰던,

번)까지이다. 보수적인 정치정향을 보여주는 그 윗세대를 산업화세대라고 칭해 넓게 하나로 묶는다. 개발세대와 전쟁세대를 묶는 외연이 넓은 개념이다. 아랫세대는 네트워크세대라고 부르며 탈물질주의의 영향을 받아 개인주의적이고 진보적인 특성을 공유한다. 90년대에 사회화된 탈권위세대와 그 후배인 네트워크세대를 포함하여 하나로 묶었다.

글의 순서는 I절 서론에서 논문의 문제의식을 제시하고 II절에서 주제와 관련된 국내외의 선행연구를 검토한다. III절에서는 제20대 총선의 결과에 대해 정리한다. IV절에서 통계 분석을 수행한다. 여기서 통계는 종속변수를 지역구후보 투표 결과로 하여 로짓분석을 하고, 이념을 종속변수로 하여 회귀분석을 한다. 이 결과를 선행연구에 나오는 역대 선거 분석의 결과와 비교한다. V절에서는 87세대가 2016년 현재 객관적으로 보수화했다고 말할 수 없다는 사실을 세대별 이념 평균 비교를 통해 입증한다. VI절에서는 제20대 총선에 87세대와 네트워크세대의 세대효과가 나타나지 않은 원인과 그 정치적 함의에 대해 추론한다. VII절 맺음말에서 결과를 요약하고 이 글의 한계와 앞으로의 과제를 밝힌다.

II. 선행연구 검토

생애주기효과가 생물학적 연령에 따른 사회의식의 변화에 주목한다면, 세대효과는 세대형성기에 집단적으로 경험한 정치경제적 사건의 영향을 받아 만들어진 정치의식이 오래 지속되는 점에 주목한다. 세대이론가들은 청년기에 경험한 정치적 격변에 의해 형성된 가치관은 연령의 변화에도 불구

당시 대학생 연령이었던 이 민주화운동세대의 이름은 '87세대'가 적절하다고 본다. 이 논문에서는 다른 저자가 그리 쓴 것은 386세대라 쓰고 나의 견해는 87세대라고 쓰겠다.

하고 쉽게 변하지 않으며, 이 경험의 차이 때문에 각 세대의 특성이 나타난다고 주장했다(Mannheim 1952; Ryder 1965; Lambert 1972; Inglehart 1977).

정치세대 개념은 1970년대 이후 후기산업사회로의 진입에 따라 새롭게 나타난 유권자의 가치정향과 정치행태의 변화, 정당 지지기반의 변화 등을 설명하는 분석개념으로 활용되어 왔다(잉글하트 1977; 1990; 1997; Flanagan 1982; 1987; Dalton 1988). 정치세대가 지닌 정체성은 그들이 함께 겪은 역사적 사건의 영향이 클수록 그리고 그 사회의 변화 속도가 빠를수록 뚜렷하게 드러나는 경향이 있다. 뱅스톤(Bengtson 1985)은 다른 연령층 사람의 행위 양식의 차이가 1) 연령이나 생애주기 단계의 차이에서 오는 연령효과와, 2) 역사적 사건의 경험이나 사회화 경험의 차이에서 오는 코호트효과, 3) 특정한 사건이나 상황이 모두에게 영향을 미치는 기간효과에서 생긴다고 주장하였다.

세대 연구에서 자주 인용되는 잉글하트(1977)의 탈물질주의 이론은 매슬로우(Maslow 1943)의 욕구 5단계설과 만하임의 사회화 가설을 결합시켜, 그는 풍요롭게 성장한 전후세대는 전쟁과 가난을 경험한 전전세대에 비해 탈물질주의적인 가치정향을 더 많이 가지고 있다고 하였다. 또 한국을 비롯하여 전 세계에서 같은 이론으로 경험적 연구를 진행하여 유사한 경향을 확인하였다고 주장했다.

세대 간 가치정향과 정치행태의 차이는 정치사회적으로 형성되는 것이고, 이를 변화시킬 수 있는 요인이 생애주기효과와 기간효과 그리고 세대효과인 것이다. 윤상철(2009)은 세대효과는 사회적으로 형성될 뿐만 아니라 정당과 같은 정치세력의 동원 성공여하에 따라 강화되거나 약화되기도 한다고 했다. 정치균열은 크게 보면 사회적 변동의 산물이자 작게 보면 정치적 동원의 결과이기도 한 것이다. 특히 한국과 같이 정치균열의 사회적 기반이 취약한 곳에서 정치적 동원의 영향은 결정적이다. 세대균열이 정치적 동원의 산물이라면, 세대효과의 발현 여부는 정치적 동원의 성공 여부에 의해 크게 영향받을 것으로 보인다.

잉글하트의 탈물질주의 이론을 적용해 한국에서도 물질주의와 탈물질주의의 세대 간 차이를 경험적으로 발견한 연구(어수영 2004)도 있다. 그러나 전쟁과 극단적인 반공체제를 수십 년 넘게 경험한 한국사회에서는 자본주의 발전에도 불구하고 물질주의적 계급균열이 유럽같이 전형적인 정치균열로 나타나지 않았다. 더구나 급격한 산업화와 민주화로 인해 물질주의와 탈물질주의가 동시적으로 존재했고, 1997년 IMF체제 이후 신자유주의 경제정책이 전면화되면서 경제적 양극화가 심화되고 다시 물질주의적 가치가 커지는 현상도 관찰되고 있다(박재홍·강수택 2012).

사회학에서는 한완상(1991)이 언론사와 한 여론조사 데이터를 가지고 최초로 세대 문제에 대한 경험적인 연구를 시도했다. 정치학에서는 정진민(1992; 1994)이 노무현 현상 이전에 선구적으로 경험적인 세대연구를 시작했다. 정철희(1995)는 교회나 대학 같은 다양한 미시적 동원 조직을 매개로 하여 사회운동적 현상으로서 87세대가 형성되었다고 주장했었다. 언론에 의해 '386세대'라는 개념이 사회적으로 정착되었던 1999년에 이해영(1999)과 87세대 연구자들이 집단적으로 1980년대와 그 주체인 1980년대 민주화운동세대에 대한 성찰한 『1980년대 혁명의 시대』가 나왔다. 아울러 김원(1999)의 사회운동을 경험한 87세대 스스로의 구술을 담은 『잊혀진 것들에 대한 기억』이 출판된 것도 이때이다.

한국에서 세대균열과 연구의 본격적인 시작은 2002년 제16대 대선이다. 세대효과가 강하게 표출된 2002년 제16대 대선은 세대균열이 지역균열을 대체할 수 있지 않을까 하는 기대를 갖게 된 계기였다. 조대엽(2002)은 386세대는 장기간에 걸친 대규모 저항의 경험을 공유한 사회운동세대이며, 운동의 목표 또한 급진적이었다고 했다. 박길성(2002)은 386세대가 공유한 역사적 경험이 진보적인 정치의식을 형성하게 만든 바탕이었고, 이 의식이 세대효과이며 세대에는 역사성이 내포되어 있다고 했다. 이내영은 16대 대선 분석에서 '세대의 정치'(2002)를 얘기했다. 전상진(2004)도 객관적인 구조적 조건 안에서 연령집단의 의도적 행위가 세대의식을 낳고, 그 세대의식을 스스로의 정체성으로 수용하면서 실제세대가 형성되었다고 보았다. 이정진(2007)은 노무현 후보가 국민경선부터 후보단일화 과정을 통해 이념균열과 세대균열을 표출시킴으로써 20~30대 유권자를 동원하는 선거전략을 통해 대선에서 승리했다고 한다. 윤상철(2009)도 제16대 대선에서 세대정치가 작동했던 것은 노무현 후보가 젊은세대를 동원했기 때문이었다고 했다. 김영경(1999)과 박병영(2007)도 386세대가 정치세대로 존재해왔다고 했다. 김진하(2008)도 제16대 대선에서 20대 투표율이 전에 비해 높은 것은 월드컵과 미선이 효순이 사망 사건과 촛불시위 등으로 자발적 참여와 동원이 이루어졌기 때문이라 분석했다. 이남영(2008, 16)은 제17대 대선을 분석하며 지역주의와 이념의 영향력을 통제한 후에도 세대의 영향력은 그대로 유지된다고 했다.

　제17대 대선은 한국에서 세대 연구의 한 분기점이었다. 상당수의 연구자는 보수적인 기간효과가 컸던 제17대 대선과 제18대 총선 결과를 보고 진보적인 386세대가 보수화되어 연령효과가 지배적이 되었고 세대효과는 사라졌다고 평가했다(박찬욱 외 2008; 강원택 2009; 박명호 2009; 윤상철 2009). 이후 통계 분석 방법론의 혁신이 이루어졌다. 이갑윤(2008)은 일회적인 횡단분석의 한계를 지적하며 20년간 대선의 횡단적 분석을 통시적으로 비교하여 386세대의 세대효과를 인정했다. 황아란(2009a, 139)은 통합자료를 가지고 종단적 분석을 하여 제17대 대선에서 민주화성취세대가 보수화되었다고 단정할 수 없으며, 참여정부에 대한 실망과 유보적인 태도일 가능성과 주관적 이념성향 측정의 한계를 얘기했다(황아란 2009b, 198-199). 2007년에는『상징에서 동원으로』라는 저작이 탄생했다. 필자는 거의 전원 87세대로서 1980년대 민주화운동의 문화적 동학에 대해 학문적 성과를 정리했다. 1999년에 나온『1980년대 혁명의 시대』에 이은 87세대 스스로의 집단적인 학문적 성찰이다.

　이전까지는 대부분 유사한 주장들이 나타났다면, 제19대 대선 이후 87세대의 세대효과에 대한 해석을 둘러싸고는 주장이 엇갈리기 시작한다. 먼저 87세대의 세대효과에 대한 부정적인 견해를 살펴보자. 2012년에 있었던 제20대 총선과 제19대 대선을 보고서 진보적인 386세대는 실종되어 연령효과가 지배적이고 세대효과는 소멸했다는 평가가 나왔다(박원호 2012; 2013). 이내영은 2010년 제5회 지방선거의 패널데이터 분석을 통해 세대균열이 부활했다고 선언했다(2010). 정한울(2012b, 4-5)도 제19대 총선이 끝난 후 지방선거에서 세대투표가 부활했다고 했다. 그러나 이내영과 정한울(2013, 57)은 이후 제18대 대선을 분석하여 연령효과와 코호트효과의 교호작용에 주목하며 코호트별로 연령효과가 다르게 작용할 수 있다고 했다. 386세대의 코호트효과를 부분적으로는 인정하지만 윗세대보다 진보적이고 아랫세대보다 보수적이니 이를 특별히 진보적인 세대로 규정하는 것은 타당치 않다고 했다. 고원(2013, 163-164)은 정치적 동원의 관점에서 균열요인 사이의 관계를 분석하면서 세대균열과 계층균열이 진보와 보수진영 사이의 지지기반을 양극화시켜 쌍봉형 구조를 만들었다고 했다. 이런 구조는 젊은층보다 인구 비중과 투표율이 높은 노장년층을 기반으로 하는 보수진영에 크게 유리하며 진보진영에게는 소수파 전략이라고 했다. 40대 집단인 486세대는 하나의 세대전략으로 묶기에 이질성이 존재해 한계가 있다고 했다.

그와 다른 견해도 나타났다. 2010년 지방선거 결과를 중심으로 정진민(2012, 11-12)은 민주화세대는 한나라당 투표에 있어서 평균보다 부정적이었고, 심지어 영남출신과 보수이념 유권자 중에서도 민주화세대의 한나라당 투표율은 평균보다 낮았다고 주장했다. 노환희 등(2013a, 133-135; 2013b, 172-174)은 제18대 대선에서 386세대와 IMF세대, 월드컵세대가 모두 이념에 있어서 진보적 성향의 지속성을 보여주었고 특히 386세대는 시간의 흐름과 무관하게 특수한 정치적 성향의 세대효과가 유지되었다고 경험적으로 분석했다. 오세제는 20년간 총선과 대선 자료의 횡단적 분석에 대한 통시적 비교와 통합자료의 종단적 분석을 비교하며 386세대의 세대효과가 조건적으로 나타났다고 주장했다(오세제 2015, 156-7). 또 이 현상을 하나의 패턴으로 인식하고 매 시기 진보정치세력의 정치적 동원의 성공 여부가 진보적 세대효과를 가진 정치세대의 동원을 결정했다고 세대효과의 원인을 밝혔다(오세제·이현우 2014, 223-224). 이현우와 이정진도 연령주기가 이념대립에 미친 영향은 별로 없으며 이보다 이념대립이 극심했던 70~80년대에 사

회화를 경험한 40~50대들이 세대효과를 그대로 유지하고 있는 면이 크다고
보았다(이현우·이정진 2014, 197-198).

III. 총선 결과 분석

1. 세대별 유권자 수

이번 제20대 총선의 총 유권자 수는 42,056,325명(재외선거인 제외)이었
다. 이것은 4년 전인 지난 2012년 제19대 총선에 비해 4.6% 늘어난 것이다.
다음의 〈표 1〉처럼 세대별로 보면, 20대와 30대는 줄어들었고 나머지 전
세대가 늘었다. 특히 50대와 60대 이상은 크게 늘어났다. 20대를 더 정확히
얘기하면 19세 미만이 4만 8천5백 명 줄고, 20대는 4만 4천5백 명이 늘어
합해서 볼 때 약 4천 명 줄었다. 인구 전체로는 약 189만 명(4.6%)이 늘어
난 것이다. 그중 60대 이상의 증가가 167만 5천6백 명으로 가장 큰 부분을
차지한다. 반면 30대는 60만 5천3백 명이 줄어 가장 크게 줄었다.

〈표 1〉 제19, 20대 총선 유권자 수 및 비율(재외선거인 제외)

(단위: 명)

	20대(19세 미만 포함)	30대	40대	50대	60대 이상	합
19대 총선	7,388,314 (18.4%)	8,220,146 (20.5%)	8,823,301 (21.9%)	7,591,515 (18.9%)	8,161,843 (20.3%)	40,185,119 (100%)
20대 총선	7,384,354 (17.6%)	7,614,800 (18.1%)	8,843,843 (21.0%)	8,375,862 (19.9%)	9,837,466 (23.4%)	42,056,325 (100%)
증감	-0.1%	-7.4%	0.2%	10.3%	20.5%	4.7%

* 중앙선거관리위원회

이것은 저출산 고령화의 영향으로 젊은이가 줄고 장년층 이상이 늘어나는 한국사회의 단면을 보여주는 것이다. 이런 현상은 2012년 제19대 총선에서도 마찬가지였다. 이전 총선에 비해 20~30대 유권자가 줄고 60대 이상 중장년층이 많이 늘어나는 추세여서 보수정당에게 크게 유리한 징표로 받아들여졌다. 그러나 이번 제20대 총선의 결과는 저출산 고령화 추세의 인구변화가 일방적으로 보수정당에게 유리한 것이 아니라는 점을 증명했다. 선거 결과는 인구변화의 추세만이 아니라 다양한 변수가 작용한 종합적인 결과라는 점을 확인시켜준 것이다.

재외선거에는 6만 3,797명의 재외유권자가 투표했다. 투표율은 재외유권자를 198만 명으로 추산했을 때 3.2%이며, 투표신청자 15만 4,217명을 기준으로 했을 때 41.4%이다. 따라서 재외유권자를 포함하면 전체 제20대 총선 유권자 수는 4,210만 398명으로 늘어난다. 이는 제19대 총선의 4,020만 5,095명보다 189만여 명(4.7%) 늘어난 것이다.

2. 세대별 투표율과 실제 투표자 비율

20~30대 젊은이들의 투표율이 많이 늘어났다. 특히 20대는 13%나 높아졌다. 그 원인은 말할 것도 없이 젊은이들의 분노 때문이다. 극에 달한 청년실업과 함께 N포세대와 헬조선을 말하면서 꿈과 희망을 잃어버린 세대라고 자조하는 젊은이들이 재벌기업과 금수저만 위하는 정부 여당을 심판하기 위해 대거 투표에 참여했다는 것이다. 통계청에 따르면 2016년 3월 청년(15~29세) 실업률은 11.8%로 같은 달 기준으로 역대 최고치를 기록했다. 청년층 실업자는 52만 명으로 1년 전 45만 5,000명에 비해 6만 5,000명 늘었다. 작년 같은 달(10.7%)보다 1.1% 포인트 상승한 것이다. 경제적 요인이 젊은층의 투표율 증가의 원인이었다면 집권여당에 대한 지지율이 제19대 총선에 비교하여 상당히 낮아졌을 것으로 기대하게 된다. 젊은세대가 할 수 있는 대단히 강력한 저항의 행동이기 때문이다. 각 대학 총학생회

〈표 2〉 제19, 20대 총선 세대별 투표율과 실제 투표자 비율(%)

	20대	30대	40대	50대	60대 이상
19대 투표율	36.2	43.3	54.1	65.1	69.9
19대 투표자비율	14.1	17.0	21.2	21.6	26.1
20대 투표율	49.4	49.5	53.4	65	70.6
20대 투표자비율	14.9	15.4	19.2	22.2	28.3
투표율 증감	13.2	6.2	-0.7	-0.1	0.7

* 20대 총선은 지상파 방송 3사 출구조사 결과, 19대는 선관위 자료

와 청년유니온, 알바노조, 민달팽이유니온, 복지국가청년네트워크 등과 같
은 또래의 청년단체들이 SNS를 통해 적극적으로 투표참여를 권유한 것도
영향이 있었을 것이다.

사전투표의 영향도 컸을 것이다. 부재자투표처럼 사전신고가 필요없이
정해진 날에 전국 어디서나 하루 종일 투표할 수 있다는 편리함이 투표율
증대에 도움이 되었을 것이다. 중앙선관위가 4월 13일 발표한 사전투표 세
대별 분석 현황에 따르면 사전투표자 513만 1,721명 가운데 20대는 25.8%
(132만 2,574명)로 전 세대 중 가장 높았다. 지역적으로 눈에 띄는 변화의
사례는 경기도 성남시 분당이다. 판교테크노밸리에 IT기업들이 입주하면서
근무하는 젊은층이 인근에 거주하기 시작했고 지방 학생들이 기숙사에 거주
하는 대학도 여러 곳 있으면서 투표에서도 야당지지 성향이 강해졌다. 평균
소득수준과 집값이 높은 분당구에선 대체로 여당 의원이 당선되어 왔는데,
두 곳 모두 예년과 다르게 야당이 당선된 이유 중의 하나라고 볼 수 있다.

통계적으로 네트워크세대의 정치적 성향은 현재 한국사회에서 가장 진보
적이다. 따라서 이들의 투표율 향상은 야당지지율 상승에 큰 도움이 되었을
것이다. 아직도 50~60대 투표율보다는 낮지만 특별한 예외[2]를 제외하면 항

---

2) 2007년 제17대 대선 64%와 2008년 제18대 총선의 46.1%를 말한다. 투표율이 이전

상 경향적으로 조금씩 하락 추세인 투표율이 올라간다는 것은 고무적인 일이다. 젊은 유권자들의 실태가 그만큼 심각하다는 반증이다. 이들이 자신의 투표 결과로 세상을 바꾸는 경험을 한다면 투표효용감은 극대화될 것이다. 실제로 이번 총선에서 영호남에서 이변이 속출하고 수도권에서 야당이 압승한 것은 지역에서의 연고나 지역정서에 별로 얽매이지 않는 젊은 유권자들의 투표참여가 영향을 미쳤다고 보여진다. 통상적으로 대선은 총선보다 투표율이 약 10% 높기 때문에, 2017년 대선에서는 더 높아질 것이라는 예측을 가능하게 한다. 제도적인 측면의 대안을 찾아 실시한다면 결과는 더 달라질 것이다.[3]

결과적으로 실제 투표자 비율은 유권자비율보다 차이가 확대된다. 젊은 유권자의 상대적으로 낮은 투표율과 장년층 유권자의 높은 투표율의 차이 때문이다. 그래서 유권자비율은 20~40대의 합이 56.7%이고, 50~60대 이상 유권자비율은 43.3%이지만, 실제 투표자 비율은 20~40대가 49.5%, 50~60대 이상 유권자비율은 50.5%로 확대된다. 이번 제20대 총선에서는 50대 이상이 실제 투표한 유권자의 과반수를 넘어섰다는 것이다.

3. 세대별 지지율

참고로 〈표 3〉의 갤럽조사 결과를 보면 젊은세대의 투표성향을 알 수 있다. 20대는 더민주당이 단독으로 새누리당을 앞서고 있고 30~40대는 더민주당과 새누리당 지지도가 거의 같다. 50대부터 현격하게 역전되는 것을

선거보다 현격하게 낮아졌고 다음 선거에 다시 올라갔다.
3) 선관위의 후원을 받아 서강대 현대정치연구소가 2009년에서 2011년까지 4번에 걸친 재보궐선거 당시 실험과 조사를 통해 객관적으로 성과가 입증된 방문홍보(GOTV) 방식이 있다. 이미 유럽과 미국에서는 2000년대 들어서 실험적 조사를 통해 성과가 입증되었고 학술저널에서 수없이 논쟁되었다. 한국에서도 2014년 민주당 원혜영 의원이 선거운동의 가가호호 방문금지 규정에서 예외를 두는 선거법 개정안을 제출한 적도 있었다. 그러나 선관위는 이 방식을 이후 채택하지 않았다.

<표 3> 제20대 총선 세대별 정당지지율(%)

	새누리당	더민주당	국민의당	정의당	지지정당 없음
19~20대	23	34	8	8	28
30대	24	26	14	13	22
40대	26	25	20	10	19
50대	42	16	25	6	10
60대 이상	63	5	15	2	15

* 갤럽 데일리 오피니언 206호(2016년 4월 2주)

볼 수 있다. 그러나 야3당을 같이 본다면 50대도 새누리당을 넘는 것을 알 수 있다. 국민의당은 50대 이상에서 더민주당을 앞서고 있다. 20~30대에서는 정의당과 국민의당이 차이가 없다. 세대별로 지지정당이 극명하게 갈리고 있다는 점은 확인할 수 있다. 지지정당 없음도 역시 20대가 가장 높고 30~40대가 그다음으로 높다.

특이한 점은 50~60대 이상 세대의 투표율과 지지성향도 예전과 같지 않

<표 4> 세대별 비례투표 여당지지 비율(제19, 20대 총선)

세대	여당지지		지지율 감소폭	투표율 증가폭
	19대 총선	20대 총선		
20대	27.4	16.5	10.9	13.2
30대	23.7	14.9	8.8	6.2
40대	33.0	20.7	12.3	-0.7
50대	51.5	39.9	11.6	-0.1
60대 이상	61.8	59.3	2.5	0.7
전체	42.8	33.5	9.3	3.8

* 『SBS뉴스』, 2016.4.15, 이 책의 제1장(이현우, 38) 재인용

았다는 점이다. 이번 총선은 60대 이상 유권자(983만 7,466명)가 전체 유권자(4,205만 6,325명)의 23.4%로 가장 많았다. 투표율도 70.6%로 역시 예전처럼 다른 세대보다 높았다. 그러나 젊은 유권자들의 투표율이 10% 이상 늘어난 것에 비하면 변화가 없었고, 일방적으로 보수정당을 지지하지 않았으며 기권도 증가한 것으로 보인다. 50대는 더욱 예전과 다른 이유가 87세대가 50대 전반부를 차지하고 있기 때문이다. 87세대의 시작인 81학번이 2016년 현재 55세(만 54세)이다.

후보지지를 보면, 제20대 총선에서는 모든 세대에 있어서 비례대표 여당 지지 비율이 제19대보다 줄어들었다. 세대별로 지지율 감소를 보면 모든 세대가 11%에 가까워 비슷한데, 60대 이상만 여당지지 감소폭이 작다. 〈표 3〉의 20~30대 새누리당 지지보다 더 적은 비례대표 후보지지를 보냈다는 것이다. 결국 60대 이상의 여당지지는 60% 정도로 여전하다는 것이다. 세대별로 차이가 극명하고 젊은 유권자들의 낮은 여당지지가 분명하다. 한국일보가 2월 21일 실시한 여론조사에서는 정권심판론에 동의한 비율이 50대가 33.8%, 60대 이상은 20.8%였다. 3월 29일 실시한 조사의 경우는 50대가 45.3%, 60대가 28.8%로 각각 10% 정도 높아졌다.

그러나 여전히 이번 제20대 총선의 투표율 58%와 2030세대 투표율 49%에 대해 생각해볼 필요가 있다. 기록적으로 낮았던 2008년 제18대 총선의 46.1%나 2012년 제19대 총선의 54.2%보다는 높아졌지만 상당수 유권자가 투표를 외면하고 있는 것이 현실이다. 더 구체적으로는 젊은 네트워크세대를 호명하는 것은 물론이고 지역주의를 제외한 다양한 갈등구조를 표출시키지 않고, 지역주의 갈등구조를 유지하며 이익을 보는 정당들이 기득권 구조를 유지하려 했다. 따라서 다양한 갈등구조가 정치적으로 표출되지 않았다는 것이다. 치열한 정치적 쟁점이 강하게 인상을 남기고 유권자들의 관심을 끌 때 투표율이 올라간다는 것은 잘 알려져 있다. 그러나 투표율 상승이 유리하다고 생각하는 야당조차도 그런 의식적이고 전략적인 행동을 하지 않고 있다는 것이다.

IV. 통계 분석

1. 후보 선택의 경우

더민주당 지역구 후보지지를 종속변수로 하여 로짓분석을 실시한 결과 산업화세대에 대비한 87세대와 네트워크세대 모두 세대효과는 유의하게 나타나지 않았다. 오직 영호남 거주자와 연령, 학력, 이념만이 유의하게 나타났다. 새누리당 지역구 후보에 대해 투표한 자를 종속변수로 하여 로짓분석하여도 결과는 마찬가지로 유의한 세대효과를 드러내지 않았다. 야3당 후보에 투표한 자를 종속변수로 하여도 결과는 유사했다. 영호남과 학력과 생산직에서만 유의확률 0.05 이하로 유의한 결과가 나타났다.

그러나 지난 2012년 제18대 대선 후보지지에서 박근혜와 문재인을 택한 경우와, 지난 2012년 제19대 총선의 지역구에서 새누리당과 민주진보정당(민주당, 통진당)을 택한 경우를 종속변수로 넣었더니 87세대와 네트워크세대에서 유의한 결과가 나타났다(〈표 5〉와 〈표 6〉). 왜 이번 총선 결과를 가지고는 나타나지 않고 지난 총선과 대선의 결과를 넣으면 세대효과가 나타날까? 선행연구(오세제 2015)에서 나타났듯이 지난 2012년 제18대 대선과 제19대 총선은 87세대와 네트워크세대의 세대효과가 강하게 나타난 선거였다. 지난 결과가 다시금 확인되었고 이번 제20대 총선에는 두 세대 모두 세대효과가 나타나지 않았다. 〈표 5〉와 〈표 6〉의 경우는 87세대효과가 강력하게 나타났던 지난 2012년 총선 즉 4년 전 과거를 기억해서 대답한 것이다. 따라서 신빙성이 크다고 할 수 없다.

〈표 7〉의 경우는 이번 총선에 관한 것이다. 종속변수는 지역구에서 더민주당 후보에 투표한 경우이다. 87세대의 세대효과가 유의확률 0.1 이하 범위에서 나타나고 있다. 그외에 생산직(0.033)과 이념(0.000)에서 영남거주자(0.083)와 출생연도(0.001)에서 결과가 유의하게 나타난다. 보통 지역에선 영호남에서 결과가 반대(부호)로 나타나고 둘 다 유의한데 이번에는 국

〈표 5〉 지난 총선 지역구 새누리당 후보 투표자를 종속변수로 한 경우

		B	S.E.	Wals	자유도	유의확률	Exp(B)
1 단계[a]	성	.388	.153	6.412	1	.011	1.473
	출생연도	-.098	.013	54.625	1	.000	.907
	생산직	.134	.190	.495	1	.482	1.143
	사무직	.388	.215	3.278	1	.070	1.475
	자영업	.289	.221	1.709	1	.191	1.335
	가구소득	.128	.104	1.517	1	.218	1.137
	학력	-.360	.144	6.246	1	.012	.698
	도시규모	-.394	.110	12.891	1	.000	.674
	영남거주자	.715	.160	20.050	1	.000	2.044
	호남거주자	-4.128	.607	46.229	1	.000	.016
	충청거주자	.277	.235	1.382	1	.240	1.319
	87세대	.488	.244	4.004	1	.045	1.630
	네트워크세대	1.294	.407	10.107	1	.001	3.646
	상수항	192.465	25.866	55.367	1	.000	3.861E83

〈표 6〉 지난 총선 지역구 민주당 통진당 후보 투표자를 종속변수로 한 경우

		B	S.E.	Wals	자유도	유의확률	Exp(B)
1 단계[a]	성	-.390	.149	6.877	1	.009	.677
	출생연도	-.018	.013	1.956	1	.162	.982
	생산직	.206	.188	1.203	1	.273	1.229
	사무직	.172	.209	.681	1	.409	1.188
	자영업	.181	.221	.667	1	.414	1.198
	가구소득	-.165	.104	2.523	1	.112	.848
	학력	.430	.142	9.140	1	.003	1.538
	도시규모	.302	.109	7.692	1	.006	1.353
	영남거주자	-.912	.179	26.029	1	.000	.402
	호남거주자	1.613	.227	50.287	1	.000	5.019
	충청거주자	-.339	.242	1.958	1	.162	.713
	87세대	.636	.250	6.447	1	.011	1.889
	네트워크세대	.556	.419	1.762	1	.184	1.743
	상수항	32.892	24.775	1.763	1	.184	1.926E14

〈표 7〉 네트워크세대 변수를 제외한 경우

		B	S.E.	Wals	자유도	유의확률	Exp(B)
1 단계[a]	성	.186	.165	1.264	1	.261	1.204
	생산직	-.449	.211	4.542	1	.033	.638
	사무직	-.290	.228	1.617	1	.203	.748
	자영업	-.080	.237	.115	1	.734	.923
	주관적 이념	-.370	.044	70.355	1	.000	.691
	가구소득	.106	.133	.636	1	.425	1.112
	학력	.203	.154	1.753	1	.185	1.226
	87세대	.291	.165	3.100	1	.078	1.337
	총재산	.110	.122	.809	1	.368	1.116
	영남거주자	-.340	.196	3.008	1	.083	.712
	호남거주자	-.028	.248	.013	1	.909	.972
	충청거주자	-.096	.270	.125	1	.724	.909
	출생연도	-.023	.007	11.712	1	.001	.977
	상수항	44.539	13.108	11.546	1	.001	2.203E19

〈표 8〉 출생연도와 네트워크세대를 제외한 경우

		B	S.E.	Wals	자유도	유의확률	Exp(B)
1 단계[a]	성	.200	.162	1.513	1	.219	1.221
	생산직	-.421	.209	4.055	1	.044	.656
	사무직	-.276	.225	1.508	1	.219	.759
	자영업	.087	.231	.142	1	.707	1.091
	주관적 이념	-.331	.042	61.674	1	.000	.718
	가구소득	-.021	.128	.026	1	.871	.980
	학력	.056	.147	.143	1	.706	1.057
	87세대	.414	.161	6.640	1	.010	1.514
	총재산	.176	.120	2.151	1	.142	1.193
	영남거주자	-.384	.195	3.870	1	.049	.681
	호남거주자	-.012	.246	.002	1	.961	.988
	충청거주자	-.132	.269	.240	1	.624	.877
	상수항	-.303	.559	.294	1	.588	.739

민의당 존재 때문에 통계적으로 예년에 없던 특별한 결과가 나타났다.

〈표 8〉은 위의 경우에서 출생연도(연령) 변수까지 제외한 경우이다. 세대효과가 유의도 0.05 이하에서 더 강하게 나타나고 있다. 그러나 연령변수를 통제하면서 세대효과를 보지 못한다는 점에서 한계가 있다.

그러나 〈표 9〉처럼 출생연도와 네트워크세대를 추가하면 87세대효과는 나타나지 않았다. 결국 제20대 총선의 경우에는 연령효과를 넘는 세대효과는 없었다고 할 수 있다. 아울러 비교의 대상인 산업화세대에 비해 87세대와 네트워크세대가 후보 선택에서 특별하지 않다는 것이다. 이유는 젊은세대에 대한 정치적 동원에 실패한 민주당 등 기존정당의 퇴조와 이념적으로 중도적인 국민의당 때문이다.

이 결과를 재확인하기 위해 대상을 중부권(서울, 경기, 인천, 강원)으로 한정하고, 이번 총선의 돌출변수인 국민의당 간섭요인을 제거하기 위해

〈표 9〉 출생연도와 네트워크세대를 포함한 경우

		B	S.E.	Wals	자유도	유의확률	Exp(B)
1 단계[a]	성	.201	.166	1.470	1	.225	1.222
	생산직	-.435	.211	4.230	1	.040	.647
	사무직	-.260	.229	1.288	1	.256	.771
	자영업	-.058	.238	.060	1	.807	.944
	주관적 이념	-.370	.044	70.226	1	.000	.691
	가구소득	.095	.133	.510	1	.475	1.100
	학력	.253	.157	2.583	1	.108	1.288
	87세대	-.045	.273	.027	1	.870	.956
	총재산	.094	.122	.588	1	.443	1.098
	영남거주자	-.332	.196	2.863	1	.091	.717
	호남거주자	-.032	.248	.017	1	.897	.969
	충청거주자	-.074	.271	.074	1	.785	.929
	출생연도	-.003	.014	.051	1	.821	.997
	네트워크세대	-.727	.476	2.330	1	.127	.483
	상수항	6.174	28.270	.048	1	.827	480.135

〈표 10〉 중부권, 1, 2당의 경우 출생연도 넣은 경우

		B	S.E.	Wals	자유도	유의확률	Exp(B)
1 단계ª	87세대	.145	.247	.346	1	.556	1.156
	출생연도	.044	.010	19.956	1	.000	1.045
	상수항	-85.942	19.212	20.012	1	.000	.000

〈표 11〉 중부권, 1, 2당의 경우 출생연도 뺀 경우

		B	S.E.	Wals	자유도	유의확률	Exp(B)
1 단계ª	87세대	.624	.268	5.421	1	.020	1.866
	네트워크세대	1.078	.286	14.157	1	.000	2.937
	상수항	-.523	.177	8.741	1	.003	.593

〈표 10〉과 〈표 11〉에서 새누리당과 더민주당 지지자에 한정해 다시 분석해보았다. 종속변수는 더민주당 지역구 투표자로 했으나 결과는 위와 같았다. 87세대와 네트워크세대만 들어간 경우는 분명히 세대효과가 나타났으나 연령을 통제한 순간 유의하지 않은 결과가 나타났다. 결국 제20대 총선의 경우에는 연령효과를 넘어서는 세대효과는 후보 선택의 경우 나타나지 않았다고 해석할 수 있다.

2. 이념의 경우

〈표 12〉에서 종속변수를 이념으로 하여도 후보 선택과 같이 87세대와 네트워크세대의 세대효과는 유의하게 나타나지 않았다. 비교해보기 위해 〈표 13〉에서는 네트워크세대를 독립변수에서 빼고 분석해보았다. 87세대의 세대효과가 p < 0.1 범위에서 유의하게 나타났다. 값도 0.214로 작지 않았다. 〈표 14〉에서는 비교를 위해 네트워크세대를 다시 넣고 연령을 빼고

〈표 12〉 종속변수가 이념인 경우

모형		비표준화 계수		표준화 계수	t	유의확률
		B	표준오차	베타		
1 단계[a]	(상수)	87.528	18.714		4.677	.000
	성	.273	.113	.072	2.408	.016
	출생연도	-.042	.010	-.308	-4.368	.000
	생산직	-.084	.143	-.019	-.591	.554
	사무직	-.223	.162	-.049	-1.376	.169
	자영업	.180	.168	.036	1.071	.284
	가구소득	.074	.081	.029	.920	.358
	학력	-.174	.106	-.056	-1.640	.101
	도시규모	.008	.082	.003	.100	.921
	영남거주자	.195	.127	.045	1.544	.123
	호남거주자	-.473	.183	-.074	-2.583	.010
	충청거주자	-.243	.186	-.038	-1.304	.192
	87세대	-.239	.192	-.056	-1.247	.213
	네트워크세대	-.053	.319	-.014	-.166	.868

〈표 13〉 독립변수에서 네트워크세대를 뺀 경우

모형		비표준화 계수		표준화 계수	t	유의확률
		B	표준오차	베타		
1 단계[a]	(상수)	90.304	8.416		10.730	.000
	성	.272	.113	.071	2.403	.016
	출생연도	-.043	.004	-.318	-10.002	.000
	생산직	-.086	.142	-.020	-.607	.544
	사무직	-.225	.161	-.050	-1.403	.161
	자영업	.178	.167	.036	1.066	.287
	가구소득	.075	.080	.029	.939	.348
	학력	-.178	.104	-.057	-1.703	.089
	도시규모	.008	.082	.003	.100	.920
	영남거주자	.194	.126	.045	1.538	.124
	호남거주자	-.473	.183	-.074	-2.583	.010
	충청거주자	-.245	.186	-.038	-1.314	.189
	87세대	-.214	.121	-.050	-1.779	.076

〈표 14〉 독립변수에서 출생연도를 뺀 경우

모형		비표준화 계수		표준화 계수	t	유의확률
		B	표준오차	베타		
1 단계[a]	(상수)	5.809	.373		15.569	.000
	성	.307	.114	.081	2.689	.007
	생산직	-.037	.144	-.008	-.260	.795
	사무직	-.157	.162	-.035	-.965	.335
	자영업	.273	.168	.055	1.628	.104
	가구소득	.012	.080	.005	.150	.881
	학력	-.164	.107	-.053	-1.532	.126
	도시규모	.011	.083	.004	.137	.891
	영남거주자	.196	.127	.045	1.540	.124
	호남거주자	-.491	.184	-.077	-2.661	.008
	충청거주자	-.235	.188	-.037	-1.252	.211
	87세대	-.774	.149	-.181	-5.198	.000
	네트워크세대	-1.297	.145	-.335	-8.926	.000

분석해보았다.

역시 결정적인 것은 연령이었다. 후보 선택과 같이 연령효과를 통제하지 않으니 두 세대 모두 대단히 큰 계수값(87세대 0.774, 네트워크세대 1.297)이 나타났고 유의확률 p값은 0.001보다 작았다. 완전히 후보 선택과 같은 결과였다. 이번 총선에서는 연령효과를 넘는 세대효과가 나타나지 않았다.

3. 역대 총선 결과와의 비교[4]

분석 모형은 4회에 걸친 주관적 이념성향을 종속변수로 한 회귀분석의

---

4) 역대 총선 결과는 인용이지만 〈표 15〉, 〈표 16〉, 〈표 17〉에서 원래 논문에 있던 386세대 표기는 이 논문 용어 사용의 일관성을 위해 87세대로, 포스트386세대는 네트워크세대로 바꾸었음(오세제 2015).

결과를 통시적으로 비교한 것이다. 이념에 관한 질문이 없는 제14대 총선과 연령을 10년 단위로 코딩하여 세대 구획이 불가능한 제15대 총선을 제외하고 제16대 총선부터 제19대 총선까지 4개의 모형을 포함하고 있다. 연령은 제16대, 18대, 19대 총선의 3개 모형에서 이념성향에 영향을 주는 것으로 나타났다. 이는 나이가 들수록 보수적일 가능성이 높아진다는 예측을 지지한다. 제17대와 제19대 총선에서 이념성향에 대한 87세대의 세대효과가 연

〈표 15〉 총선 이념성향 회귀분석

	16대 총선(2000)		17대 총선(2004)		18대 총선(2008)		19대 총선(2012)	
	비표준화 계수		비표준화 계수		비표준화 계수		비표준화 계수	
	B	표준오차	B	표준오차	B	표준오차	B	표준오차
(상수)	4.197***	0.971	4.574***	0.942	3.164***	1.2	2.766**	1.247
성별	-0.344*	0.197	-0.13	0.153	-0.29	0.19	-0.051	0.192
연령별	0.023*	0.013	0.023	0.014	0.064***	0.017	0.054***	0.016
생산직	0.123	0.337	-0.36	0.249	0.014	0.34	-0.024	0.275
사무직	0.073	0.309	0.08	0.214	-0.682***	0.254	0.207	0.236
자영업	0.169	0.295	-0.231	0.196	-0.288	0.251	0.136	0.273
가구소득	-0.037	0.131	0.057	0.085	-0.042	0.106	0.224**	0.111
학력	-0.12	0.149	-0.055	0.129	0.003	0.164	0.032	0.181
도시규모	0.14	0.105	-0.036	0.12	0.09	0.133	0.076	0.122
영남	0.33	0.21	0.382**	0.174	0.361	0.226	0.601***	0.217
호남	0.024	0.237	-1.05***	0.231	-0.29	0.262	-1.104***	0.269
충청	0.154	0.242	-0.31	0.252	-0.041	0.284	-0.089	0.307
87세대	-0.351	0.281	-0.769***	0.279	0.408	0.331	-0.692**	0.332
네트워크세대	0.051	0.406	-1.133***	0.406	0.234	0.516	-0.582	0.521
	N=899, R^2=0.052		N=1126, R^2=0.136		N=786, R^2=0.140		N=717, R^2=0.216	

* p<0.1, ** p<0.05, *** p<0.01 * 대선과 달리 제16대 총선만 주부가 구분되어 생략함
* 제15대 총선은 연령이 20대, 30대 식으로 구분되어 통계 처리가 불가능함
* 제14대 총선에는 이념 질문이 없음

령효과를 통제했음에도 불구하고 크게 나타났다. 제17대 소위 탄핵총선은 보수-진보의 대립이 강했던 선거였고 네트워크세대도 강하게 세대효과를 드러냈다.

그러나 제17대 대선에 이은 제18대 총선에서는 87세대와 네트워크세대 의 세대효과는 유의하지 않았고 호남과 달리 부호까지 바뀐다. 계수값도 상 대적으로 작았다. 이념성향에 대한 세대효과가 제18대 총선에서 나타나지 않은 이유는 제17대 대선과 같이 87세대 유권자들이 노무현 정부 정책에 실망했고, 절박한 정치적·정책적 쟁점이 없는 상황에서 대기업 CEO출신이 자 서울시장으로 청계천과 대중교통개혁 등 업적을 가지고 있고, 도덕성 논 란에도 불구하고 경제를 살린다는 이명박 후보를 지지했기 때문이다. 네트 워크세대는 마지막까지 정치인 노무현에 대한 애정을 가지고 있었던 세대로 서 상당수 기권한 것으로 추정한다. 제19대 총선은 제18대 대선에 이어 다 시 한번 진보와 보수가 대결한 선거였다. 이 선거에서는 연령 변수를 통제 하고도 이념성향에 미치는 87세대의 세대효과가 강하게 나타났다. 그러나 대선과 달리 네트워크세대는 방향은 진보적이었지만 유의하지 않게 나타났 다. 87세대의 세대효과가 연령을 통한 생애주기효과를 통제하고서도 유권 자의 주관적 이념성향에 영향을 미친다는 것을 총선에서 경험적으로 확인하 였다. 이념적 대립이 강한 선거환경이었던 제16대와 제18대 대선에 인접하 고 선거전의 양상이 유사하였던 제17대 총선과 제19대 총선에서 87세대가, 네트워크세대는 제17대 총선에서 세대효과가 강하게 나타났다.

〈표 16〉은 5회의 총선에서 새누리당 후보 선택에 대한 이분형 로지스틱 회귀분석의 결과이다. 연령은 제16대와 제18대 총선에서 유의도가 나오지 않은 것을 제외하고는, 계수값이 작고 방향이 일관되게 나타났다. 다른 조건 이 동일하다면 연령이 높아질수록 새누리당 후보를 선택할 가능성이 높다는 것이다. 산업화세대에 비해 87세대는 이념성향과는 달리 제17대 총선에서 는 유의하지 않았고 제19대 총선에서만 연령효과를 통제한 이후에도 후보 선택에 대한 세대효과가 나타났다. 결국 87세대가 산업화세대보다 진보적 인 정당 후보를 선택할 가능성이 높다는 가설을 수용하게 한다. 그러나 이

〈표 16〉 총선 새누리당 후보 선택 로지스틱 회귀분석

	14대 총선(1992)		16대 총선(2000)		17대 총선(2004)		18대 총선(2008)		19대 총선(2012)	
	B	S.E.	B	S.E.	B	S.E.	B	S.E.	B	S.E.
(상수)	-1.059	1.043	-2.005*	1.034	-2.36**	1.099	-0.432	1.358	-2.193*	1.144
성별	0.234	0.209	0.059	0.219	-0.065	0.181	-0.009	0.214	-0.163	0.172
연령별	0.03***	0.011	0.018	0.013	0.038**	0.016	0.02	0.019	0.035**	0.015
생산직	0.018	0.692	0.058	0.382	-0.546*	0.299	-0.003	0.405	0.538**	0.243
사무직	-0.086	0.711	0.349	0.338	-0.163	0.256	-0.604**	0.294	-0.15	0.221
자영업	-0.077	0.68	0.525*	0.315	-0.12	0.213	-0.475*	0.265	0.362	0.23
가구 소득	-0.076	0.127	0.123	0.139	-0.048	0.095	0.105	0.122	0.219**	0.099
학력	-0.384**	0.166	0.02	0.165	0.127	0.147	-0.295	0.184	-0.113	0.162
도시 규모	0.044	0.125	0.234**	0.115	0.158	0.133	0.233	0.148	0.037	0.111
영남	0.508***	0.22	1.324***	0.219	0.859***	0.18	0.388	0.249	0.895***	0.187
호남	-1.459***	0.286	-2.348***	0.291	-4.24***	1.018	-2.043***	0.344	-2.411***	0.397
충청	-0.115	0.27	-0.898***	0.248	-1.252**	0.363	-1.168***	0.319	0.27	0.244
87세대	-0.084	0.277	0.128	0.297	-0.366	0.298	0.12	0.359	-0.651**	0.294
네트 워크 세대			0.294	0.443	-0.956**	0.466	-0.188	0.564	-0.282	0.459
	N=821, R^2=0.157		N=758, R^2=0.285		N=872, R^2=0.230		N=493, R^2=0.188		N=831, R^2=0.209	

* R^2은 Cox와 Snell의 R^2임
* $p < 0.1$, ** $p < 0.05$, *** $p < 0.01$

런 흐름은 네트워크세대에서는 다르다. 제19대 총선에서는 유의하지 않았고, 제17대 탄핵총선에서만 이념성향과 같이 유의하게 나타난다.

V. 87세대는 여전히 진보적이다

왜 이번 총선에 네트워크세대와 87세대의 세대효과는 나타나지 않았을까? 젊은 네트워크세대는 그렇다 치고 87세대는 일부 학자들의 주장처럼 이제 50대 중반으로 접어들면서 연령효과가 커져서 보수화되고 진보적 세대효과는 사라지고 만 것인가? 만약 그렇다면 지난 2012년 조사에서 확인된 세대별 이념 평균 비교와 달리 2016년 현재 87세대의 이념이 보수 쪽으로 이동해 전체 평균선보다 위로 올라가야 맞다. 세대 집단별 평균 분석을 해보면 〈표 17〉처럼 나타난다. 절반이 50대에 접어든 87세대는 네트워크세대

〈표 17〉 제20대 총선 세대별 이념 평균 비교

삼분세대 구분	평균	N	표준편차	분산
산업화세대	6.04	369	1.823	3.322
87세대	5.11	323	1.952	3.810
네트워크세대	4.53	486	1.667	2.777
전 세대	5.16	1178	1.905	3.630

〈표 18〉 역대 대선 세대별 이념 평균 비교

	제15대 대선 (1997년)	제16대 대선 (2002년)	제17대 대선 (2007년)	제18대 대선 (2012년)	제20대 총선 (2016년)
산업화세대	3.27	3.05	5.97	6.09	6.04
87세대	2.84	2.57	5.08	4.89	5.11
네트워크세대	2.66	2.65	4.73	4.47	4.53
전 세대	3.04	2.83	5.32	5.10	5.16

* 자료: KSDC데이터(15대, 16대 대선은 자기이념 평가가 5점 척도였고, 제17, 18대 대선과 제20대 총선은 11점 척도였음)

보다는 보수적이지만, 아직도 세대의 이념 평균(5.11)이 전체 평균(5.16)보다 진보적이다. 당연히 다른 세대와의 거리도 산업화세대(0.93)보다 네트워크세대(0.58)가 가깝다. 10년 전 윗세대인 개발세대가 현재 87세대의 연령대에 있을 때와 비교해도 큰 차이가 난다. 이것이 87세대가 아직 진보적인 세대효과를 가지고 있고 산업화세대와 분명히 구별되어 한국사회에서 진보의 경계선이라는 근거이다.

이 경향을 역사적으로 확인하기 위해 지난 역대 대선에는 어땠는지 〈표 18〉에서 비교해 보았다. 이번 제20대 총선 결과를 극명하게 보기 위해서 역대 총선과 비교하지 않고 5년마다 치러진 역대 대선 결과와 비교해보았다. 확실히 가장 변화가 많은 세대는 87세대이다. 2002년 제16대 대선 때는 87세대가 네트워크세대보다도 더 진보적이었지만 이후 2007년 제17대 대선을 계기로 하여 점차 보수화되어 네트워크세대가 더 진보적으로 나타난다. 87세대에게 연령효과가 작용했기 때문으로 보인다. 그러나 2012년 제18대 대선 때 87세대의 이념적 지표는 다시 좌로 이동했고 2016년 제20대 총선에는 약간 우로 이동했다. 그러나 여전히 87세대 이념 평균은 전체 평균보다 진보적이다. 네트워크세대는 지속적으로 진보성을 표출하고 있다. 제17대 대선 때 87세대가 평균보다 진보적이긴 해도 크게 흔들린 반면, 네트워크세대는 크게 흔들리지 않았고 한국사회에서 가장 진보적인 세대로 자리매김했다. 제18대 대선에는 진보 쪽으로 움직이며 더 보수 쪽으로 움직인 산업화세대와 대조를 이룬다. 한편 산업화세대는 제16대 대선 때 약간 좌로 움직인 적이 있지만 지속적으로 87세대와는 상당히 차이가 나는 보수적인 입장을 견지하고 있다.

남는 문제는 현재 한국의 세대 중 가장 진보적인 네트워크세대는 이번 제20대 총선을 통해 야당 정치세력의 정치적 동원 없이도 높아진 투표율과 야당 중심의 투표성향을 드러냈다. VI절에서는 그 원인을 추론해보겠다.

VI. 세대효과 잠복의 원인

제20대 총선에서 젊은 유권자들은 예전에 비해 투표도 많이 하고 지지도 두 개의 야당에 몰아줘 야당이 총선에서 승리했다. 그런데 이념적으로 진보적인 87세대와 네트워크세대가 왜 제20대 총선에서 진보적 세대효과를 드러내지 않은 것일까? 선행연구(오세제·이현우 2014)에서 밝힌 바처럼 세대효과는 조건적으로 나타난다. 이를 '조건적 세대효과'라고 하였다. 일회적인 횡단분석으로는 찾을 수 없지만 횡단적 분석을 통시적으로 비교해 살펴보면 나타난다. 통합자료를 만들어 종단적으로 보아도 결과는 같다(오세제 2015).

결국 2002년 '새정치와 낡은 정치'의 대결구도를 강조하며 젊은세대를 동원하여 노무현 대통령이 당선된 제16대 대선과 2010년 무상급식 논쟁을 계기로 불었던 보편적 복지 바람 속에 치른 제5회 지방선거와 안철수의 새정치 바람 속에 박원순을 당선시킨 2011년 10월 서울시장 보궐선거, 복지국가와 경제민주화 바람이 선거를 지배한 2012년 제18대 대선에는 87세대와 네트워크세대의 세대효과가 통계적으로 검증되었다. 2012년 4월 제19대 총선과 같은 해 12월의 제18대 대선은 민주당이 최초로 진보정당인 통진당과 선거공조를 한 선거이기도 했다.

그러나 2007년 제17대 대선에는 87세대가 비정규직 확대 등 신자유주의 정책의 전면화를 통해 경제적 양극화를 심화시킨 노무현 대통령과 참여정부에 실망해 상당수 비판적이 되었고, 노사모는 심각한 자체 논쟁 끝에 다수가 정동영 후보에 대한 지지를 철회했다. 여론조사 결과 현격하게 불리한 상황을 반전시키기 위해 정동영 후보는 BBK 폭로 전략으로 일관하며 정책 대결 한번 번번히 못해봤고 젊은이들을 감동시키지도 동원하지도 못했다. 보수적 기간효과가 작동하며 87세대와 네트워크세대의 세대효과가 잠복하게 된 이유라고 추정한다.

최근 삼포세대를 넘어 N포세대라고 스스로를 자조하는 젊은 유권자들은 생존과 직결된 청년실업 문제를 비롯하여 정권에 대한 분노가 너무 컸기 때문에, 야당이 미래지향적인 의제를 논쟁적으로 제시하지 못했음에도 투표율이 높아졌고 주로 야당에 투표했다. 제20대 총선은 박근혜 정부의 경제 실정과 새누리당의 공천 파행에 대한 비판이 주를 이루는 회고적 투표 경향을 나타냈지만, 야당이 미래의 진보적 변화에 대한 청사진이나 정책을 가지고 젊은세대를 동원하지 못했다. 따라서 이번 제20대 총선은 결과적으로 야당이 승리했지만, 내용적으로 야당이 주도한 승리라고 할 수는 없다는 것이다. 이것이 세대효과가 나타나지 않은 이유이다.

이런 결과에는 더민주당의 태도가 큰 역할을 했다. 김종인이 선대위 위원장을 맡게된 이후 더민주당은 친노라고 지목된 의원들을 여러 명 공천에서 컷오프시키고 지도부 구성에서 친노 인사들을 배제하며 젊은 유권자를 적극적으로 투표장에 동원하려는 노력도 부족했다. 즉 중도노선을 강조하며 정치적으로 특별히 젊은세대를 호명하는 데 미흡했다는 것이다. 2012년 총선과 대선 때 청년 비례대표 후보를 선출하기 위해 가수를 선발하는 오디션 방식의 이벤트도 이번엔 하지 않았고,[5] 선거법 위반 논란이 있었지만 당 주도로 SNS상에서 했던 투표 인증샷 캠페인조차 사라졌다. 이런 캠페인은 젊은 유권자들의 지지를 동원하기 위한 상징적인 의미가 있었다. 청년수당 공약 등 진보적 공약이 있었으나 젊은이들을 감동시키거나 논쟁거리가 된 파격적인 청년 공약이 부족했다. 국민의당 또한 결과적으로 승리했다고 하지만, 젊은 유권자를 동원하기 위한 적극적 활동이 없기는 더민주당과 마찬가지였다.

역대 어느 총선보다도 정책 대결이 사라지고 정치적 아젠다가 사라진 선거였다. 치열한 논쟁도 없었다. 추락하고 있는 한국 경제에 대한 정부 여당

---

5) 2012년의 슈퍼스타K 방식의 경선은 외부에도 개방된 방식으로 두 명의 청년비례대표 당선자를 냈으나 이번에는 청년 당원 가운데서 뽑았고, 비례대표 16번 정은혜와 24번 장경태가 당선 안정권 밖이라 낙선하였다. 바뀐 당규에 따른 청년후보 가산점(29세 이하 25%, 42세 이하 20%)의 결과로 청년 지역구 당선도 있었다. 그러나 부산 연제 김해영(38)은 청년으로 언론에 크게 부각되지 않았고, 경기 분당갑 김병관(46)은 청년보다는 벤처신화가 부각되었다.

의 책임을 심판하자는 주장은 있었지만, 야당이 대안이 있어서 지지를 받은
것은 아니었다. 즉, 진보정치세력의 명분과 설득력을 가진 정치적 동원이
없었기 때문에 87세대와 네트워크세대의 진보적 세대효과는 나타나지 않았
다는 것이다. 사실 유권자들은 새누리당 심판을 위해 야당에 투표했지만 그
것이 진보적 의제에 감동하여 나온 집단적인 동원이라고, 진보적 세대효과
라고 말할 수는 없다는 것이다. 결과적으로 이번 선거에서 젊은 유권자의
야당지지는 다른 세대와 큰 차이가 있다고 할 수 없다는 것이다.

　마지막으로 새누리당 지지도는 산업화세대가 87세대보다 20% 이상 그리
고 네트워크세대보다 30% 이상 높지만, 비례대표 야3당 지지도는 산업화세
대나 네트워크세대나 별 차이가 없다. 87세대가 그보다 10% 정도 높을 뿐

〈표 19〉 비례대표 야3당 지지 * 삼분세대 구분 교차표

(삼분세대 구분 중 %)

		삼분세대 구분			전체
		산업화세대	87세대	네트워크세대	
비례대표 야3당 지지	기타 당 지지	69.3%	59.4%	67.7%	66.0%
	비례대표 야3당 지지	30.7%	40.6%	32.3%	34.0%
전체		100.0%	100.0%	100.0%	100.0%

〈표 20〉 비례대표 새누리당 지지 * 삼분세대 구분 교차표

(삼분세대 구분 중 %)

		삼분세대 구분			전체
		산업화세대	87세대	네트워크세대	
비례대표 새누리당 지지	기타 당 지지	55.5%	76.0%	88.2%	74.6%
	비례대표 새누리당 지지	44.5%	24.0%	11.8%	25.4%
전체		100.0%	100.0%	100.0%	100.0%

* 자료: 제20대 총선 KSDC데이터임

이다. 이런 이유가 특별히 87세대의 세대효과가 두드러지지 못하는 이유일 수도 있다. 또 예전에 일관되던 중장년층 투표성향이 이번은 예외적으로 국민의당때문에 야당지지가 많아졌다는 점도 한 이유이다.

VII. 맺는 말

이번 제20대 총선은 2004년 소위 탄핵총선에 이어 국민들이 보수 여당에게 엄중한 경고를 보낸 선거였다. 제1야당에게도 기회와 함께 똑같은 경고를 보냈다. 그 한가운데에 젊은 유권자들이 있다. 젊은세대가 자신의 생존과 미래를 뒤흔드는 이 사회의 흐름에 대하여 2016년 4월 국회의원총선거 투표를 통해 저항한 것이다. 그 결과는 저출산 고령화사회라고 하여 보수 정치세력이 유리하다(정한울 2012a)고 단정할 수 없다는 것이다. 또한 한국의 진보세력에게 세대전략이 소수파 전략(고원 2013, 163-164)이라는 주장은 젊은 유권자 투표율의 역동성과 87세대의 진보성에 대한 평가에서 적절하지 않다는 것이 증명된 선거였다.

이 글의 결론은 다음과 같이 요약할 수 있다. 첫째, 87세대와 네트워크세대의 진보적 세대효과가 사라졌다는 주장을 기각한다. 두 세대는 제17대 대선에 보수적 기간효과를 경험했지만 18대 대선에는 다시 세대효과를 드러냈었다. 또 이번 제20대 총선에서 진보적 세대효과를 드러내지 못했지만 여전히 진보적이며, 20년간의 역사적 과정에서 항상 대한민국의 이념 평균보다 진보적이었다. 둘째, 87세대와 네트워크세대의 진보적 세대효과는 정치적 동원에 따라 조건적으로 출현한다고 할 수 있다. 그러나 이번 20대 총선에서 민주당과 국민의당은 적극적으로 젊은 유권자들을 호명하고 동원하지 않았다. 이것이 네트워크세대가 높은 참여와 야당지지 성향에도 불구하고 진보적 세대효과가 통계적으로 나타나지 않은 이유라고 추정한다. 셋째, 현재 한국의 세대 중 가장 진보적인 네트워크세대는 이번 제20대 총선을 통해 정치세력의 정치적 동원 없이도 높은 투표율과 야당선호 투표성향을 드러냈다. 젊은 유권자들은 제20대 총선에서 청년실업 문제를 비롯하여 비정규직에 최저임금을 맴도는 현실에 대한 분노가 너무 커서, 야당이 청년들을 정치적으로 적극 호명하지 않고 미래지향적인 대형 의제를 제시하고 치열한 논쟁을 통해 정치적 관심을 끌지 않았음에도 불구하고 예전보다 더 많이 투표에 참여했고 주로 야당에 투표했다. 즉 야당이 젊은세대를 정치적으로 동원하지 못했음에도 스스로 정부 여당을 징벌하기 위해 야당을 지지했다는 것이다.

나이가 들면 강도가 줄어도 세대 공통의 정치적 경험에 대한 기억은 존재한다. 419세대처럼 국제적 냉전과 516쿠데타라는 정치상황, 그리고 완고한 전쟁세대에 밀려 독재에 항거했던 시대정신을 그 세대의 젊은 시절에 잃어버린 경우도 있다. 그러나 선두가 50대 중반이 되어도 아직 진보적인 87세대도 현실로 존재한다. 이번 총선에는 세대효과가 나타나지 않았지만 기존의 정치와 다른 새로운 가치와 정책을 들고 나온다면 '조건적 출현' 가설에 따라 대선 결과는 달라질 수 있다. 그러나 특히 높은 학비와 졸업 후 실업과 비정규직으로 고통받고 있는 청년들을 포함해 양극화되고 있는 사회경제적 현실을 바로잡을 야당의 혁신적인 정책이 없다면 네트워크세대와 87세대의 적극적인 참여와 진보적 세대효과도 기대하기 어려울 것이다.

사회적 관계의 변화는 여러 세력들 간의 힘의 크기 그리고 적극성을 매개로 하여 이루어진다. 일반 국민들이 정치에 참여하고 관계하는 방식은 대체로 투표와 여론조사 참여, 정치 현안에 대한 대화 정도이며, 소수의 사람들만 SNS를 통한 공론 형성과 사회운동, 그리고 선거운동에 적극적으로 참여한다. 그 점에서 상당수의 87세대와 네트워크세대는 보유한 힘에 비해 각 분야의 사회운동과 SNS 및 선거운동에 적극적으로 참여하여 한국의 정치과정에서 중요한 역할을 차지하고 있다. 특히 2017년은 대통령선거가 있는 해로써 진보정치세력이 젊은세대를 정치적으로 호명하고 세대균열이 정치균열로 전화하며 2002년보다 더 세대정치가 전면화되는 계기가 될 것으로 보인다. 총선보다 통상 10% 이상 높게 나오는 대선 투표율의 경우에는 제20대 총선에 나타난 젊은 유권자들의 투표율 향상(13.2%)이 더 확대될 것으로 예측할 수 있다. 정치세력의 전략과 실천을 주목할 필요가 있다.

한국에서 '보수 우위의 지역주의'로 정의되는 87년 체제가 스스로 무너져 가고 있고 2017년 새로운 정치경제체제를 결정할 중대선거가 다가오고 있다. 지역균열이 아직도 완강해 보이나 실제론 소선거구 단순다수제라는 선거제도와 그에 편승하는 두 정당의 힘으로 명맥을 유지하고 있을 뿐이다. 세대와 이념균열이 강화되고 있고 계급 계층균열도 학자들이 발견하지 못했을 뿐 엄존하고 있었으며(이갑윤 외 2013) 더 강화될 것으로 보인다. 다만 계급 계층균열이 정치균열로 나타나는 것을 축소시키려는 정치세력이 있기에 역설적으로 세대균열은 실제보다 더 강조되는 경향이 있다. 이제 한국 정치에서 왜곡된 지역균열을 대체하여 이념과 세대균열, 그리고 계급 계층균열을 있는 그대로 대표하는 새로운 정치와 정치체제가 필요하다.

이 글의 성과는 제20대 총선에서 87세대와 네트워크세대의 세대효과는 유의하게 나오지 않았다는 점을 경험적으로 검증했고, 그럼에도 불구하고 연령효과가 작용하는 87세대는 여전히 진보적이며 '세대효과의 조건적 출현' 가설에 따라 진보정치세력의 동원에 따라 대선에는 다른 결과가 나타날 수 있다고 예측했다. 그러나 '세대효과의 발생 원인으로 정치적 동원'에 대해서는 보다 심도있는 이론적·경험적 연구가 필요하다. 향후의 과제로 남긴다.

【참고문헌】

강원택. 2009. "386세대는 어디로 갔나?: 2007년 대선과 2008년 총선에서의 이념과 세대." 김민전·이내영 공편. 『변화하는 한국유권자 3』. EAI.

고 원. 2005. "386세대의 정치의식변화 연구." 『동향과 전망』 63호.

_____. 2013. "정치균열의 전환과 2012년 대통령선거: 세대와 계층변수를 중심으로." 『동향과 전망』 88호. 143-176.

김 욱. 2006. "16대 대선에서 세대, 이념, 그리고 가치의 영향력." 어수영 편. 『한국의 선거 V』. 도서출판 오름.

김 원. 1999. 『잊혀진 것들에 대한 기억: 1980년대 한국 대학생의 하위문화와 대중정치』. 서울: 이후.

김영경. 1999. "한국의 정치세대에 관한 경험적 연구: 민주화세대와 신세대의 비교를 중심으로." 『동향과 전망』 41호.

김진하. 2008. "17대 대선 투표 참여율과 기권." 『현대정치연구』 2008년 봄 창간호.

김형준. 2004. "17대 총선과 세대: 정당 지지분석을 중심으로." 『사회연구』 제2호.

노환희·송정민·강원택. 2013a. "한국선거에서의 세대효과." 『한국정당학회보』 제12권 제1호(통권 23호).

_____. 2013b. "세대균열에 대한 고찰: 세대효과인가 연령효과인가." 박찬욱·강원택 편. 『2012년 대통령선거 분석』. 나남.

박경숙 외. 2013. "세대간 정치적 대립의 복선." 『세대 갈등의 소용돌이』. 다산출판사.

박길성. 2002. "왜 세대인가?" 『계간사상』 2002년 가을호(제14권). 사회과학원.

박명호. 2009. "2008 총선에서 나타난 세대효과와 연령효과에 관한 분석: 386세대를 중심으로." 『한국정당학회보』 제8권 제1호(통권 14호).

박병영. 2007. "1980년대 민주화운동세대의 정치적 정체성." 『현상과인식』 2007년 봄/여름.

박원호. 2012. "세대균열의 진화: '386세대'의 소멸과 30대 유권자의 부상." 『한국유권자의 선택 1(2012총선)』. 박찬욱·김지윤·우정엽 편. 아산정책연구원.

_____. 2013 "세대론의 전환: 제18대 대통령선거와 세대." 박찬욱·김지윤·우정엽

편. 『한국 유권자의 선택 2(18대 대선)』. 아산정책연구원.

박재흥·강수택. 2012. "한국의 세대 변화와 탈물질주의." 『한국사회학』 46권 4호. 69-95.

박찬욱 외. 2008. "사회균열과 투표선택: 지역, 세대, 이념의 영향." 김민전·이내영 공편. 『변화하는 한국유권자 3』. EAI.

서현진. 2009. "17대 대통령선거의 투표참여와 세대에 대한 연구." 『의정연구』 제14권 2호.

어수영. 2006. "세대와 투표양태." 어수영 편. 『한국의 선거 V』. 도서출판 오름.

오세제. 2015. "386세대 세대효과의 특징 연구: 세대효과의 조건적 표출을 중심으로." 『21세기 정치학회보』 제25집 1호.

오세제·이현우. 2014. "386세대의 조건적 세대효과: 이념성향과 대선투표를 대상으로." 『의정연구』 제20권 1호.

윤상철. 2009. "세대정치와 정치균열: 1997년 이후 출현과 소멸의 동학." 『경제와 사회』 2009년 봄호(제81호). 한울.

이갑윤. 2008. "한국선거에서의 연령과 투표참여." 『의정연구』 제14권 2호.

이갑윤·이지호·김세걸. 2013. "재산이 계급의식과 투표에 미치는 영향." 『한국정치연구』 제22집 제2호.

이남영. 2008. "지역주의와 세대갈등: 제17대 대통령선거를 중심으로." 『평화학연구』 제9권 제3호.

이내영. 2010. "6.2 지방선거와 세대균열의 부활." 이내영·임성학 공편. 『변화하는 한국유권자 4』. EAI.

이내영·정한울. 2013. "세대균열의 구성 요소: 코호트 효과와 연령 효과." 『의정연구』 제19권 제3호(통권 40호).

이소영. 2012. 『사회과학 담론과 정책』 제5권 1호.

이정진. 2007. "한국의 선거와 세대갈등: 제16대 대통령 선거과정 분석." 『비교민주주의연구』 제3집 1호.

이해영. 1999. "'사상사'로서의 1980년대: 우리에게 1980년대는 무엇인가?" 이해영 편. 『1980년대 혁명의 시대』. 서울: 새로운 세상.

이현우·이정진. 2014. "세대별 이념갈등의 이질성: 세대 내 이슈태도 분석을 중심으로." 『한국의 정치균열 구조: 지역, 계층, 세대 및 이념』. 도서출판 오름. 173-202.

전상진. 2004. "세대개념의 과잉, 세대연구의 빈곤: 세대연구방법에 대한 고찰." 『한국사회학』 제38집 5호.

정진민. 1992. "한국선거에서의 세대요인." 『한국정치학회보』 제26집 1호.

_____. 1994. "정치세대와 14대 국회의원 선거." 『한국정치학회보』 제28집 1호.

_____. 2012. "한국 유권자들의 투표행태와 세대: 2010년 지방선거를 중심으로." 서울대학교 한국정치연구소. 『한국정치연구』 21권 2호.

정철희. 1995. "미시동원, 중위동원 그리고 생활세계제도." 『경제와사회』 봄호(통권 25호).

정한울. 2012a. "세대 투표율 분석을 통해 본 2012 대선 예측: 10년 새 570만 표 불어난 5060세대가 대선 좌우한다." *EAI OPINION Review* 5호. 2012.7.25.

_____. 2012b. "2012 삼국지, 최종 승자 결정할 세대 변수 점검." 2012.11.2.

조대엽. 2002a. "한국의 사회운동세대, 386." 『계간사상』 2002년 가을호. 사회과학원.

_____. 2002b. "386세대의 문화와 세대 경험." 『한국의 문화변동과 가치관』. 임희섭 외. 한국사회연구소. 나남출판.

조중빈. 2003. "16대 대통령선거와 세대." 2003년 한국정치학회 춘계학술회의 발표논문.

최준영·조진만. 2005. "지역균열의 변화 가능성에 대한 경험적 고찰: 제17대 국회의원선거에서 나타난 이념과 세대 균열의 효과를 중심으로." 『한국정치학회보』 39권 3호.

한완상. 1991. "한국사회에서 세대갈등에 대한 한 연구." 『계간사상』 8호. 248-309.

황아란. 2009a. "정치세대와 이념성향: 민주화성취세대를 중심으로." 『국가전략』 제15권 2호.

_____. 2009b. "한국 정치세대의 이념적 특성과 정치행태." 『한국과 국제정치』 제25권 3호.

Bengtson, Vern L., N. E. Culter, D. J. Mangen, & V. W. Marshall. 1985. "Generations, Cohort, and Relations between Age Groups." In R. H. Binstock & E. Shanas (eds.). *Handbook of Aging and the Social Sciences* (2nd Ed.). New York: VNR, 304-338.

Cho, Jinman, and Kihong Eom. 2012. "Generation Effects? An Empirical Analysis of the Korean National Assembly and Presidential Elections." *Asian Perspective*, Vol.36, No.3, 353-386.

Inglehart, Ronald. 1977. *The Silent Revolution: Changing Values and Political Styles among Western Publics*. Princeton: Princeton University Press.

Lambert, Allen. 1972. "Generations and Change: Toward a Theory of Generations as a Force in Historical Process." *Youth and Society* 4, 21-45.

Mair, Peter. 1997. *Party System Change*. Oxford University Press.

Mannheim, Karl. 1952. "The Problem of Generation." P. Kecskemeti (ed.). *Essays on the Sociology of Knowledge*. Oxford University Press.

Rintala, Marvin. 1963. "A Generation in politics: A Definition." *The Review of Politics*, Vol.25, No.4, 509-522.

Ryder, Norman. 1965. "The Age Cohort as a Concept in the Study of Social Change." *American Sociological Review*, Vol.30, No.6, 843-861.

Schumann, Howard, and Jacqueline Scott. 1989. "Generations and Collective Memories." *American Sociological Review* 54(3): 359-381.

Scott, Flanagan. 1987. "Value Change in Industrial Societies." *American Political Science Review*, 81, No.4, 1303-1319.

주관적 이념, 쟁점위치, 그리고 당파성:
2016년 국회의원선거 자료 분석

허석재 | 목포대학교

I. 서론

　진보-보수, 좌-우의 이념공간에서 자신이 어디에 위치하는가를 나타내는 주관적 이념은 한국 선거연구에서 많은 연구자가 천착해 온 주제이다. 다운즈에 따르면 이념이란 정보가 부족한 유권자로 하여금 불확실성(uncertainty)을 줄여 투표 선택에 이르게 하는 지름길(shortcut)이다(Downs 1957, 98). 정당은 이러한 이념에 기초해서 경쟁함으로써 복잡한 사안들을 좌우 이념차원으로 단순화하고 유권자들의 선택을 돕는 역할을 한다(signaling device).[1]

---

[1] 이념으로 번역하는 'Ideology'의 일반적인 용법은 합리적인 판단의 도구라는 측면보다는 어떤 신념체계를 통해서 사태를 해석하는 기제라는 의미가 강하다. 이와 관련하여

한국 선거에서 이념적 차원이 주목받기 시작한 것은 2000년대 들어서라고 할 수 있다. 이전부터 진보-보수 혹은 여-야의 위치가 투표 선택에 미치는 영향은 확인되어 왔다(이정복 1992; 이숙종 1996; 강원택 1998). 하지만 2000년대 이전 선거는 지역주의의 압도적 영향력 아래서 치러진 까닭에 투표결정에 "정치이념이 미친 영향은 대체로 무시할 만한 미약한 것"으로 간주되었다(강원택 2002, 101). 김대중 정부 출범 이후 남북관계에 커다란 변화가 일어났고, 이를 둘러싼 찬반이 이념적 갈등으로 부각되었다. 나아가 재벌개혁, 사회보험, 노동 문제 등 사회적 쟁점들이 정치권의 갈등소재로 부상하면서 이념의 중요성이 주목받기 시작한 것이다. 이러한 이념에 따른 후보 및 정당지지의 패턴은 규범적으로 바람직한 방향으로 평가되었다. 기존의 지역주의가 정치적으로 편견을 동원한 결과인 데 반해, 이념투표는 유권자들이 합리적으로 자신의 입장과 정당들의 공약을 비교·평가해서 투표 선택에 이르므로, 대표성과 책임성에 보다 부합한다는 것이다.

하지만 이러한 이념적 차원에 대해 본격적으로 탐구하기에는 기존의 경험자료가 불충분한 상태에 있었다. 단지 응답자 스스로 진보-보수, 혹은 좌-우의 차원에서 어디에 위치한다는 인식이 투표에 영향을 미친다는 것은 여러 가지 다른 해석의 가능성을 남긴다. 우선, 스스로 진보 혹은 보수라는 정체성에 기반해서 그에 부합하는 후보자나 정당을 지지하는 것인지, 아니면 자신의 선택에 대한 합리화 차원에서 이념적 자기정체성을 갖는 것인지 하는 선후관계, 인과관계가 불분명하다(이내영·허석재 2010; 이현우 외 2016). 이념이 불확실성을 줄이고 선택을 위한 길잡이를 한다는 것은 유권자의 일방적인 정보처리가 아니라, 정당신호(cue)에 대한 반응이다. 이러한 유권자-정당 연계의 관계적 측면을 보려면 유권자의 이념위치만이 아니라

사르토리는 이념(ideology)을 두 개의 영역으로 구분한다. "지식에서의 이념(ideology in knowledge)"은 인간의 앎을 조건짓거나 왜곡하는 것으로 마르크스의 허위의식에 가까운 뜻이다. 반면, "정치에서의 이념(ideology in politics)"은 참이냐 거짓이냐의 문제가 아니라 기능적 가치와 관련된다. 전자가 이념적 독트린을 말한다면, 후자는 이념적 사고방식(mentality)을 말한다(Sartori 1969, 398).

선택의 대상인 정당 및 정치인의 이념위치도 필요하다.

하지만 예전의 많은 설문조사에서는 응답자의 주관적 이념만 물어보았을 뿐, 정당의 이념위치는 누락되었다. 이 경우에는 응답자가 스스로를 진보 혹은 보수라고 규정하더라도 자신이 지지한 정당이나 후보가 진보 혹은 보수라고 생각하는지 어떤지를 알 수가 없다. 최근에 들어와서는 응답자와 정당의 이념위치를 함께 묻는 조사관행이 자리 잡았지만, 그러한 이념위치의 실질적인 내용이 무엇인지는 여전히 공백으로 남아 있었다. 진보-보수라는 상징적인 차원의 이념위치와는 별도로 한국사회의 주요 쟁점차원에서 진보-보수 가운데 어느 공간적 위치를 점하는가 하는 문제이다. 이를 통해서 여러 쟁점차원 중에서 어느 것이 상징적인 이념위치를 결정하는가, 그리고 투표 선택에 얼마만한 영향을 미치는가도 규명되어야 한다.

근년의 선거조사에서는 한미동맹, 경제성장주의, 국가보안법, 대북지원, 집회시위의 자유, 비정규직 보호, 복지확대, 무역개방 등 주요한 이슈에 대해 유권자의 위치를 물어보는 설문이 많이 도입되어 연구의 가능성을 크게 넓혔다. 유권자들이 주요 쟁점차원에서 어떤 위치를 갖는다는 것과는 별도로, 주요정당이 그러한 쟁점에 대해 어떠한 입장을 취하고 있다고 여기는가에 대한 정보가 없다면 유권자-정당 연계를 파악할 수가 없다. 그간 한국의 선거조사에서 주요 쟁점에 대해 정당의 위치를 물어본 사례는 매우 드물다.[2]

이번에 한국사회과학데이터센터(KSDC)와 서강대 현대정치연구소, 선거학회가 공동수행한 「제20대 국회의원총선거 관련 유권자정치의식조사」에서는 한미동맹, 집회시위의 자유, 경제성장주의, 대북지원과 같이 한국사회의 주요한 이념균열로 지목되어온 쟁점에 대한 각 당의 위치를 물어보는 문항이 포함되었다. 이 글은 진보-보수, 좌-우의 이념축에서 주관적으로 인식하는 유권자의 위치와 정당의 위치, 그리고 그것을 설명하는 주요 쟁점차

---

2) 필자가 아는 한, 예외적으로 단 두 번의 조사가 있었다. 하나는 2007년 대선 당시 언론재단이 수행한 패널조사이다. 이 자료는 공개되지 않고 있다. 다른 하나는 2012년 총선·대선 당시 동아시아연구원이 주관한 패널조사이다. 이 자료는 한국사회과학자료원(kossda.or.kr)에서 구할 수 있다.

원이 무엇인가 하는 문제를 규명하고자 한다.

분석 결과, 한미동맹이라는 쟁점차원은 주관적 이념에 대해 가장 높은 규정력을 가질 뿐 아니라, 투표 선택에 있어서도 큰 영향을 미치는 것으로 확인되었다. 하지만 집회시위의 자유, 경제성장주의, 대북지원과 같이 전통적인 균열 이슈이자 현실정치의 쟁점으로 자주 부각되는 쟁점차원은 투표 선택에 별 영향을 미치지 않은 것으로 나타났다.

본 장의 순서는 다음과 같다. 우선, 한국 정치에서 이념을 구성하는 내용에 관한 기존 논의를 간략히 검토하고 평가한다. 이어서 이념위치와 관련하여 이번 여론조사에서 도입된 설문문항을 소개하고, 상징적 차원의 주관적 이념과 실제 정책쟁점에 있어서의 이념 간의 상관관계를 면밀히 검토한다. 이어지는 절에서는 주관적 이념뿐 아니라 실제 정책쟁점에서 정당의 위치와 유권자의 위치 간의 거리가 실제 투표 선택에 어떠한 영향을 미쳤는가를 분석한다. 마지막으로 우리의 발견을 요약·평가하고 향후 연구과제에 대해 언급하는 것으로 끝맺게 된다.

II. 주관적 이념의 이념성과 주관성

컨버스는 이념을 신념체계(belief system)라고 하면서 "특정한 형태의 제약조건(constraints)과 기능적 상호의존성에 의해 함께 묶여 있는 요소들이 구성하는 생각과 태도의 배열"이라고 정의한다(Converse 2006[1964], 3). "제약조건"과 "기능적 상호의존성"이 있기 때문에 어떤 한 요소를 통해서 다른 요소도 유추가 가능하다. 가령, 정부지출은 가급적 적을수록 좋다고 생각하는 사람이라면, 그는 자유시장을 신봉하고 경쟁원리를 지지할 것으로 예상할 수 있다. 언론과 결사의 자유에 대한 국가차원의 제약에 대해서도 반대하는 입장에 가까울 것이다. 하지만 대부분의 경험연구는 이러한 이념성을 갖춘 시민이 소수에 불과하다는 사실을 발견해 왔다. 즉, 자신의 이념에 대한 자각에 기반해서 주요 정책적 쟁점에 대한 입장을 일관되고 안정적으로 보유한 사람이 드물다는 것이다(Klingemann 1979; Converse 1975; Stimson 1976).

우리사회에서 진보-보수라는 상징적 이념 차원이 선거 정치에서 주목받기 시작한 것은 2000년대에 들어와서이다. 민주화 이후 정권교체가 일어나면서 새로 집권한 정부와 여당이 자신의 가치지향에 부합하는 여러 정책을 추진하였고, 이들을 지지하는 유권자 집단이 진보적 지향점을 내면화하고 표출할 수 있게 된 것이다(강원택 2002). 특히, 2002년 영남출신인 노무현 후보가 호남기반의 새천년민주당 공천으로 당선되자 지역주의의 지배적 영향력이 줄어들고, 이념에 기초한 선택이 크게 늘어난 것으로 평가되었다. 당시만 해도 기존의 지역균열에 더해서 세대균열, 이념균열이 부상하고 점차 대체하게 될 것이라는 전망도 제시된 바 있다.

하지만, 주관적 이념(ideological self-identification)이라는 것이 내용적으로 어떤 정책이나 쟁점사안으로 구성돼 있는지에 대해서는 의견이 분분했다. 대체로 남북관계와 관련한 몇 가지 쟁점을 제외하면, 주관적 이념이 실질적인 정책사안과는 거리가 있다는 시각이 지배적이었다(이현지 2003; 윤성이 2006; 이현출 2005). 가령, 김주찬·윤성이(2003)는 2002년 대선을 대상으로 분석한 결과, 주관적 이념성향이 노무현과 이회창 후보 지지의 중요한 예측변수가 되지만, 정작 개별 이슈에서는 후보지지와 이념적 입장 간에 일관된 차이가 나타나지 않았다. 그러므로, 진보-보수라는 단일 차원에서 유권자의 이념을 측정하는 것이 실지로는 우리사회의 이념균열을 지나치게 단순화한다는 비판이 제기되었다(김무경·이갑윤 2005). 이념성향에 따라 지지할 정당이나 후보를 선택한다기보다는 지지하는 정당의 정치적 입장이 유권자 개인의 정치적 성향을 결정한다는 것이다(윤성이·이민규 2011, 65). 이현우와 그의 동료들이 최근에 출간한 책에서도 이렇게 진술하고 있다. "서구의 이론에 따르면 이념에 따라 지지정당이 결정된다. 자신과 이념적으로 가까운 정당을 선택하기 때문에 정당의 이념성향이 지지자의 이념과 유사하게 나타난다. 그러나 한국의 경우에는 그 관계가 역으로 나타난다 …
(출신지역에 따라) 정당을 지지한 … 후에 그 정당의 이념적 위치에 따라 유
권자들은 자신의 이념위치를 그 정당과 멀지 않은 것으로 인식하게 되는
것이다(이현우 외 2016, 200)."

사실 주관적 이념이란 하나의 상징적 표상인 바, 실제 정책을 둘러싼 노선
갈등에서 개인이 취하는 입장과는 괴리가 있다는 사실이 새롭거나 특수한
것은 아니다. 일찍이 잉글하트와 클린지먼은 좌우공간에서 이념위치라는 것
이 정당을 비롯한 사회집단이 구체적 이슈를 놓고 경합하는 내용을 요약해
주는 '슈퍼 이슈(super issue)'라고 명명했다(Inglehart and Klingemann
1976). 다운즈와 마찬가지로, 그들이 보기에 주관적 이념이란 세세한 사안
에 대해 모든 정보를 획득할 수 없는 일반인이 최소노력의 법칙(principle
of least effort)에 따라 자신의 입장을 구축할 수 있는 기제이다. 그러므로
여러 사안에 대한 신념이나 가치관이 응축되어 좌우 공간상의 이념위치가
정해지기도 하지만, 오랜 기간 형성된 정당일체감(party identification)에
따라 주관적 이념을 결정하고 이에 따라 이슈에 대한 입장을 갖게 되는 경로
도 동시에 존재한다.

이후의 경험적 연구들은 두 가지 경로 중에서 정당경로가 좌우이념 형성에
더 많은 영향력을 발휘한다는 사실을 보여주고 있다(Huber 1989; Knutsen
1997). 많은 대중은 주요 사안에 대해 이념적 틀을 통해서 이해하는 데 부
족함을 드러내지만, 진보와 보수라는 딱지(label)와 이와 관련된 이념위치는
정치적 인식과 행태에 지대한 영향을 미치는 것이다(Levitin and Miller
1979; Klingemann 1979; Conover and Feldman 1981).

복잡다단한 세상에서 인지적 구두쇠(cognitive miser)인 대중이 갈등사
안에 대한 자신의 입장을 정하고, 정책선호를 갖는 데 있어서 정당의 신호
(cue)에 의존한다는 것은 이상할 게 없다. 주관적 이념이 일부 쟁점과 관계
되지만, 다른 한편으로 지지정당이나 정당일체감에 따라 좌우되는 것은 당
연하며 심지어 보편적이기까지 한 현상이다.

III. 2016년 KSDC 국회의원총선거 사후조사

한국사회과학데이터센터는 1992년부터 매번 국회의원총선거마다 사후 여론조사를 실시해 왔다. 이번 조사에서 특기할만한 점은 이념과 관련된 문항이 대폭 강화된 데 있다. 우선, 이번 조사에서는 응답자 본인과 주요 정당 및 정치인의 이념위치를 11점 척도로 물어보았다(0=진보 10=보수). 응답자의 주관적 이념위치를 묻는 문항은 오래전부터 있어 왔지만, 정치 공급자인 정당과 정치인의 이념위치를 묻기 시작한 것은 비교적 최근의 일이다. 이념에 따라 선택이 이뤄진다고 할 때, 수요자인 본인의 이념뿐 아니라 공급자의 이념에 대한 이해가 필요하므로, 필수적인 문항이라고 할 수 있다.

하지만 많은 조사가 주관적 이념에 관해서만 수요-공급 측면을 함께 측정할 뿐, 구체적인 정책사안이나 쟁점위치에 대해서는 공급측면을 소홀히 해 왔다. 이번 조사에 유권자가 구체적인 쟁점에 대해서 어떤 입장인가를 알기 위해 다음 상자와 같은 10개 지표가 포함되었는데, 근년의 많은 조사

문29-1.	한미 동맹관계를 더욱 강화해야 한다. (korus)
문29-2.	상황에 관계없이 인도적 대북 지원은 지속되어야 한다. * (north)
문29-3.	국가보안법을 폐지해야 한다. * (security)
문29-4.	**집회 및 시위의 자유는 최대한 보장되어야 한다. * (civil liberty)**
문29-5.	사형제를 폐지해야 한다. * (death)
문29-6.	평준화보다는 경쟁력을 강화하는 교육을 실시해야 한다. (education)
문29-7.	**경제성장보다는 복지에 더욱 힘을 기울여야 한다. * (growth)**
문29-8.	비정규직 문제는 기업에만 맡기지 말고 국가가 나서야 한다. * (nonregular)
문29-9.	고소득자들이 현재보다 세금을 더 많이 내게 해야 한다. * (fairtax)
문29-10.	복지는 필요한 사람에게만 제공되어야 한다. (welfare)

---

* 표시된 문항은 0=진보 10=보수가 되도록 역코딩을 해서 활용함

가 이와 비슷한 내용을 통해 쟁점위치를 측정한다. 하지만 이것은 어디까지
나 수요자의 입장일 뿐이고, 공급자인 정당과 정치인이 어떠한 입장인가를
문항으로 포함한 사례는 매우 드물다.

정치인과 정당의 입장을 묻는 문항이 포함되기 어려운 이유는 워낙 많은
설문항이 요구되기 때문이다. 이번 조사에서 상징적인 진보-보수의 위치를
알아보기 위해 응답자 자신만이 아니라 5명의 정치인과 4개 주요정당에 대
해서 11점 척도로 이념위치를 묻는 문항이 포함되었다. 만일 이념갈등의
실질적인 내용을 파악하기 위해 위의 상자 속에 들어 있는 10개 문항을 각
각의 정치 공급자들에 대해 물어본다면, 9(4개 정당+5명의 정치인)×10=90
개의 문항이 소요된다. 이는 현재의 조사관행에서는 감당하기 어려운 부담
임에 분명하지만, 앞으로 추구해야 할 방향인 점도 분명하다.

이번 KSDC 조사에서도 이들 모두를 포함하지는 못했지만, 굵은 글씨로
표시된 네 개 문항에 대해 새누리당, 더불어민주당, 국민의당, 정의당의 이
념위치를 물어보게 하였다. 이들 쟁점차원은 전쟁과 분단, 개발독재와 성장
제일주의, 민주화운동, 남북관계 등으로 요약되는 우리사회에서 이념갈등의
대표적인 소재로 평가되어왔다.

그럼, 우선 응답자들의 주관적 이념위치와 쟁점별 위치를 함께 살펴보자.
〈그림 1〉은 각각의 사안에 대한 입장의 분포를 보여준다. 주관적 이념은
가운데 5점에 응답이 몰려 있고, 양측으로 비슷하게 분포하고 있다. 한미동
맹과 보편복지, 사형제와 관련한 차원은 보수적으로 기운 분포이고, 집회시
위의 자유, 비정규직, 공정과세의 경우에는 약간 진보 쪽으로 치우쳐 있다.
그럼에도 대체로 가운데인 중도 쪽으로 입장이 몰려 있는 정규분포에 근사
한 형태를 보여주고 있다.

〈그림 2〉의 상자그림(boxplot)은 주요 정치인과 정당에 대한 이념위치를
보여주고 있다. 상자의 밑 부분은 1사분위(1st Quartile), 윗부분은 3사분위
(3rd. Quartile)이고, 가운데 선은 중위값(median)이다. 평균값으로 볼 때
가장 보수부터 가장 진보까지 나열한 그림이다. 보다시피 박근혜 대통령이
가장 보수 쪽으로 치우쳐 있고, 새누리당, 김무성 대표순으로 보수적으로

〈그림 1〉 주관적 이념과 쟁점별 이념위치(응답자)

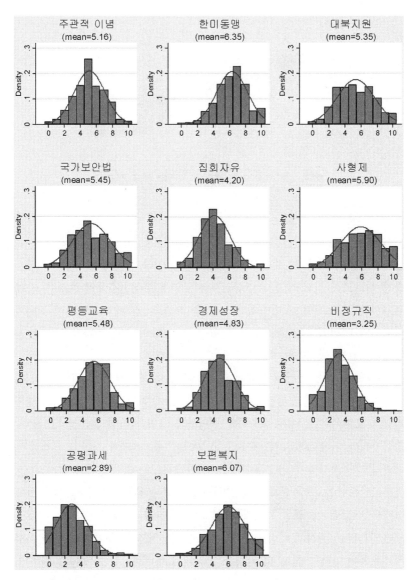

* 괄호안은 평균값

〈그림 2〉 정당 및 정치인의 이념위치

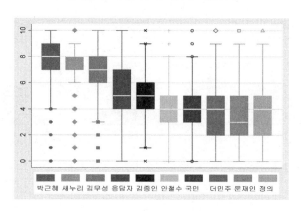

인식된다. 응답자 평균으로부터 진보적인 방향으로 김종인 대표, 안철수 대표, 국민의당, 더불어민주당의 순서로 배열돼 있다. 평균값으로는 정의당이 가장 진보로 인식되고 있지만, 중위값을 보면 더불어민주당의 문재인 전 대표가 가장 진보적인 위치에 있다. 이것을 보면, 유권자는 대체로 각 정당과 정치인의 이념위치를 잘 파악하고 있는 것으로 비친다. 각자가 표방해 온 가치나 이념에서 크게 어긋나지 않는 결과이다.

그렇다면, 이번 조사에서 새롭게 포함된 주요 쟁점에 대한 각 정당의 위치는 어떻게 인식되고 있을까? 〈그림 3〉을 보면, 한미동맹의 경우에는 새누리당이 보수 쪽으로 치우쳐서 다른 정당들과 차별화된 위치를 점하고 있다. 집회시위의 자유, 대북지원 이슈의 경우에는 새누리당이 가장 보수적이고, 국민의당과 정의당이 비슷한 정도로 약간 진보 쪽에 기울어져 있는 반면, 더불어민주당이 가장 진보로 평가받는다. 경제성장이냐 복지냐의 이분법에 대해서는 정당 간 입장 차이가 크지 않은 것으로 인식되고 있다. 이것만 보면, 각 당이 쟁점에 따라 어느 한편으로 치우쳐 있는 듯하지만, 유권자의 이념분포에 따라 이들이 더 가까운 거리에 있을 수도 있는 것이기 때문에, 〈그림 1〉의 결과와 함께 검토되어야 할 것이다.

우리가 이념위치(position)라고 할 때, 하나의 공간에서 각각의 대상이

〈그림 3〉 응답자가 인식한 각 정당의 쟁점위치

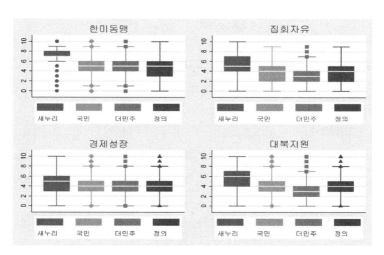

차지하는 위치를 말한다. 이를 시각화한 결과가 〈그림 4〉이다.

진보(0)에서 보수(10)까지 단차원에서 정치인과 정당, 그리고 응답자의 평균값을 보여주고 있다. 보다시피, 주관적 이념의 경우 새누리당과 박근혜 대통령은 응답자의 평균으로부터 멀리 떨어져 있고, 이번 선거에서 약진한 국민의당, 다수당이 된 더불어민주당 등이 상대적으로 가깝게 인식되고 있다. 이 결과에 대해 앞서 지적한 바와 같이 유권자들이 그러한 이념적 거리를 인식하고 투표결정에 이른 것인지, 아니면 투표결정이 이러한 이념적 위치로 반영된 것인지는 판별하기 어렵다. 두 가지 요소가 모두 있겠지만, 후자의 요소가 상당히 클 것으로 예상된다. 왜냐하면, 구체적인 정책 쟁점에서는 응답자와 새누리당의 거리가 상대적으로 가깝게 평가되고 있기 때문이다. 한미동맹의 경우에도 다른 정당에 비해 응답자와 새누리당의 거리는 가깝고, 대북지원, 경제성장도 마찬가지이다. 다만, 집회시위의 자유라는 쟁점에서만큼은 응답자의 평균이 정당들 사이의 가운데 지점에 위치하고 있다. 요컨대, 진보-보수의 상징적 공간 속에서는 유권자들이 새누리당과 멀게 인식하고 그것이 새누리당에 대한 지지의 이반으로 나타났지만, 실제 정책적

〈그림 4〉 응답자, 정치인, 그리고 정당의 이념위치

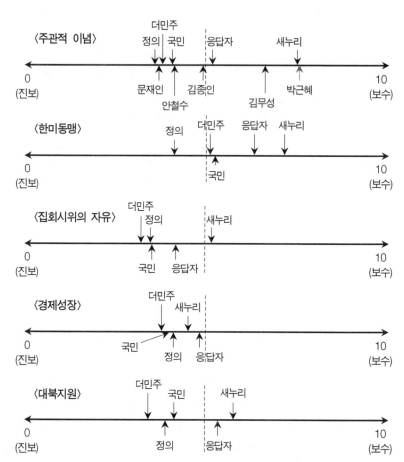

※ 가운데 점선은 5점

선호에 있어서는 새누리당을 가깝게 느끼는 것이다.

위의 네 개 쟁점사안이 모든 정책을 포괄하지 않으므로 일반화하기는 어렵지만, 이러한 결과를 놓고 이번 선거가 이른바 '정책선거'가 아니었다는 사실을 보여주는 증거로 해석할 수도 있을 것이다. 정책쟁점을 둘러싼 정당

간 경쟁은 주변적이고, 공천과정의 난맥상이나 온갖 심판론이 주요 의제였다. 실제 정책내용에 있어서 자신과 가깝다고 여기지 않으면서도 특정정당이나 후보를 선택하는 행태가 많았던 것이다. 거꾸로 말하면, 주관적 이념이란 구체적 정책사안과 거리가 있더라도 실제 투표행태에서는 막대한 영향을 미친다는 사실을 보여준다.

IV. 주관적 이념과 쟁점차원, 그리고 정당 이념

주관적 이념이 실제 정책사안에 있어서의 입장과 괴리가 있다면, 그것은 사안마다 다를 것이다. 유권자가 어떤 사안에 대해 갖는 쟁점위치는 주관적 이념의 제약(constraint)에 따라서 높은 상관관계를 보일 수 있고, 어떤 것은 상징적 이념을 통해서 입장이나 선호가 형성되지 않는 것일 수 있다. 〈그림 5〉는 x축의 주관적 이념에 따라서 y축에 표현된 각각의 쟁점사안의 이념위치를 보여주는 상자그림이다.

만일 주관적 이념이 쟁점위치와 정확히 일치한다면, 우상향의 방향을 보여줄 것이다. 보다시피, 한미동맹, 대북지원, 국가보안법 등이 우상향의 패턴을 잘 보여주고 있지만, 경제성장이나 보편복지, 경쟁교육과 같은 쟁점은 일정한 패턴을 찾기 어렵다. 상관계수를 보더라도 한미동맹이 가장 높고 (.326), 국가보안법(.306) 〉 집회시위의 자유(.249) 〉 대북지원(.168) 〉 공정과세(.127) 〉 사형제(.123) 〉 비정규직(.066)의 순으로 나타나며, 이들은 통계적으로 유의한 관계를 보여준다. 우리사회에서 이런 사안들에 대한 정책선호가 상징적으로 자신을 진보-보수의 어느 지점에 위치시키고 있다는 것을 알 수 있다.

이념을 구성하는 내용이 사람마다 같을 수는 없다. 가령 현역군인이라면 한미동맹이나 국가보안법이 이념형성에 더 많은 영향을 미치고, 복지수혜대

〈그림 5〉 주관적 이념에 따른 쟁점차원별 위치

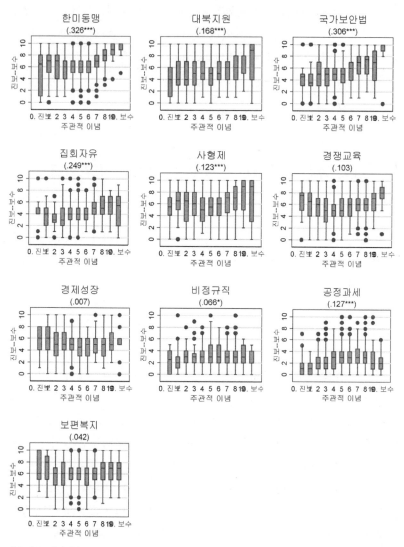

괄호안은 상관계수 * p<.05 *** p<.001

상인 저소득층이라면 복지 관련 사안이 그러할 것이다. 이러한 다양성을 모두 고려하기는 어렵지만, 일반적으로 이념형성에 가장 큰 영향을 미치는 것은 정치사회화(political socialization)라고 할 수 있다. 정치적 학습에 있어서 20세 전후 시기의 세대적 공통경험이 미치는 영향력은 절대적인 것으로 간주된다. 예를 들어, 전쟁과 분단을 생경험으로 간직한 노년세대에게는 한미동맹이 좌우를 가르는 결정적인 내용이지만, 이후세대로 갈수록 그러한 영향력은 줄어들 것이기 때문이다. 〈그림 6〉은 1961~1970년 사이에 태어난 이른바 '86세대'를 기준으로 이전세대와 이후세대를 갈라서, 이들 사이에 각각의 쟁점 사안과 주관적 이념의 상관관계에서 어떤 차이가 있는지를 보여주고 있다.[3]

〈그림 6〉에서 볼 수 있듯이, 주관적 이념과 높은 상관관계를 가진 대부분의 쟁점에 있어서 구세대로 갈수록 더 높은 영향력이 발견된다. 한미동맹, 국가보안법, 집회시위의 자유, 대북지원, 사형제 등의 사안에서 86이전세대는 86세대보다, 86세대는 86이후세대보다 더 높은 상관관계가 나타난다. 이 결과는 두 가지로 해석할 수 있다. 하나는 연령의 효과인데, 성인이 된 후로 시간이 흐르면서 반복적인 정치적 경험을 통해서 주관적 이념과 실제 정책 사안 간의 관계에 대한 이해도가 높아지게 된 결과일 수 있다. 다른 한편으로는 세대효과인데, 앞서 언급했듯이 각 세대마다 다른 세대적 경험을 공유함에 따라 발생한 차이일 수 있는 것이다.

이 자료만 갖고 어느 효과가 더 많이 반영됐는지를 확인할 수는 없지만, 시대변화에 따라 이념의 구성요소가 달라지는 것은 분명하다. 가령, 경제성장이냐 복지냐 하는 선택이 주관적 이념에 미치는 영향은 노년세대에서는 순방향으로 강하게 나타나지만, 86세대와 그 이후세대에서는 영향력도 적고 상관관계도 반대로 나타난다. 즉, "경제성장보다 복지에 더욱 힘을 기울여야 한다"는 입장이 노년층에서는 진보의 논리로 이해되고 있는 반면, 젊은세

---

3) 이번 조사의 응답자는 1931년생부터 1997년생까지로 구성돼 있다. 표본수는 86이전세대가 342, 86세대는 313, 86이후세대는 544이다.

〈그림 6〉 세대별 주관적 이념과 쟁점위치의 상관관계

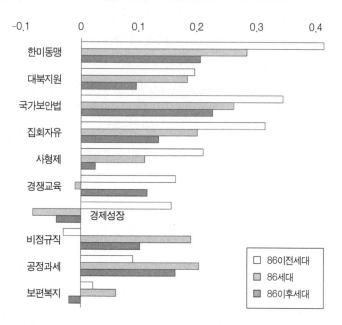

대 사이에서는 오히려 다소 보수적인 것으로 평가되는 것이다.

비정규직 문제는 반대의 패턴이다. 86과 이후세대는 진보라면 비정규직 문제를 국가가 책임져야 한다는 입장으로 이해하지만, 노년세대에서는 그런 입장을 보수로 이해한다. 이러한 세대 간 차이는 시대의 변화를 보여주며, 각 세대의 사회화 시점이 다르다는 방증이다. 하지만 평준화를 반대하고 경쟁교육을 지지하는 입장이 노년층과 청년층에서는 보수로 이해되지만, 86세대에서는 그렇지 않다. 이들은 현재 기성세대로서 교육과정에 있는 자녀를 두고 있는 생애주기이다. 이들이 경쟁교육에 대한 입장이 다르게 해석되고 있다는 사실은 흥미로운 대목이다.

앞서 언급한 대로, 주관적 이념이라는 것이 실제 신념내용이나 가치관과 괴리가 있으며, 그것이 정당일체감4)으로 설명되는 것이라면, 지지정당에 따른 주관적 이념의 차이는 실제 정책이념의 차이보다 더 크게 나타날 것이

<표 1> 당파성에 따른 이념위치(ANOVA)

	새누리당 (a)	더불어 민주당 (b)	국민의당 (c)	F	p.	(a-b)	(a-c)
주관적 이념	6.596	4.121	4.481	242.07	0.0000	2.474	2.115
한미동맹	7.133	5.834	5.914	53.98	0.0000	1.299	1.219
대북지원	5.862	5.043	4.703	22.30	0.0000	0.818	1.158
국가보안법	6.359	4.830	4.821	55.80	0.0000	1.530	1.538
집회시위자유	4.824	3.832	3.751	34.44	0.0000	0.993	1.073
사형제	6.527	5.748	5.383	18.79	0.0000	0.778	1.144
경쟁교육	5.602	5.440	5.385	0.96	0.3832	0.162	0.218
경제성장	5.017	4.859	4.694	1.98	0.1385	0.158	0.323
비정규직	3.200	3.272	3.163	0.28	0.7563	-0.072	0.037
공정과세	2.971	2.736	2.742	1.67	0.1896	0.235	0.229
보편복지	6.058	5.936	6.225	1.21	0.2984	0.122	-0.167

다. <표 1>은 당파성에 따른 이념위치를 보여주고 있는데, 지지정당에 따라 나타나는 주관적 이념의 차이는 다른 사안에 비해 월등히 높다. 뿐만 아니라 경쟁교육, 경제성장, 비정규직, 공정과세, 보편복지의 경우에는 당파성에 따라 통계적으로 유의미한 이념차이가 나타나지 않는다.

이 결과가 보여주는 것은 주관적 이념이 상당 부분 당파성에 의해 결정된다는 것뿐 아니라, 실제 정책내용에 있어서도 당파성에 따른 분명한 차이가 있다는 점이다. 동시에 개발독재와 민주화운동 시대의 주요 쟁점균열(issue cleavage)이 여전히 유효한 반면, 대북지원 정도를 제외하면 민주화와 정권

4) 한국의 정당정치에서 일반 유권자가 미국과 같이 정체성의 일부로서 강한 정당일체감 (party identification)을 갖고 있느냐 하는 데에는 회의적인 시각이 많다. 하지만 일정한 정향성으로 특정 정당군이나 세력에 대한 선호도는 분명히 있다는 점에서 '당파성 (partisanship)'이라고 부르는 게 더 적합할 것이다. 이러한 지점을 지적해준 장승진 교수에게 감사드린다.

교체 이후 부상한 사회 이슈들에 있어서는 당파성에 따른 이념위치가 별 차이가 없다는 것이다. 이러한 경향은 수요측면인 유권자의 이념적 인지 수준이나 정치관심보다는, 공급측면인 정당 간 경쟁의 양식에서 비롯된 것으로 볼 수 있다. 이러한 사안이 사회적으로 중요한 의제로 부상했지만, 정당 간 입장 차이가 분명하지 않거나 이 의제를 놓고 지지자를 동원하는 경쟁이

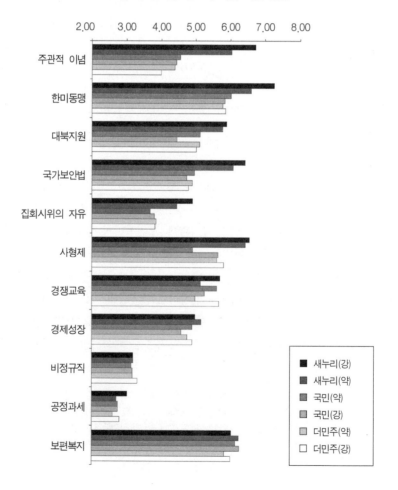

〈그림 7〉 당파성 강도에 따른 이념 평균

벌어지지 않은 것이다.

만일 당파성이 이념에 큰 영향을 미친다면, 그것의 강도도 마찬가지일 것이다. 이번 설문에는 "가깝게 느끼는 정당"뿐 아니라, 그 정당에 대해 얼마나 가깝게 느끼는가에 대해서도 물어보았는데, "매우 가깝게"와 "어느 정도 가깝게"를 강한 당파성으로, "그리 가깝게 느끼지 않는다"는 약한 당파성으로 구분할 수 있다. 이렇게 나눈 뒤에 표본수가 충분한 3개 정당에 대해 집단별로 이념 평균을 구해서 보여주는 것이 〈그림 7〉이다. 주관적 이념이 당파성에 따라 결정된다면 강한 새누리〉 약한 새누리〉 약한 국민〉 강한 국민〉 약한 더민주〉 강한 더민주의 순으로 나타날 것인데, 과연 그러하다. 그림의 맨 위의 막대그래프에서 볼 수 있듯이, 순차적으로 진보적인 방향으로 내려가는 것을 볼 수 있다. 이러한 방향성은 한미동맹, 국가보안법 정도를 제외하면 잘 나타나지 않는데, 그만큼 주관적 이념이 다른 정책사안과 달리 당파성에 큰 영향을 받으며, 그 방향뿐 아니라 강도도 중요하다는 것을 알 수 있다.

주관적 이념과 실제 정책이념 간의 괴리가 있다면 이는 유권자 수준에서만 발생하는 것은 아니다. 상징적으로 보수를 표방하면서도 실제 정책추진에 있어서는 진보적인 내용을 담을 수도 있고, 정책 분야별로도 진보적 내용과 보수적 내용이 혼재할 수 있을 것이다. 이에 대해 유권자가 어떻게 인식하는가를 보여주는 것이 〈표 2〉인데, 응답자가 보기에 각 당의 상징적 이념과 한미동맹, 경제성장, 집회자유, 대북지원의 이념위치 간의 상관계수를 보여준다.

유권자들이 인식한 각 당의 좌우 이념위치와 사안별 정당위치 간의 상관관계를 살펴보면(①번 행), 새누리당과 더불어민주당의 경우, 비슷한 패턴을 보여준다. 주관적 인식과 한미동맹에서 이념위치 간에 각기 0.28, 0.27이며, 통계적으로 유의하다. 국민의당은 0.18인 반면, 정의당은 0.39로 가장 큰 상관관계를 보여준다. 정의당은 성장주의, 집회자유, 대북지원 등 다른 사안에서도 가장 큰 상관관계를 보여주며, 모두 통계적 유의수준을 넘어선다. 그만큼 이념적 일관성이 높은 것으로 인식되며, 이념정당의 면모가

〈표 2〉 응답자가 인식한 각 정당의 이념위치 간 상관관계

		한미동맹	경제성장	집회자유	대북지원
① 주관적 인식	새누리	0.2836*	0.1473*	0.0918	0.1209*
	더민주	0.2699*	0.2360*	-0.0249	0.1506*
	국민	0.1786*	0.1980*	-0.0082	0.1003*
	정의	0.3928*	0.4028*	0.1820*	0.3550*
② 한미동맹	새누리		-0.0935	-0.1474*	0.1109*
	더민주		0.0759	-0.0647	0.1710*
	국민		-0.1100*	-0.1148*	0.0592
	정의		0.1586*	0.1087*	0.3295*
③ 경제성장	새누리			0.3777*	0.4633*
	더민주			0.3148*	0.3785*
	국민			0.3329*	0.3686*
	정의			0.3618*	0.4711*
④ 집회자유	새누리				0.2771*
	더민주				0.2924*
	국민				0.3187*
	정의				0.3970*

* 는 p〈0.001 빈칸은 모두 상관계수가 1이므로 공란 처리

크다고 해석할 수 있다. 다음으로는 더불어민주당이 성장주의(0.15), 대북
지원(0.12)에서 모두 상대적으로 높은 상관관계를 보여준다. 집회시위의 자
유라는 차원에서는 정의당을 제외하면 모두 유의한 상관관계가 나타나지 않
을뿐더러, 더불어민주당과 국민의당의 경우에는 음의 부호가 나타나고 있
다. 즉, 이들 정당이 진보적이라고 생각할수록, 이들이 집회시위의 자유가
통제되어야 한다는 입장인 것으로 이해한다는 것이다. 자유주의 계열의 이
들 정당이 집회, 시위 및 언론의 자유와 관련하여 보수정당과 많은 갈등을
형성하고 사실에 비추어 보면 뜻밖의 결과라 할 수 있다. 이러한 자유주의

이슈는 정당의 이념위치를 표상하는 데 별 영향을 미치지 않고 있다.

②번 행에서는 한미동맹의 차원이 다른 차원과 맺는 관계를 보여주고 있는데, 성장주의 차원과 관련해서 정의당만 이념적으로 같은 방향으로 유의한 상관관계가 나타난다(0.16). 반면, 국민의당은 한미동맹과 성장주의 간에 음의 상관관계이다. 국민의당이 한미동맹을 중시한다고 생각할수록 성장보다 복지에 힘을 기울여야 한다는 입장으로 이해하는 것이다. 안철수 대표가 '안보는 보수, 경제는 진보'라는 포지셔닝을 거듭해서 밝힌 바 있는데, 모종의 관계가 있는 것인지 흥미로운 대목이다. 한미동맹이 집회시위의 자유와 맺는 관계도 일반적 예상에서 어긋난다. 새누리당과 국민의당의 경우, 음의 상관관계이며, 이들이 한미동맹을 중시한다고 여길수록 집회시위의 자유를 중시한다고 여기는 것이다. 더불어민주당의 경우에도 유의하진 않지만 음의 부호를 보여주는 것을 보면, 한미동맹이라는 보수세력의 지향점은 동시에 보편적 인권에 대한 지지와 관계된 것으로 보인다. 한미동맹과 대북지원의 두 차원 간에는 국민의당을 제외하면 모두 상관관계가 나타나며, 그 강도는 정의당〉더불어민주당〉새누리당의 순이다.

③번 행의 경제성장주의는 집회자유 및 대북지원 차원과 모두 유의미한 상관관계가 나타난다. 경제성장을 위해서 사회질서가 필요하며 시민권이 일부 제한될 수 있다는 개발독재의 논리에 잘 부합하는 결과이다. 마찬가지로 반공주의와 남북 간 체제경쟁, 그리고 성장제일주의라는 냉전기 논법이 반영된 것으로 볼 수 있다.

④번 행에서 집회시위의 자유와 대북지원 간에도 모두 유의한 상관관계가 있는데, 북한에 대한 태도가 '사회질서 vs. 시민권'의 대립에 상당한 영향력을 미친다는 것을 보여준다.

종합하면, 정의당을 제외하고 다른 주요정당을 보면, 주관적으로 인식된 정당의 이념위치에 가장 큰 상관성을 갖는 쟁점차원은 한미동맹이다. 그런데 이 한미동맹이 다른 쟁점차원과 맺는 관계는 일관적이지도 강력하지도 않다. 한미동맹을 중시한다는 것은 미국적 가치에 대한 지지인데, 선진국의 시민권과 복지국가라는 가치에 대한 지지와 관계된다. 한미동맹이 다른 사안들과의 상관관계가 약하거나 반대방향으로 나타나는 반면, 집회시위의 자유, 경제성장, 대북지원 간에는 대부분 상관계수가 0.3에 근접하거나 상회하여, 상대적으로 강한 상관관계인 것을 알 수 있다. 이는 앞서 〈그림 5〉에서 보았다시피, 유권자 본인의 이념위치에서도 한미동맹은 좌우 공간의 이념위치와 가장 강한 상관관계를 보인 반면, 한미동맹이 다른 쟁점사안과의 상관관계는 상대적으로 낮게 나타난다. 즉, 유권자가 인식한 정당의 이념위치와 본인이 생각하는 자신의 이념위치 간의 상관관계가 비슷하게 나타나고 있는 것이다.

V. 이념거리와 투표 선택

이제까지 상징적 차원의 주관적 이념이라는 개념이 구체적인 정책차원 및 당파성과 어떤 관계를 맺고 있는가를 살펴보았다. 이제는 투표 선택에 미치는 이념의 영향력을 분석모형을 통해서 확인해 보고자 한다. 투표에 이념이 영향을 미친다면, 그것은 자신의 이념위치와 정당의 이념위치 간의 비교를 통해서 가깝게 느끼는 정당에 대해서 투표결정을 내리는 걸 말한다. 이번 선거의 특징적인 결과는 명실상부한 다당제가 형성되었다는 데 있다. 신생정당인 국민의당이 약진한 결과, 원내교섭단체를 구성할 수 있는 정당이 셋으로 늘어났다. 분석모형을 수립하는 데 있어서 종속변수인 투표 선택이 2개 이상이므로, 다항로짓(multinomial logit)이나 프로빗(multinomial probit)이 적합하다. 그런데 우리는 투표 선택의 논리에서 존재하는 대안 (alternatives)의 특성에 관심이 있다. 즉, 각자가 여러 정당대안에 대해서 여러 이념차원에 걸쳐 얼마만큼 가깝게 느끼는가에 따라, 그것이 투표 선택에 영향을 미친다는 것이다. 이를 위해서는 조건부 로짓(conditional logit)이나 프로빗(probit)이 알맞다. 그래서 우리는 조건부 다항 로짓(Alternative-

Specific Conditional Logit) 모형을 통해서 분석한다.

$$\eta_{ij} = X_i' \beta_j + Z_{ij}' \gamma$$

유권자의 효용인 η_{ij}는 개인수준의 변수와 선택대안(alternatives)의 특성에 동시에 영향을 받는다. X_i는 개인수준의 변수로 선택대안에 따라 달라지지 않는다. 개인의 연령은 각 당과의 이념거리가 어떠하든 똑같을 것이다. 반면, Z_{ij}는 선택대안에 따라 달라진다. 사람들은 자신의 이념위치와 새누리당의 이념위치 사이의 거리가 있고, 그것은 더불어민주당과는 다를 것이다. 존재하는 여러 대안에 따라 한 사람 안에서도 여러 값을 갖게 되는 것이다 (MacFadden 1973). 이 거리가 가까운 정당이 비례대표 투표에서 선택되었는가를 분석하고자 하는 것이다.

종속변수는 비례대표투표에서 새누리당, 더불어민주당, 국민의당 가운데 어느 정당을 지지했는가 하는 다항명목변수이다. 독립변수는 개인수준에서 생년, 성별, 재산수준, 호남출신 더미, 영남출신 더미, 4년제 대학교육 이상 더미, 대통령 평가 등이 포함되었고, 선택대안 수준에서는 각자가 새누리당, 더불어민주당, 국민의당과 주관적 이념, 한미동맹, 경제성장, 집회자유, 대북지원 등에서 이념거리가 어느 정도인가를 연속변수로 조작화하였다. 이념거리는 다음의 식을 통해서 측정했는데, 모두가 11점 척도이므로, 최대거리인 10에 제곱을 한 -100이 최솟값이고, 정당과 응답자가 똑같게 되면 0이므로 이것이 최댓값이 된다.

$$\text{이념거리} = -(\text{정당이념위치} - \text{응답자이념위치})^2$$

이렇게 측정된 유권자-정당 간 이념거리를 정당별로 살펴보면, 〈그림 8〉과 같다. 주관적 이념 거리는 새누리당이 가장 멀게 느끼고 있다. 위의 그림에서 보듯이 각 항목마다 정당-유권자 거리는 다르게 나타난다.

주관적 이념의 경우, 새누리당에서 거리가 가장 멀어서 -11.45이고, 이는

<그림 8> 주관적 이념과 사안별 응답자와 정당의 이념거리

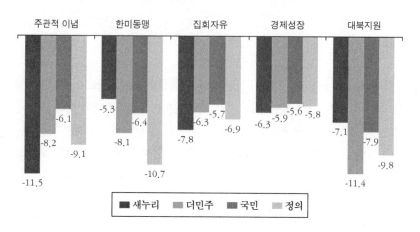

이번 선거 결과를 반영한다. 더불어민주당이 -8.20, 국민의당이 -6.12이다. 즉, 선거에서 선전한 정도만큼 유권자와의 거리는 가까운 것이다. 하지만 한미동맹과 대북지원은 새누리당이 유권자의 이념에 가장 근접해 있다. 한미동맹에서 정의당은 다른 정당에 비해 현저하게 거리가 멀고, 대북지원에서는 더불어민주당이 그러하다. 경제성장에서는 정당 간 큰 차이가 없고, 집회자유에서 국민의당이 유권자와 가장 근접해 있지만, 정당 간 차이가 그다지 크지는 않을 것을 알 수 있다. 이는 사실상 <그림 4>를 척도만 바꾼 것일 뿐, 내용적으로는 동일하다.

앞서 수립한 모형을 통해서 투표 선택에 각각의 변수가 미친 영향력을 보여주는 것이 <표 3>의 다항 조건부 로짓분석 결과이다. 우선 개인 수준의 변수만 살펴보면, 최근에 태어난 세대일수록 더불어민주당에 비해 새누리당을 덜 지지하고, 더민주에 비해 국민의당을 더 지지한다. 여성은 남성에 비해 더불어민주당보다는 국민의당을 더 선호했다. 국민의당이 더민주보다 호남출신 사이에서 더 많은 지지를 얻었고, 더불어민주당은 새누리당에 비해 호남출신의 지지가 높지만, 통계적 유의수준의 경계에 머물러 있다. 마찬가지로 새누리당은 더불어민주당보다 영남출신들 사이에서 더 많은 지지를 얻

⟨표 3⟩ 다항 조건부 로짓(Alternative-specific conditional logit)

	모형(1) 주관적 이념 배제		모형(2) 주관적 이념 포함	
	새누리/더민주	국민/더민주	새누리/더민주	국민/더민주
이념거리				
주관적 이념			0.064***	
			(0.009)	
한미동맹	0.036***		0.022*	
	(0.008)		(0.009)	
집회자유	0.001		-0.007	
	(0.008)		(0.009)	
경제성장	0.001		0.007	
	(0.009)		(0.011)	
대북지원	0.007		-0.001	
	(0.006)		(0.007)	
생년	-0.025**	0.031***	-0.015	0.032***
	(0.010)	(0.009)	(0.010)	(0.009)
여성	-0.075	-1.082***	-0.077	-1.091***
	(0.235)	(0.244)	(0.249)	(0.246)
재산	0.035	0.014	0.002	0.030
	(0.081)	(0.078)	(0.086)	(0.080)
호남	-0.685	1.405***	-0.665	1.490***
	(0.368)	(0.280)	(0.382)	(0.282)
영남	1.203***	-0.072	1.051***	-0.072
	(0.255)	(0.312)	(0.273)	(0.317)
대재 이상	-0.519	-0.162	-0.415	-0.146
	(0.286)	(0.258)	(0.305)	(0.260)
대통령 평가	1.951***	0.216	1.633***	0.181
	(0.201)	(0.180)	(0.214)	(0.182)
상수항	43.548*	-62.361***	26.029	-63.299***
	(18.956)	(17.803)	(19.921)	(17.921)
N	664		664	
Log Likelihood	-497.75582		-462.32966	

* p⟨.05 ** p⟨.01 *** p⟨.001
종속변수는 비례대표 투표 선택, 종속변수의 준거점은 더불어민주당

었다. 대통령의 국정운영에 대한 평가가 박할수록 새누리당보다는 더불어민
주당을 지지하지만, 더불어민주당과 국민의당 간에는 영향력이 나타나지 않
는다.

우리의 관심인 이념거리를 보자. 우리사회의 주요 쟁점차원으로 선택된
4개 정책 분야 가운데, 투표 선택에 유의미하고 실질적인 영향을 미치는 것
은 한미동맹뿐이다. 주관적 이념을 포함한 모형이나 뺀 모형 모두에서 한미
동맹은 상당한 영향력을 보여준다. 이러한 한미동맹도 주관적 이념이 투표
에 미치는 영향에는 못 미친다. 주관적 이념의 계수값은 한미동맹의 3배에
달하고 있다. 앞서 보았다시피 한미동맹이라는 차원은 유권자 수준에서는
정당 수준 모두에서 다른 쟁점차원과 상관성이 높지 않고 분리된 측면을
보여주었다. 그런데 정작 투표 선택에 있어서는 어느 변수보다도 강한 영향
력을 보여주고 있는 것이다.

VI. 결론

이제까지 우리는 2016년 4월 20대 국회의원총선거를 대상으로 여론조사
를 분석하였다. 분석 결과, 주관적 이념은 개별 쟁점사안들과 선별적으로
상관성을 보여주고 있으며, 그것은 '개발독재 vs. 민주화'의 세력구도를 여
전히 답습하는 내용인 것을 알 수 있었다. 하지만, 이러한 이념내용은 세대
에 따라 다르게 나타나서, 앞으로 시대 전개에 따라 변화가 있을 것으로 예
상할 수 있었다. 더불어 주관적 이념 및 그와 강한 상관성을 가진 쟁점사안
의 경우, 당파성(partisanship)이 이념구성에 큰 영향을 미치고 있다는 사실
을 확인했다. 통계모형을 통해서 이번 선거에서 투표 선택에 이념거리가 미
친 영향력을 분석한 결과, 주관적 이념뿐 아니라 한미동맹 이슈에서 주요
정당과 유권자의 이념거리가 지지결정에 유의미한 영향력을 발휘했다.

좌-우, 혹은 진보-보수라는 상징적 차원의 이념이 실제 정책선호와 일치하지 않는 것은 새롭거나 특별하지 않다. 이러한 괴리에도 불구하고, 진보-보수라는 자기 정체성 내지는 자기표현이 실제 투표 선택에 미치는 영향력은 지대하다. 이렇게 상징적 차원의 이념이 형성되는 데 있어서 핵심적인 영향력을 발휘하는 것이 바로 정당이다. 그런 의미에서 당파성 내지는 정당일체감과 이념 간의 관계에 대한 보다 심층적인 연구가 요청된다. 특히, 한국과 같이 정당체제가 극도로 유동적인 조건에서도 정당에 따른 이념형성이 일어나고 있다는 사실은 추가적인 해명이 필요한 현상이라 할 수 있다.

【참고문헌】

강원택. 1998. "유권자의 이념적 성향과 투표행태." 이남영 편. 『한국의 선거 II: 제 15대 대통령선거를 중심으로』. 서울: 푸른길.

_____. 2002. "유권자의 정치이념과 16대 총선: 지역균열과 이념균열의 중첩?" 진영 재 편. 『한국의 선거 IV: 16대 총선을 중심으로』. 서울: 한국사회과학데이터 센터.

김무경·이갑윤. 2005. "한국의 이념정향과 갈등." 『사회과학연구』 13집 2호.

김주찬·윤성이. 2003. "2002년 대통령선거에서 이념성향이 투표에 미친 영향." 『21 세기 정치학회보』 13집 2호.

윤성이. 2006. "한국사회 이념갈등의 실체와 변화." 『국가전략』 12권 4호. 163-182.

윤성이·이민규. 2011. "한국사회 이념측정의 재구성." 『의정연구』 17권 3호. 63-83.

이내영·허석재. 2010. "합리적인 유권자인가, 합리화하는 유권자인가?: 17대 대선에 나타난 유권자의 이념과 후보선택." 『한국정치학회보』 44집 2호. 45-67.

이숙종. 1996. "정치적 성향과 투표행태." 세종연구소 편. 『제15대 총선 분석』.

이정복. 1992. "한국인의 투표행태: 제14대 총선을 중심으로." 『한국정치학회보』 26 집 3호.

이현우 외. 2016. 『표심의 역습: 빈부, 세대, 지역, 이념을 통해 새로 그리는 유권자 지도』. 서울: 책담.

이현지. 2003. "정치적 이념의 형성과 가치변화: 16대 대선에 나타난 '비동시성의 동 시성'의 문제를 중심으로." 『동아시아연구』 7호.

이현출. 2005. "한국국민의 이념성향: 특성과 변화." 『한국정치학회보』 39집 2호.

Converse, Philip E. 1975. "Some Mass Elite Contrasts in the Perception of Political Spaces." *Social Science Information* 14(3): 49-83.

_____. 2006[1964]. "The Nature of Belief Systems in Mass Publics." *Critical Review*, Vol.18, No.1-3, 1-71 (Originally published In D. Apter (ed.), *Ideology and Discontent*, 206-261, New York: Free Press, 1964).

Conover, Pamela Johnston, and Stanley Feldman. 1981. "The Origins and Meanings of Liberal/Conservative Self-Identifications." *American Journal of Political Science* 25(4): 617-645.

Dalton, Russell J. 2006. "Social Modernization and the End of Ideology Debate: Patterns of Ideological Polarization." *Japanese Journal of Political Science* 7(1) pp.1-22.

Downs, Anthony. 1957. *An Economic Theory of Democracy.* New York: Harper Collins Publishers.

Huber, John D. 1989. "Values and Partisanship in Left-Right Orientations: Measuring Ideology." *European Journal of Political Research* 17: 599-621.

Inglehart, Ronald, and Hans D. Klingemann. 1976. "Party Identification, Ideological Preference, and the Left-Right Dimension amon Western Mass Publics." In Ian Budge (ed.). *Party Identification and Beyond.* London and New York: Wiley.

Klingemann, Hans D. 1979. "Ideological Conceptualization and Political Action." In Samuel H. Barnes and Max Kassee (eds.). *Political Action: Mass Participation in Five Western Democracies.* Beverly Hills Calif.: Sage.

Knutsen, Oddbjørn. 1997. "The partisan and the value-based component of left-right self-placement: A comparative study." *International Political Science Review* 18(2): 191-225.

Levitin, Teresa E., and Warren E. Miller. 1979. "Ideological Interpretations of Presidential Elections." *American Political Science Review* 73(3): 751-771.

McFadden, Daniel L. 1973. "Conditional Logit Analysis of Qualitative Choice Behavior." In P. Zarembka (ed.). *Frontiers in Econometrics.* Academic Press: New York, 105-142.

Sartori, Giovanni. 1969. "Politics, Ideology, and Belief Systems." *American Political Science Review*, Vol.63, No.2, 398-411.

Stimson, James A. 1976. "Belief systems: Constraint, Complexity, and the 1972 Election." *American Journal of Political Science* 19(3): 393-417.

색 인

필자 소개 (원고 게재순)

❖ **이현우**

현 | 서강대학교 정치외교학과 교수

• 주요 논문 및 저서

『표심의 역습』(책담출판사, 2016)

"국회 상임위원장 선출에서 다선원칙의 현실적 의미 분석," 『의정연구』
(2015)

"2014년 지방선거에 세월호 사건이 미친 영향," 『한국정치학회보』(2015)

❖ **강우진**

현 | 경북대학교 정치외교학과 교수

• 주요 논문 및 저서

"Democratic Performance and Park Chung-hee Nostalgia in Korean
Democracy," *Asian Perspective* (2016)

"The Past is Long-Lasting: Park Chung Hee Nostalgia and Voter
Choice in the 2012 Korean Presidential Election," *Journal of Asian
and African Studies* (2016)

"Inequality, the welfare system and satisfaction with democracy in
South Korea," *International Political Science Review* (2015)

❖ **이내영**

현 | 고려대학교 정치외교학과 교수

• 주요 논문 및 저서

『한국인의 정체성: 변화와 연속, 2005-2015』(동아시아연구원, 2016)

Cross-Strait Relations and Inter-Korean Relations Asiatic Research Institute (2016)

『변화하는 한국유권자 5』(동아시아연구원, 2013)

❖ **고승연**

현 | 고려대학교 정치외교학과 박사과정(수료)

• 주요 논문 및 저서

"정치엘리트의 이념과 통상정책: 한-칠레 FTA와 한-미 FTA 비준동의안 표결에서 나타난 국회의원들의 투표행태를 중심으로," 『국제관계연구』 (2013)

"16대 대선에서의 무당파층 특성 및 행태연구," 『사회연구』 (2004)

"China's Response to the East Asian Financial Crisis: What Made China Disapprove Devaluation of Renminbi(人民幣)?" 『동아시아 연구』 (2003)

❖ **조기숙**

현 | 이화여자대학교 국제대학원 교수

• 주요 논문 및 저서

『표퓰리즘의 정치학』 (2016)

"A Model on the Rise and Fall of South Korean Anti-American Sentiment," *Korea Observer* (2015)

"Two Component Model of General Trust," *Social Cognition* (2015)

❖ 김연숙

현 │ 일리노이대 어바나 샴페인(University of Illinois at Urbana-Champaign)
방문학자

• 주요 논문 및 저서

"긍정과 부정의 정치심리학,"『한국정치학회보』(2014)
"상충적 유권자의 감정합리성과 투표선택,"『의정연구』(2014)
"한국 유권자의 투표결정시기에 관한 연구,"『한국정당학회보』(2014)

❖ 문우진

현 │ 아주대학교 정치외교학과 교수

• 주요 논문 및 저서

"Positional Effects of Partisan Attachments on Candidate Position
Taking," *Electoral Studies* (2015)
"The Paradox of Less Effective Incumbent Spending: Theory and
Tests," *British Journal of Political Science* (2006)
"Party Activists, Campaign Resources, and Candidate Position Taking:
Theory, Tests, and Applications," *British Journal of Political Science*
(2004)

❖ 조성대

현 │ 한신대학교 국제관계학부 교수

• 주요 논문 및 저서

『이념의 정치와 한국의 선거』(도서출판 오름, 2015)
"부동층에 관한 연구,"『한국정치학회보』(2013)
"온라인 소셜 네트워크의 교차성과 정치참여,"『한국정당학회보』(2013)

❖ **이준한**

현 | 인천대학교 정치외교학과 교수

- 주요 논문 및 저서

"External Crisis, Information Cues, and Presidential Popularity in Korea, 1993-2008," *Asian Survey* (2015)

"Partisan Effects of Voter Turnout in Korean Elections, 1992-2010," *Asian Survey* (2012)

❖ **오세제**

현 | 서강대학교 현대정치연구소 선임연구원

- 주요 논문 및 저서

"386세대 세대효과의 특징 연구: 세대효과의 조건적 표출을 중심으로," 『21세기 정치학회보』(2015)

"386세대의 조건적 세대효과: 이념성향과 대선투표를 중심으로," 『의정연구』(2014)

❖ **허석재**

현 | 목포대학교 연구전임교수

- 주요 논문 및 저서

"소득 불평등과 정치참여의 양식," 『한국정당학회보』(2015)

"정치적 세대와 집합기억," 『정신문화연구』(2014)

"한국에서 정당일체감의 변화," 『한국정당학회보』(2014)